MÉTRICAS
de marketing

M594 Métricas de marketing : o guia definitivo de avaliação de
         desempenho do marketing / Paul W. Farris ... [et al.] ;
         tradução: Rodrigo Sardenberg ; revisão técnica: Cássio
         Sclovsky Grinberg. – 2. ed. – Porto Alegre : Bookman, 2012.
         xvi, 409 p. : il. ; 25 cm.

         ISBN 978-85-407-0140-3

         1. Administração. 2. Marketing. I. Farris, Paul W.

                                                      CDU 658.8

Catalogação na publicação: Fernanda B. Handke dos Santos – CRB 10/2107

Paul W. Farris ▪ Neil T. Bendle
Phillip E. Pfeifer ▪ David J. Reibstein

MÉTRICAS
de marketing

O Guia Definitivo de
Avaliação de Desempenho
do Marketing

Segunda Edição

Tradução:
Rodrigo Sardenberg

Consultoria, supervisão e revisão técnica desta edição:
Cássio Sclovsky Grinberg
Mestre em Marketing pelo Programa de Pós-Graduação em Administração da UFRGS
Professor da Faculdade de Comunicação Social da PUC-RS
Coordenador do Curso de Pós-Graduação em Branding de Conexão da PUC-RS

bookman

2012

Obra originalmente publicada sob o título
Marketing Metrics: The Definitive Guide to Measuring Marketing Performance, 2nd Edition.
ISBN 9780137058297

© 2010, Pearson Education

Tradução autorizada da edição em inglês publicada por Pearson Education, Inc., sob o selo Wharton School Publishing.

Capa: *Maurício Pamplona*

Gerente editorial – CESA: *Arysinha Jacques Affonso*

Projeto e editoração: *Techbooks*

Reservados todos os direitos de publicação, em língua portuguesa, à
BOOKMAN EDITORA LTDA., uma empresa do GRUPO A EDUCAÇÃO S.A.
Rua Ernesto Alves, 150 – Bairro Floresta – 90220-190 – Porto Alegre – RS
Fone: (51) 3027-7000 – SAC 0800 703 3444 – www.grupoa.com.br

É proibida a duplicação ou reprodução deste volume, no todo ou em parte, sob quaisquer formas ou por quaisquer meios (eletrônico, mecânico, gravação, fotocópia, distribuição na Web e outros), sem permissão expressa da Editora.

Unidade São Paulo
Av. Embaixador Macedo Soares, 10.735 – Pavilhão 5 – Cond. Espace Center
Vila Anastácio – 05095-035 – São Paulo – SP
Fone: (11) 3665-1100   Fax: (11) 3667-1333

SAC 0800 703-3444 – www.grupoa.com.br

IMPRESSO NO BRASIL
PRINTED IN BRAZIL
Impresso sob demanda na Meta Brasil a pedido do Grupo A Educação.

Os autores

Paul W. Farris é professor da Darden Graduate Business School, University of Virginia, onde leciona desde 1980. A pesquisa do professor Farris produziu artigos premiados sobre poder do varejo e mensuração de efeitos da propaganda. O professor Farris publicou muitos artigos sobre marketing em periódicos como *Harvard Business Review, Journal of Marketing, Journal of Retailing* e *Marketing Science*. Atualmente, trabalha com técnicas avançadas para integrar marketing com métricas financeiras. É co-autor de vários livros, incluindo *The Profit Impact of Marketing Strategy Project: Retrospect and Prospects*. Seus clientes de consultoria vão desde a Procter & Gamble até a Apple e a IBM. Trabalhou em diretorias de indústrias, varejistas e empresas de e-Business. É diretor da Sto, Inc. e do GSI Group.

Neil T. Bendle faz doutorado na Carlson School of Management, University of Minnesota. Professor premiado, sua tese foca na dificuldade dos gestores de entender as escolhas dos consumidores. Tem um MBA pela Darden e conta com quase uma década de experiência em gerenciamento de marketing, consultoria, melhoria de sistemas empresariais e administração financeira. Bendle foi responsável pela avaliação das campanhas de marketing do Partido Trabalhista do Reino Unido.

Phillip E. Pfeifer, professor de administração na Darden Graduate Business School, atualmente especializa-se em marketing interativo. Publicou um livro texto de MBA e mais de 25 artigos em periódicos como *Journal of Interactive Marketing, Journal of Database Marketing, Decision Sciences* e *Journal of Forecasting*. Prolífico escritor de estudos de caso, Pfeifer teve sua produção reconhecida em 2004 e 2008. Sua atuação como professor foi reconhecida no *Guide to the Best Business Schools* da *Business Week*. Entre seus clientes de consultoria estão Circuit City, Procter & Gamble e CarMax.

David J. Reibstein é diretor administrativo da CMO Partners e professor de marketing na Wharton School. Considerado uma das maiores autoridades mundiais em marketing, atuou como diretor executivo do Marketing Sciences Institute e é co-fundador o CMO Summit da Wharton, que reúne grandes executivos de marketing para abordar seus desafios mais prementes. Reibstein é professor de métricas de marketing no curso de Educação para Executivos da Wharton. Tem uma vasta experiência em consultoria de grandes empresas, incluindo GE, AT&T Wireless, Shell Oil, HP, Novartis, Johnson & Johnson, Merck e Major League Baseball. Trabalhou como vice-reitor e diretor da Divisão de Graduação da Wharton, como professor visitante em Stanford e no Insead e como membro do corpo docente em Harvard. Integra o conselho de administração da Shopzilla, And1 e de várias outras organizações.

Dedicamos este livro aos nossos alunos, aos nossos colegas e aos nossos clientes de consultoria, que nos convenceram de que uma obra como esta atenderia a uma necessidade real.

Agradecimentos

Esperamos que este livro seja um passo, ainda que modesto, para o esclarecimento da linguagem, da construção e do significado de muitas de nossas importantes métricas de marketing. Se fomos bem-sucedidos em tal passo, devemos agradecer a várias pessoas.

Jerry Wind revisou nosso conceito inicial e incentivou-nos a elevar nossas ambições. Rob Northrop, Simon Bendle e Vince Choe leram os primeiros esboços e deram valiosas opiniões sobre os capítulos mais importantes. Eric Larson, Jordan Mitchell, Tom Disantis e Francisco Simon ajudaram a desenvolver material para seções importantes e contribuíram com suas habilidades de pesquisa. Gerry Allan e Alan Rimm-Kauffman permitiram que citássemos livremente seus materiais sobre clientes e marketing de internet. Agradecemos a Valerie Reed e Kelly Brandow pela ajuda em conceber, testar e administrar o levantamento de métricas que os gestores de marketing usam para monitorar e gerir o seu negócio.

Marc Goldstein combinou conhecimento empresarial com hábeis toques de edição que melhoraram a legibilidade de quase todos os capítulos. Paula Sinnott, Tim Moore, Kayla Dugger e seus colegas também fizeram melhorias significativas ao transformar um manuscrito rudimentar no livro que você tem em mãos.

Erv Shames, Erjen van Nierop, Peter Hedlund, Fred Telegdy, Judy Jordan, Lee Pielemier e Richard Johnson colaboraram com nosso simulador "Allocator" e com os tutoriais *online* "Management by the Numbers". Esse trabalho auxiliou-nos a montar a plataforma para este livro. Finalmente, agradecemos a Kate, Emily, Donna e Karen, que toleraram a ausência do tempo em família e da vida social para que escrevêssemos este livro.

Prefácio à segunda edição

No Google, usamos com frequência o seguinte ditado: "Os dados superam a opinião". Na prática, isso significa que antes de qualquer esforço, primeiro determinamos nossas principais métricas de sucesso e depois medimos como estamos nos saindo em comparação a elas. Isso nos permite otimizar e expandir os programas que funcionam e, ao mesmo tempo, acabar com os que não funcionam.

Na paisagem de negócios supercompetitiva da atualidade, a maioria dos profissionais de marketing é obrigada a adotar essa abordagem em vez de confiar na sabedoria convencional, em regras empíricas ou na intuição, que podem ter sido suficientes no passado.

É claro que o desafio é saber *o que* medir e exatamente *como* medir. É aí que entra o livro *Métricas de Marketing*. Trata-se do guia mais abrangente e autorizado para definir, construir e usar as métricas que os profissionais de marketing precisam hoje. Esta segunda edição acrescenta orientações sobre como tratar assuntos emergentes como o marketing social e a participação de mercado das marcas, além de explicar métricas indispensáveis de marketing que vão desde retorno sobre vendas à taxa de canibalização.

Talvez a questão mais urgente no marketing hoje não seja simplesmente como medir um resultado específico, mas compreender como as diversas métricas se interligam – e as consequências financeiras resultantes das suas decisões de marketing. *Métricas de Marketing* dá um grande passo nessa discussão ao analisar sistemas alternativos de mensuração de marketing integrado e como as empresas estão montando esses sistemas para diagnosticar melhor e para ter modelos de marketing mais transparentes. Eu prevejo que as empresas que desenvolverem uma compreensão profunda desta interconectividade do marketing ganharão uma vantagem competitiva significativa ao longo do tempo.

O que o seu chefe ou o seu cliente acha disso? *Métricas de Marketing* perguntou a gestores de marketing sobre as métricas que eles usam para monitorar seu negócio. Os resultados revelam que seu chefe e seu cliente acham que você já deveria saber o que medir e como medir. Portanto, temos que nos apressar em dominar as métricas de marketing.

Na nossa experiência no Google, os profissionais de marketing de maior agilidade, que rapidamente classificam suas mensagens de acordo com a relevância e que usam dados (eles superam a opinião!) têm mais sucesso com os compradores atuais e com veículos de mídia modernos. Portanto, eu recomendo com entusiasmo *Métricas de Marketing* como fundamental para os dados nessa estratégia tripla de marketing!

Jim Lecinski
Diretor Administrativo, Vendas e
Atendimento do Google nos EUA

Prefácio

Apesar de sua importância, o marketing é uma das funções menos compreendidas e mensuráveis em muitas empresas. Assumindo custos da equipe de vendas, é responsável por 10% ou mais dos orçamentos operacionais em uma ampla gama de empresas. Sua eficácia é fundamental para avaliações do mercado de ações, que frequentemente se baseiam em suposições agressivas para aquisição de clientes e crescimento orgânico. No entanto, muitas diretorias corporativas não têm conhecimento para avaliar estratégias e despesas de marketing. A maioria dos diretores – e uma crescente porcentagem de CEOs da *Fortune 500* – não tem experiência profunda nesse campo.

Os executivos de marketing, por outro lado, muitas vezes fracassam em desenvolver habilidades quantitativas e analíticas necessárias para administrar a produtividade. Quem raciocina com o lado direito do cérebro pode conceber campanhas criativas para impulsionar as vendas, mas demonstra pouco interesse no impacto financeiro mais abrangente de seu trabalho. Com frequência, essas pessoas resistem a serem consideradas responsáveis até mesmo por um alto desempenho, afirmando que fatores além de seu controle – incluindo a concorrência – tornam difícil monitorar os resultados de seus programas.

Nesse contexto, as decisões de marketing muitas vezes são tomadas sem as informações, o conhecimento e o *feedback* mensurável necessários. Como disse o diretor de marketing da Procter & Gamble, "o marketing é uma indústria de 450 bilhões de dólares, e estamos tomando decisões com menos dados e disciplina do que aplicamos em decisões de 100.000 dólares em outras áreas de nossas empresas". Isso é problemático. Mas pode mudar.

Em um recente artigo no *The Wall Street Journal*, conclamei os gerentes de marketing a darem passos concretos para corrigir essa situação. Convoquei-os a se reunirem e a analisarem dados básicos de mercado, a mensurarem os principais fatores que orientam seus modelos empresariais, a analisarem a lucratividade de contas de clientes individuais e a otimizarem a alocação de recursos entre meios cada vez mais fragmentados. Essas são práticas analíticas, ricas em dados, características do lado esquerdo do cérebro. Indo ainda mais longe, acredito que elas sejam cruciais para o sucesso dos executivos de marketing e de seus funcionários. Como concluí no *Journal*:

"As diretorias de hoje querem executivos de marketing que falem a língua da produtividade e do retorno sobre o investimento e que estejam dispostos a assumir responsabilidades. Nos últimos anos, a fabricação, a aquisição e a logística têm apertado o cinto em nome da melhor produtividade. Como resultado, as despesas de marketing mais do que nunca respondem por uma maior porcentagem de muitos centros de custos corporativos. As diretorias de hoje não precisam de executivos de marketing com talento criativo mas sem disciplina financeira. Elas precisam de profissionais de marketing ambidestros, com ambas habilidades".

Em *Métricas de Marketing*, Farris, Bendle, Pfeifer e Reibstein nos dão um meio de alcançar esse objetivo. Em um único volume e com clareza impressionante, eles delinearam as fontes, os pontos fortes e os pontos fracos de uma ampla gama de métricas de marketing. Eles explicam como atuar sobre esse conhecimento – como aplicá-lo não apenas em campanhas de planejamento, mas também na mensuração de seu impacto, na correção do seu curso e na otimização de seus resultados. Em essência, *Métricas de Marketing* é uma referência-chave para administradores que almejam tornarem-se habilitados no marketing dos lados esquerdo e direito do cérebro. Recomendo este livro para todos os profissionais de marketing ambidestros.

John A. Quelch, professor de administração
e diretor de Desenvolvimento Internacional
da Harvard Business School

Sumário

Capítulo 1
Introdução 1

Capítulo 2
Participação em corações, mentes e mercados 27

Capítulo 3
Margens e lucros 65

Capítulo 4
Gerenciamento de produto e de portfólio 109

Capítulo 5
Rentabilidade do cliente 151

Capítulo 6
Gerenciamento da equipe e do canal de vendas 177

Capítulo 7
Estratégia de preços 215

Capítulo 8
Promoção 259

Capítulo 9
Métricas da mídia e da *web* 283

Capítulo 10
Marketing e finanças 331

Capítulo 11
O raio X das métricas de marketing 351

Capítulo 12
Sistema de métricas 363

Apêndice
Levantamento do uso de métricas pelos gestores 379

Referências 387

Notas 391

Índice 399

Capítulo 1

Introdução

Nos últimos anos, o marketing baseado em dados estendeu-se pelo mundo empresarial. A partir dele, a capacidade de medir o desempenho e de prestar contas tornaram-se as chaves para o sucesso de marketing. No entanto, poucos administradores dão atenção à variedade de métricas por meio das quais eles podem avaliar as estratégias e dinâmicas de marketing. Menos ainda compreendem os prós, os contras e as nuanças de cada uma.

Neste ambiente, percebemos que os profissionais de marketing, gerentes gerais e estudantes de administração precisam de uma referência abrangente e prática sobre as métricas utilizadas para avaliar programas de marketing e quantificar seus resultados. Neste livro, procuramos proporcionar essa referência. Desejamos aos nossos leitores muito sucesso com ele.

1.1 O que é uma métrica?

Uma métrica é um sistema de mensuração que quantifica uma tendência, uma dinâmica ou uma característica.[1] Em virtualmente todas as disciplinas, os praticantes usam métricas para explicar fenômenos, diagnosticar causas, compartilhar descobertas e projetar os resultados de eventos futuros. No mundo da ciência, dos negócios e do governo, as métricas estimulam o rigor e a objetividade. Elas tornam possível comparar observações entre regiões e períodos de tempo, além de facilitar a compreensão e a colaboração.

1.2 Por que você precisa de métricas?

"Quando você consegue medir algo sobre o qual está falando e expressá-lo em números, você sabe alguma coisa sobre isso; mas quando não consegue medir, quando não consegue expressar algo em números, seu conhecimento é escasso e insatisfatório: pode ser

o início do conhecimento mas você mal avançou para o estágio da ciência." – William Thomson, Lord Kelvin, Popular Lectures and Addresses (1891-95)[2]

Lord Kelvin, um físico britânico e administrador da instalação do primeiro cabo transatlântico, foi um dos grandes defensores da investigação quantitativa na história. Em sua época, no entanto, o rigor matemático ainda não havia se disseminado além dos mundos da ciência, engenharia e finanças. Muita coisa mudou desde então.

Hoje, a fluência numérica é uma habilidade crucial para todo líder empresarial. Os gestores precisam quantificar oportunidades de mercado e ameaças competitivas. Eles precisam justificar os riscos e os benefícios financeiros de suas decisões, além de avaliar planos, explicar variâncias, julgar o desempenho e identificar pontos de alavancagem para aperfeiçoamento – tudo isso em termos numéricos. Estas responsabilidades exigem um forte comando de mensurações e dos sistemas e fórmulas que as geram. Em síntese, exigem métricas.

Os gestores precisam selecionar, calcular e explicar as principais métricas empresariais, além de compreender como cada uma é construída e como utilizá-la na tomada de decisão. Observe as citações a seguir, de especialistas em administração:

> ...todas as métricas, independentemente de serem utilizadas explicitamente para influenciar o comportamento, avaliar estratégias futuras ou simplesmente para fazer levantamentos, afetarão ações e decisões.[3]

> Se você não consegue medir, não consegue gerenciar.[4]

1.3 Métricas de marketing: oportunidades, desempenho e responsabilidade

Os profissionais de marketing não estão de forma alguma imunes à tendência ao planejamento e à avaliação quantitativos. O marketing foi considerado mais arte do que ciência. Os executivos podem já ter admitido que sabiam que tinham desperdiçado metade do dinheiro gasto em propaganda, mas não sabiam qual metade. No entanto, essa época terminou.

Atualmente, os profissionais de marketing precisam compreender quantitativamente os mercados pretendidos. Eles precisam mensurar novas oportunidades e o investimento necessário para concretizá-las, além de quantificar o valor de produtos, clientes e canais de distribuição – todos sob diversos cenários promocionais e de preços. Cada vez mais, os profissionais de marketing são responsabilizados pelas implicações financeiras de suas decisões. Observadores têm verificado essa tendência em termos gráficos:

> Durante vários anos, os profissionais de marketing das corporações compareceram a reuniões orçamentárias como os drogados do bairro. Nem sempre eles conseguiam justificar como haviam gasto os recursos, nem que diferença isso fazia. Só queriam mais dinheiro – para anúncios espalhafatosos de TV, para

grandes eventos, para passar sua mensagem e construir a marca. Mas esses tempos precipitados de aumentos irracionais de orçamento estão rapidamente sendo substituídos por um novo mantra: mensuração e responsabilidade.[5]

1.4 Escolhendo os números certos

O imperativo numérico, no entanto, representa um desafio. Tanto nos negócios quanto na economia, muitas métricas são complexas e difíceis de dominar. Algumas são altamente especializadas e mais adequadas a análises específicas. Muitas exigem dados que podem ser apenas aproximados, estar incompletos ou não estar disponíveis.

Sob estas circunstâncias, é provável que nenhuma métrica seja perfeita. Por esta razão, recomendamos que os profissionais de marketing usem um portfólio ou "painel" de métricas. Assim, eles podem visualizar a dinâmica de mercado a partir de várias perspectivas e chegar a estratégias e soluções "trianguladas". Além disso, com diversas métricas, os profissionais de marketing podem usar cada uma como verificação das outras. Desta maneira, eles podem maximizar a precisão de seu conhecimento.[6] Também podem estimar ou projetar um ponto de dados baseado em outros. É claro que para utilizar diversas métricas de maneira eficaz, os profissionais de marketing precisam considerar as relações entre elas e as limitações inerentes a cada uma.

No entanto, quando se alcança essa compreensão, as métricas podem auxiliar uma empresa a manter um foco produtivo nos clientes e mercados. Elas podem ajudar os gestores a identificar os pontos fortes e os pontos fracos, tanto das estratégias quanto da execução. Matematicamente definidas e amplamente disseminadas, as métricas podem tornar-se parte de uma linguagem operacional e precisa dentro de uma empresa.

Disponibilidade de dados e globalização de métricas

Um outro desafio em termos de métricas deriva das grandes variações na disponibilidade de dados entre setores e regiões geográficas. Reconhecendo estas variações, tentamos sugerir fontes e procedimentos alternativos para estimar algumas das métricas neste livro.

Felizmente, apesar de tanto a gama quanto o tipo de métrica de marketing poderem variar entre países,[7] estas diferenças estão diminuindo rapidamente. Ambler,[8] por exemplo, relata que as métricas de desempenho tornaram-se uma linguagem comum entre os profissionais de marketing e que elas agora são usadas internacionalmente para reunir equipes e esforços de *benchmark*.

1.5 O domínio das métricas

Ser capaz de "lidar com números" é vital para o sucesso no marketing. No entanto, saber com quais números trabalhar é uma habilidade que se desenvolve com o tempo. Para esse fim, os gestores precisam praticar o uso de métricas e aprender com seus erros. Trabalhando por meio dos exemplos presentes neste livro, esperamos que nossos leitores adquiram tanto confiança quanto uma compreensão sólida dos princípios do marketing baseado em dados. Com o tempo e a experiência, acreditamos que você também desenvolverá sua intuição no que diz respeito às métricas e aprenderá a ir mais fundo quando os cálculos parecerem suspeitos ou confusos.

Finalmente, no que diz respeito às métricas, acreditamos que muitos de nossos leitores precisarão não somente de familiaridade, como também de fluência. Ou seja, os gestores precisam ser capazes de realizar cálculos relevantes com desenvoltura – sob pressão, em reuniões de diretoria e durante deliberações e negociações estratégicas. Apesar de nem todos os leitores precisarem desse nível de fluência, acreditamos que, cada vez mais, se espere que os candidatos a cargos na alta administração o tenham, especialmente aqueles com responsabilidade financeira significativa. Achamos que o domínio do marketing baseado em dados se tornará um meio para muitos de nossos leitores diferenciarem-se e posicionarem-se para o progresso de sua carreira num ambiente cada vez mais desafiador.

Organização do texto

Este livro está organizado em capítulos que correspondem às diversas funções desempenhadas pelas métricas de marketing na administração de empresas. Capítulos individuais são dedicados a métricas utilizadas em estratégia promocional, propaganda e distribuição, por exemplo. Cada capítulo é composto de seções dedicadas a conceitos e cálculos específicos.

Temos que apresentar estas métricas numa sequência que pode parecer arbitrária. Quando organizamos este texto, tentamos alcançar um equilíbrio entre duas metas: (1) estabelecer conceitos centrais e gradualmente aumentar a sofisticação e (2) agrupar métricas relacionadas, ajudando nossos leitores a reconhecer padrões de reforço mútuo e interdependência. Na Figura 1.1, oferecemos uma apresentação gráfica dessa estrutura, demonstrando a natureza interdependente de todas as métricas de marketing – na verdade, de todos os programas de marketing –, bem como o papel central do cliente.

As principais questões abordadas pelas métricas neste livro são as seguintes:

- *Capítulo 2 – Participação em corações, mentes e mercados:* Percepções do cliente, participação no mercado e análise competitiva.
- *Capítulo 3 – Margens e lucros:* Receitas, estruturas de custo e lucratividade.
- *Capítulo 4 – Gestão de produtos e de portfólio:* As métricas por trás da estratégia de produtos, incluindo medidas de teste, crescimento, canibalismo e valor da marca.
- *Capítulo 5 – Rentabilidade do cliente:* O valor dos clientes individuais e dos relacionamentos.
- *Capítulo 6 – Gestão da equipe de vendas e do canal:* Organização, desempenho e remuneração da equipe de vendas. Abrangência de distribuição e logística.

Clientes e pesquisa de mercado

Operações
Logística
Força de vendas
Finanças
O ofício
Agência de propaganda

- Gestão de produtos e portfólio
- Rentabilidade do cliente
- Gestão da força de vendas e do canal
- Margens e lucros
- Participação em corações, mentes e mercados
- Estratégia de preços
- Marketing e finanças
- Métricas de propaganda e *de web*
- Promoções

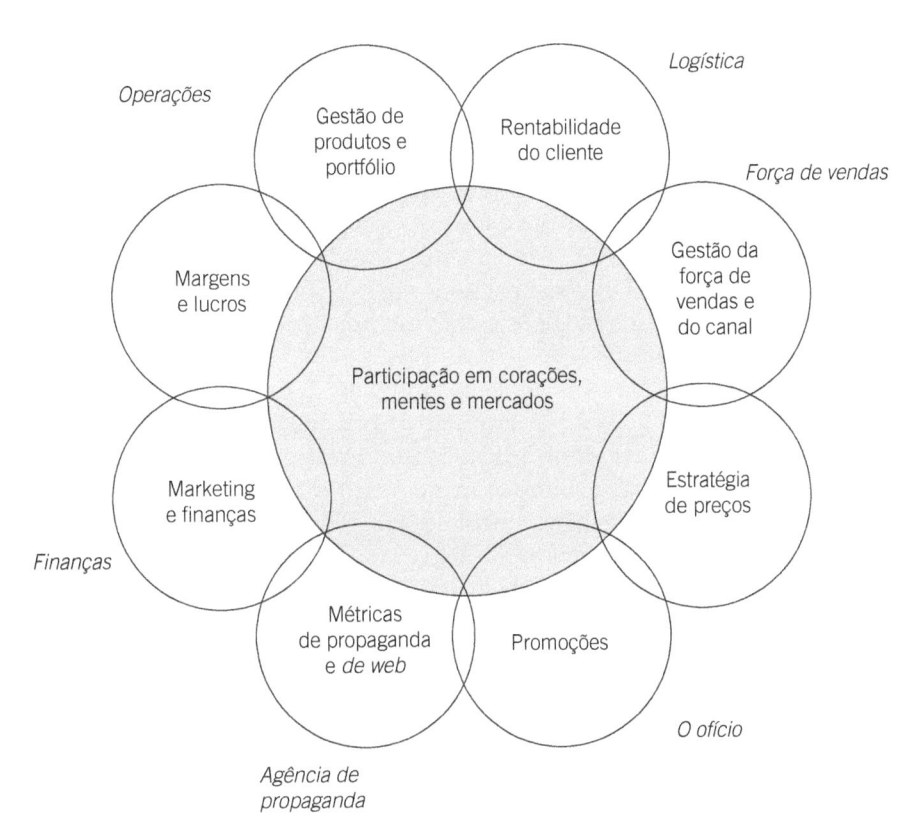

Figura 1.1 Métricas de marketing: o marketing no centro da organização.

- *Capítulo 7 – Estratégia de preços*: Sensibilidade e otimização de preços, com vistas ao estabelecimento de preços para maximização de lucros.
- *Capítulo 8 – Promoção*: Promoções temporárias de preços, cupons, descontos e concessões comerciais.
- *Capítulo 9 – Métricas de propaganda e de* web: As principais medidas da abrangência e eficácia da propaganda, incluindo alcance, frequência, pontos de impacto e impressões. Modelos para a resposta do consumidor à propaganda. Métricas especializadas para campanhas baseadas na internet.
- *Capítulo 10 – Marketing e finanças*: Avaliação financeira de programas de marketing.
- *Capítulo 11 – O raio x das métricas de marketing*: O uso de métricas como principais indicadores de oportunidades, desafios e desempenho financeiro.
- *Capítulo 12 – Sistema de métricas:* A decomposição das métricas de marketing em partes componentes pode aperfeiçoar a precisão da mensuração, acrescentar *insight* gerencial a problemas e auxiliar a construção do modelo de marketing.

Componentes de cada capítulo

Como mostra a Tabela 1.1, os capítulos são compostos de múltiplas seções, cada uma delas dedicada a conceitos ou métricas específicas. Em cada seção, abrimos com definições, fórmulas e uma breve descrição das métricas abordadas. Em seguida, num trecho denominado **Construção**, exploramos as questões em torno dessas métricas, incluindo sua formulação, aplicação, interpretação e ramificações estratégicas. Fornecemos exemplos para ilustrar os cálculos, reforçar os conceitos e ajudar os leitores a verificar sua compreensão das principais fórmulas. Depois disso, num trecho denominado **Fontes de Dados, Complicações e Precauções**, sondamos as limitações das métricas que estão sendo consideradas e as armadilhas potenciais em seu uso. Para isso, também analisamos os pressupostos inerentes a essas métricas. Por fim, encerramos cada seção com um breve levantamento de **Métricas e Conceitos Relacionados**.

Ao organizarmos o texto dessa forma, nossa meta é direta: a maioria das métricas neste livro tem amplas implicações e vários níveis de interpretação. Teses de doutorado poderiam ser dedicadas a muitas delas e já foram escritas sobre algumas delas. Neste livro, no entanto, queremos oferecer uma referência acessível e prática. Se o diabo está nos detalhes, queremos identificá-lo, localizá-lo e alertar os leitores sobre ele, mas não elaborar toda a sua demonologia. Consequentemente, discutimos cada métrica em estágios, trabalhando progressivamente em níveis de sofisticação cada vez maiores. Convidamos nossos leitores a utilizarem essas informações como julgarem adequadas, explorando cada métrica até onde as considerem mais úteis e compensadoras.

Com vistas à acessibilidade, também evitamos notações matemáticas avançadas. A maioria dos cálculos neste livro pode ser feita à mão, no verso de um envelope comum. Cálculos mais complexos ou intensivos poderão exigir uma planilha. Nada além disso será necessário.

Materiais de referência

Ao longo do texto, destacamos fórmulas e definições para fácil referência. Também incluímos esboços de termos-chave no início de cada capítulo e seção. Em cada fórmula, seguimos esta notação para definirmos todos os seus insumos e resultados.

> **$ – (Cifrão):** *Valor monetário. Usamos o cifrão por uma questão de brevidade, mas qualquer outra moeda, incluindo o euro, o iene, o dinar ou o iuan, seria igualmente adequada.*

> **% – (Porcentagem):** *Usado como o equivalente de frações ou decimais. Por uma questão de legibilidade, intencionalmente omitimos o passo de multiplicação de decimais por 100 para obtermos porcentagens.*

> **nº – (Quantidade):** *Usado para medidas como vendas unitárias ou quantidade de concorrentes.*

R – (Classificação): *Expressa numa escala que traduz apreciações qualitativas ou preferências em classificações numéricas. Exemplo: uma pesquisa em que os clientes são solicitados a atribuir uma classificação de "1" para itens que eles consideram menos satisfatórios e "5" para os itens que são mais satisfatórios. As classificações não têm nenhum significado intrínseco sem referência à sua escala ou contexto.*

I – (Índice): *Um número comparativo, frequentemente vinculado a uma média de mercado ou sua expressão. Exemplo: o índice de preços ao consumidor. Os índices costumam ser interpretados como porcentagem.*

$ – Dólar. % – Porcentagem. n° – Quantidade. R – Classificação. I – Índice.

Referências e leituras adicionais sugeridas

Abela, Andrew, Bruce H. Clark, and Tim Ambler. "Marketing Performance Measurement, Performance, and Learning," working paper, September 1, 2004.

Ambler, Tim, and Chris Styles. (1995). "Brand Equity: Toward Measures That Matter," working paper N° 95-902, London Business School, Centre for Marketing.

Barwise, Patrick, and John U. Farley. (2003). "Which Marketing Metrics Are Used and Where?" Marketing Science Institute, (03-111), working paper, Series issues two 03-002.

Clark, Bruce H., Andrew V. Abela, and Tim Ambler. "Return on Measurement: Relating Marketing Metrics Practices to Strategic Performance," working paper, January 12, 2004.

Hauser, John, and Gerald Katz. (1998). "Metrics: You Are What You Measure," *European Management Journal*, Vo. 16, N° 5, pp. 517-528.

Kaplan, R.S., and D.P. Norton. (1996). *The Balanced Scorecard: Translating Strategy into Action*, Boston, MA: Harvard Business School Press.

Tabela 1.1 Lista das principais métricas

Seção	Métrica	Seção	Métrica
Participação em corações, mentes e mercados		*Gestão de produtos e de portfólio*	
2.1	Participação de mercado	4.1	Experimentação
2.1	Porção unitária	4.1	Volume de repetição
2.2	Participação de mercado relativa	4.1	Penetração
2.3	Índice de desenvolvimento de marca	4.1	Projeções de volume
2.3	Índice de desenvolvimento de categoria	4.2	Crescimento anual – %
2.4-2.6	Participação de mercado	4.2	Crescimento – CAGR (Taxa de crescimento anual composta)
2.4	Penetração de mercado	4.3	Taxa de canibalização
2.4	Penetração de marca	4.3	Taxa de perda de *share*
2.4	Participação de penetração	4.4	Métricas de *brand equity*
2.5	Participação nos gastos da categoria	4.5	Utilidades conjuntas e preferências do consumidor
2.6	Índice de intensidade de consumo		
2.7	Hierarquia de efeitos	4.6	Utilidades por segmento
2.7	Consciência	4.7	Utilidades conjuntas e projeções de volume
2.7	Marca mais lembrada		
2.7	Consciência de propaganda	*Rentabilidade do cliente*	
2.7	Conhecimento		
2.7	Crenças do consumidor	5.1	Clientes
2.7	Intenções de compra	5.1	Recência
2.7	Hábitos de compra	5.1	Taxa de retenção
2.7	Lealdade	5.2	Lucro do cliente
2.7	Probabilidade	5.3	Valor de duração do cliente
2.8	Disposição para recomendar	5.4	Projeção de valor de duração
2.8	Satisfação do cliente	5.5	Custo médio de aquisição
2.9	Disposição para procurar	5.5	Custo médio de retenção
Margens e lucros		*Gestão da equipe de vendas e do canal*	
3.1	Margem unitária	6.1	Carga de trabalho
3.1	Margem (%)	6.1	Previsão do potencial de vendas
3.2	Margens do canal		
3.3	Preço médio por unidade	6.2	Meta de vendas
3.3	Preço por unidade estatística	6.3	Eficácia da equipe de vendas
3.4	Custos variáveis e fixos	6.4	Remuneração
3.5	Despesas de marketing	6.4	Ponto de equilíbrio no número de funcionários
3.6	Contribuição por unidade		
3.6	Margem de contribuição (%)	6.5	Funil de vendas, total de prospectos em negociação
3.7	Receita desejada		

Tabela 1.1 Lista das principais métricas *(Continuação)*

Seção	Métrica	Seção	Métrica
6.6	Distribuição numérica (%)	9.3	Alcance líquido
6.6	Volume de todos os produtos (VTP)	9.3	Frequência média
6.6	Distribuição Total (%)	9.4	Funções de resposta de frequência
6.6	Exposições de embalagens		
6.7	Ausente de estoque (%)	9.5	Alcance efetivo
6.7	Estoques	9.5	Frequência efetiva
6.8	Remarcações	9.6	Porcentagem de presença
6.8	Lucratividade direta do produto (LDP)	9.7	*Pageviews*
6.8	Margem bruta de retorno sobre investimento em estoque (MBRIE)	9.8	Taxa de cliques por exposição
		9.9	Taxa de interação de *rich media*
		9.10	Taxa de cliques
Estratégia de preços			
7.1	Variação para preço premium	9.11	Custo por clique
7.2	Preço de reserva	9.11	Custo por pedido
7.2	Porcentagem de bom preço	9.11	Custo por cliente adquirido
7.3	Elasticidade de preço da demanda	9.12	Visitas
7.4	Preço ótimo	9.12	Visitantes
7.5	Elasticidade residual	9.12	Taxa de abandono
		9.13	Taxa de devolução
		9.14	Amigos/seguidores/simpatizantes
Promoção			
8.1	Vendas básicas	9.15	Downloads
8.1	Vendas incrementais/impulso promocional		
		Marketing e finanças	
8.2	Taxa de resgate de cupons	10.1	Lucro líquido
8.2	Custos de cupons e descontos	10.1	Retorno sobre vendas (RSV)
8.2	Porcentagem de vendas com cupom	10.1	Lucros antes dos juros, impostos, depreciação e amortização (EBITDA)
8.2	Porcentagem de vendas com desconto		
8.2	Porcentagem de tempo em promoções		
8.2	Porcentagem de vendas em promoção	10.2	Retorno sobre o investimento
8.3	Repasse de desconto	10.3	Lucro econômico (EVA)
8.4	Cascata de preços	10.4	Retorno
		10.4	Valor presente líquido
Métricas de propaganda e da web		10.4	Taxa interna de retorno (TIR)
9.1	Impressões	10.5	Retorno sobre investimento em marketing (RSIM); receita
9.1	Exposição por impacto		
9.2	Custo por mil exposições (CPM)		

1.6 Levantamento de métricas de marketing

Por que fazer um levantamento das métricas mais úteis?

Desde que começamos a trabalhar neste livro fomos solicitados por colegas, editores e outras pessoas a oferecer uma breve lista das mais importantes métricas de marketing. A ideia era passar aos leitores (profissionais e estudantes) uma relação das métricas "mais importantes". Até aqui havíamos resistido a essa solicitação.

Por que não oferecer uma lista das métricas "realmente importantes"? Em primeiro lugar, entendemos que qualquer classificação de métricas de marketing vai depender do tipo de empresa e negócio envolvidos. Por exemplo, profissionais que trabalham com marketing de produtos e serviços B2B que chegam ao mercado por meio de uma equipe de vendas própria não precisam de métricas para disponibilidade no ponto de venda ou produtividade do vendedor.

A segunda razão é que as métricas tendem a vir em conjuntos prontos. Por exemplo, se o valor do tempo de vida do cliente é importante para a sua empresa (serviços financeiros, por exemplo) é possível que você queira medidas de retenção e custos de aquisição. O mesmo vale para métricas para varejo, mídia, equipe de vendas e tráfego na *web*. Se algumas delas são importantes para você, outras na mesma categoria tendem a ser úteis também.

Em terceiro lugar, nem sempre as empresas têm acesso, a um preço aceitável, às métricas que gostariam. É inevitável que algumas das classificações apresentadas reflitam o custo de obter os dados que sustentem aquela métrica.

Em quarto lugar, algumas métricas podem ter uma baixa classificação e uma boa utilidade, percebida depois que os profissionais compreendem inteiramente seus pros e contras. Por exemplo, muitos acreditam que o valor econômico adicionado (EVA) é o padrão ouro para medidas de rentabilidade, mas fica bem abaixo de outras medidas de desempenho financeiro como o ROI. Acreditamos que isso se deve ao fato de o EVA ser menos aplicável ao nível operacional do que ao desempenho geral da empresa. A outra razão é que a medida é relativamente nova e muitos profissionais não a compreendem. Valor do tempo de vida do cliente é outra métrica que vem conquistando espaço, mas é desconhecida de muitos profissionais. Se todas essas métricas fossem bem compreendidas, um livro como este não seria necessário.

Em resumo, ainda que acreditemos que o levantamento possa ser útil, pedimos que os leitores tenham em mente o que foi dito anteriormente. Listamos nas Tabelas 1.2 e 1.3, a seguir, a classificação geral, e por categoria e tipo de negócio, de várias métricas. Nenhuma empresa é igual a outra, mas entendemos que pode ser útil ver que métricas outros profissionais entendem como úteis no monitoramento e na gestão do negócio. O levantamento completo está no Apêndice A.

Amostra do levantamento

Nosso levantamento foi respondido por 194 executivos e gerentes de marketing. Mais de 100 deles tinham o cargo de vice-presidente/diretor/gestor de marketing, alguns com responsabilidades globais. Havia 10 presidentes e executivos-chefe com importantes responsabilidades sobre a área de marketing. Entre os demais respondentes estavam gerentes de categoria, de produto ou de projeto, de contas, de preço, de desenvolvimento e outros. As indústrias representadas são muitas e variadas. Não houve mais de 10 respostas de uma única indústria e os respondentes eram dos mercados aeroespacial, automobilístico, bancário, químico, bens de consumo, construção, computação, consultoria, educação, distribuição industrial, governo, saúde, imobiliário, seguros, tecnologia da informação, manufatura, materiais, equipamentos médicos, tintas, farmacêutico, varejo, software, telecomunicações e transportes. Cerca de 20% não informaram sua indústria.

As perguntas do levantamento solicitaram que fosse indicada a utilidade de determinada métrica no monitoramento e na gestão do negócio. Observe que este levantamento pede avaliação de como as métricas são realmente utilizadas, mas não pergunta a razão. O levantamento tampouco orienta quanto ao significado de "útil". Ou seja, isso foi deixado para interpretação dos participantes.

As métricas financeiras têm geralmente uma classificação de utilidade muito elevada em relação a métricas de marketing. O que não é surpresa, uma vez que as métricas financeiras estão presentes em todos os tipos de negócio.

Tabela 1.2 Percepção da utilidade das métricas de marketing (levantamento com 194 gestores da área de marketing)

			Todos que responderam às perguntas		Relacionamento com o cliente			O que seu negócio vende?			Quem são seus clientes?		
Grupo													
Quantidade de pessoas no grupo			194		65	69	41	105	36	31	44	85	48
Métrica	Número da pergunta	Capítulo no livro	% que considera muito útil	Classif.	Contrato Classif.	Compra frequente Classif.	Compra não frequente Classif.	Produtos Classif.	Serviços Classif.	Misto Classif.	Consumidores finais Classif.	Empresa Classif.	Misto Classif.
Lucro líquido	Q8.10 n°1	10	91%	1	1	1	1	1	1	1	1	1	1
Margem (%)	Q8.3 n°2	3	78%	2	10	2	3	2	6	2	2	3	6
Retorno sobre investimento	Q8.10 n°3	10	77%	3	4	5	2	3	5	3	3	2	8
Satisfação do cliente	Q8.2 n°12	2	71%	4	2	17	11	13	3	5	19	6	4
Receitas desejadas	Q8.4 n°2	3	71%	5	8	12	5	12	8	3	13	7	6
Total de vendas	Q8.6 n°3	6	70%	6	7	10	8	10	8	8	16	3	2
Volumes desejados	Q8.4 n°1	3	70%	7	5	6	11	8	13	10	8	7	10
Retorno sobre vendas	Q8.10 n°2	10	69%	8	12	12	3	9	17	8	4	17	2
Fidelidade	Q8.2 n°8	2	69%	9	70	71	98	4	11	17	13	5	16
Crescimento anual %	Q8.4 n°7	4	69%	10	13	3	11	7	11	15	8	10	10

Participação de mercado em dólares	Q8.1 nº1	2	67%	11	13	7	7	5	13	21	8	11	13
Clientes	Q8.5 nº1	5	67%	12	5	16	11	19	4	5	26	13	3
Margem unitária	Q8.3 nº1	3	65%	13	17	9	5	11	21	10	13	12	13
Taxa de retenção	Q8.5 nº3	5	63%	14	3	26	26	28	2	5	76	9	5
Previsão de potencial de vendas	Q8.6 nº2	6	62%	15	11	18	11	17	18	10	23	14	18
Participação de mercado unitária	Q8.1 nº2	2	61%	16	23	4	16	5	54	30	8	18	17
Consciência de marca	Q8.2 nº1	2	61%	17	23	7	16	14	33	10	4	25	9
Custos variáveis e fixos	Q8.3 nº6	3	60%	18	15	11	32	15	8	30	19	21	13
Disposição para recomendar	Q8.2 nº10	2	57%	19	9	32	26	30	6	19	36	16	29
Projeções de volume	Q8.4 nº6	4	56%	20	23	14	21	16	31	24	45	15	27
Força de vendas efetiva	Q8.6 nº4	6	54%	21	21	22	21	25	31	15	42	23	18
Ágio	Q8.8 nº1	7	54%	22	28	27	8	23	33	17	56	19	25
Gastos com marketing	Q8.3 nº7	3	52%	23	51	15	16	18	67	21	6	46	21
Preço médio por unidade	Q8.3 nº4	3	51%	24	23	23	32	21	33	38	27	26	25
Penetração	Q8.4 nº5	4	50%	25	39	19	21	22	54	24	39	24	32
Marca mais lembrada	Q8.2 nº2	2	50%	26	33	25	26	30	33	30	39	27	21
Remuneração	Q8.6 nº5	6	49%	27	17	30	52	32	18	46	42	20	58

Tabela 1.2 Utilidade percebida de várias métricas de marketing (levantamento com 194 gestores da área de marketing) *(continuação)*

Grupo			Todos que responderam às perguntas		Relacionamento com o cliente			O que seu negócio vende?			Quem são seus clientes?		
Quantidade de pessoas no grupo			194		65	69	41	105	36	31	44	85	48
Métrica	Número da pergunta	Capítulo no livro	% que considera muito útil	Classif.	Contrato Classif.	Compra frequente Classif.	Compra não frequente Classif.	Produtos Classif.	Serviços Classif.	Misto Classif.	Consumidores finais Classif.	Empresa Classif.	Misto Classif.
Retorno sobre o investimento em marketing (RSIM)	Q8.10 nº8	10	49%	27	47	32	8	26	45	24	19	39	24
Crenças do consumidor	Q8.2 nº5	2	48%	29	33	35	21	47	21	10	30	29	36
Margem de contribuição %	Q8.3 nº9	3	47%	30	56	21	21	29	46	24	45	32	21
Valor presente líquido	Q8.10 nº6	10	46%	31	31	37	26	39	27	20	39	41	20
Penetração de mercado	Q8.1 nº6	2	45%	32	17	41	58	38	41	38	45	35	33
Funil de vendas	Q8.6 nº7	6	44%	33	17	60	32	54	21	21	74	21	58
Participação relativa de mercado	Q8.1 nº3	2	44%	34	36	38	40	32	33	65	58	41	27
Hábitos de compra	Q8.2 nº7	2	43%	35	39	35	43	27	41	80	30	29	69

Estoques	Q8.7 n°7	6	43%	36	62	20	48	20	109	59	24	45	46
Simpatia	Q8.2 n°9	2	43%	37	28	54	38	47	21	46	45	37	39
Alcance efetivo	Q8.9 n°6	9	42%	38	48	40	32	37	46	44	7	61	46
Impressões	Q8.9 n°1	9	41%	40	36	61	26	50	41	24	19	64	29
Lucro do cliente	Q8.5 n°4	5	41%	41	16	69	52	59	18	54	73	28	46
Preço ótimo	Q8.8 n°5	7	41%	42	39	47	36	36	46	46	45	49	36
Devolução	Q8.10 n°5	10	41%	42	51	51	20	54	27	43	67	34	44
Vendas incrementais ou impulso promocional	Q8.8 n°8	8	41%	44	66	24	52	24	96	65	24	50	51
Conhecimento do consumidor	Q8.2 n°4	2	40%	45	36	57	43	64	21	30	58	37	51
Contribuição por unidade	Q8.3 n°8	3	40%	46	71	29	48	39	62	46	63	54	29
Vendas no ponto de equilíbrio	Q8.3 n°10	3	40%	46	51	39	43	43	40	59	58	41	46
Valor de duração do cliente	Q8.5 n°5	5	39%	48	23	77	40	69	21	30	76	46	33
Elasticidade-preço	Q8.8 n°4	7	39%	48	71	31	38	35	72	54	34	56	39
Intenções de compras	Q8.2 n°6	2	39%	50	54	67	19	62	41	30	45	32	79
Crescimento do CAGR	Q8.4 n°8	4	38%	51	45	32	74	41	54	72	83	31	45
Taxa interna de retorno	Q8.10 n°7	10	38%	52	44	63	36	66	27	29	71	53	35
Frequência efetiva	Q8.9 n°7	9	37%	53	56	52	43	45	67	44	12	74	46
Visitantes	Q8.9 n°15	9	37%	54	39	58	58	60	46	38	53	51	62
Custo médio de aquisição	Q8.5 n°7	5	36%	55	21	95	43	77	13	38	83	41	43

(continua)

Tabela 1.2 Utilidade percebida de várias métricas de marketing (levantamento com 194 gestores da área de marketing) *(continuação)*

Grupo			Todos que responderam às perguntas		Relacionamento com o cliente			O que seu negócio vende?			Quem são seus clientes?		
					Contrato	Compra frequente	Compra não frequente	Produtos	Serviços	Misto	Consumidores finais	Empresa	Misto
Quantidade de pessoas no grupo			194		65	69	41	105	36	31	44	85	48
Métrica	Número da pergunta	Capítulo no livro	% que considera muito útil	Classif.	Classif.	Classif.	Classif.	Classif.	Classif.	Classif.	Classif.	Classif.	Classif.
Porcentagem de presença	Q8.9 n°8	9	36%	55	66	43	52	45	62	64	33	72	39
Visitas	Q8.9 n°14	9	36%	57	39	58	66	61	46	38	53	55	51
Carga de trabalho	Q8.6 n°1	6	36%	58	50	48	66	53	54	59	79	40	58
Volume de repetição	Q8.4 n°4	4	36%	59	56	46	58	50	54	65	64	52	58
Taxa de cliques	Q8.9 n°10	9	35%	60	33	61	77	63	33	54	29	67	51
Vendas básicas	Q8.8 n°7	8	34%	61	71	42	56	42	72	80	45	56	69
Distribuição total	Q8.7 n°4	6	34%	62	84	43	48	44	96	59	28	66	69
Alcance líquido	Q8.9 n°4	9	34%	62	62	48	66	58	72	51	37	62	62
Penetração da marca	Q8.1 n°7	2	34%	64	62	54	62	47	62	75	30	69	62
Fora de estoque %	Q8.7 n°6	6	33%	65	86	27	88	34	109	86	18	64	85

Custo médio de retenção	Q8.5 nº8	5	33%	66	30	98	40	82	13	51	91	48	51	
Volume de categoria de produto	Q8.7 nº3	6	33%	67	84	45	57	57	92	58	62	62	51	
Custo por cliente adquirido	Q8.9 nº13	9	32%	68	48	72	66	70	54	51	74	60	51	
Frequência média	Q8.9 nº5	9	31%	69	76	48	71	54	83	75	16	77	86	
Margem do canal	Q8.3 nº3	3	30%	70	66	80	48	70	83	37	67	82	39	
Lucratividade direta do produto	Q8.7 nº9	6	30%	71	76	56	62	67	72	54	66	69	62	
Recência	Q8.5 nº2	5	29%	72	56	74	71	75	33	80	94	59	62	
Custo por milhares de impressões	Q8.9 nº3	9	28%	73	62	81	62	70	62	75	38	83	75	
Pageview	Q8.9 nº9	9	28%	74	45	84	88	87	54	46	56	83	69	
Custo por clique	Q8.9 nº11	9	27%	75	56	86	77	79	46	65	53	88	75	
Métricas de Brand equity	Q8.4 nº10	4	26%	76	76	76	77	68	72	89	58	90	74	
Reduções de preço	Q8.7 nº8	6	26%	77	96	52	84	65	106	80	34	90	86	
Taxa de canibalização	Q8.4 nº9	4	24%	78	88	65	95	74	83	97	78	76	91	
Taxa de abandono	Q8.9 nº16	9	24%	79	56	90	95	90	62	71	81	87	68	
Consciência de anúncio	Q8.2 nº3	2	23%	80	76	88	77	78	72	80	64	104	75	
Custo por pedido	Q8.9 nº12	9	23%	81	71	91	74	90	67	65	95	73	75	
Pontos de audiência bruta	Q8.9 nº2	9	23%	82	88	91	58	84	67	80	42	99	92	
Quantidade de funcionários no ponto de equilíbrio	Q8.6 nº6	6	23%	83	66	96	71	100	46	59	85	69	96	

(*continua*)

Tabela 1.2 Utilidade percebida de várias métricas de marketing (levantamento com 194 gestores da área de marketing) *(continuação)*

Grupo			Todos que responderam às perguntas		Relacionamento com o cliente			O que seu negócio vende?			Quem são seus clientes?		
Quantidade de pessoas no grupo			194		65	69	41	105	36	31	44	85	48
Métrica	Número da pergunta	Capítulo no livro	% que considera muito útil	Classif.	Contrato	Compra frequente	Compra não frequente	Produtos	Serviços	Misto	Consumidores finais	Empresa	Misto
					Classif.	Classif.	Classif.	Classif.	Classif.	Classif.	Classif.	Classif.	Classif.
Hierarquia de efeitos	Q8.1 n°11	2	23%	84	81	83	84	80	72	86	92	83	69
Distribuição numérica %	Q8.7 n°1	6	22%	85	108	75	62	73	106	103	69	89	97
Volume de todos os produtos	Q8.7 n°2	6	22%	85	96	67	93	75	83	89	69	78	104
Participação de penetração	Q8.1 n°8	2	22%	87	76	93	74	84	72	75	95	75	79
Índice de desenvolvimento de marca	Q8.1 n°4	2	21%	88	91	79	94	89	83	75	80	94	79
Valor de duração do cliente potencial	Q8.5 n°6	5	21%	89	81	106	66	95	46	104	98	67	97
Percentual de vendas na transação	Q8.8 n°12	8	21%	89	91	82	87	92	83	72	87	79	92

Disposição para procurar	Q8.2 n°13	2	20%	91	71	102	77	86	72	107	85	79	100
Volume experimental	Q8.4 n°3	4	19%	92	90	72	108	82	96	97	90	79	103
Pontuação líquida do promotor	Q8.2 n°11	2	19%	93	55	101	103	94	61	107	106	58	109
Exposições na gôndola	Q8.7 n°5	6	19%	94	99	66	105	81	72	107	45	99	110
Taxas de resgate	Q8.8 n°9	8	19%	95	102	69	100	92	96	104	82	94	92
Custo de cupons/descontos	Q8.8 n°10	8	19%	95	102	77	90	87	96	97	87	102	79
Índice de desenvolvimento de categoria	Q8.1 n°5	2	18%	97	95	87	103	97	83	86	99	92	79
Preço de reserva	Q8.8 n°2	7	17%	98	99	93	84	96	72	89	100	86	99
MBRIE	Q8.7 n°10	6	16%	99	102	84	99	98	96	89	87	94	100
Percentual do valor do bem	Q8.8 n°3	7	16%	99	91	108	77	107	67	72	100	109	62
Porcentagem de vendas com cupom	Q8.8 n°11	8	16%	99	109	88	90	98	96	89	93	105	86
Preço por unidade estatística	Q8.3 n°5	3	16%	102	91	102	90	104	83	65	104	94	79
Utilidades conjuntas	Q8.4 n°11	4	14%	103	81	99	108	101	92	89	107	94	89
Elasticidade residual	Q8.8 n°6	7	14%	104	98	109	77	102	92	97	109	92	92
Percentual de tempo sobre a transação	Q8.8 n°13	8	14%	105	102	96	95	105	96	89	97	102	104

(continua)

Tabela 1.2 Utilidade percebida de várias métricas de marketing (levantamento com 194 gestores da área de marketing) *(continuação)*

Grupo			Todos que responderam às perguntas		Relacionamento com o cliente			O que seu negócio vende?			Quem são seus clientes?		
					Contrato	Compra frequente	Compra não frequente	Produtos	Serviços	Misto	Consumidores finais	Empresa	Misto
Quantidade de pessoas no grupo			194		65	69	41	105	36	31	44	85	48
Métrica	Número da pergunta	Capítulo no livro	% que considera muito útil	Classif.	Classif.	Classif.	Classif.	Classif.	Classif.	Classif.	Classif.	Classif.	Classif.
Utilidades conjuntas e projeção de volume	Q8.4 n°12	4	13%	106	87	99	108	103	92	89	103	105	89
Repasse	Q8.8 n°15	8	11%	107	102	107	100	108	83	97	102	108	100
Participação de requisitos	Q8.1 n°9	2	10%	108	102	102	105	106	106	106	108	99	108
Profundidade média da transação	Q8.8 n°14	8	10%	109	110	105	100	109	96	97	105	107	104
Índice de intensidade de uso	Q8.1 n°10	2	6%	110	101	110	107	110	96	110	110	110	104

Tabela 1.3 Classificação das métricas por categoria/capítulo (veja no Apêndice A o levantamento completo) (*continuação*)

Métrica	Seção na pesquisa	Número da pergunta	Capítulo no livro	% que considera muito útil	Classificação na seção da pesquisa
Participação de mercado em dólar	1	Q8.1 nº1	2	67%	1
Participação de mercado unitária	1	Q8.1 nº2	2	61%	2
Penetração de mercado	1	Q8.1 nº6	2	45%	3
Participação de mercado relativa	1	Q8.1 nº3	2	44%	4
Penetração de marca	1	Q8.1 nº7	2	34%	5
Hierarquia de efeitos	1	Q8.1 nº11	2	23%	6
Participação de penetração	1	Q8.1 nº8	2	22%	7
Índice de desenvolvimento de marca	1	Q8.1 nº4	2	21%	8
Índice de desenvolvimento de categoria	1	Q8.1 nº5	2	18%	9
Participação de requisitos	1	Q8.1 nº9	2	10%	10
Índice de intensidade de uso	1	Q8.1 nº10	2	6%	11
Satisfação do cliente	2	Q8.2 nº12	2	71%	1
Fidelidade	2	Q8.2 nº8	2	69%	2
Consciência de marca	2	Q8.2 nº1	2	61%	3
Disposição para recomendar	2	Q8.2 nº10	2	57%	4
Marca mais lembrada	2	Q8.2 nº2	2	50%	5
Crenças do consumidor	2	Q8.2 nº5	2	48%	6
Hábitos de compra	2	Q8.2 nº7	2	43%	7
Simpatia	2	Q8.2 nº9	2	43%	8
Conhecimento do consumidor	2	Q8.2 nº4	2	40%	9

(*continua*)

Tabela 1.3 Classificação das métricas por categoria/capítulo (veja no Apêndice A o levantamento completo) (*continuação*)

Métrica	Seção na pesquisa	Número da pergunta	Capítulo no livro	% que considera muito útil	Classificação na seção da pesquisa
Intenções de compra	2	Q8.2 n°6	2	39%	10
Consciência de anúncio	2	Q8.2 n°3	2	23%	11
Disposição para procurar	2	Q8.2 n°13	2	20%	12
Net Promoter Score	2	Q8.2 n°11	2	19%	13
Margem %	3	Q8.3 n°2	3	78%	1
Margem unitária	3	Q8.3 n°1	3	65%	2
Custos variáveis e fixos	3	Q8.3 n°6	3	60%	3
Gastos com marketing	3	Q8.3 n°7	3	52%	4
Preço médio por unidade	3	Q8.3 n°4	3	51%	5
Margem de contribuição %	3	Q8.3 n°9	3	47%	6
Contribuição por unidade	3	Q8.3 n°8	3	40%	7
Vendas no ponto de equilíbrio	3	Q8.3 n°10	3	40%	8
Margem do canal	3	Q8.3 n°3	3	30%	9
Preço por unidade estatística	3	Q8.3 n°5	3	16%	10
Receitas desejadas	4	Q8.4 n°2	3	71%	1
Volumes desejados	4	Q8.4 n°1	3	70%	2
Crescimento anual %	4	Q8.4 n°7	4	69%	3
Projeções de volume	4	Q8.4 n°6	4	56%	4
Penetração	4	Q8.4 n°5	4	50%	5
Crescimento do CAGR	4	Q8.4 n°8	4	38%	6
Volume de repetição	4	Q8.4 n°4	4	36%	7
Métricas de *brand equity*	4	Q8.4 n°10	4	26%	8

Tabela 1.3 Classificação das métricas por categoria/capítulo (veja no Apêndice A o levantamento completo) (*continuação*)

Métrica	Seção na pesquisa	Número da pergunta	Capítulo no livro	% que considera muito útil	Classificação na seção da pesquisa
Taxa de canibalização	4	Q8.4 n$^{\circ}$9	4	24%	9
Volume de experimento	4	Q8.4 n$^{\circ}$3	4	19%	10
Utilidades Conjuntas	4	Q8.4 n$^{\circ}$11	4	14%	11
Utilidades conjuntas e projeção de volume	4	Q8.4 n$^{\circ}$12	4	13%	12
Clientes	5	Q8.5 n$^{\circ}$1	5	67%	1
Taxa de retenção	5	Q8.5 n$^{\circ}$3	5	63%	2
Lucro do cliente	5	Q8.5 n$^{\circ}$4	5	41%	3
Valor de duração do cliente	5	Q8.5 n$^{\circ}$5	5	39%	4
Custo médio de aquisição	5	Q8.5 n$^{\circ}$7	5	36%	5
Custo médio de retenção	5	Q8.5 n$^{\circ}$8	5	33%	6
Recência	5	Q8.5 n$^{\circ}$2	5	29%	7
Valor de duração do cliente potencial	5	Q8.5 n$^{\circ}$6	5	21%	8
Total de vendas	6	Q8.6 n$^{\circ}$3	6	70%	1
Previsão de potencial de vendas	6	Q8.6 n$^{\circ}$2	6	62%	2
Força efetiva de vendas	6	Q8.6 n$^{\circ}$4	6	54%	3
Remuneração	6	Q8.6 n$^{\circ}$5	6	49%	4
Funil de vendas	6	Q8.6 n$^{\circ}$7	6	44%	5
Carga de trabalho	6	Q8.6 n$^{\circ}$1	6	36%	6
Quantidade de funcionários no ponto de equilíbrio	6	Q8.6 n$^{\circ}$6	6	23%	7
Estoques	7	Q8.7 n$^{\circ}$7	6	43%	1
Distribuição total	7	Q8.7 n$^{\circ}$4	6	34%	2

(*continua*)

Tabela 1.3 Classificação das métricas por categoria/capítulo (veja no Apêndice A o levantamento completo) (*continuação*)

Métrica	Seção na pesquisa	Número da pergunta	Capítulo no livro	% que considera muito útil	Classificação na seção da pesquisa
Fora de estoque % (OOS)	7	Q8.7 n°6	6	33%	3
Volume de categoria de produto (PCV)	7	Q8.7 n°3	6	33%	4
Lucratividade direta do produto (DPP)	7	Q8.7 n°9	6	30%	5
Reduções de preço	7	Q8.7 n°8	6	26%	6
Distribuição numérica %	7	Q8.7 n°1	6	22%	7
Volume de todos os produtos (ACV)	7	Q8.7 n°2	6	22%	8
Exposições na gôndola	7	Q8.7 n°5	6	19%	9
Margem bruta de retorno do investimento em estoque (MBRIE)	7	Q8.7 n°10	6	16%	10
Ágio	8	Q8.8 n°1	7	54%	1
Preço ótimo	8	Q8.8 n°5	7	41%	2
Vendas incrementais ou impulso promocional	8	Q8.8 n°8	8	41%	3
Elasticidade-preço	8	Q8.8 n°4	7	39%	4
Vendas básicas	8	Q8.8 n°7	8	34%	5
Porcentagem de vendas sobre a transação	8	Q8.8 n°12	8	21%	6
Taxas de resgate	8	Q8.8 n°9	8	19%	7
Custo de cupons/descontos	8	Q8.8 n°10	9	19%	8
Preço de reserva	8	Q8.8 n°2	9	17%	9
Porcentual de bom preço	8	Q8.8 n°3	9	16%	10
Porcentagem de vendas com cupom	8	Q8.8 n°11	9	16%	11
Elasticidade residual	8	Q8.8 n°6	9	14%	12

Tabela 1.3 Classificação das métricas por categoria/capítulo (veja no Apêndice A o levantamento completo) (*continuação*)

Métrica	Seção na pesquisa	Número da pergunta	Capítulo no livro	% que considera muito útil	Classificação na seção da pesquisa
Percentual de tempo sobre transação	8	Q8.8 n°13	9	14%	13
Repasse	8	Q8.8 n°15	9	11%	14
Profundidade média da transação	8	Q8.8 n°14	9	10%	15
Alcance efetivo	9	Q8.9 n°6	9	42%	1
Impressões	9	Q8.9 n°1	9	41%	2
Frequência efetiva	9	Q8.9 n°7	9	37%	3
Visitantes	9	Q8.9 n°15	9	37%	4
Share of Voice	9	Q8.9 n°8	9	36%	5
Visitas	9	Q8.9 n°14	9	36%	6
Taxa de cliques	9	Q8.9 n°10	9	35%	7
Alcance líquido	9	Q8.9 n°4	9	34%	8
Custo por cliente adquirido	9	Q8.9 n°13	9	32%	9
Frequência média	9	Q8.9 n°5	9	31%	10
Custo por milhares de impressões (CPM)	9	Q8.9 n°3	9	28%	11
Pageviews	9	Q8.9 n°9	9	28%	12
Custo por clique	9	Q8.9 n°11	9	27%	13
Taxa de abandono	9	Q8.9 n°16	9	24%	14
Custo por pedido	9	Q8.9 n°12	9	23%	15
Pontos de audiência bruta	9	Q8.9 n°2	9	23%	16
Lucro líquido	10	Q8.10 n°1	10	91%	1
Retorno sobre investimento (RSI)	10	Q8.10 n°3	10	77%	2
Retorno sobre vendas (RSV)	10	Q8.10 n°2	10	69%	3

(*continua*)

Tabela 1.3 Classificação das métricas por categoria/capítulo (veja no Apêndice A o levantamento completo) (*continuação*)

Métrica	Seção na pesquisa	Número da pergunta	Capítulo no livro	% que considera muito útil	Classificação na seção da pesquisa
Retorno sobre investimento em marketing (RSIM)	10	Q8.10 n°8	10	49%	4
Valor presente líquido (VPL)	10	Q8.10 n°6	10	46%	5
Lucro econômico (EVA)	10	Q8.10 n°4	10	41%	6
Devolução	10	Q8.10 n°5	10	41%	7
Taxa interna de retorno (TIR)	10	Q8.10 n°7	10	38%	8

Capítulo 2

Participação em corações, mentes e mercados

Principais conceitos abordados neste capítulo:

Participação de mercado	Índice de intensidade relativa de consumo
Participação relativa de mercado	Consciência, atitudes e uso (CAU)
Concentração de mercado	Satisfação do cliente
Índice de desenvolvimento de marca (IDM)	Disposição para recomendar
Índice de desenvolvimento de categoria (IDC)	Net Promotor
Penetração	Disposição para procurar
Participação nos gastos	

Enquanto a WalMart agressivamente inaugura mais lojas, continua a capturar uma participação cada vez maior nos gastos dos consumidores. Três de cada cinco consumidores compraram presentes na WalMart no último Natal. Atualmente, os lares americanos compram, em média, 22% dos alimentos na WalMart. Um quarto de todos os compradores indica que está gastando uma parcela maior de seu orçamento com vestuário na WalMart, em comparação com o que gastava há um ano. Estas descobertas da ShopperScape dão crédito à premissa da Retail Forward de que a Wal-Mart continuará a estender as fronteiras do que os consumidores permitirem que ela seja.[1]

À primeira vista, a participação de mercado parece envolver um cálculo relativamente simples: "nós / (nós + eles)". Mas isso levanta uma série de questões. Por exemplo, quem são "eles"? Ou seja, qual a amplitude da definição de nosso universo competitivo? Que unidades são usadas? Onde obtemos nossas informações na cadeia de valor? Que intervalo de tempo maximizará a taxa de sinal de ruído? Numa métrica tão importante quanto a participação de mercado, tão detidamente monitorada em suas mudanças e tendências, as respostas para tais perguntas são cruciais. Neste capítulo, nós as abordaremos e também apresentaremos os principais componentes da participação de mercado, incluindo a participação de penetração, o índice de intensidade relativa de consumo e a participação nos gastos.

Sondando a dinâmica por trás da participação de mercado, exploraremos medidas de consciência, atitude e uso – os principais fatores no processo de tomada de decisão pelo qual os clientes selecionam uma marca em detrimento de outra. Discutiremos a satisfação do cliente com produtos e lojas, cuja quantificação está aumentando em importância entre os profissionais de marketing. Finalmente, consideraremos métricas que avaliem a profundidade da preferência e satisfação do consumidor, inclusive a disposição dos clientes de procurar se uma marca não estiver disponível e de recomendar essa marca para outras pessoas. Cada vez mais, os profissionais de marketing baseiam-se nessas métricas como os principais indicadores de futuras mudanças na participação.

	Métrica	Construção	Considerações	Propósito
2.1	Participação de mercado por receita	Receita de vendas como porcentagem da receita de vendas no mercado.	Escopo de definição de mercado. Nível do canal analisado. Descontos antes/depois. Período de tempo abrangido.	Mensurar a competitividade.
2.1	Participação de mercado unitária	Vendas unitárias como porcentagem de vendas unitárias de mercado.	Escopo de definição de mercado. Nível do canal analisado. Período de tempo abrangido.	Mensurar a competitividade.
2.2	Participação de mercado relativa	Participação da marca no mercado dividida pela participação de mercado do maior concorrente.	Pode usar tanto a porção unitária quanto a de receita.	Avaliar a força de mercado comparativa.
2.3	Índice de desenvolvimento de marca	Vendas da marca em um segmento especificado, comparadas com as vendas daquela marca no mercado como um todo.	Pode usar tanto as vendas unitárias quanto as de receita.	Verificar diferenças regionais ou de segmento nas compras e no consumo da marca.
2.3	Índice de desenvolvimento de categoria	Vendas da categoria em um segmento especificado, comparadas com as vendas da categoria no mercado como um todo.	Pode usar tanto as vendas unitárias quanto as de receita.	Avaliar diferenças regionais ou de segmento nas compras e no consumo da categoria.

Continua

	Métrica	Construção	Considerações	Propósito
2.4 2.5 2.6	Decomposição da participação de mercado	Participação de penetração. Participação nos gastos da categoria. Índice de intensidade de consumo.	Pode ser baseada nas participações unitárias ou de receita. Período de tempo abrangido.	Cálculo da participação de mercado. Análise competitiva. Análise de tendências históricas. Formulação de objetivos de marketing.
2.4	Penetração de mercado	Compradores de uma categoria de produto como porcentagem da população total.	Baseada na população. Portanto, a consideração unidade/receita não é relevante.	Medir a aceitação da categoria por uma população definida. Útil para mapear a aceitação de novas categorias de produtos.
2.4	Penetração de marca	Compradores de uma marca como porcentagem da população total.	Baseada na população. Portanto, a consideração unidade/receita não é relevante.	Mede a aceitação da marca por uma população definida.
2.4	Participação de penetração	Penetração de marca como porcentagem da penetração de mercado.	Um componente da fórmula de participação de mercado.	Aceitação comparativa da marca na categoria.
2.5	Participação nos gastos	Compras da marca como porcentagem das compras totais da categoria por compradores daquela marca.	Pode usar tanto a porção unitária quanto a de receita. Pode aumentar até mesmo com o declínio nas vendas, deixando somente os clientes mais leais.	Nível de comprometimento com uma marca por parte de seus clientes já existentes.
2.6	Índice de intensidade de consumo	Compras da categoria por clientes de uma marca, comparadas com compras naquela categoria pela média de clientes.	Pode usar tanto as vendas unitárias quanto as de receita.	Mensura o uso relativo de uma categoria pelos clientes para uma marca específica.

Continua

	Métrica	Construção	Considerações	Propósito
2.7	Hierarquia de efeitos	Consciência; atitudes, crenças; importância; intenções de experimentar, comprar; experimentar, repetir.	A sequência estrita é com frequencia violada e pode ser revertida.	Estabelecer objetivos de marketing e propaganda. Entender o progresso nos estágios do processo de tomada de decisão do cliente.
2.7	Consciência da marca	Porcentagem da população total que conhece uma marca.	Essa consciência está ativa ou não?	Considerar quem já ouviu falar da marca.
2.7	Marca mais lembrada	Primeira marca a ser considerada.	Pode estar sujeita à propaganda ou experiência mais recente.	Saliência da marca.
2.7	Consciência de propaganda	Porcentagem da população total que conhece a propaganda de uma marca.	Pode variar de acordo com o horário, alcance e frequencia da propaganda.	Medida dos efeitos de uma propaganda. Pode indicar o "poder de parada" das propagandas.
2.7	Conhecimento	Porcentagem da população com conhecimento do produto e lembrança de sua propaganda.	Não é uma métrica formal. Esse conhecimento está ativo ou não?	Familiaridade com o produto indo além do reconhecimento do nome.
2.7	Crenças	Visão do produto pelos clientes/consumidores, geralmente obtida por meio de respostas a pesquisas, com frequencia através de classificação em uma escala.	Os clientes/consumidores podem ter crenças com diferentes graus de convicção.	Percepção da marca por atributo.
2.7	Intenções de compra	Probabilidade da intenção de comprar.	Estimar a probabilidade de compra, agregar e analisar classificações das intenções declaradas (para exemplo, avance dois quadros).	Mensurar a disposição pré-compra.
2.7	Hábitos de compra	Frequencia de compra. Quantidade normalmente comprada.	Pode variar bastante em cada saída para compras.	Ajuda a identificar os usuários assíduos.

Continua

	Métrica	Construção	Considerações	Propósito
2.7	Lealdade	As medidas incluem a participação nos gastos, disposição de pagar mais, disposição para procurar.	A "lealdade" por si só não é uma métrica formal, mas as métricas específicas avaliam aspectos dessa dinâmica. A entrada de novos produtos pode alterar os níveis de lealdade.	Indicação de fluxo de receita futura básica.
2.7	Probabilidade	Geralmente medida via classificações por meio de uma série de escalas.	Frequentemente, acredita-se ter correlação com a persuasão.	Mostra a preferência geral antes da compra.
2.8	Disposição para recomendar	Geralmente medida via classificações em uma escala de 1 a 5.	Tem impacto não linear.	Mostra a força da lealdade, o impacto potencial sobre os outros.
2.8	Satisfação do cliente	Geralmente medida em uma escala de 1 a 5, em que os clientes declaram sua satisfação com a marca em geral ou com atributos específicos.	Sujeito à tendenciosidade nas respostas. Capta visões dos atuais clientes, não dos clientes perdidos. A satisfação é uma função da expectativa.	Indica a probabilidade de repetição da compra. Relatos de insatisfação mostram aspectos que exigem aperfeiçoamento para aumentar a lealdade.
2.9	*Net Promoter*	Porcentagem de clientes dispostos a recomendarem para outros menos a porcentagem que não está disposta a recomendar o produto ou serviço.	Exige uma pesquisa de inteções.	Alguns afirmam que esta é absolutamente a melhor métrica para profissionais de marketing.
2.10	Disposição para procurar	Porcentagem de clientes dispostos a adiar as compras, mudar de lojas ou reduzir as quantidades para evitar a mudança de marca.	Difícil de obter.	Indica a importância da abrangência da distribuição.

2.1 Participação de mercado

A participação de mercado é a porcentagem de um mercado (definido em termos de unidades ou de receita) atendido por uma entidade específica.

$$\text{Participação de mercado em unidades (\%)} = \frac{\text{Unidades vendidas (n}^\text{o}\text{)}}{\text{Total de vendas do mercado em unidades (n}^\text{o}\text{)}}$$

$$\text{Participação de mercado por receita (\%)} = \frac{\text{Receita de vendas (\$)}}{\text{Receita total do mercado (\$)}}$$

Os profissionais de marketing precisam ser capazes de traduzir as metas de vendas em participação de mercado porque isso demonstrará se as previsões serão atingidas pelo crescimento do mercado ou pela captura de participação dos concorrentes. Esta última condição é quase sempre mais difícil de alcançar. A participação no mercado é monitorada por sinais de mudança no cenário competitivo e costuma impulsionar uma ação estratégica ou tática.

Propósito: indicador-chave da competitividade no mercado.

A participação no mercado é um indicador de como uma empresa está se saindo em relação aos seus concorrentes. Esta métrica, complementada por mudanças na receita de vendas, ajuda os gestores a avaliarem tanto a demanda primária quanto a seletiva em seu mercado. Ou seja, possibilita que eles julguem não apenas o crescimento total do mercado, como também as tendências nas seleções dos clientes entre os concorrentes. O crescimento de vendas resultante da demanda primária (crescimento total do mercado) costuma ser mais barato e mais rentável do que o crescimento alcançado com a captura de fatia dos concorrentes. Ao contrário, perdas na participação no mercado podem indicar sérios problemas de longo prazo que exigem ajustes estratégicos. Empresas com participações de mercado abaixo de determinado nível podem não ser sustentáveis. Da mesma forma, dentro de uma linha de produtos de uma empresa, as tendências de participação de mercado de produtos individuais são consideradas como indicadores iniciais de futuras oportunidades ou problemas.

Construção

Participação de mercado: *A porcentagem de um mercado atendido por uma entidade específica.*

Participação de mercado em unidades: *As unidades vendidas por uma determinada empresa como porcentagem do total de vendas do mercado medidas nas mesmas unidades.*

$$\text{Participação unitária de mercado (\%)} = \frac{\text{Vendas unitárias (n}^\text{o}\text{)}}{\text{Total de vendas do mercado em unidades (n}^\text{o}\text{)}}$$

É claro que esta fórmula pode ser reorganizada para derivar as vendas unitárias ou o total de vendas unitárias do mercado a partir das outras duas variáveis, conforme ilustrado a seguir:

Vendas unitárias (nº) = Participação de mercado em unidades (%) *
Total de vendas do mercado em unidades (nº)

$$\text{Total de vendas do mercado em unidades (nº)} = \frac{\text{Vendas unitárias (nº)}}{\text{Participação unitária de mercado (\%)}}$$

Participação de mercado por receita: *A participação de mercado por receita difere da participação unitária de mercado por refletir os preços pelos quais os produtos são vendidos. Na verdade, uma forma relativamente simples de calcular o preço relativo é dividir a participação de mercado por receita pela participação unitária de mercado (ver a Seção 7.1).*

$$\text{Participação de mercado por receita (\%)} = \frac{\text{Receita de vendas (\$)}}{\text{Receita total de vendas do mercado (\$)}}$$

Como na participação unitária de mercado, esta equação para participação de mercado por receita pode ser reorganizada para calcular ou a receita de vendas ou o total da receita de vendas no mercado a partir das outras duas variáveis.

Fontes de dados, complicações e precauções

A definição de mercado nunca é um exercício simples. Se uma empresa definir seu mercado muito amplamente, poderá diluir seu foco. Se o definir muito estreitamente, perderá oportunidades e permitirá que ameaças surjam sem serem notadas. Para evitar essas armadilhas, como primeiro passo no cálculo da participação no mercado, os gestores são aconselhados a definirem o mercado atendido em termos de vendas unitárias ou receitas para uma lista específica de concorrentes, produtos, canais de vendas, áreas geográficas, clientes e períodos de tempo. Eles podem estabelecer, por exemplo, que "entre as lojas de alimentos, somos o líder em participação de mercado por receita nas vendas de comidas italianas congeladas na região nordeste dos Estados Unidos".

Os parâmetros de dados devem ser cuidadosamente definidos. Apesar de a participação de mercado provavelmente ser a métrica de marketing mais importante, não há um método geralmente reconhecido como o melhor para calculá-la. Isso é uma pena, uma vez que métodos diferentes podem produzir não só cálculos diferentes da participação no mercado em determinado momento, como também tendências amplamente divergentes ao longo do tempo. As razões para estas disparidades incluem variações nas lentes através das quais a participação é vista (unidades *versus* dólares), em que ponto no canal as medidas são feitas (embarques nos fabricantes *versus* compras do consumidor), definição de mercado (âmbito do universo competitivo) e erros de mensuração. Na análise de situação inerente a decisões estratégicas, os gestores devem ser capazes de compreender e explicar estas variações.

A dinâmica competitiva no setor de automóveis, e na General Motors especificamente, ilustra as complexidades envolvidas na quantificação da participação de mercado:

> Com a participação de mercado em queda nos dois primeiros meses do ano, de 27,2% para 24,9% – o nível mais baixo desde que uma greve de dois meses paralisou a empresa em 1988 – a GM como um todo espera uma perda líquida de 846 milhões de dólares no primeiro trimestre.[2]

Ao analisar essa declaração, retirada de uma *Business Week* de 2005, um gerente de marketing pode imediatamente fazer várias perguntas:

- Estes números representam as participações de mercado unitárias (automóveis) ou por receita (dólares)?
- Esta tendência é válida tanto para a participação unitária quanto para a participação de mercado por receita da GM?
- A participação de mercado por receita foi calculada antes ou depois de remarcações e descontos?
- Os dados inerentes das vendas refletem embarques na fábrica, que se relacionam diretamente com a declaração de renda atual do fabricante ou as vendas para os consumidores, que são amortizadas pelos estoques nas revendas?
- O declínio na participação de mercado traduz uma porcentagem de decréscimo equivalente nas vendas ou o tamanho total do mercado mudou?

Os gerentes devem determinar se uma participação de mercado declarada baseia-se em dados de embarque, embarques de canal, vendas no varejo, pesquisas de clientes ou alguma outra fonte. Eventualmente, os números da participação podem representar combinações de dados (os embarques reais de uma empresa, por exemplo, em relação às estimativas de pesquisas das vendas de concorrentes). Se necessário, os gerentes também precisam ajustar diferenças nos canais.

O período de tempo mensurado afetará a taxa de sinal de ruído. Ao analisar a dinâmica de mercado em curto prazo, como os efeitos de uma promoção ou uma recente mudança de preços, os gerentes podem achar útil medir a participação no mercado ao longo de um breve período de tempo. Dados de curto prazo, no entanto, geralmente apresentam uma baixa taxa de sinal de ruído. Por sua vez, dados que abrangem um período mais longo serão mais estáveis, mas poderão obscurecer mudanças importantes e recentes no mercado. Aplicado de forma mais ampla, este princípio também se aplicam na agregação de áreas geográficas, tipos de canal ou clientes. Ao escolherem mercados e períodos de tempo para análise, os gerentes precisam otimizar o tipo de sinal que é mais importante.

Inclinação potencial em participações relatadas. Um modo de encontrar dados para o dimensionamento do mercado é através de pesquisas de uso do cliente (ver a Seção 2.7). No entanto, ao interpretarem esses dados, os gerentes precisam ter em mente que as participações baseadas nas vendas relatadas (*versus* vendas registradas) tendem a inclinar-se para marcas bem conhecidas.

Métricas e conceitos relacionados

Mercado atendido: *é a porção do mercado total pela qual a empresa concorre. Isso pode excluir regiões geográficas ou tipos de produtos. No setor de transportes aéreos, por exemplo, desde meados de 2009, a Ryan Air não voava para os Estados Unidos. Consequentemente, os Estados Unidos não seriam considerados como parte de seu mercado atendido.*

2.2 Participação relativa de mercado e concentração de mercado

A participação relativa de mercado estima a participação de mercado de uma empresa ou marca em relação à de seu principal concorrente.

$$\text{Participação relativa de mercado (I)(\%)} = \frac{\text{Participação de mercado da marca (\$, n}^{\text{o}}\text{)}}{\text{Participação de mercado do maior concorrente (\$, n}^{\text{o}}\text{)}}$$

A concentração de mercado, uma métrica relacionada, mede o grau até onde uma quantidade comparativamente pequena de empresas responde por uma grande proporção do mercado.

Estas métricas são úteis ao comparar a posição relativa de uma empresa ou marca entre diferentes mercados e avaliar o tipo e o grau de concorrência desses mercados.

Propósito: avaliar o sucesso de uma empresa ou de uma marca e sua posição no mercado.

Uma empresa com uma participação de mercado de 25% seria uma líder poderosa em muitos mercados, mas um distante "número 2" em outros. A participação relativa de mercado oferece um meio de comparar a participação de uma empresa ou marca com a de seu maior concorrente, possibilitando que os gerentes comparem posições de mercado relativas entre diferentes mercados de produtos. A participação relativa de mercado obtém parte de sua importância de estudos que, apesar de polêmicos, sugerem que os principais participantes de um mercado tendem a ser mais lucrativos do que seus concorrentes. Esta métrica foi popularizada pelo Boston Consulting Group (BCG) na sua famosa matriz de participação relativa e crescimento de mercado (veja a Figura 2.1).

Na matriz do BCG, um eixo representa a participação relativa de mercado – um substituto para força competitiva. O outro representa o crescimento de mercado – um substituto para potencial. Ao longo de cada dimensão, os produtos são classificados como baixos ou altos, sendo colocados em um dos quatro quadrantes. Na interpretação tradicional dessa matriz, os produtos com altas participações relativas em mercados crescentes são considerados como estrelas, sugerindo que devem ser apoiados por um vigoroso investimento. O dinheiro para tal investimento pode ser

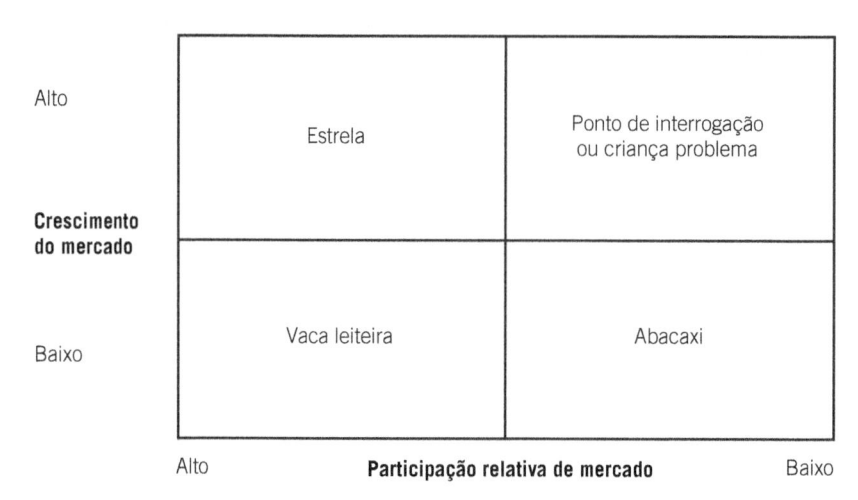

```
                    |  Alto                                                          |
                    |         Estrela            | Ponto de interrogação            |
                    |                            | ou criança problema              |
Crescimento         |----------------------------|----------------------------------|
do mercado          |                            |                                  |
                    |         Vaca leiteira      | Abacaxi                          |
                    |  Baixo                                                         |
                       Alto    Participação relativa de mercado              Baixo
```

Figura 2.1 A matriz BCG.

gerado por vacas leiteiras, produtos com altas participações relativas em mercados que crescem pouco. Produtos do tipo crianças-problema podem ter potencial para crescimento futuro, mas têm posições competitivas fracas. Finalmente, os abacaxis não têm nem uma posição competitiva forte, nem crescimento potencial.

Construção

$$\text{Participação relativa de mercado (I)} = \frac{\text{Participação de mercado da marca (\$, n}^{\underline{o}}\text{)}}{\text{Participação relativa de mercado do maior concorrente (\$, n}^{\underline{o}}\text{)}}$$

A participação relativa de mercado também pode ser calculada dividindo-se as vendas da marca (n$^{\underline{o}}$, $) pelas vendas do maior concorrente (n$^{\underline{o}}$, $), pois o fator comum do total de vendas do mercado (ou receita) é equivalente.

■

EXEMPLO: O mercado para carros urbanos pequenos consiste de cinco participantes.

Tabela 2.1 Mercado para carros urbanos pequenos

	Unidades vendidas (milhares)	Receita (milhares)
Zipper	25	€375.000
Twister	10,0	€200.000
A-One	7,5	€187.500
Bowlz	5	€125.000
Chien	2,5	€50.000
Total do mercado	50,0	€937.500

No mercado para carros urbanos pequenos, os gerentes da A-One querem conhecer a participação de mercado de sua empresa em relação ao seu maior concorrente. Eles podem calcular isso com base nas vendas em receita ou em unidades.

Em termos unitários, a A-One vende 7.500 carros por ano. A Zipper, líder do mercado, vende 25.000. A participação relativa de mercado da A-One em termos de unidade é, portanto, 7.500/25.000 ou 0,30. Chegaremos ao mesmo número se primeiro calcularmos a participação da A-One (7.500/50.000 = 0,15) e da Zipper (25.000/50.000 = 0,50) e depois dividirmos a participação da A-One pela participação da Zipper (0,15/0,50 = 0,30).

Em termos de receita, a A-One gera 187,5 milhões de euros em vendas anualmente. A Zipper, líder do mercado, gera 375 milhões de euros. A participação relativa de mercado da A-One em termos de receita é, portanto, 187,5m/375m, ou 0,5. Devido ao seu preço médio por carro relativamente alto, a participação relativa de mercado da A-One é maior em receita do que em unidades.

Métricas e conceitos relacionados

Concentração de mercado: *O grau até onde uma quantidade relativamente pequena de empresas responde por uma grande proporção do mercado. Também é conhecida como razão de concentração. Costuma ser calculada para as três ou quatro maiores empresas de um mercado.*[3]

Razão de concentração de três (quatro) empresas: *O total (soma) das participações de mercado dos três (ou quatro) principais concorrentes num mercado.*

EXEMPLO: No mercado de carros urbanos pequenos, a razão de concentração de três empresas é constituída pelas participações de mercado dos três principais concorrentes – Zipper, Twister e A-One (veja a Tabela 2.2).

Tabela 2.2 Participação de mercado – carros urbanos pequenos

	Unidades vendidas (milhares)	Participação unitária	Receita (milhares)	Participação por receita
Zipper	25	50%	€375.000	40,0%
Twister	10,0	20%	€200.000	21,3%
A-One	7,5	15%	€187.500	20,0%
Bowlz	5	10%	€125.000	13,3%
Chien	2,5	5%	€50.000	5,3%
Total do mercado	50,0	100%	€937.500	100%

Em termos unitários, a razão de concentração das três empresas é 50% + 20% + 15% = 85%.
Em termos de receita, é de 40% + 21,3% + 20% = 81,3%.

Índice Herfindahl: *Uma métrica de concentração de mercado derivada da adição dos quadrados das participações de mercado individuais de todos os participantes de um mercado. Como soma de quadrados, esse índice tende a elevar-se em mercados dominados por grandes participantes.*

EXEMPLO: O Índice Herfindahl destaca drasticamente a concentração de mercado naquele de carros urbanos pequenos (ver Tabela 2.3).

Tabela 2.3 Cálculo do índice Herfindahl para carros urbanos pequenos

	Unidades vendidas (milhares)	Participação unitária	Índice Herfindahl	Receita (milhares)	Participação por receita	Índice Herfindahl
Zipper	25	50%	0,25	€375.000	40%	0,16
Twister	10,0	20%	0,04	€200.000	21%	0,0455
A-One	7,5	15%	0,0225	€187.500	20%	0,04
Bowlz	5	10%	0,01	€125.000	13%	0,0178
Chien	2,5	5%	0,0025	€50.000	5%	0,0028
Total do Mercado	50,0	100%	0,325	€937.500	100%	0,2661

Em termos unitários, o Índice Herfindahl é igual ao quadrado da participação de mercado em unidades da Zipper (50% ^ 2 = 0,25), mais a da Twister (20% ^ 2 = 0,04), mais as da A-One, Bowls e Chien = 0,325 juntas.

Em termos de receita, o Índice Herfindahl compreende o quadrado da participação de mercado por receita da Zipper (40% ^2 = 0,16), mais as de todos os seus concorrentes = 0,2661 juntos.

Conforme demonstrado pelo Índice Herfindahl, o mercado para carros urbanos pequenos está ligeiramente mais concentrado em termos unitários do que em termos de receita. A razão para isso é direta: carros mais caros neste mercado vendem menos unidades.

Nota: Para uma determinada quantidade de concorrentes, o Índice Herfindahl seria mais baixo se as participações fossem igualmente distribuídas. Num setor de cinco empresas, por exemplo, participações igualmente distribuídas produziriam um Índice Herfindahl de 5 * (20% ^ 2) = 0,2.

Fontes de dados, complicações e precauções

Como sempre, a definição de mercado adequada e o uso de números comparáveis são pré-requisitos vitais para o desenvolvimento de resultados significativos.

Métricas e conceitos relacionados

Ranking da participação de mercado: *A posição ordinal de uma marca no seu mercado, quando os concorrentes são dispostos por tamanho, em que o número 1 é o maior.*

Participação na categoria: *Esta métrica é derivada da mesma maneira que a participação de mercado, mas é usada para denotar uma participação de mercado em determinado revendedor ou classe de revendedores (por exemplo, negociantes de massa).*

2.3 Índice de desenvolvimento de marca e índice de desenvolvimento de categoria

O índice de desenvolvimento de marca (IDM) quantifica o desempenho de uma marca num grupo específico de clientes, comparado com seu desempenho médio entre todos os consumidores.

$$\text{Índice de desenvolvimento de marca (I)} = \frac{[\text{Vendas da marca para o grupo (n}^\circ\text{)}/\text{Lares (n}^\circ\text{) no grupo}]}{[\text{Total de vendas da marca (n}^\circ\text{)}/\text{Total de lares (n}^\circ\text{)}]}$$

O Índice de Desenvolvimento de Categoria (IDC) mede o desempenho de vendas de uma categoria de produtos ou serviços dentro de um grupo específico, comparado com seu desempenho médio entre todos os consumidores.

$$\text{Índice de desenvolvimento de categoria (I)} = \frac{[\text{Vendas da categoria para o grupo (n}^\circ\text{)}/\text{Lares no grupo (n}^\circ\text{)}]}{[\text{Total de vendas da marca (n}^\circ\text{)}/\text{Total de lares (n}^\circ\text{)}]}$$

Os índices de desenvolvimento de marca e de categoria são úteis para a compreensão de segmentos específicos de clientes em relação ao mercado como um todo. Apesar de definidos aqui em relação a lares, estes índices também podem ser calculados para clientes, contas, empresas ou outras entidades.

Propósito: compreender o desempenho relativo de uma marca ou categoria dentro de grupos específicos de clientes.

Os índices de desenvolvimento de marca e categoria ajudam a identificar segmentos fortes e fracos (em geral, demográficos ou geográficos) para marcas ou categorias específicas de produtos e serviços. Por exemplo, monitorando-se o IDC (Índice de Desenvolvimento de Categoria), os profissionais de marketing podem determinar que os habitantes do centro-oeste compram duas vezes mais CDs de música *country-western* per capita do que os americanos em geral, enquanto que os consumidores que moram na Costa Leste compram menos do que a média nacional. Isso seria uma informação útil para uma campanha de lançamento de um novo artista de música *country-western*. Ao contrário, se os gerentes descobrissem que um determinado produto tinha um baixo Índice de Desenvolvimento de Marca num segmento que apresentasse um IDC alto para essa categoria, eles poderiam perguntar por que aquela marca teve um desempenho relativamente fraco num segmento promissor.

Construção

Índice de desenvolvimento de marca – IDM (I): *Índice do desempenho de uma marca dentro de determinado grupo de mercado em relação ao seu desempenho no mercado como um todo.*

$$\text{Índice de desenvolvimento de marca – IDM(I)} = \frac{[\text{Vendas da marca para o grupo (nº)}/\text{Lares no grupo (nº)}]}{[\text{Total de vendas da marca (nº)}/\text{Total de lares (nº)}]}$$

O IDM (índice de desenvolvimento de marca) é uma medida das vendas da marca por pessoa ou por lar dentro de um grupo demográfico ou região geográfica específicos, comparado com suas vendas médias por pessoa ou por lar no mercado como um todo. Para ilustrar seu uso poderíamos lançar a hipótese de que as vendas per capita do sorvete da marca Ben & Jerry seriam maiores no estado natal da marca, Vermont, do que no resto do país. Ao calcular o IDM da marca Ben & Jerry para Vermont, os profissionais de marketing poderiam testar esta hipótese quantitativamente.

EXEMPLO: Oaties é uma marca menor de cereais para o café da manhã. Entre os lares sem crianças, suas vendas são de um pacote por semana para cada 100 lares. Na população geral, as vendas de Oaties são de um pacote por semana para cada 80 lares. Isto se traduz em 1/100 de um pacote por lar no segmento sem crianças *versus* 1/80 de um pacote na população em geral.

$$\text{IDM} = \frac{(\text{Vendas da marca/Lares})}{(\text{Total de vendas da marca/Lares})}$$

$$= \frac{1/100}{1/80} = 0,8$$

O desempenho do Oaties é um pouco pior no segmento sem crianças do que no mercado como um todo.

Índice de desenvolvimento de categoria – IDC: *Índice do desempenho de uma categoria dentro de determinado segmento de mercado em relação ao seu desempenho no mercado como um todo.*

$$\text{Índice de desenvolvimento de categoria (I)} = \frac{[\text{Vendas da categoria para o grupo (n}^{\underline{o}}\text{)} / \text{Lares no grupo (n}^{\underline{o}}\text{)}]}{[\text{Total de vendas da categoria (n}^{\underline{o}}\text{)} / \text{Total de lares (n}^{\underline{o}}\text{)}]}$$

Semelhante ao conceito do IDM, o Índice de Desenvolvimento de Categoria demonstra onde uma categoria mostra pontos fortes ou fracos em relação ao seu desempenho global. Por exemplo, Boston tem um alto consumo de sorvete per capita. A região da Baváría e a Irlanda apresentam maior consumo de cerveja per capita do que o Irã.

Fontes de dados e complicações

Para calcular o IDM ou o IDC, uma definição precisa do segmento analisado é vital. Os segmentos costumam ser delimitados geograficamente, mas podem ser definidos de qualquer maneira pela qual os dados possam ser obtidos.

Métricas e conceitos relacionados

O termo índice de desenvolvimento de categoria também tem sido aplicado a organizações de vendas no varejo. Nesta aplicação, ele mede até que ponto um lojista enfatiza uma categoria em relação às outras.

$$\text{Índice de desenvolvimento de categoria (I)} = \frac{\text{Participação do lojista nas vendas da categoria (\%)}}{\text{Participação total do lojista no mercado (\%)}}$$

Este uso do termo é semelhante à razão de desempenho de categoria (veja a Seção 6.6).

2.4 Penetração

A penetração é uma medida da popularidade da marca ou categoria. É definida como a quantidade de pessoas que compram uma marca ou categoria específica de produtos pelo menos uma vez em determinado período, dividido pelo tamanho da população do mercado relevante.

$$\text{Penetração de mercado (\%)} = \frac{\text{Clientes que compraram um produto na categoria (n}^\text{o}\text{)}}{\text{População total(n}^\text{o}\text{)}}$$

$$\text{Penetração de marca (\%)} = \frac{\text{Clientes que compraram a marca (n}^\text{o}\text{)}}{\text{População total(n}^\text{o}\text{)}}$$

$$\text{Participação de penetração (\%)} = \frac{\text{Penetração da marca (\%)}}{\text{Penetração de mercado (\%)}}$$

$$\text{Participação de penetração (\%)} = \frac{\text{Clientes que compraram a marca (n}^\text{o}\text{)}}{\text{Clientes que compraram um produto na categoria (n}^\text{o}\text{)}}$$

Com frequência, os gerentes precisam decidir como aumentar as vendas: atraindo de seus concorrentes os usuários da categoria existentes ou expandindo a população total de usuários da categoria, assim atraindo novos clientes para o mercado. A métrica da penetração ajuda a indicar qual dessas estratégias seria a mais apropriada e auxilia os gerentes a monitorarem seu sucesso. Essas equações também podem ser calculadas em termos de uso em vez de compra.

Construção

Penetração: *Proporção de pessoas no alvo que compraram (pelo menos uma vez no período) uma marca ou categoria específica de produtos.*

$$\text{Penetração de mercado (\%)} = \frac{\text{Clientes que compraram um produto na categoria (n}^\text{o}\text{)}}{\text{População total(n}^\text{o}\text{)}}$$

$$\text{Penetração de marca (\%)} = \frac{\text{Clientes que compraram a marca (n}^\text{o}\text{)}}{\text{População total(n}^\text{o}\text{)}}$$

Duas medidas-chave da "popularidade" de um produto são a taxa de penetração e a participação de penetração. A taxa de penetração (também chamada de penetração, penetração de marca ou penetração de mercado, conforme for adequado) é a porcentagem da população relevante que comprou determinada marca ou categoria pelo menos uma vez no período de tempo em estudo.

EXEMPLO: No período de um mês, num mercado de 10.000 lares, 500 deles compraram fumigador da marca Big Bomb contra pulgas.

$$\text{Penetração de marca, Big Bomb} = \frac{\text{Clientes do Big Bomb}}{\text{População total}}$$

$$= \frac{500}{10.000} = 5\%$$

A participação de penetração de uma marca, diferentemente da taxa de penetração, é determinada comparando-se a população de clientes da marca com a quantidade de clientes *para sua categoria* no mercado relevante como um todo. Aqui novamente, para ser considerado cliente, deve-se ter comprado a marca ou categoria pelo menos uma vez durante o período.

$$\text{Participação de penetração (\%)} = \frac{\text{Penetração da marca (\%)}}{\text{Penetração de mercado (\%)}}$$

EXEMPLO: Voltando ao mercado de fumigadores contra pulgas, durante o mês em que 500 lares compraram Big Bomb, 2.000 lares compraram pelo menos um produto de qualquer marca nessa categoria. Isso nos possibilita calcular a participação de penetração da Big Bomb.

$$\text{Participação de penetração, Big Bomb} = \frac{\text{Clientes da Big Bomb}}{\text{Clientes da categoria}}$$

$$= \frac{500}{20.000} = 25\%$$

Decomposição da participação de mercado

Relacionamento da participação de penetração com a participação de mercado:
A participação de mercado pode ser calculada como o produto de três componentes: Participação de penetração, participação nos gastos da categoria e índice de intensidade de consumo.

$$\text{Participação de mercado (\%)} = \frac{\text{Participação de penetração (\%) * Participação nos gastos da}}{\text{categoria (\%) * Índice de intensidade de consumo (I)}}$$

Participação nos gastos da categoria:
Porcentagem das necessidades dos clientes de uma categoria que são atendidas por determinada marca ou produto (veja a Seção 2.5).

Índice de intensidade de consumo: *Medida da assiduidade com que as pessoas que usam um produto utilizam toda a categoria desse produto (veja a Seção 2.6).*

À luz dessas relações, os gerentes podem usar essa decomposição da participação de mercado para revelar a participação de penetração, a partir dos outros dados.

$$\text{Participação de penetração (\%)} = \frac{\text{Participação de mercado (\%)}}{[\text{Índice de intensidade de consumo (I)} * \text{Participação nos gastos da categoria (\%)}]}$$

EXEMPLO: O cereal da marca Eat Wheats tem uma participação de mercado de 6% em Urbanopolis. O índice de intensidade de consumo para o cereal Eat Wheats é 0,75 em Urbanopolis. Sua participação nos gastos da categoria é de 40%. A partir desses dados, podemos calcular a participação de penetração para o cereal da marca Eat Wheats em Urbanopolis.

$$\text{Participação de penetração (\%)} = \frac{\text{Participação de mercado (\%)}}{(\text{Índice de intensidade de consumo} * \text{Participação nos gastos da categoria})}$$

$$= \frac{6\%}{(0{,}75 * 40\%)} = \frac{6\%}{0{,}30} = 20\%$$

Fontes de dados, complicações e precauções

O período de tempo ao longo do qual uma empresa mede a penetração pode ter impacto significativo na taxa de penetração. Por exemplo, mesmo entre as marcas mais populares de detergente, muitas não são compradas semanalmente. À medida que diminui o período usado para definir a penetração, os gerentes podem esperar que as taxas de penetração diminuam. Por outro lado, a participação de penetração pode estar menos sujeita a essa dinâmica porque representa uma comparação entre marcas, entre as quais os efeitos de períodos mais curtos podem ser aproximadamente equiparáveis.

Métricas e conceitos relacionados

Quantidade total de clientes ativos: *Os clientes (contas) que compraram pelo menos uma vez em determinado período de tempo. Quando avaliado no nível de marca, isto equivale à penetração de marca. Esse termo costuma ser empregado de forma abreviada – quantidade total de clientes –, apesar de isso não ser adequado quando é necessário distinguir os ex-clientes. Isso será discutido com mais detalhes na Seção 5.1 (período em que uma pessoa é cliente).*

Aceitantes: *Clientes dispostos a aceitar determinado produto e seus benefícios; oposto de recusantes.*

Experimentantes: *Porcentagem de uma população que alguma vez experimentou determinada marca. (Veja a Seção 4.1. para saber mais sobre experimentação)*

2.5 Participação nos gastos da categoria

A participação nos gastos da categoria, também conhecida como participação no orçamento da categoria, é calculada unicamente entre compradores de uma marca específica. Dentro desse grupo, representa a porcentagem de compras numa categoria relevante, responsável pela marca em questão.

$$\text{Participação unitária nos gastos da categoria (\%)} = \frac{\text{Compras da marca (n}^\text{o}\text{)}}{\text{Total de compras da categoria por compradores da marca (n}^\text{o}\text{)}}$$

$$\text{Receita da participação nos gastos da categoria (\%)} = \frac{\text{Compras da marca (\$)}}{\text{Total de compras da categoria por compradores da marca (\$)}}$$

Muitos profissionais de marketing veem a participação nos gastos da categoria como uma medida-chave da lealdade. Essa métrica pode orientar as decisões de uma empresa sobre a alocação de recursos para a expansão de uma categoria, para a tomada de clientes dos concorrentes ou para o aumento da participação nos gastos da categoria entre seus clientes já estabelecidos. Participação nos gastos da categoria é, em essência, a participação de mercado para uma marca dentro de um mercado estritamente definido como as pessoas que já compraram a marca.

Propósito: compreender a fonte da participação de mercado em termos de amplitude e profundidade de movimentos dos consumidores, bem como a extensão do uso relativo da categoria (usuários frequentes/maiores clientes *versus* usuários pouco frequentes/clientes menores).

Construção

Participação nos gastos da categoria: *Porção de compras de determinada marca em sua categoria, medida unicamente entre os clientes que já compraram aquela marca. Também conhecida como participação no orçamento da categoria.*

Ao calcularem a participação nos gastos da categoria, os profissionais de marketing podem considerar dólares ou unidades. Eles devem certificar-se, no entanto, de que seu índice de intensidade de consumo seja coerente com essa opção.

$$\text{Participação unitária nos gastos da categoria (\%)} = \frac{\text{Compras da marca (n°)}}{\substack{\text{Total de compras da categoria} \\ \text{por compradores da marca (n°)}}}$$

$$\text{Receita da participação nos gastos da categoria (\%)} = \frac{\text{Compras da marca (\$)}}{\substack{\text{Total de compras da categoria} \\ \text{por compradores da marca (\$)}}}$$

A melhor maneira de visualizar a participação nos gastos da categoria é através da participação média de mercado apresentada por um produto entre os clientes que o compram.

EXEMPLO: Em determinado mês, as compras unitárias de protetor solar AloeHa chegaram a 1.000.000 frascos. Entre os lares que compraram AloeHa, as compras totais de protetor solar foram de 2.000.000 frascos.

$$\text{Participação nos gastos da categoria} = \frac{\text{Compras de AloeHa}}{\text{Compras na categoria pelos clientes de AloeHa}}$$

$$= \frac{1.000.000}{2.000.000} = 50\%$$

A participação nos gastos da categoria também é útil na análise de participação total no mercado. Conforme observado anteriormente, é parte de uma importante formulação da participação de mercado.

$$\text{Participação de mercado} = \text{Participação de penetração} * \text{Participação nos gastos da categoria} * \text{Índice de intensidade de consumo}$$

Portanto, a participação nos gastos da categoria pode ser calculada indiretamente decompondo-se a participação de mercado.

$$\text{Participação nos gastos da categoria (\%)} = \frac{\text{Participação de mercado (\%)}}{[\text{Participação de penetração (\%)} * \text{Índice de intensidade de consumo (I)}]}$$

EXEMPLO: O cereal da marca Eat Wheats tem uma participação de mercado em Urbanópolis de 8%. O índice de intensidade de consumo para Eat Wheats em Urbanópolis é 1. A participação de penetração da marca em Urbanópolis é 20%. Com base nisso, podemos calcular a participação nos gastos da categoria de Eat Wheats em Urbanópolis.

$$\text{Participação nos gastos da categoria} = \frac{\text{Participação de mercado}}{(\text{Índice de intensidade de consumo} * \text{Participação de penetração})}$$

$$= \frac{8\%}{(1 * 20\%)} = \frac{8\%}{20\%} = 40\%$$

Observe que, neste exemplo, a participação de mercado e o índice de intensidade de consumo devem ser definidos nos mesmos termos (unidades ou receita). Dependendo da definição dessas duas métricas, a participação nos gastos da categoria calculada será em unidades (%) ou em receita (%).

Fontes de dados, complicações e precauções

Dupla ameaça: Alguns profissionais de marketing lutam por um posicionamento de "nicho" que produza uma alta participação de mercado através de uma combinação de baixa penetração e alta paticipação nos gastos da categoria. Ou seja, procuram relativamente poucos clientes, mas muito leais. Antes de aderir a essa estratégia, porém, um fenômeno conhecido como "dupla ameaça" deve ser levado em consideração. Geralmente, evidências sugerem que é difícil atingir uma alta participação nos gastos da categoria sem também alcançar uma alta participação de penetração. Uma razão para isso é que produtos com alta participação de mercado costumam ter alta disponibilidade, enquanto que os com baixa participação de mercado podem não ter. Portanto, pode ser difícil para os clientes manterem a lealdade a marcas com baixa participação de mercado.

Métricas e conceitos relacionados

Uso único: *Fração de clientes de uma marca que utilizam somente a marca em questão.*

Porcentagem de uso único: *Proporção de clientes de uma marca que usam somente produtos daquela marca e não compram de concorrentes. Usuários únicos podem ser clientes leais e resistentes. Por outro lado, podem não ter acesso a outras opções, talvez por morarem em regiões remotas. Onde o uso único é 100%, a participação no orçamento da categoria é 100%.*

$$\text{Uso único (\%)} = \frac{\text{Clientes que compram somente a marca em questão (n}^{\text{o}}\text{)}}{\text{Total de clientes da marca (n}^{\text{o}}\text{)}}$$

Quantidade de marcas compradas: Durante determinado período, alguns clientes podem comprar somente uma única marca dentro de uma categoria, enquanto outros compram duas ou mais. Ao avaliarem a lealdade a uma determinada marca, os profissionais de marketing podem levar em consideração a quantidade média de marcas compradas por consumidores daquela marca *versus* a quantidade média comprada por todos os clientes naquela categoria.

EXEMPLO: Entre 10 clientes de comida para gatos, sete compraram a marca Arda, cinco compraram a Bella e três compraram Constanza. Desse modo, os 10 clientes fizeram um total de 15 compras (7 + 5 + 3), produzindo uma média de 1,5 marca por cliente.

Tentando avaliar a lealdade de clientes, um gerente da marca Bella observa que, dos cinco clientes de sua empresa, três compraram somente Bella, dois compraram Arda e Bella. Nenhum dos clientes de Bella comprou Constanza. Assim, os cinco clientes de Bella fizeram sete compras da marca (1 + 1 + 1 + 2 + 2), produzindo uma média de 1,4 (isto é, 7/5) marcas por cliente de Bella. Comparados com o comprador médio da categoria, que compra 1,5 marca, os compradores de Bella são ligeiramente mais leais.

Taxa de repetição: *Porcentagem de clientes da marca em determinado período que também são clientes da marca em períodos subsequentes.*

Taxa de recompra: *Porcentagem de clientes de uma marca que compraram novamente essa marca em sua ocasião de compra seguinte.*

Há muita confusão nessa área. Nestas definições, tentamos distinguir uma métrica baseada no tempo do calendário (taxa de repetição) de uma métrica baseada no "tempo do cliente" (taxa de recompra). No Capítulo 5, "Rentabilidade do Cliente", descreveremos uma métrica relacionada, a de retenção, que é usada em situações contratuais em que a primeira não renovação (não compra) assinala o final de uma relação com o cliente. Embora o termo "retenção" deva ser aplicado somente em relações contratuais, você verá com frequência as taxas de repetição e de recompra serem chamadas de "taxas de retenção". Devido à falta de consenso quanto ao uso desses termos, aconselha-se que os profissionais de marketing não se baseiem nos nomes destas métricas como indicadores perfeitos do modo como são calculadas.

A importância da taxa de repetição depende do período de tempo abrangido. É improvável que seja muito elucidativa a consideração de apenas uma semana de compras. Em determinada categoria, a maioria dos consumidores somente compra uma marca por semana. Por outro lado, ao longo de vários anos, os consumidores podem comprar diversas marcas que eles não preferem, em ocasiões em que não conseguem encontrar a marca a que tentam ser leais. Consequentemente, o período certo a considerar depende do produto sob estudo e da frequência com que ele é comprado. Os profissionais de marketing são aconselhados a tomar cuidado para escolher um período significativo.

2.6 Índice de intensidade de consumo

O índice de intensidade de consumo é uma medida da intensidade relativa de consumo. Indica com que assiduidade os clientes de determinada marca usam a categoria de produto a que a marca pertence, em comparação com o cliente médio daquela categoria.

$$\text{Índice de intensidade de consumo (I)} = \frac{\text{Média total de compras na categoria feitas pelos clientes da marca (n}^\text{o}\text{, \$)}}{\text{Média total de compras na categoria feitas por todos os clientes dessa categoria (n}^\text{o}\text{, \$)}}$$

ou

$$\text{Índice de intensidade de consumo (I)} = \frac{\text{Participação de mercado (\%)}}{[\text{Taxa de penetração (\%)} * \text{Participação nos gastos da categoria (\%)}]}$$

O índice de intensidade de consumo, também chamado de índice de peso, produz conhecimento sobre a fonte do volume e a natureza da clientela de uma marca.

Propósito: definir e avaliar se os consumidores de uma empresa são "usuários frequentes".

O índice de intensidade de consumo responde a pergunta: "com que frequência nossos clientes usam a categoria de nosso produto"? Quando o índice de intensidade de consumo de uma marca for maior do que 1,0, significa que seus clientes usam a categoria a que ela pertence com mais frequência do que o cliente médio daquela categoria.

Construção

Índice de intensidade de consumo: *Razão que compara o consumo médio de produtos numa categoria por clientes de determinada marca com o consumo médio de produtos naquela categoria por todos os clientes da categoria.*

O índice de intensidade de consumo pode ser calculado baseado em informações sobre unidades ou dólares. Para determinada marca, se o índice de intensidade de consumo for maior do que 1,0, os clientes daquela marca consomem uma quantidade ou valor de produtos acima da média na categoria.

$$\text{Índice de intensidade de consumo (I)} = \frac{\text{Média total de compras na categoria feitas pelos clientes da marca (n}^{\text{o}}\text{, \$)}}{\text{Média total de compras na categoria feitas por todos os clientes dessa categoria (n}^{\text{o}}\text{, \$)}}$$

EXEMPLO: No decorrer de um ano, a média de compras do xampu da marca Shower Fun totalizou seis frascos de 450g por lar que utilizava a marca. Durante o mesmo período, o consumo médio de xampu por lar que utilizava qualquer marca foi de quatro frascos de 450g.

O índice de intensidade de consumo para lares que compravam Shower Fun é, portanto, 6/4, ou 1,5. Os clientes do xampu da marca Shower Fun são usuários desproporcionalmente assíduos. Eles compram 50% mais xampu do que o consumidor médio desse produto. Naturalmente, como os compradores de Shower Fun fazem parte da média do mercado total, quando comparados com não usuários de Shower Fun, seu uso relativo é ainda maior.

Como observado anteriormente, a participação de mercado pode ser calculada como o produto de três componentes: participação de penetração, participação nos gastos da categoria e índice de intensidade de consumo (veja a Seção 2.4). Consequentemente, poderemos calcular o índice de intensidade de consumo de uma marca se soubermos sua participação de mercado, participação de penetração e participação nos gastos da categoria, como segue:

$$\text{Índice de intensidade de consumo (I)} = \frac{\text{Participação de mercado (\%)}}{[\text{Participação de penetração (\%)} * \text{Participação nos gastos da categoria (\%)}]}$$

Essa equação funciona para participações de mercado definidas em termos de dólares ou de unidades. Como vimos antes, o índice de intensidade de consumo pode mensurar o uso em unidades ou em dólares. Comparando o índice de intensidade de consumo de uma marca em unidades com seu índice de intensidade de consumo em dólares, os profissionais de marketing podem determinar se as compras da categoria pelos clientes daquela marca estão acima ou abaixo do preço da categoria.

Fontes de dados, complicações e precauções

O índice de intensidade de consumo não indica com que frequência os clientes usam uma marca específica, somente a frequência com que utilizam a categoria. Uma marca pode ter um índice de intensidade de consumo alto, por exemplo, significando que seus clientes são usuários assíduos da categoria, mesmo se esses clientes utilizarem a marca em questão para atender apenas a uma pequena porção de suas necessidades.

Métricas e conceitos relacionados

Veja também a discussão de índice de desenvolvimento de marca (IDM) e índice de desenvolvimento de categoria (IDC) na Seção 2.3.

2.7 Consciência, atitudes e uso (CAU): métricas da hierarquia de efeitos

> Estudos sobre consciência, atitudes e uso (CAU) possibilitam que os profissionais de marketing quantifiquem níveis e tendências no conhecimento, percepções, crenças, intenções e comportamentos do cliente. Em algumas empresas, os resultados destes estudos são chamados de dados de "mapeamento", pois são usados para mapear mudanças de longo prazo na consciência, nas atitudes e nos comportamentos.
>
> Os estudos de CAU são mais úteis quando seus resultados são contrastados com um alvo claro de comparação. Esse *benchmark* pode compreender os dados de períodos anteriores, diferentes mercados ou concorrentes.

Propósito: mapear tendências nas atitudes e comportamentos dos clientes.

As métricas de consciência, atitudes e uso (CAU) relacionam-se intimamente com o que tem sido chamado de Hierarquia de Efeitos, a suposição de que os clientes avançam por estágios sequenciais desde a falta de conhecimento, passando pela compra inicial de um produto e chegando à lealdade com a marca (veja Figura 2.2). As métricas CAU costumam servir para mapear estes estágios de conhecimento, crenças e comportamentos. Os estudos de CAU também podem mapear "quem" usa uma marca ou produto – em que os clientes são definidos por uso da categoria (frequente/pouco frequente), geografia, demografia, psicografia, uso da mídia e compra de outros produtos.

Consciência	Os clientes primeiro tomam conhecimento do produto, então...
Atitudes	Eles desenvolvem atitudes e crenças sobre o produto e, finalmente,...
Uso	Os clientes compram e experimentam o produto.

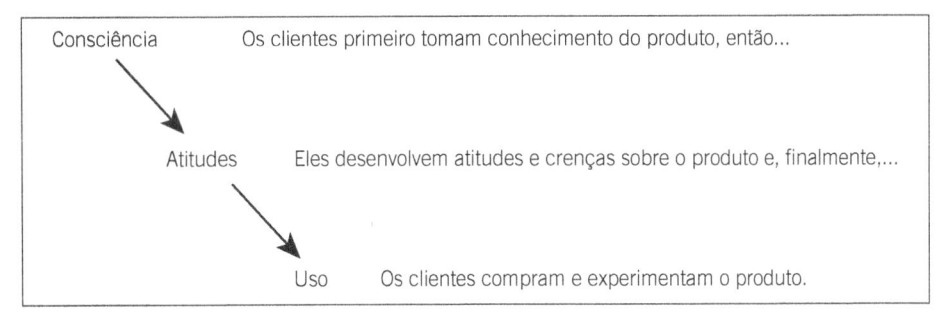

Figura 2.2 Consciência, atitudes e uso: hierarquia de efeitos.

As informações sobre atitudes e crenças esclarecem por que determinados usuários favorecem ou não certas marcas. Geralmente, os profissionais de marketing realizam pesquisas de grandes amostras de lares ou de clientes de empresas para reunir esses dados.

Construção

Os estudos de consciência, atitudes e uso apresentam diversas questões que objetivam esclarecer as relações dos clientes com um produto ou marca (Tabela 2.4). Por exemplo, quem aceita e quem rejeita o produto? Como os clientes reagem à repetição do conteúdo de um comercial?

Os profissionais de marketing usam as respostas a essas perguntas para construir uma série de métricas. Entre elas, certas "métricas resumidas" são consideradas importantes indicadores de desempenho. Em muitos estudos, por exemplo, a "disposição para recomendar" e a "intenção de comprar" uma marca recebem alta prioridade. Subjacentes a esses dados, várias métricas de diagnóstico ajudam os profissionais de marketing a entender *por que* os consumidores podem estar – ou não – dispostos a recomendar ou comprar uma marca. Os consumidores podem não conhecer a marca, por exemplo. Por outro lado, eles podem conhecê-la, mas não endossar algum de seus principais benefícios declarados.

Consciência e conhecimento

Os profissionais de marketing avaliam diversos níveis de consciência, dependendo se o consumidor em determinado estudo se sente estimulado por uma categoria de produto, uma marca, propaganda ou situação de uso.

Consciência: *Porcentagem de clientes ou consumidores potenciais que reconhecem – ou mencionam – determinada marca. Os profissionais de marketing podem pesquisar o reconhecimento de marca num nível "auxiliado" ou "ativado", fazendo perguntas como: "você já ouviu falar da Mercedes"? Por outro lado, podem men-*

Tabela 2.4 Consciência, atitudes e uso: perguntas típicas

Tipo	Avalia	Perguntas típicas
Consciência	Consciência e conhecimento	Você já ouviu falar da marca X? Que marca lhe vem à mente quando você pensa em "carro de luxo"?
Atitudes	Crenças e intenções	A marca X me serve? Numa escala de 1 a 5, a marca X é para pessoas jovens? Quais são os pontos fortes e os pontos fracos de cada marca?
Uso	Hábitos de compra e lealdade	Você usou a marca X esta semana? Que marca você comprou na última vez?

surar a consciência "sem auxílio" ou "não ativada", fazendo perguntas como: "que marcas de automóveis lhe vêm à mente"?

Marca mais lembrada: *A primeira marca que vem à mente do cliente quando lhe fazem uma pergunta, sem possibilidade de indução, sobre uma categoria. A porcentagem de clientes para quem uma determinada marca é a primeira a ser lembrada pode ser mensurada.*

Consciência de comercial: *Porcentagem de consumidores ou contas alvo que demonstram conhecer (com ou sem auxílio) o comercial de uma marca. Essa métrica pode ser específica para uma campanha ou mídia ou pode abranger todas as propagandas da marca.*

Conhecimento de marca/produto: *Porcentagem de clientes pesquisados que demonstram conhecimento ou crenças específicas sobre uma marca ou produto.*

Atitudes

As medidas de atitude referem-se à reação do consumidor a uma marca ou produto. A atitude é uma combinação do que os consumidores acreditam com a intensidade dessa crença. Embora uma exploração detalhada de pesquisa de atitudes esteja além do âmbito deste livro, abaixo apresentamos uma síntese de certas métricas importantes nesse campo.

Atitudes/gosto/imagem: *Classificação dada pelos consumidores – frequentemente numa escala de 1 a 5 ou de 1 a 7 – quando lhes perguntam até que ponto concordam com afirmações como: "esta marca é para pessoas como eu" ou "esta marca é para jovens". Uma métrica baseada em tais dados de pesquisa também pode ser chamada de relevância para o cliente.*

Valor percebido do dinheiro: *Classificação dada pelos consumidores – frequentemente em escala de 1 a 5 ou de 1 a 7 – quando perguntados até que ponto concordam com afirmações como: "esta marca geralmente representa um bom valor para o dinheiro".*

Qualidade/estima percebida: *Classificação dada pelos consumidores – frequentemente numa escala de 1 a 5 ou de 1 a 7 – a um produto de determinada marca quando comparado com outros de sua categoria ou mercado.*

Qualidade relativa percebida: *Classificação dada pelos consumidores (frequentemente numa escala de 1 a 5 ou de 1 a 7) a um produto de uma marca quando comparado com outros da categoria/mercado.*

Intenções: *Medida da disposição declarada pelos clientes de se comportarem de certo modo. As informações sobre esse tópico são reunidas através de perguntas de pesquisa como: "você estaria disposto a trocar de marca se a sua preferida não estivesse disponível"?*

Intenções de compra: *Medida específica ou classificação das intenções de compra declaradas pelos consumidores. As informações sobre esse tópico são reunidas através das reações dos respondentes a afirmações como: "é muito provável que eu venha a comprar este produto".*

Uso

As medidas de uso referem-se a dinâmicas de mercado, como frequência de compra e unidades por compra. Elas destacam não somente o que foi comprado, como também quando e onde foi comprado. Estudando o uso, os profissionais de marketing também podem procurar determinar quantas pessoas experimentaram uma marca. Dessas, podem ainda determinar quantas "rejeitaram" a marca e quantas a "adotaram" em seu portfólio regular de marcas.

Uso: *Medida do comportamento relatado pelos clientes.*

Ao medir o uso, os profissionais de marketing formulam questões como as que seguem: que marca de creme dental você comprou da última vez? Quantas vezes no ano passado você comprou creme dental? Quantos tubos de creme dental você tem atualmente em sua casa? Você tem algum creme dental Crest em sua casa atualmente?

Agregadas, as métricas CAU referem-se a uma vasta gama de informações que podem ser adequadas a empresas ou mercados específicos. Elas oferecem aos gerentes conhecimento das relações gerais dos clientes com determinada marca ou determinado produto.

Fontes de dados, complicações e precauções

Fontes de dados CAU incluem

- Cartões e registros de garantia, frequentemente utilizando prêmios e sorteios aleatórios para incentivar a participação.
- Pesquisas regularmente administradas, realizadas por organizações que entrevistam consumidores por telefone, correio, ou internet.

No entanto, mesmo com as melhores metodologias, as variações observadas no mapeamento de dados de um período para o outro nem sempre são confiáveis. Os gerentes devem basear-se em sua experiência para distinguir os efeitos sazonais e "ruído" (movimento aleatório) de "sinal" (tendências e padrões reais). Certas técnicas na coleta e revisão de dados também podem ajudar os gerentes a fazerem essa distinção.

1. **Ajuste de mudanças periódicas** no modo como as questões são estruturadas ou administradas. As pesquisas podem ser conduzidas por correio ou telefone, por exemplo, com respondentes pagos ou não. Diferentes técnicas de coleta de dados podem exigir ajuste nas normas utilizadas para avaliar uma resposta "boa" ou "má". Se mudanças súbitas aparecerem nos

dados de um período para o outro, aconselha-se que os profissionais de marketing verifiquem se as mudanças metodológicas podem ter tido influência nos resultados.
2. **Tentativa de separar as respostas de clientes das respostas de não clientes.** Elas podem ser muito diferentes. Relações causais entre consciência, atitudes e uso raramente são bem claras. Embora a hierarquia de efeitos seja frequentemente vista como uma via de mão única onde a consciência leva à atitude e esta, por sua vez, determina o uso, o verdadeiro fluxo causal também pode ser o inverso. Quando as pessoas possuem algo de uma marca, por exemplo, elas podem ficar predispostas a apreciá-la.
3. **Triangulação de dados de pesquisa dos clientes** com receita de vendas, embarques ou outros dados relacionados ao desempenho da empresa. As atitudes do consumidor, as vendas aos distribuidores e lojistas e os embarques da empresa podem mover-se em direções diferentes. A análise desses padrões pode ser um desafio, mas pode revelar muito sobre a dinâmica da categoria. Por exemplo, embarques de brinquedos para lojistas quase sempre ocorrem antes da propaganda que impulsiona a consciência do consumidor e suas intenções de compra. Estas, por sua vez, devem ser estabelecidas antes das vendas no varejo. Trazendo ainda mais complexidade, no setor de brinquedos, o comprador de um produto pode não ser seu consumidor final. Ao avaliar dados CAU, os profissionais de marketing devem compreender não somente o que impulsiona a demanda, como também a logística da compra.
4. **Separação entre indicadores principais e indicadores secundários** sempre que possível. No setor de automóveis, por exemplo, os indivíduos que acabaram de comprar um carro novo demonstram maior sensibilidade a anúncios da marca e modelo que adquiriram. A sabedoria convencional sugere que eles estejam procurando confirmar que fizeram uma boa escolha numa decisão arriscada. Auxiliando os consumidores a justificarem sua compra nesse momento, os fabricantes de automóveis podem fortalecer a satisfação de longo prazo e a disposição de recomendar.

Métricas e conceitos relacionados

Probabilidade: *Como as considerações CAU são tão importantes para os profissionais de marketing e não há nenhuma maneira "correta" de abordá-las, sistemas de propriedade especializados foram desenvolvidos. Destes, um dos mais conhecidos é o Índice Q de "probabilidade". Um Índice Q deriva da pesquisa geral de lares selecionados em que diversos consumidores compartilham suas impressões sobre marcas, celebridades e programas de televisão.*[4]

Os Índices Q baseiam-se nas respostas dadas pelos consumidores. Consequentemente, apesar de o sistema utilizado ser sofisticado, depende de os consumidores compreenderem e estarem dispostos a revelar suas preferências.

Segmentação por geografia ou geoagrupamento: *Os profissionais de marketing podem conhecer atitudes dos consumidores separando seus dados em aglomerados menores e mais homogêneos de clientes. Um exemplo bem conhecido dessa técnica é o Prizm. O Prizm coloca os lares americanos em grupos de acordo com o código postal,⁵ com o objetivo de criar pequenos grupos de lares semelhantes. As características típicas de cada aglomerado Prizm são conhecidas e são usadas para atribuir um nome a cada grupo. Os consumidores "Lago Dourado", por exemplo, são os solteiros e casais mais velhos com estilos de vida modestos, morando em pequenas cidades. Em vez de monitorar estatísticas CAU para a população como um todo, as empresas muitas vezes acham útil mapear esses dados por grupos.*

2.8 Satisfação do cliente e disposição para recomendar

A satisfação do cliente costuma se basear em dados de pesquisa e é expressa em forma de classificação. Por exemplo, veja a Figura 2.3.

Muito insatisfeito	Parcialmente insatisfeito	Nem satisfeito, nem insatisfeito	Parcialmente satisfeito	Muito satisfeito
1	2	3	4	5

Figura 2.3 Classificações.

Nas organizações, as classificações da satisfação do cliente podem ter efeitos poderosos. Elas concentram os funcionários na importância de satisfazer as expectativas dos clientes. Mais ainda, quando essas classificações diminuem, alertam para problemas que podem afetar as vendas e a lucratividade.

Uma segunda métrica importante relacionada com a satisfação é a disposição para recomendar. Quando um cliente está satisfeito com um produto, ele pode recomendá-lo a amigos, familiares e colegas. Isso pode ser uma poderosa vantagem competitiva.

Propósito: a satisfação do cliente proporciona um indicador importante das intenções de compra e da lealdade do consumidor.

Dados sobre a satisfação do cliente estão entre os indicadores das percepções de mercado coletados com maior frequencia. Seus principais usos são dois.

1. Nas organizações, a coleta, análise e disseminação desses dados enviam uma mensagem sobre a importância de cuidar dos clientes e de garantir que tenham uma experiência positiva com os produtos e serviços da empresa.
2. As vendas ou a participação de mercado podem indicar o desempenho *atual* de uma empresa, mas a satisfação é talvez o melhor indicador da probabilidade de os clientes da empresa virem a fazer compras *no futu-*

ro. Muitas pesquisas têm se concentrado na relação entre a satisfação do cliente e a retenção. Estudos indicam que as ramificações da satisfação são percebidas com mais intensidade nos extremos. Na escala da Figura 2.3, os indivíduos que classificam seu nível de satisfação com "5" provavelmente voltarão a procurar a empresa e poderão até mesmo convencer outros a fazê-lo. Por outro lado, é improvável que os indivíduos que classificam seu nível de satisfação com "1" retornem. Além disso, eles podem prejudicar a empresa fazendo comentários negativos sobre ela para clientes potenciais. A disposição para recomendar é uma métrica-chave relacionada com a satisfação do cliente.

Construção

Satisfação do cliente: *O número de clientes ou porcentagem do total de clientes cuja experiência relatada com uma empresa, seus produtos ou serviços (classificações) excede as metas de satisfação especificadas.*

Disposição para recomendar: *Porcentagem de clientes pesquisados que indicam que recomendariam uma marca para amigos.*

Essas métricas quantificam uma dinâmica importante. Quando uma marca tem clientes leais, ela consegue um marketing boca a boca positivo que, além de gratuito, é altamente eficaz.

A satisfação do cliente é mensurada no nível individual, mas é quase sempre relatada em nível agregado. Pode ser, como frequentemente é, mensurada em conjunto com diversas dimensões. Um hotel, por exemplo, poderia pedir que seus clientes classificassem sua experiência com os serviços de recepção e registro, com as acomodações, as comodidades oferecidas nos quartos, os restaurantes, etc. Mais ainda, num sentido holístico, o hotel poderia perguntar sobre a satisfação geral "com a estadia".

A satisfação do cliente costuma ser medida em uma escala de 1 a 5 (veja a Figura 2.4).

Muito insatisfeito	Parcialmente insatisfeito	Nem satisfeito, nem insatisfeito	Parcialmente satisfeito	Muito satisfeito
1	2	3	4	5

Figura 2.4 Escala comum de cinco pontos.

Os níveis de satisfação costumam ser relatados como "quadrante alto" ou, mais provavelmente, como "os dois quadrantes altos". Os profissionais de marketing convertem essas expressões em números que mostram a porcentagem de respondentes que escolheram "4" ou "5". (Esse termo é o mesmo comumente usado em projeções de volumes de teste ou experimentação; ver a Seção 4.1).

EXEMPLO: A gerente geral de um hotel em Quebec institui um novo sistema de monitoramento da satisfação dos clientes (ver Figura 2.5). Os clientes, ao deixar o hotel, recebem uma pesquisa sobre satisfação. Como incentivo para respondê-la, os participantes concorrem ao sorteio de duas passagens aéreas.

	Muito insatisfeito	Parcialmente insatisfeito	Nem satisfeito, nem insatisfeito	Parcialmente satisfeito	Muito satisfeito
Pontuação	1	2	3	4	5
Respostas (200 utilizáveis)	3	7	40	100	50
%	2%	4%	20%	50%	25%

Figura 2.5 Resposta a uma pesquisa de clientes de um hotel.

A gerente coleta 220 pesquisas respondidas, das quais 20 não são claras ou, por alguma razão, não são utilizáveis. Entre as 200 restantes, três pessoas classificam sua experiência geral no hotel como muito insatisfatória, sete classificam-na como parcialmente insatisfatória, e 40 respondem que não estão nem satisfeitas, nem insatisfeitas. Das restantes, 50 dizem que estão muito satisfeitas, enquanto as demais dizem estar satisfeitas.

A pontuação mais alta, que compreende os clientes que classificam sua experiência como "5", inclui 50 pessoas ou, como porcentagem, 50/200 = 25%. As duas pontuações mais altas abrangem clientes que estão "parcialmente satisfeitos" ou "muito satisfeitos", classificando sua experiência como "4" ou "5". Nesse exemplo, a população "parcialmente satisfeita" deve ser calculada como o conjunto total de respostas utilizáveis, menos os demais clientes, ou seja, 200 − 3 − 7 − 40 − 50 = 100. A soma das duas pontuações mais altas é, portanto, 50 + 100 = 150 clientes, ou 75% do total.

Os dados sobre a satisfação do cliente também podem ser coletados com uma escala de 10 pontos. Não importando a escala, o objetivo é mensurar a satisfação percebida dos clientes com sua experiência com o que a empresa oferece. Os profissionais de marketing agregam esses dados na porcentagem de respostas com pontuações mais altas.

Ao pesquisar a satisfação, as empresas costumam perguntar aos clientes se seu produto ou serviço atingiu ou excedeu as expectativas. Desse modo, as expectativas são um fator-chave por trás da satisfação. Quando os clientes têm altas expectativas e a realidade não corresponde a elas, ficam desapontados e provavelmente virão a classificar sua experiência como menos do que satisfatória. Por essa razão, um hotel de luxo, por exemplo, poderia receber uma classificação de satisfação mais baixa do que um motel simples – apesar de sua infra-estrutura e serviços serem considerados superiores em termos "absolutos".

Fontes de dados, complicações e precauções

As pesquisas constituem o meio mais frequentemente utilizado para a coleta de dados sobre satisfação. Como resultado, um risco importante de distorção nas medidas de satisfação pode ser sintetizado numa única pergunta: quem responde as pesquisas?

"A tendenciosidade de respostas" é endêmica nos dados sobre satisfação. Clientes decepcionados ou bravos quase sempre veem com bons olhos um meio de expor suas opiniões. Os clientes satisfeitos não. Consequentemente, embora muitos clientes possam estar satisfeitos com um produto e não sentir necessidade de preencher uma pesquisa, os poucos que tiveram uma má experiência podem estar desproporcionalmente representados entre os respondentes. A maioria dos hoteis, por exemplo, coloca cartões de pesquisa nos quartos, perguntando aos clientes: "como foi sua estadia?". Somente uma pequena porcentagem de clientes se dá o trabalho de preencher esses cartões. Não é de surpreender que aqueles que os preenchem provavelmente tiveram uma experiência negativa. Por essa razão, os profissionais de marketing podem achar difícil julgar o verdadeiro nível de satisfação do cliente. Revisando-se os dados ao longo do tempo, no entanto, podem descobrir tendências ou mudanças importantes. Se as reclamações aumentam repentinamente, por exemplo, isso pode ser um alerta inicial de declínio na qualidade ou no serviço (Ver sobre quantidade de reclamações na próxima seção).

A seleção de amostra também pode distorcer as classificações de satisfação de outros modos. Como somente os *clientes* são pesquisados, as classificações de uma empresa podem aumentar artificialmente na medida em que clientes muito insatisfeitos buscam outros lugares. Além disso, algumas populações podem ser mais francas do que outras ou mais propensas a reclamar. Essas diferenças normativas podem afetar os níveis de satisfação percebida. Ao analisar os dados de satisfação, uma empresa poderia interpretar as diferenças nas classificações como um sinal de que um mercado está recebendo serviço melhor do que outro, quando a verdadeira diferença reside somente nos padrões que os clientes aplicam. Para corrigir essa questão, os profissionais de marketing são aconselhados a analisar as medidas de satisfação no decorrer do tempo *dentro do mesmo mercado*.

Uma última precaução: como muitas empresas definem a satisfação do cliente em termos de "atingir ou exceder expectativas", essa métrica pode diminuir simplesmente porque as expectativas aumentaram. Assim, ao interpretar dados de classificações, os gerentes podem vir a acreditar que a qualidade de seu produto ou serviço declinou quando não é esse o caso. Naturalmente, o contrário também é verdadeiro. Uma empresa poderá aumentar a satisfação ao diminuir as expectativas. Contudo, fazendo isso, poderá sofrer declínio nas vendas por seu produto ou serviço parecer pouco atraente.

Métricas e conceitos relacionados

Satisfação da cadeia: *Fundamentada nos mesmos princípios que a satisfação do consumidor, a satisfação da cadeia mede as atitudes de todos os clientes da empresa.*

Quantidade de reclamações: *Quantidade de reclamações feitas pelos clientes em determinado período de tempo.*

2.9 *Net Promoter*[6]

O *Net Promoter* mede até que ponto os atuais clientes recomendariam um produto, um serviço ou uma empresa.

Pontuação do *Net Promoter* (I) = Porcentagem de promotores (%) − Porcentagem de detratores (%).

O *Net Promoter* é visto como uma medida especialmente útil de satisfação e/ou lealdade do cliente.

Propósito: medir até que ponto a marca ou a empresa está conseguindo criar clientes satisfeitos e leais.

Net Promoter Score[7] (NPS), uma marca registrada de Frederick R. Reichheld, Bain & Company e Satmetrix, é uma medida simples da satisfação e da lealdade dos atuais clientes. Os clientes são indagados (em uma escala de 10 pontos) qual é a probabilidade de recomendar a empresa ou a marca a um amigo ou colega. Com base nas suas respostas a esta única pergunta, os clientes são divididos em:

- Promotores: Clientes dispostos a recomendar a empresa a outras pessoas (deram nota 9 ou 10).
- Neutros: Clientes satisfeitos, mas não entusiasmados (deram notas 7 ou 8).
- Detratores: Clientes que não estão dispostos a recomendar a empresa a outras pessoas (deram notas entre 0 e 6).

Notas elevadas costumam significar que a empresa está fazendo um bom trabalho para assegurar a lealdade dos clientes. Notas baixas e negativas são sinais de alerta importantes. Como a métrica é simples e fácil de compreender, ela é uma medida estável utilizada pelas empresas para motivar os funcionários e monitorar seu progresso.

Construção

O Net Promoter Score (NPS) é resultado das subtração da porcentagem de detratores entre os clientes atuais da porcentagem de promotores entre os clientes atuais.

Índice de promoção de rede (I) = Porcentagem de promotores (%) − Porcentagem de detratores (%)

Assim, se uma pesquisa entre clientes de uma empresa relatar que havia 20% de promotores, 70% neutros e 10% de detratores, a empresa teria um índice de 20 − 10 = 10.

Fontes de dados, complicações e precauções

Apesar de a marca registrada NPS fazer uma pergunta específica, usar uma escala com 10 pontos e definir especificamente promotores, neutros e detratores (detratores são aqueles que dão notas entre 0 e 6) é fácil de imaginar outras versões de NPS no que diz respeito ao palavreado da pergunta, à escala usada (1 a 5 em vez de 0 a 10) e às definições (e rótulos) dos grupos de respondentes resultantes. As características definidoras do NPS são que ele é construído a partir de respostas a uma pergunta sobre a disposição para recomendar e é uma medida líquida encontrada subtraindo--se a fração que não está disposta a recomendar da fração disposta a recomendar e deixando de fora aqueles que estão no meio.

O mesmo índice NPS pode indicar diferentes circunstâncias comerciais. Por exemplo, um índice zero pode indicar clientes altamente polarizados, 50% promotores, 50% detratores ou uma clientela totalmente ambivalente, 100% neutra. Receber o índice pode ser uma boa forma de começar uma discussão sobre percepções da marca pelos clientes. Por ser uma média das respostas dos clientes atuais, os gerentes precisam cavar fundo até os dados para compreenderem a situação exata que suas empresas enfrentam.

Este índice em circunstâncias específicas pode gerar resultados que podem enganar um gerente que não esteja sendo cuidadoso. Por exemplo, considere uma empresa cujos clientes atuais são 30% promotores, 30% detratores e 40% neutros. O NPS desta empresa é um zero inexpressivo, ou 30% − 30%.

Suponha a seguir que um novo concorrente roube dois terços dos detratores da empresa e, como estes detratores imediatamente desertam para o novo concorrente, eles deixam de ser clientes da empresa. O NPS é medido novamente.

Os promotores agora são 30% / (100% − 20% = 80%) = 37,5% dos clientes que permanecem.

Os neutros agora são 40% / (100% − 20% = 80%) = 50% dos clientes que permanecem.

Os detratores agora são apenas (30% − 20% = 10%) / (100% − 20% = 80%) = 12,5% dos clientes que permanecem.

O NPS agora é 37,5% − 12,5% = mais de 25, o que parece muito saudável.

A deserção dos clientes mais vulneráveis e infelizes levou diretamente a um aumento do NPS. Os gerentes precisam assegurar que eles compreendam plenamente o que aconteceu.

Apesar de o *benchmarking* ser um exercício útil, é inadequado aplicar esta medida diretamente entre categorias. Alguns produtos estão em categorias mais prováveis de ganharem engajamento tanto positivo quanto negativo do que outras.

Um NPS, apesar de geralmente desejável, na verdade estimula à pergunta: a empresa está monetizando de forma adequada o valor que fornece ao consumidor? A maneira mais fácil de desenvolver um NPS elevado é fornecer um produto altamente valorizado gratuitamente para os clientes. Por que eles não ficariam felizes em recomendá-lo? Essa pode ser uma estratégia aceitável para a empresa no curto ou no médio prazo, mas provavelmente inviável no longo prazo.

O NPS é calculado a partir de dados do levantamento. Como tal, pode ser vítima dos problemas comuns à maioria das pesquisas e os resultados precisam ser interpretados de acordo com outros dados, como tendências de vendas. A satisfação cada vez maior do cliente está levando a um aumento nas vendas? Se estiver, ótimo. Se não, por que não?

Apesar de o NPS ter recebido muita atenção e uma adoção relativamente rápida, também foi alvo de um artigo recentemente premiado. O consultor Timothy Keiningham e seus coautores argumentam que os benefícios da medida foram superestimados em relação a outras medidas de lealdade e satisfação.[8]

2.10 Disposição para procurar

Embora muitas métricas explorem a lealdade à marca, uma delas tem sido chamada de "teste ácido". Ou seja,

Disposição para procurar (%) = Porcentagem de clientes dispostos a adiar as compras, mudar de loja ou reduzir as quantidades de compra para evitar a troca de marcas

Esta métrica pode dizer a uma empresa muita coisa sobre as atitudes dos seus clientes e sobre a probabilidade de sua posição no mercado poder ser defendida em relação à pressão contínua de um concorrente.

Propósito: avaliar o comprometimento da clientela de uma empresa ou marca.

A lealdade a uma empresa ou marca é um bem essencial no marketing. Os profissionais de marketing avaliam seus aspectos através de uma série de métricas, incluindo a taxa de recompra, a participação nos gastos da categoria, a disposição para pagar um ágio e outras medidas de CAU. Talvez o teste de lealdade mais fundamental, no entanto, possa ser feito por meio de uma simples pergunta: quando confrontado com uma situação em que uma marca não esteja disponível, os clientes procurarão mais ou a substituirão pela melhor alternativa?

Quando uma marca desfruta de lealdade nesse nível, seu fornecedor pode gerar uma poderosa alavancagem nas negociações comerciais. Frequentemente, essa lealdade também dará aos fornecedores tempo para reagir a uma ameaça competitiva. Os clientes permanecerão com eles enquanto enfrentam essa ameaça.

A lealdade baseia-se em diversos fatores, incluindo:

- Clientes satisfeitos e influentes que estão dispostos a recomendar a marca.
- Valores ou benefícios emocionais ocultos que são comunicados de maneira eficaz.
- Uma forte imagem do produto, do usuário ou da experiência de uso.

As métricas de lealdade baseadas nas compras também são afetadas pelo produto ampla e convenientemente disponível para a compra e pela existência de outras opções na categoria à disposição dos clientes.

Construção

Disposição para procurar: *Probabilidade de os clientes partirem para uma segunda opção de produto se a primeira não estiver disponível. Também chamada de "não aceitar substituto".*

A disposição para procurar representa a porcentagem de clientes dispostos a saírem de uma loja sem um produto se sua marca preferida não estiver disponível. Os que se dispõem a substituir a marca constituem o restante da população.

Fontes de dados, complicações e precauções

A lealdade tem várias dimensões. Os consumidores leais a uma marca no sentido de raramente mudar para outra podem ou não estar dispostos a pagar um preço mais alto por aquela marca ou recomendá-la para seus amigos. A lealdade comportamental também pode ser difícil de distinguir da inércia ou do hábito. Quando perguntados sobre a lealdade, os consumidores muitas vezes não sabem o que farão em novas circunstâncias. Podem não ter uma lembrança precisa do comportamento passado, especialmente em relação a itens com que têm um envolvimento relativamente baixo.

Além disso, diferentes produtos geram diferentes níveis de lealdade. Poucos clientes serão tão leais a uma marca de fósforos, por exemplo, quanto a uma marca de produtos para bebês. Consequentemente, os profissionais de marketing devem ter cuidado ao compararem taxas de lealdade entre produtos. Na verdade, devem procurar as normas específicas de cada categoria.

Os graus de lealdade também diferem entre grupos demográficos. Consumidores mais velhos demonstram as maiores taxas de lealdade.

Mesmo com tais complexidades, a lealdade do cliente permanece como uma das métricas mais importantes a serem monitoradas. Os profissionais de marketing devem compreender o valor de suas marcas aos olhos do cliente – e do revendedor.

Capítulo 3

Margens e lucros

Métricas abordadas neste capítulo:

Margens
Preços de venda e margens do canal
Preço médio por unidade e preço por unidade estatística
Custos variáveis e custos fixos
Despesa de marketing – total, fixa e variável
Análise de ponto de equilíbrio e análise de contribuição
Volume desejado

Peter Drucker escreveu que o propósito de uma empresa é criar um cliente. Como profissionais de marketing, concordamos com ele. Mas também reconhecemos que uma empresa não pode sobreviver a menos que tenha margens e clientes. De certa forma, as margens são simplesmente a diferença entre o preço de um produto e seu custo. No entanto, este cálculo torna-se mais complicado quando variações de um produto são vendidas a preços diferentes, por meio de vários canais, incorrendo em diferentes custos ao longo do caminho. Por exemplo, um artigo recente da *Business Week* observou que menos "de dois terços das vendas da GM são de varejo. O resto vai para as agências de aluguel de automóveis ou para funcionários da empresa e suas famílias – as vendas que oferecem as margens brutas mais baixas".[1] É verdade que uma empresa não pode sobreviver sem uma margem positiva, mas pode ser um desafio determinar com precisão a margem que ela realmente obtém.

Na primeira seção deste capítulo, explicaremos o cálculo básico de margens unitárias e de porcentagem e apresentaremos a prática de calcular as margens como porcentagem do preço de venda.

A seguir, mostraremos como "encadear" esse cálculo através de dois ou mais níveis num canal de distribuição e como calcular o preço de compra para o usuário final com base no preço de venda estimado pelo profissional de marketing. Explicaremos como combinar as vendas através de diferentes canais para calcular as margens médias e como comparar as economias de diferentes canais de distribuição.

Na terceira seção, discutiremos o uso de unidades "estatísticas" e padrão no mapeamento de mudanças de preços ao longo do tempo.

Depois, voltaremos nossa atenção para a mensuração de custos do produto, com especial ênfase na distinção entre custos fixos e variáveis. A margem entre o preço unitário de um produto e seu custo variável por unidade representa um cálculo-chave. Ele nos diz quanto da venda de cada unidade do produto contribuirá para cobrir os custos fixos da empresa. A "margem de contribuição" sobre vendas é um dos conceitos mais úteis em marketing. No entanto, exige que separemos os custos fixos dos custos variáveis, o que quase sempre é um desafio. Frequentemente, os profissionais de marketing têm que considerar como "dados" quais os custos operacionais e de produção de sua empresa que são fixos e quais são variáveis. É provável, porém, que sejam responsáveis por tornarem essas distinções entre fixo e variável para custos de marketing. Esse é o assunto da quinta seção deste capítulo.

Na sexta seção, discutiremos o uso de estimativas de custos fixos e variáveis no cálculo de níveis de ponto de equilíbrio de vendas e contribuição. Finalmente, estenderemos nosso cálculo de pontos de equilíbrio, mostrando como identificar alvos de vendas e de lucros mutuamente coerentes.

	Métrica	Construção	Considerações	Propósito
3.1	Margem unitária	Preço unitário menos o custo unitário.	Quais são as unidades padrão no setor? Pode não refletir a margem de contribuição se alguns custos fixos forem alocados.	Determinar o valor de vendas incrementais. Orientar o estabelecimento de preços e promoções.
3.1	Margem (%)	Margem unitária como porcentagem	Pode não refletir a margem de contribuição se alguns custos fixos forem alocados.	Comparar margens entre diferentes tamanhos/formas de produto. Determinar o valor de vendas incrementais. Orientar o estabelecimento sobre decisões de preços e de promoções.
3.2	Margens do canal	Lucros de canal como porcentagem do preço de venda do canal.	Distinguir a margem sobre vendas (usuais) da marcação sobre o custo (também encontrada).	Avaliar o valor de canal adicionado no contexto do preço de venda. Calcular o efeito das mudanças de preço em um nível do canal nos preços e margens para outros níveis no mesmo canal (cadeia de supermercado).

Continua

	Métrica	Construção	Considerações	Propósito
3.3	Preço médio por unidade	Pode ser calculado como receita total dividida pelo total de vendas unitárias.	Algumas unidades podem ter maior relevância da perspectiva dos produtores do que do ponto de vista dos consumidores (por exemplo, quantidade de xampu em grãos *versus* quantidade em frascos). As mudanças podem não ser resultado das decisões de preço.	Compreender como os preços médios são afetados por mudanças nos preços e no *mix* de produtos.
3.3	Preço por unidade estatística	Os preços por unidade estatística (PUE) são considerados pela porcentagem relevante de cada PUE em uma unidade estatística.	O *mix* de porcentagem do PUE deve corresponder em médio prazo ao real *mix* de vendas.	Isolar o efeito de mudanças de preços das mudanças de *mix*, padronizando o *mix* PUE de uma unidade padrão.
3.4	Custos variáveis e fixos	Divide os custos em duas categorias: os que variam com o volume (variáveis) e os que não variam (fixos).	Os custos variáveis podem incluir despesas de produção, de marketing e de vendas. Alguns custos variáveis dependem das unidades vendidas; outros dependem da receita.	Compreender como os custos são afetados por mudanças no volume de vendas.
3.5	Despesas de marketing	Analisa custos que abrangem as despesas de marketing.	Podem ser divididas em custos de marketing fixos e variáveis.	Compreender como as despesas de marketing mudam com as vendas.
3.6	Contribuição por unidade	Preço unitário menos custo unitário variável.	Assegurar que os custos de marketing variáveis não tenham sido deduzidos do preço.	Compreender o impacto de mudanças no volume sobre o lucro. Calcular o nível de ponto de equilíbrio das vendas.
3.6	Margem de contribuição (%)	Contribuição por unidade dividida pelo preço unitário.	Garantir que os custos variáveis sejam coerentemente baseados nas unidades ou na receita, como for adequado.	O mesmo que o anterior, mas aplica-se a vendas em dólares.

Continua

	Métrica	Construção	Considerações	Propósito
3.6	Vendas de ponto de equilíbrio	Para ponto de equilíbrio unitário, dividem-se os custos fixos pela contribuição por unidade. Para ponto de equilíbrio de receita, dividem-se os custos fixos pela margem de contribuição (%).	As estimativas de custos variáveis e fixos podem ser válidas somente em certas faixas de vendas e de produção.	Indicador aproximado da atratividade projetada e da habilidade de produzir lucro.
3.7	Volume desejado	Ajusta o cálculo de ponto de equilíbrio para incluir o alvo de lucro.	Os custos de marketing variáveis devem ser refletidos nas margens de contribuição. Aumentos de vendas quase sempre exigem aumento de investimento ou de capital de giro.	Garantir que os objetivos das vendas unitárias possibilitem que a empresa ultrapasse obstáculos financeiros para lucro, RSV (retorno sobre vendas) ou retorno sobre investimento.
3.7	Receita desejada	Converte o volume desejado em receitas desejadas usando preços médios por unidade. De forma alternativa, combina custos e o conhecimento das margens de contribuição.	As mesmas que a anterior.	O mesmo que o anterior, aplicado aos objetivos de receita.

3.1 Margens

A margem (sobre vendas) é a diferença entre o preço de venda e o custo. Essa diferença costuma ser expressa ou como porcentagem do preço de venda ou por unidade.

$$\text{Margem unitária (\$)} = \text{Preço de venda unitário (\$)} - \text{Custo unitário (\$)}$$

$$\text{Margem (\%)} = \frac{\text{Margem unitária (\$)}}{\text{Preço de venda unitário (\$)}}$$

Os gerentes precisam conhecer as margens em quase todas as decisões de marketing. As margens representam um fator-chave no estabelecimento de preços, no retorno sobre despesas de marketing, nas previsões de ganhos e nas análises de rentabilidade do cliente.

Propósito: Determinar o valor de vendas incrementais e orientar o estabelecimento sobre preços e sobre as decisões de promoção.

A margem sobre as vendas é um fator importante por trás de muitas das mais fundamentais considerações empresariais, incluindo orçamentos e previsões. Todos os gerentes deveriam conhecer, e geralmente conhecem, as margens aproximadas de sua empresa. Os gerentes diferem amplamente, no entanto, nas suposições que utilizam para calcular as margens e nas maneiras como analisam e comunicam esses números importantes.

Margens percentuais e margens unitárias: Uma variação fundamental no modo como as pessoas se referem às margens reside na diferença entre margens percentuais e margens unitárias sobre vendas. A diferença é fácil de ser harmonizada e os gerentes devem ser capazes de se movimentar entre as duas.

O que é uma unidade? Toda empresa tem sua própria noção de "unidade", variando de uma tonelada de margarina ou um litro de refrigerante até um balde de gesso. Muitos setores trabalham com várias unidades e calculam a margem de acordo. A indústria de cigarros, por exemplo, vende "avulsos", "maços", "caixas" e "pacotes" 12M (que contêm 1.200 cigarros). Os bancos calculam a margem com base em contas, clientes, empréstimos, transações, residências e filiais. Os profissionais de marketing devem estar preparados para adaptar-se a tais perspectivas variáveis com pequeno esforço, pois as decisões podem fundamentar-se em qualquer uma dessas perspectivas.

Construção

$$\text{Margem unitária (\$)} = \text{Preço de venda unitário (\$)} - \text{Custo unitário (\$)}$$

$$\text{Margem (\%)} = \frac{\text{Margem unitária (\$)}}{\text{Preço de venda por unidade (\$)}}$$

As margens percentuais também podem ser calculadas usando-se a receita total e os custos totais.

$$\text{Margem (\%)} = \frac{[\text{Total da receita de vendas (\$)} - \text{Total de custos (\$)}]}{\text{Total da receita de vendas (\$)}}$$

Ao trabalhar com margens percentuais ou margens unitárias, os profissionais de marketing podem realizar uma verificação simples, avaliando se as partes individuais somadas perfazem o total.

Para verificar uma margem unitária ($): Preço de venda unitário = Margem unitária + custo unitário

Para verificar uma margem (%): Custo como % de vendas =100% − margem %

EXEMPLO: Uma empresa vende lonas por metro linear. Sua base de custos e preço de venda para a lona padrão são os que seguem:

$$\text{Preço de venda unitário} = \$24 \text{ por metro linear}$$
$$\text{Custo Unitário} = \$18 \text{ por metro linear}$$

Para calcular a margem unitária, subtraímos o custo do preço de venda:

$$\text{Margem Unitária} = \$24 \text{ por metro} - \$18 \text{ por metro}$$
$$= \$6 \text{ por metro}$$

Para calcular a margem em porcentagem, dividimos a margem unitária pelo preço de venda:

$$\text{Margem (\%)} = \frac{(\$24 - \$18) \text{ por metro}}{\$24}$$

$$= \frac{\$6}{\$24} = 25\%$$

Vamos verificar se nossos cálculos estão corretos:

$$\text{Preço de venda unitário} = \text{Margem unitária} + \text{Custo unitário}$$
$$\$24 \text{ por metro} = \$6 \text{ por metro} + \$18 \text{ por metro} \qquad \text{correto}$$

Uma conferência semelhante pode ser feita em nossos cálculos de margem em porcentagem:

$$100\% - \text{Margem sobre vendas (\%)} = \text{Custo como \% do preço de venda}$$
$$100\% - 25\% = \frac{\$18}{\$24} = 25\%$$
$$75\% = 75\% \qquad \text{correto}$$

Ao considerar diversos produtos com diferentes receitas e custos, podemos calcular a margem geral (%) em ambas as bases:

- Receita total ou custos totais para todos os produtos ou
- A média ponderada em dólares das margens percentuais dos diferentes produtos

EXEMPLO: A empresa de lonas produz uma nova linha de tecido de luxo, que é vendida por $64 por metro linear e custa $32 por metro para ser produzido. A margem desse item é 50%.

$$\text{Margem unitária (\$)} = \$64 \text{ por metro} - \$32 \text{ por metro}$$
$$= \$32 \text{ por metro}$$
$$\text{Margem (\%)} = \frac{(\$64 - \$32)}{\$64}$$
$$= \frac{\$32}{\$64}$$
$$= 50\%$$

Como agora a empresa vende dois produtos diferentes, sua margem média pode somente ser calculada quando conhecemos o volume de cada tipo de produto vendido. Não seria exato tomar uma média simples da margem de 25% do tecido padrão e da margem de 50% do tecido de luxo, a menos que a empresa vendesse o mesmo volume de ambos os produtos em dólares.

Se, num dia, a empresa vender 20 metros de tecido padrão e dois metros de tecido de luxo, poderemos calcular suas margens para esse dia como segue (veja também a Tabela 3.1):

$$\text{Total de vendas} = 20 \text{ metros a \$24 e 2 metros a \$64}$$
$$= \$608$$
$$\text{Custos totais} = 20 \text{ metros a \$18 e 2 metros a \$32}$$
$$= \$424$$
$$\text{Margem (\$)} = \$184$$
$$\text{Margem (\%)} = \frac{\text{Margem (\$184)}}{\text{Total de vendas (\$608)}}$$
$$= 30\%$$

Como as vendas em dólares diferem entre os dois produtos, a margem de 30% da empresa não é uma média simples das margens dos produtos.

Tabela 3.1 Vendas, custos e margens

	Padrão	Luxo	Total
Vendas em metros	20	2	22
Preço de venda por metro total de vendas ($)	$24,00 $480,00	$64,00 $128,00	$608,00
Custo por metro custos totais ($)	$18,00 $360,00	$32,00 $64,00	$424,00
Margem total em dólares ($) Margem unitária	$120,00 $6,00	$64,00 $32,00	$184,00 $8,36
Margem (%)	25%	50%	30%

Fontes de dados, complicações e precauções

Depois de determinar quais unidades utilizar, são necessárias duas informações para determinar as margens: *custos unitários* e *preços de venda unitários*.

Os preços de venda podem ser definidos antes ou depois que várias "medidas" são tomadas. Remarcações, descontos ao cliente, taxas de intermediários e comissões podem ser relatados para a administração como custos ou como deduções do preço de venda. Além disso, os relatórios externos podem variar em relação aos relatórios para a administração porque os padrões de contabilidade podem ditar um tratamento diferente das práticas internas. As margens relatadas podem variar amplamente, dependendo da técnica de cálculo empregada. Isso pode resultar em profunda confusão organizacional quanto a uma questão tão fundamental como qual é o verdadeiro preço de um produto.

Veja a Seção 8.4, sobre desconto médio, para conhecer as precauções com a dedução de certos descontos e abatimentos no cálculo de "preços líquidos". Frequentemente, há uma latitude considerável quanto a certos itens serem subtraídos do preço de lista para calcular o preço líquido ou serem adicionados aos custos. Um exemplo é a prática de varejo de oferecer cheques-presente para clientes que compram certas quantidades de produtos. Não é fácil contabilizar isso de modo a evitar confusão entre preços, custos de marketing e margens. Nesse contexto, dois pontos são relevantes: (1) certos itens podem ser tratados como deduções de preços ou como incrementos de custos, mas não como ambos; (2) o tratamento de tal item não afetará a margem unitária, mas terá influência sobre a margem em porcentagem.

Margem como porcentagem dos custos. Alguns setores, especialmente o varejo, calculam a margem como porcentagem dos custos, não dos preços de venda. Usando essa técnica no exemplo anterior, a margem percentual sobre um metro do tecido padrão seria tida como a margem unitária de 6 dólares dividida pelos 18 dólares de custo unitário, ou seja, 33%. Isso pode gerar confusão. Os profissionais de marketing devem familiarizar-se com as práticas em seu setor e ficar de prontidão para mudar quando necessário.

***Markup* ou margem?** Embora algumas pessoas usem os termos "margem" e "markup" indistintamente, isso não é apropriado. O termo "*markup*" costuma se referir à prática de adicionar uma porcentagem aos custos a fim de calcular os preços de venda.

Para ter uma noção melhor da relação entre margem e *markup*, vamos calcular algumas. Por exemplo, um *markup* de 50% sobre um custo variável de 10 dólares seria de 5 dólares, produzindo um preço de venda de 15 dólares. Por outro lado, a margem sobre um item que vende ao preço de varejo de 15 dólares e que apresenta um custo variável de 10 dólares seria $5/$15, ou 33,3%. A Tabela 3.2 mostra algumas relações comuns de margem/*markup*.

Uma das peculiaridades que podem ocorrer no varejo é que os preços são "marcados para cima" como uma porcentagem do preço de compra da loja (seu custo variável por um item), mas "marcados para baixo" durante liquidações como uma porcentagem do preço de varejo. A maioria dos clientes compreende que uma "liquidação" de 50% significa que os preços de varejo foram reduzidos em 50%.

Tabela 3.2 Relação entre margens e *markup*s

Preço	Custo	Margem	Markup
$10	$9,00	10%	11%
$10	$7,50	25%	33%
$10	$6,67	33,3%	50%
$10	$5,00	50%	100%
$10	$4,00	60%	150%
$10	$3,33	66,7%	200%
$10	$2,50	75%	300%

EXEMPLO: Um revendedor de vestuário compra camisetas por 10 dólares e as vende com *markup* de 50%. Como observado anteriormente, *markup* de 50% sobre um custo variável de 10 dólares produz um preço de varejo de 15 dólares. Infelizmente, os produtos não vendem e o proprietário da loja quer vender as camisetas a preço de custo para livrar espaço nas prateleiras. Ele descuidadamente pede que um vendedor reduza o preço do produto em 50%. Essa redução de 50%, porém, diminui o preço de varejo para $7,50. Assim, *markup* de 50% seguido de uma redução de 50% resulta em uma perda de $2,50 em cada unidade vendida.

É fácil ver como a confusão pode ocorrer. Geralmente preferimos usar o termo margem para nos referirmos à margem sobre as vendas. Recomendamos, no entanto, que todos os gerentes esclareçam com seus colegas o que querem dizer com esse termo importante.

EXEMPLO: Um fabricante de telefones sem fio vende um tipo de telefone por 100 dólares. O aparelho custa 50 dólares para ser fabricado e inclui um desconto postal de 20 dólares. Os relatórios internos do fabricante acrescentam esse desconto ao custo das mercadorias vendidas. Seus cálculos de margem, portanto, são os seguintes:

$$\text{Margem unitária (\$)} = \text{Preço de venda} - \text{Custo de produtos vendidos e desconto}$$
$$= \$100 - (\$50 + \$20) = \$30$$
$$\text{Margem (\%)} = \frac{\$30}{\$100} = 30\%$$

Os padrões de contabilidade, porém, exigem que os relatórios externos deduzam os descontos da receita de vendas (veja Tabela 3.3). Sob essa construção, os cálculos de margem da empresa devem ser diferentes e produzem uma margem percentual diferente:

Margem unitária ($) = Preço de venda, líquido do desconto − Custo de mercadorias vendidas
= ($100 − $20) − $50 = $30

$$\text{Margem (\%)} = \frac{\$30}{(\$100 - \$20)}$$

$$= \frac{\$30}{\$80} = 37,5\%$$

Tabela 3.3 Relatórios internos e externos podem variar

	Relatório interno	Relatório externo
Dólares recebidos do cliente	$100	$100
Desconto	–	$20
Vendas	$100	$80
Custo de fabricação	$50	$50
Desconto	$20	–
Custo de mercadorias vendidas	$70	$50
Margem unitária ($)	$30	$30
Margem (%)	30,0%	37,5%

Nesse exemplo, os gerentes adicionam o desconto ao custo de mercadorias vendidas nos relatórios internos. Por outro lado, as regras de contabilidade exigem que o desconto seja deduzido das vendas nos relatórios externos. Isso significa que a margem percentual varia entre os relatórios internos e externos. Isso pode causar considerável tensão na empresa ao se falar de margem percentual.

Como princípio geral, recomendamos que as margens internas sigam formatos exigidos pelos relatórios externos a fim de limitar a confusão.

Vários custos podem ou não ser incluídos. A inclusão ou exclusão de custos geralmente depende do propósito pretendido pelos cálculos de margem relevantes. Retornaremos a essa questão diversas vezes. Num extremo, se todos os custos forem incluídos, então, a margem e o lucro líquido serão equivalentes. Por outro lado, um profissional de marketing pode escolher trabalhar com a "margem de contribuição" (deduzindo somente os custos variáveis), a "margem de operação" ou a "margem antes da comercialização". Usando certas métricas, os profissionais de marketing podem distinguir os custos fixos dos custos variáveis e podem isolar custos específicos de uma operação ou de um departamento dos demais custos da empresa.

Métricas e conceitos relacionados

Margem bruta: *É a diferença entre receita e custo antes de se contabilizar certos custos. Geralmente, é calculada como o preço de venda de um item, menos os custos de* *mercadorias vendidas (custos de produção ou de aquisição, basicamente). A margem bruta pode ser expressa como porcentagem ou em termos de total em dólares. Se for expressa em dólares, poderá ser relatada por unidade ou por período para a empresa.*

3.2 Preços e margens do canal

As margens do canal podem ser expressas por unidade ou como porcentagem do preço de venda. No "encadeamento" de canais de distribuição sequenciais, o preço de venda de um membro de canal torna-se o "custo" do membro de canal para o qual serve como fornecedor.

Preço de venda do fornecedor ($) = Preço de venda ao cliente ($) − Margem do cliente **($)**

$$\text{Preço de venda ao cliente (\$)} = \frac{\text{Preço de venda ao fornecedor (\$)}}{[1 - \text{Margem do cliente (\%)}]}$$

Quando há vários níveis em uma rede de distribuição – incluindo um fabricante, um distribuidor e um varejista, por exemplo –, não se devem simplesmente adicionar mar-

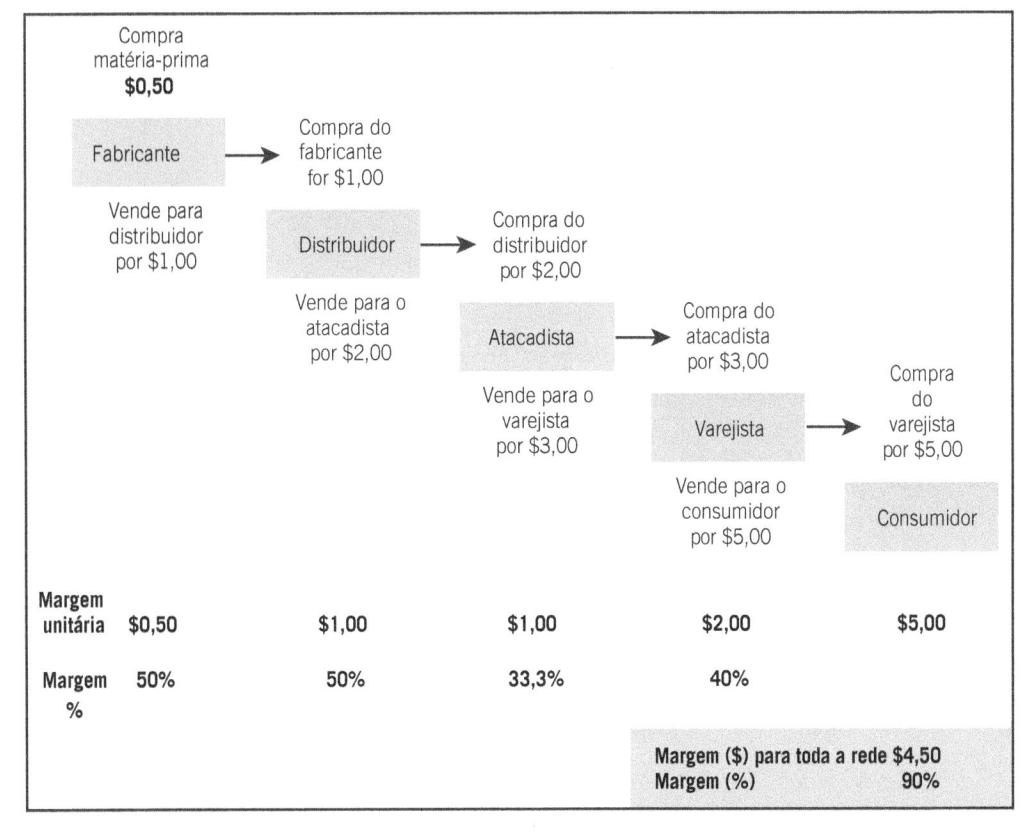

	Fabricante	Distribuidor	Atacadista	Varejista	Consumidor
	Compra matéria-prima **$0,50**	Compra do fabricante for $1,00	Compra do distribuidor por $2,00	Compra do atacadista por $3,00	Compra do varejista por $5,00
	Vende para distribuidor por $1,00	Vende para o atacadista por $2,00	Vende para o varejista por $3,00	Vende para o consumidor por $5,00	
Margem unitária	$0,50	$1,00	$1,00	$2,00	$5,00
Margem %	50%	50%	33,3%	40%	

Margem ($) para toda a rede $4,50
Margem (%) 90%

Figura 3.1 Exemplo de um canal de distribuição.
Lembre-se: Preço de venda = Custo + Margem

gens do canal conforme relatadas a fim de calcular margem "total" do canal. Em vez disso, usam-se os preços de venda no início e no fim da rede de distribuição (isto é, nos níveis de fabricação e de varejo) para calcular a margem total do canal. Os profissionais de marketing devem ser capazes de trabalhar progressivamente a partir de seu próprio preço de venda até o preço de compra do consumidor e entender as margens do canal em cada passo.

Propósito: Calcular preços de venda em cada nível no canal de distribuição.

O marketing frequentemente envolve a venda através de uma série de revendedores "com valor agregado". Às vezes, um produto muda de forma ao longo dessa progressão. Outras vezes, seu preço simplesmente é "aumentado" no decorrer de sua jornada pelo canal de distribuição (veja Figura 3.1).

Em alguns setores, como cerveja importada, pode haver até quatro ou cinco membros do canal que sequencialmente aplicam suas próprias margens antes de o produto atingir o consumidor. Nesses casos, é especialmente importante compreender as margens do canal e práticas de estabelecimento de preços a fim de avaliar os efeitos das mudanças de preços.

Construção

Primeiro, você tem que decidir se vai trabalhar "retroativamente", dos preços de venda ao cliente aos preços de venda do fornecedor, ou "progressivamente". Oferecemos duas equações para uso retroativo, uma para margens em dólares e a outra para margens percentuais:

Preço de venda do fornecedor ($) = Preço de venda ao cliente ($) − Margem do cliente **($)**

Preço de venda do fornecedor ($) = Preço de venda ao cliente ($) * [1 − Margem do cliente (%)]

EXEMPLO: Aaron possui uma pequena loja de móveis. Ele compra estantes de livros BookCo de um distribuidor local por 200 dólares cada uma. Aaron está pensando em comprar diretamente da BookCo e quer calcular o que pagaria se recebesse o mesmo preço que a BookCo cobra de seu distribuidor. Aaron sabe que a margem percentual do distribuidor é de 30%.

O fabricante supre o distribuidor. Ou seja, nesse elo da cadeia, o fabricante é o fornecedor e o distribuidor é o cliente. Assim, como sabemos a margem em porcentagem do cliente, a fim de calcular o preço do fabricante para o distribuidor de Aaron, podemos utilizar a segunda das duas equações.

Preço de venda do fornecedor ($) = Preço de venda ao cliente ($) * [1 − Margem do cliente (%)]
= $200 * 70% = $140

O distribuidor de Aaron compra cada estante por 140 dólares e a vende por 200, obtendo uma margem de 60 dólares (30%).

Apesar de o exemplo anterior poder ser a versão mais intuitiva dessa fórmula, reorganizando a equação, também podemos trabalhar progressivamente na cadeia, dos preços do fornecedor até os preços de venda ao cliente. Numa construção progressiva, podemos resolver o preço de venda ao cliente, ou seja, o preço cobrado do próximo nível da cadeia, movendo-nos em direção ao consumidor final.[2]

$$\text{Preço de venda ao cliente (\$)} = \frac{\text{Preço de venda do fornecedor (\$)}}{[1 - \text{Margem do cliente (\%)}]}$$

Preço de venda ao cliente ($) = Preço de venda do fornecedor ($) + Margem do cliente ($)

EXEMPLO: A Clyde's Concrete vende 100 metros cúbicos de concreto por 300 dólares a um empreiteiro de construção de rodovias. O empreiteiro quer incluir isso em sua conta de materiais que será cobrada de um governo local (veja Figura 3.2). Além disso, quer ganhar uma margem de 25%. Qual é o preço de venda do empreiteiro para o concreto?

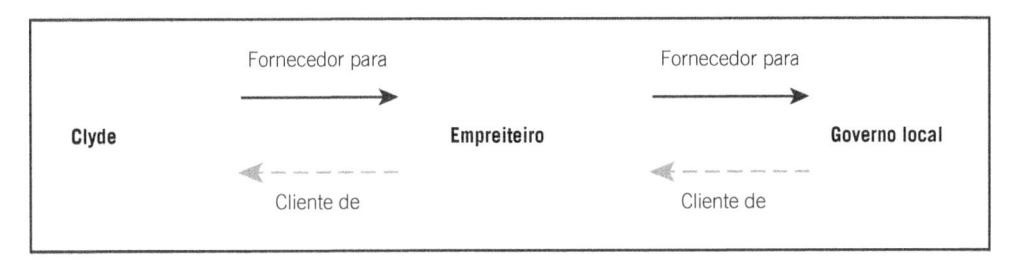

Figura 3.2 Relações com o cliente.

Essa questão focaliza o elo entre a Clyde's Concrete (fornecedor) e o empreiteiro (cliente). Sabemos que o preço de venda do fornecedor é 300 dólares e que a margem pretendida do cliente é de 25%. Com essas informações, podemos usar a primeira das duas equações anteriores.

$$\text{Preço de venda ao cliente} = \frac{\text{Preço de venda do fornecedor (\$)}}{(1 - \text{Margem do cliente \%})}$$

$$= \frac{\$300}{(1 - 25\%)}$$

$$= \frac{\$300}{75\%} = \$400$$

Para verificar nossos cálculos, podemos determinar a margem percentual do empreiteiro com base num preço de venda de 400 dólares e um custo de 300 dólares.

$$\text{Margem do cliente} = \frac{(\text{Preço de venda ao cliente} - \text{Preço de venda do fornecedor})}{\text{Preço de venda ao cliente}}$$

$$= \frac{(\$400 - \$300)}{\$400}$$

$$= \frac{\$100}{\$400} = 25\%$$

Preço de venda do primeiro membro do canal: Equipados com essas equações e com o conhecimento de todas as margens numa rede de distribuição, podemos trabalhar de volta ao preço de venda do primeiro membro do canal na rede.

Preço de venda do primeiro membro do canal (\$) = Preço de venda do último membro do canal (\$) * [1 − Margem do último canal (%)]
* [1 − Margem do penúltimo canal (%)]
* [1 − Margem do antepenúltimo canal (%)]... etc.

EXEMPLO: As seguintes margens são recebidas em vários passos ao longo da rede de distribuição de um pote de molho para massas que é vendido pelo preço de varejo de cinco dólares (veja Tabela 3.4).

Quanto custa ao fabricante produzir um pote de molho para massas? O preço de venda do varejo (\$5,00), multiplicado por 1, menos a margem do varejista, produzirá o preço de venda do atacadista. O preço de venda do atacadista também pode ser visto como o custo do varejista. O *custo* para o atacadista (preço de venda do distribuidor) pode ser encontrado multiplicando-se o preço de venda do atacadista por 1 menos a margem do atacadista, e assim por diante. De forma alternativa, poderíamos seguir o próximo procedimento, usando a margem percentual de um membro do canal para calcular sua margem em dólares e então subtraindo esse número do preço de venda do membro do canal para obter seu custo (veja Tabela 3.5).

Assim, um pote de molho para massas vendido a cinco dólares no varejo na verdade custa ao fabricante 50 centavos.

Tabela 3.4 Exemplo − Margens de distribuição de molho para massas

Estágio de distribuição	Margem
Fabricante	50%
Distribuidor	50%
Atacadista	33%
Varejista	40%

Tabela 3.5 Custo (preço de compra) do varejista

Estágio	Margem %	$
Custo ao cliente		$5,00
Margem do varejista	40%	$2,00
Custo ao varejista		$3,00
Margem do atacadista	33%	$1,00
Custo ao atacadista		$2,00
Margem do distribuidor	50%	$1,00
Custo ao distribuidor		$1,00
Margem do fabricante	50%	$0,50
Custo do fabricante		$0,50

As margens tomadas em diversos níveis de um processo de distribuição podem ter um efeito drástico sobre o preço pago pelos consumidores. Para trabalhar retroativamente em sua análise, muitas pessoas acham mais fácil converter *markup*s em margens. Trabalhar progressivamente não exige essa conversão.

EXEMPLO: Para mostrar que as margens e *markup*s são os dois lados de uma mesma moeda, vamos demonstrar que podemos obter a mesma sequência de preços usando aqui o método *markup*. Vamos ver como o molho para massas tem seu preço aumentado para chegar a um preço final de cinco dólares para o consumidor.

Conforme observado anteriormente, o custo para o fabricante é de 50 centavos. O aumento de preço em porcentagem para o fabricante é de 100%. Assim, podemos calcular o *markup* em dólares como $0,50 * 100% = $0,50. Adicionando o *markup* do fabricante ao seu custo, chegamos ao seu preço de venda: $0,50 (custo) + $0,50 (*markup*) = $1,00. O fabricante vende o molho por $1,00 para um distribuidor. O distribuidor aplica um *markup* de 100%, levando o preço a $2,00, e vende o molho para um atacadista. O atacadista aplica um *markup* de 50% e vende o molho para um varejista por $3,00. Finalmente, o varejista aplica um *markup* de 66,7% e vende o molho para massas ao consumidor por $5,00. Na Tabela 3.6, mapeamos esses *Markup*s para mostrar a jornada do molho para massas desde o custo de $0,50 do fabricante até o preço de varejo (custo ao consumidor) de $5,00.

Tabela 3.6 *Markup*s ao longo do canal de distribuição

Estágio	Markup %	$	Margem
Custo para o fabricante		$0,50	
Markup do fabricante	100%	$0,50	50%

(continua)

Tabela 3.6 *Markups* ao longo do canal de distribuição (*continuação*)

Estágio	Markup %	$	Margem
Custo para o distribuidor		$1,00	
Markup do distribuidor	100%	$1,00	50%
Custo para o atacadista		$2,00	
Markup do atacadista	50%	$1,00	33,3%
Custo para o varejista		$3,00	
Markup do varejista	67%	$2,00	40%
Custo para o consumidor		$5,00	

Fontes de dados, complicações e precauções

As informações necessárias para calcular as margens do canal são as mesmas das margens básicas. No entanto, surgem complicações devido às camadas envolvidas. Nessa estrutura, o preço de venda para uma camada da rede torna-se o custo para a próxima. Isso é claramente visível na indústria de bens de consumo, em que quase sempre há vários níveis de distribuição entre o fabricante e o consumidor, e cada membro do canal requer sua própria margem.

O custo e o preço de venda dependem da localização na rede. Deve-se sempre perguntar "de quem é o custo" e "quem vende por esse preço". O processo de "encadeamento" de uma sequência de margens não é difícil. Precisa-se somente esclarecer quem vende para quem. Nesse mapeamento, pode ser útil primeiro traçar uma linha horizontal, nomeando todos os integrantes do canal ao longo da rede, com o fabricante bem à esquerda e o varejista à direita. Por exemplo, se um exportador de cerveja na Alemanha vende para um importador nos Estados Unidos e esse importador vende para um distribuidor na Virgínia, que vende a cerveja para um varejista, então, quatro preços de venda distintos e três margens de canal estarão interpostos entre o exportador e o cliente da loja de varejo. Nesse cenário, o exportador é o primeiro fornecedor. O importador é o primeiro cliente. Para evitar confusão, recomendamos mapear o canal e calcular margens, preços de compra e preço de venda em cada nível.

Ao longo desta seção, supomos que todas as margens sejam "margens brutas", calculadas como preço de venda menos custo de mercadorias vendidas. Naturalmente, os membros do canal incorrerão em outros custos no processo de "agregação de valor". Se um atacadista pagasse à sua equipe de venda uma comissão sobre as vendas, por exemplo, isso seria um custo do negócio. Mas não seria parte do custo de mercadorias vendidas, então, não é incluído na margem bruta.

Métricas e conceitos relacionados

Margens de canal híbrido (combinado)

Canal híbrido: *O uso de diversos sistemas de distribuição para atingir o mesmo mercado. Uma empresa pode abordar os consumidores através de lojas, da* web *e do* telemarketing, *por exemplo. As margens frequentemente diferem entre os canais. Os canais híbridos também podem ser conhecidos como canais combinados.*

Cada vez mais, as empresas "vão ao mercado" de mais de uma maneira. Uma companhia de seguros, por exemplo, pode vender apólices por meio de corretores independentes, de linhas telefônicas gratuitas e na *web*. A multiplicidade de canais geralmente produz diferentes margens de canal e faz com que um fornecedor incorra em diferentes custos de apoio. À medida que os negócios migram de um canal para outro, os profissionais de marketing devem ajustar os preços e dar apoio de formas economicamente sensatas. Para tomar as decisões apropriadas, eles precisam reconhecer os canais mais lucrativos em seu *mix* e desenvolver programas e estratégias adequadas a eles.

Na venda através de diversos canais com diferentes margens, é importante realizar análises com base na média ponderada das margens do canal, em oposição à média simples. O uso da média simples pode causar confusão e decisões mal-embasadas.

Como exemplo das variações que podem ocorrer, suponhamos que uma empresa venda 10 unidades de seu produto através de seis canais. Ela vende cinco unidades através de um canal a uma margem de 20% e uma unidade através de cada um dos outros cinco canais a uma margem de 50%. Calculando sua margem média em base ponderada, chegamos ao seguinte número:

$$\text{Margem percentual (\%)} = \frac{[(5 * 20\%) + (5 * 50\%)]}{10} = 35\%$$

Por outro lado, se calcularmos a margem média entre os seis canais da empresa em base simples, chegaremos a um número diferente:

$$\text{Margem percentual(\%)} = \frac{[1 * 20\%) + (5 * 50\%)]}{6} = 45\%$$

Essa diferença na margem poderia afetar significativamente a tomada de decisão.

Margem média

Ao avaliar margens em termos de dólares, utilize a porcentagem de vendas unitárias.

Margem média ($) = [Porcentagem de vendas unitárias através do canal 1 (%) * Margem obtida no canal 1 ($)] + [Porcentagem de vendas unitárias através do canal 2 (%) * Margem obtida no canal 2 ($)] + Continuar até o último canal

Ao avaliar margens em termos percentuais, utilize a porcentagem das vendas em dólares.

Margem média (%) = [Porcentagem de vendas em dólares através do canal 1 (%) * Margem obtida no canal 1 (%)] + [Porcentagem de vendas em dólar através do canal 2 (%) * Margem obtida no canal 2 (%)] + Continuar até o último canal

EXEMPLO: A Gael Vidros vende através de três canais: telefone, *on-line* e loja. Esses canais geram as seguintes margens: 50%, 40% e 30%, respectivamente. Quando a esposa de Gael lhe pergunta qual sua margem média, ele inicialmente calcula uma margem simples e diz que é de 40%. A esposa de Gael investiga um pouco mais, no entanto, e sabe que seu marido deu uma resposta muito rápida. A empresa de Gael vende um total de 10 unidades. Ela vende uma unidade por telefone com uma margem de 50%, quatro unidades *on-line* com uma margem de 40% e cinco unidades na loja com uma margem de 30%.

Para determinar a margem média da empresa entre esses canais, a margem em cada um deve ser ponderada por seu volume de vendas relativo. Com essa base, a esposa de Gael calcula a margem média ponderada como segue:

Margem média de canal = (Porcentagem de vendas unitárias * Margem do canal telefone) + (Porcentagem de vendas unitárias *on-line* * Margem do canal *on-line*) + (Porcentagem de vendas unitárias através da loja * Margem do canal loja)

= (1 /10 * 50%) + (4 / 10 * 40%) + (5 / 10 * 30%)

= 5% + 16% + 15%

Margem média de canal = 36%

EXEMPLO: A Sadetta, Inc. tem dois canais – *on-line* e varejo – que geram os seguintes resultados:

Um cliente faz pedidos *on-line*, pagando 10 dólares por uma unidade de produto que custa cinco dólares para a empresa. Isso gera uma margem de 50% para a Sadetta. Um segundo cliente compra na loja, adquirindo duas unidades do produto por 12 dólares. Cada uma custa 9 dólares. Desse modo, a Sadetta obtém uma margem de 25% sobre essas vendas. Resumindo:

Margem *on-line* (1) = 50%. Preço de venda (1) = $10. Preço de venda do fornecedor (1) = $5.

Margem da loja (2) = 25%. Preço de venda (2) = $12. Preço de venda do fornecedor (2)=$9.

Nesse cenário, os pesos relativos são fáceis de determinar. Em termos de unidade, a Sadetta vende um total de três unidades: uma unidade (33,3%) *on-line* e duas unidades (66,6%) na loja. Em termos de dólares, a Sadetta gera um total de 34 dólares em vendas: 10 dólares (29,4%) *on-line* e 24 dólares (70,6%) na loja.

Assim, a margem unitária média ($) da Sadetta pode ser calculada da seguinte forma: o canal *on-line* gera uma margem de cinco dólares, enquanto que a loja gera uma margem de três dólares. Os pesos relativos são 33,3% *on-line* e 66,6% na loja.

Margem unitária média($) = [Porcentagem de vendas unitárias *on-line*(%) * Margem unitária *on-line*($)]+ [Porcentagem de vendas unitárias na loja (%) * Margem unitária na loja ($)]

= 33, 3% * $5, 00 + 66, 6% * $3, 00

$$= \$1,67 + \$2,00$$
$$= \$3,67$$

A margem média (%) da Sadetta pode ser calculada como segue: o canal *on-line* gera uma margem de 50%, enquanto que a loja gera uma margem de 25%. Os pesos relativos são 29,4% *on-line* e 70,6% na loja.

Margem Média (%) = [Porcentagem de vendas em dólar (%) * Margem *on-line* (%)]
  + [Porcentagem de vendas em dólar na loja (%) * Margem na loja (%)]
  = 29,4% * 50% + 70,6% * 25%
  = 14,70% + 17,65%
  = 32,35%

As margens médias também podem ser calculadas diretamente a partir dos totais da empresa. A Sadetta, Inc. gerou uma margem bruta total de 11 dólares vendendo três unidades de produto. Sua margem unitária média foi, então, $11/3, ou $3,67. De modo semelhante, podemos derivar a margem média em porcentagem da Sadetta dividindo sua margem total por sua receita total. Isso produz um resultado condizente com nossos cálculos ponderados anteriores: $11/$34 = 32,35%.

O mesmo processo ponderado é necessário para calcular preços de venda médios.

Preço de venda médio ($) = [Porcentagem de vendas unitárias através do canal 1 (%) *
  Preço de venda no canal 1 ($)] + [Porcentagem de vendas
  unitárias através do canal 2 (%) * Preço de venda no canal 2 ($)]
  + Continuar até [Porcentagem de vendas unitárias através do
  último canal (%) * Preço de venda do último canal ($)]

EXEMPLO: Continuando com o exemplo anterior, podemos ver como a Sadetta, Inc. calcula seu preço de venda médio.

O cliente *on-line* da Sadetta paga 10 dólares por item. O cliente da loja paga 12 dólares por item. Ponderando cada canal por vendas unitárias, podemos chegar ao preço de venda médio da Sadetta da seguinte forma:

Preço de venda médio($) = [Porcentagem de vendas unitárias *on-line* (%) * Preço de venda
  on-line ($)] + [Porcentagem de vendas unitárias na loja (%) *
  Preço de venda na loja ($)]
  = 33,3% * $10 + 66,6% * $12
  = $3,33 + $8
  = $11,33

O cálculo do preço de venda médio do fornecedor é conceitualmente semelhante.

> Preço de venda médio do fornecedor ($) = [Porcentagem de vendas unitárias através do canal 1 (%) * Preço de venda do fornecedor no canal 1 ($)] + [Porcentagem de vendas unitárias através do canal 2 (%) * Preço de venda do fornecedor no canal 2 ($)] + Continuar até [Porcentagem de vendas unitárias através do último canal (%) * Preço de venda do fornecedor do último canal ($)]

EXEMPLO: Agora, vamos considerar como a Sadetta, Inc. calcula seu preço de venda médio do fornecedor.

O produto da Sadetta *on-line* custa cinco dólares para a empresa. Seu produto na loja custa nove dólares por unidade. Assim:

> Preço de venda médio do fornecedor ($) = [Porcentagem de vendas unitárias *on-line* (%) * Preço de venda do fornecedor *on-line* ($)] + [Porcentagem de vendas unitárias através da loja (%) * Preço de venda do fornecedor na loja ($)]
> = 33,3% * $5 + 66,7% * $9
> = $1,67 + $6 = $7,67

Com todas essas peças do quebra-cabeça, agora compreendemos muito mais os negócios da Sadetta, Inc.

Tabela 3.7 Medidas do canal da Sadetta

	on-line	Na loja	Média/Total
Preço de venda (SP)	$10,00	$12,00	
Preço de venda do fornecedor (SSP)	$5,00	$9,00	
Margem unitária ($)	$5,00	$3,00	
Margem (%)	50%	25%	
Unidades vendidas	1	2	3
% Vendas unitárias	33,3%	66,7%	
Vendas em dólares	$10,00	$24,00	$34,00
% Vendas em dólares	29,4%	70,6%	
Margem total	$5,00	$6,00	$11,00
Margem unitária média ($)			$3,67
Margem média (%)			32,4%
Preço de venda médio			$11,33
Preço de venda médio do fornecedor			$7,67

3.3 Preço médio por unidade e preço por unidade estatística

Os preços médios representam, simplesmente, a receita total de vendas dividida pelo total de unidades vendidas. Muitos produtos, no entanto, são vendidos de várias formas, tais como diferentes tamanhos de recipientes. Nesses casos, os gerentes enfrentam um desafio: eles precisam determinar unidades "comparáveis".

Os preços médios podem ser calculados ponderando-se diferentes preços de venda unitária pela porcentagem de vendas unitárias (*mix*) para cada variante de produto. Se usarmos um padrão, em vez do verdadeiro *mix* de tamanhos e variedades do produto, o resultado é o preço por unidade estatística. As unidades estatísticas também são conhecidas como unidades equivalentes.

$$\text{Preço médio por unidade (\$)} = \frac{\text{Receita (\$)}}{\text{Unidades vendidas (n}^\text{o}\text{)}}$$

ou

$$= [\text{Preço de UME 1 (\$)} * \text{Porcentagem de vendas de UME 1 (\%)}] + [\text{Preço de UME 2 (\$)} * \text{UME 2 porcentagem de vendas UME 2 (\%)}]$$

Preço por unidade estatística (\$) = Preço total de um conjunto de UMEs compreendendo uma unidade estatística (\$)

$$\text{Preço unitário por unidade estatística (\$)} = \frac{\text{Preço por unidade estatística (\$)}}{\text{Total de unidades no conjunto de UMEs compreendendo essa unidade estatística (n}^\text{o}\text{)}}$$

O preço médio por unidade e preços por unidade estatística são necessários para os profissionais de marketing que vendem o mesmo produto em diferentes embalagens, tamanhos, formas ou configurações com diferentes preços. Assim como em análises de diferentes canais, essas variações de produto e de preço devem ser refletidas precisamente nos preços médios gerais. Se não o forem, os profissionais de marketing poderão perder de vista o que está acontecendo com os preços e o motivo disso. Se o preço de cada variação do produto ficar inalterado, por exemplo, mas houver uma mudança no *mix* de volume vendido, então, o preço médio por unidade terá mudado, mas o preço por unidade estatística não. Ambas as métricas têm valor na identificação de movimentos do mercado.

Propósito: Calcular preços de venda médios significativos dentro de uma linha de produtos que inclui itens de diferentes tamanhos.

Muitas marcas ou linhas de produtos incluem diversos modelos, versões, sabores, cores, tamanhos ou – de modo mais geral – unidades de manutenção de estoque (UMEs). Os filtros de água Brita, por exemplo, são vendidos em diversas UMEs. Eles são vendidos em pacotes com um único filtro, em pacotes com dois filtros e em pacotes especiais combinados que podem ser restritos a lojas especializadas. São vendidos individualmente ou em combinação com jarras. Essas diversas embalagens e formas do produto podem ser conhecidas como UMEs, modelos, itens, etc.

Unidade de manutenção de estoque (UME): *Termo usado pelos varejistas para identificar itens individuais que são mantidos ou "estocados" dentro de uma variedade. Esse é o nível mais detalhado no qual o estoque e as vendas de produtos individuais são registrados.*

Os profissionais de marketing geralmente desejam conhecer tanto os seus próprios preços médios quanto os dos varejistas. Trabalhando em termos de UMEs, eles podem calcular um preço médio por unidade em qualquer nível na rede de distribuição. Duas das mais úteis dessas médias são:

1. Uma média de preço unitário que inclui todas as vendas de todas as UMEs, expressa como preço médio por unidade definida. No setor de filtros para água, por exemplo, podem incluir valores como $2,23/filtro, $0,03/30g, etc.
2. Um preço por unidade estatística que consiste de um conjunto fixo (número) de UMEs individuais. Esse conjunto é quase sempre construído de modo a refletir o verdadeiro *mix* de vendas das diversas UMEs.

O preço médio por unidade mudará quando houver uma mudança na porcentagem de vendas representada por UMEs com diferentes preços unitários. Também mudará quando os preços de UMEs individuais forem modificados. Isso contrasta com o preço por unidade estatística, que, por definição, tem uma proporção fixa de cada UME. Consequentemente, um preço por unidade estatística somente mudará quando houver uma mudança no preço de uma ou mais das UMEs nele incluídas.

As informações compiladas a partir de um preço por unidade estatística podem ser úteis ao considerarem-se movimentos de preços num mercado. O preço por unidade estatística, em combinação com médias de preço unitário, possibilita compreender até que ponto os preços médios em um mercado estão mudando como resultado de alterações no *mix* – proporções de vendas geradas por UMEs com diferentes preços – *versus* mudanças de preço para itens individuais. Alterações no *mix* – tais como um aumento relativo na venda de recipientes maiores *versus* recipientes menores de sorvete em supermercados, por exemplo – afetarão o preço unitário médio, mas não o preço por unidade estatística. No entanto, mudanças no estabelecimento de preços nas UMEs que perfazem uma unidade estatística serão refletidas por uma mudança no preço daquela unidade estatística.

Construção

Como acontece com outras médias de marketing, o preço médio por unidade pode ser calculado a partir dos totais da empresa ou dos preços e participações de UMEs individuais.

$$\text{Preço médio por unidade (\$)} = \frac{\text{Receita (\$)}}{\text{Vendas unitárias (n}^{\underline{o}}\text{)}}$$

ou

= [Preço unitário de UME 1 ($) * Porcentagem de vendas de UME 1(%)] + [Preço unitário de UME 2 ($) * UME 2 Porcentagem de vendas de UME 2(%)] + e assim por diante

O preço médio por unidade depende dos preços unitários e das vendas unitárias de UMEs individuais. O preço médio por unidade pode ser elevado por um aumento nos preços unitários, por um aumento nas porções unitárias de UMEs com preço mais alto ou por uma combinação das duas coisas.

Uma métrica de preço "médio" insensível a mudanças nas participações de UMEs é o preço por unidade estatística.

Preço por unidade estatística

A Procter & Gamble e outras empresas enfrentam um desafio ao monitorarem preços para uma ampla variedade de tamanhos, tipos de embalagem e formulações de produtos. Chegam a existir de 25 a 30 UMEs diferentes para algumas marcas, e cada UME tem seu próprio preço. Nessas situações, como os profissionais de marketing determinam o nível geral de preço de uma marca a fim de compará-la com ofertas concorrentes ou para verificar se os preços estão aumentando ou diminuindo? Uma solução é a "unidade estatística", também conhecida como "caixa estatística" ou – em medidas volumétricas ou de peso – litro estatístico ou tonelada estatística. Uma caixa estatística de 8,64 litros de detergente, por exemplo, poderia ser definida como abrangendo

$$\text{Quatro frascos de 120 mL} = 0{,}48 \text{ L}$$
$$\text{Doze frascos de 360 mL} = 4{,}32 \text{ L}$$
$$\text{Dois frascos de 960 mL} = 1{,}92 \text{ L}$$
$$\text{Um frasco de 1.920 mL} = 1{,}92 \text{ L}$$

Observe que os conteúdos dessa caixa estatística foram cuidadosamente escolhidos de modo a conter o mesmo número de mililitros de uma caixa padrão com 24 frascos de 360 mL. Dessa forma, a caixa estatística é comparável em tamanho com uma caixa padrão. A vantagem da caixa estatística é que seus conteúdos podem se aproximar do *mix* de UMEs que a empresa realmente vende.

Apesar de uma caixa estatística de detergente líquido conter frascos cheios, em algumas situações, uma unidade estatística poderá conter frações de certos tamanhos de embalagens para que seu conteúdo total se equipare a um total volumétrico ou de peso exigido.

As unidades estatísticas são compostas de proporções fixas de diferentes UMEs. Essas proporções fixas garantem que as mudanças nos preços da unidade estatística reflitam somente mudanças nos *preços* das UMEs que a compreendem.

O preço de uma unidade estatística pode ser expresso como um preço total para o conjunto de UMEs que a compreende ou em termos desse preço total dividido pelo volume total de seus conteúdos. A primeira forma pode ser chamada de "preço por unidade estatística"; a segunda, de "preço unitário por unidade estatística".

EXEMPLO: O Creme para Café de Carl (CCC) é vendido em três tamanhos: tamanho econômico, com um litro; embalagem de meio litro, prática para colocar na geladeira;

e porção individual de 0,05 litro. A empresa define uma caixa estatística de 12 litros de CCC como

Duas unidades do tamanho econômico = 2 litros (2 * 1,0 litro)
19 unidades da embalagem própria para geladeira = 9,5 litros (19 * 0,5 litro)
Dez porções individuais = 0,5 litro (10 * 0,05)

Os preços para cada tamanho e o cálculo do preço total para unidade estatística são mostrados na seguinte tabela:

Nomes de UME	Tamanho	Preço do Item	Número em caixa estatística	Litros em caixa estatística	Preço total
Econômico	1 litro	$8,00	2	2,0	$16,00
Geladeira	0,5 litro	$6,00	19	9,5	$114,00
Porção individual	0,05 litro	$1,00	10	0,5	$10,00
TOTAL				12	$140,00

Dessa maneira, o preço total da caixa estatística de 12 litros de CCC é 140 dólares. O preço por litro na caixa estatística é 11,67 dólares.

Observe que o preço de 140 dólares da caixa estatística é mais alto do que o preço de 96 dólares de uma caixa de embalagens econômicas. Esse preço mais alto reflete o fato de que embalagens menores de CCC têm um preço maior por litro. Se as proporções das UMEs na caixa estatística se equipararem exatamente com as proporções vendidas reais, então, o preço por litro da caixa estatística será igual ao preço por litro dos litros realmente vendidos.

EXEMPLO: Carl vende 10.000 pacotes econômicos de um litro de CCC, 80.000 embalagens de meio litro para geladeira e 40.000 porções individuais. Qual é seu preço médio por litro?

$$\text{Preço médio por unidade (\$)} = \frac{\text{Receita (\$)}}{\text{Vendas unitárias (n}^\text{o}\text{)}}$$

$$= \frac{(\$8 * 10 \text{ mil} + \$6 * 80 \text{ mil} + \$1 * 40 \text{ mil})}{(1 * 10 \text{ mil} + 0,5 * 80 \text{ mil} + 0,05 * 400 \text{ mil})}$$

$$= \frac{\$600}{54} = \$11,54$$

Observe que o preço médio de Carl por litro, a $11,54, é menor do que o preço por litro em sua caixa estatística. A razão é direta: embora as embalagens para geladeira excedam as embalagens econômicas em quase 10 para uma na caixa estatística, a verdadeira proporção de venda dessas UMEs é somente oito para uma. De maneira semelhante, embora a proporção de itens de porção individual para itens econômicos na caixa estatística seja de cinco para um, sua verdadeira proporção de venda é somente quatro para um. A empresa de Carl vendeu uma porcentagem menor dos itens de preço mais alto (por litro) do que foi representado em sua caixa estatística. Consequentemente, seu verdadeiro preço médio por litro foi menor do que o preço por litro em sua unidade estatística.

Na tabela a seguir, ilustramos o cálculo do preço médio por unidade como a média ponderada dos preços unitários e porções unitárias das três UMEs do Creme para Café de Carl. Os preços unitários e as porções unitárias (por litro) são fornecidos.

Nome da UME	Tamanho	Preço	UMEs vendidas	Unidades vendidas (litros)	Preço unitário (por litro)	Porção unitária
Econômico	1 litro	$8	10 mil	10 mil	$8	19,23%
Geladeira	0,5 litro	$6	80 mil	40 mil	$12	76,95%
Porção individual	0,05 litro	$1	40 mil	2 mil	$20	3,85%
TOTAL			130 mil	52 mil		100%

Nessa base, o preço médio por unidade ($) = ($8 * 0,1923) + ($12 * 0,7692) + ($20 * 0,385) = $11,54.

Fontes de dados, complicações e precauções

Com linhas de produtos complexas e mutáveis e com diferentes preços de venda cobrados por diferentes varejistas, os profissionais de marketing precisam compreender uma série de metodologias para calcular os preços médios. A simples determinação de quantas unidades de um produto são vendidas e por qual preço, em todo o mercado, é um grande desafio. Como método padrão de mapeamento de preços, os profissionais de marketing usam unidades estatísticas, que se baseiam em proporções constantes de vendas de diferentes UMEs numa linha de produto.

Normalmente, as proporções de UMEs numa unidade estatística correspondem – pelo menos aproximadamente – ao histórico de vendas no mercado. Os padrões de vendas modificam-se, no entanto. Como consequência, as proporções precisam ser monitoradas com cuidado nos mercados em evolução e em linhas de produtos mutáveis.

O cálculo de um preço médio significativo é complicado pela necessidade de diferenciar entre mudanças no *mix* de vendas e mudanças nos preços de unidades estatísticas. Em alguns setores, é difícil construir unidades apropriadas para analisar dados sobre preços e vendas. Na indústria química, por exemplo, um herbicida pode ser vendido em vários tamanhos, aplicadores e níveis de concentração diferentes.

Quando decompomos a complexidade de diferentes preços e diferentes variedades oferecidas por lojas de varejo concorrentes, o cálculo e o mapeamento de preços médios tornam-se um exercício incomum.

Desafios semelhantes surgem na estimativa da inflação. Os economistas calculam a inflação usando uma cesta de produtos. Suas estimativas podem variar consideravelmente, dependendo dos produtos incluídos. Também é difícil capturar melhorias de qualidade nos números da inflação. Por exemplo, um automóvel de 2005 é verdadeiramente comparável a um carro fabricado 30 anos antes?

Ao avaliar os aumentos de preço, os profissionais de marketing são aconselhados a ter em mente que um consumidor que compra grandes quantidades em lojas de descontos pode ver tais aumentos de um modo bem diferente do de um aposentado que compra pequenas quantidades em lojas locais. O estabelecimento de uma cesta "padrão" para consumidores tão diferentes exige um discernimento astuto. Na tentativa de sintetizar a agregação de tais aumentos de preços numa economia, os economistas podem ver a inflação como, efetivamente, uma medida de preço unitário estatístico para aquela economia.

3.4 Custos variáveis e custos fixos

Os custos variáveis podem ser agregados num "total" ou expressos "por unidade". Os custos fixos, por definição, não variam com o número de unidades vendidas ou produzidas.

Parte-se do pressuposto de que os custos variáveis sejam relativamente constantes por unidade. Os custos variáveis totais aumentam direta e previsivelmente com o volume de vendas unitárias. Os custos fixos, por outro lado, não mudam como resultado direto de aumentos ou declínios de curto prazo nas vendas unitárias.

$$\text{Custos totais (\$)} = \text{Custos fixos (\$)} + \text{Custos variáveis totais (\$)}$$
$$\text{Custos variáveis totais (\$)} = \text{Volume unitário (n}^\text{o}\text{)} * \text{Custo variável por unidade (\$)}$$

Os profissionais de marketing precisam ter uma noção de como os custos se dividem em variáveis e fixos. Essa distinção é crucial para a previsão de ganhos gerados por mudanças nas vendas unitárias e, desse modo, para prever o impacto financeiro das campanhas de marketing propostas. Também é fundamental para a compreensão de compensações de preço e volume.

Propósito: Compreender como os custos variam com o volume.

À primeira vista, este parece ser um tópico fácil de dominar. Se uma campanha de marketing gerar 10.000 unidades de vendas adicionais, precisamos somente saber quanto custará para fornecer esse volume adicional.

O problema, evidentemente, é que ninguém realmente sabe como as mudanças na quantidade afetarão os custos totais de uma empresa – em parte, porque o funcionamento de uma empresa pode ser muito complexo. As empresas simplesmente não conseguem empregar exércitos de contadores para responderem com precisão a todas as questões possíveis em termos de gastos. Ao contrário, quase sempre utiliza-se um modelo simples de comportamento de custos que é bom o suficiente para a maioria dos objetivos.

Construção

A equação linear padrão, Y = mX + b, ajuda a explicar a relação entre custos totais e volume unitário. Nessa aplicação, Y representará o custo total de uma empresa, m será seu custo variável por unidade, X representará a quantidade de produtos vendidos (ou produzidos), e b representará o custo fixo (veja Figura 3.3).

Custo total ($) = Custo variável por unidade ($) * Quantidade (n^o) + Custo fixo ($)

Nessa base, para determinar o custo total de uma empresa para qualquer quantidade de produtos, precisamos somente multiplicar seu custo variável por unidade por aquela quantidade e adicionar seu custo fixo.

Para comunicar completamente as implicações de custos fixos e custos variáveis, pode ser útil separar o gráfico em duas partes (veja Figura 3.4).

Por definição, os custos fixos permanecem os mesmos, não importando o volume. Consequentemente, são representados por uma linha horizontal ao longo do gráfico na Figura 3.4. Os custos fixos não aumentam verticalmente – isto é, não se adicionam ao custo total – à medida que a quantidade aumenta.

O resultado da multiplicação do custo variável por unidade pela quantidade é frequentemente chamado de custo variável total. Os custos variáveis diferem dos custos

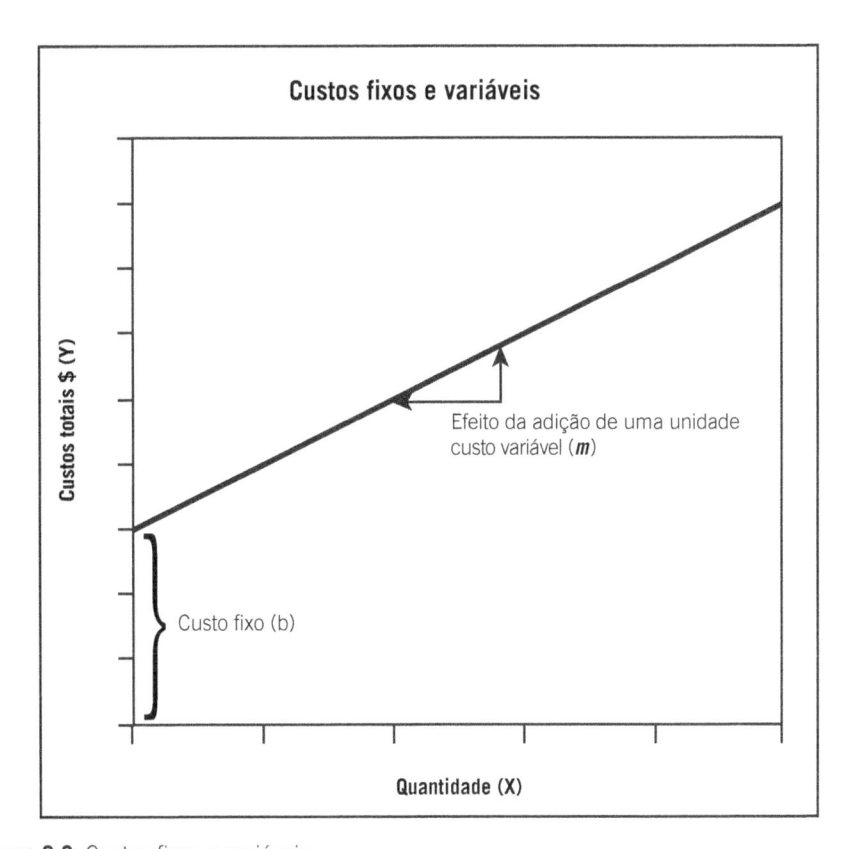

Figura 3.3 Custos fixos e variáveis.

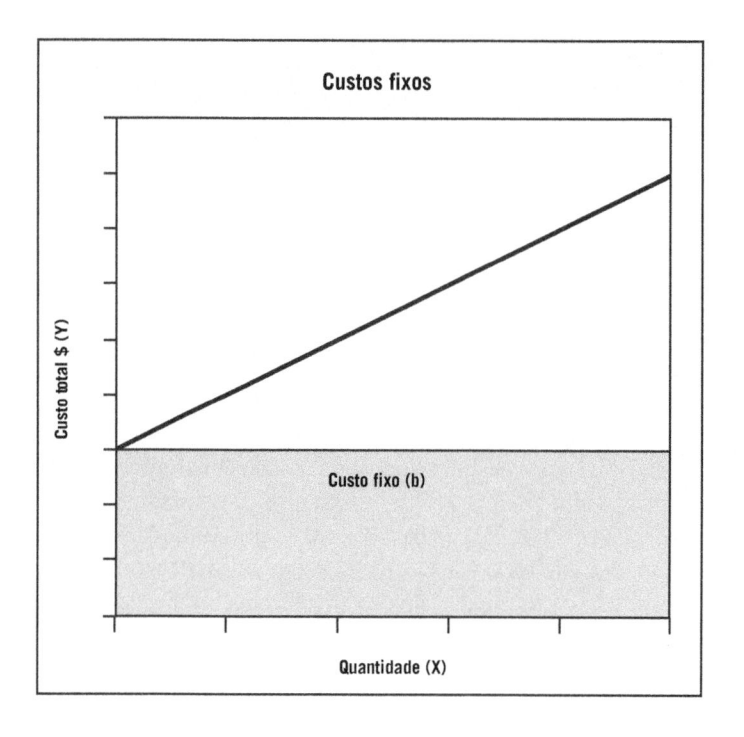

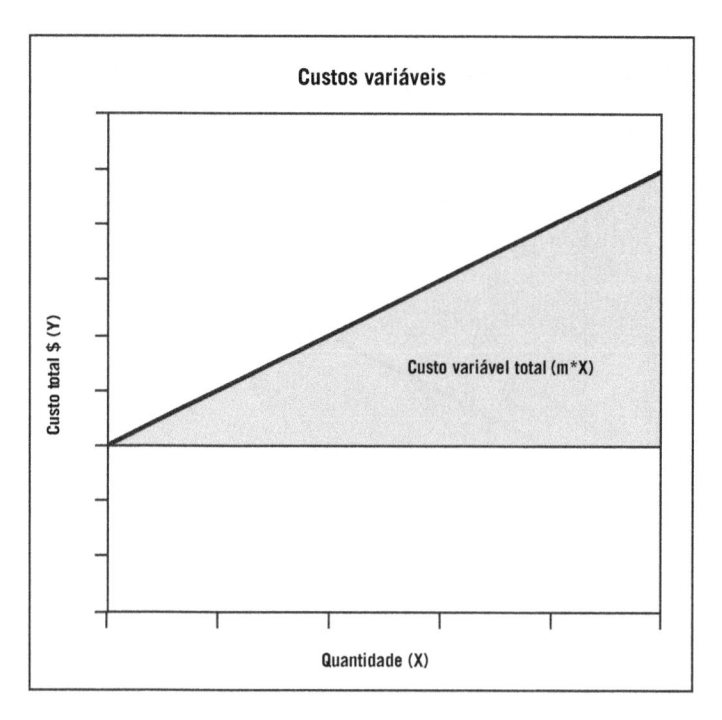

Figura 3.4 O custo total consiste em custos fixos e variáveis.

fixos no sentido de que, quando não há produção, seu total é zero. Seu total aumenta numa linha constantemente em ascensão, porém, à medida que aumenta a quantidade.

Podemos representar esse modelo de comportamento de custo numa equação simples.

$$\text{Custo total (\$)} = \text{Custo total variável (\$)} + \text{custo fixo (\$)}$$

É claro que, para usar esse modelo, devemos colocar cada um dos custos de uma empresa em uma dessas categorias. Se uma despesa não mudar com o volume (aluguel, por exemplo), então ela fará parte dos custos fixos e permanecerá a mesma, não importa quantas unidades a empresa produza ou venda. Se um custo *realmente* mudar com o volume (comissões de vendas, por exemplo), então, trata-se de um custo variável.

$$\text{Custos variáveis totais (\$)} = \text{Volume unitário (n}^\text{o}) = \text{Custo variável por unidade (\$)}$$

Custo total por unidade: Também é possível expressar o custo total para determinada quantidade por unidade. O resultado pode ser chamado de custo total por unidade, custo total unitário, custo médio, custo cheio ou mesmo de custo carregado. Para nosso modelo de custo linear simples, o custo total por unidade pode ser calculado em uma das duas formas. A mais óbvia seria dividir o custo total pela quantidade de unidades.

$$\text{Custo total por unidade (\$)} = \frac{\text{Custo total (\$)}}{\text{Quantidade (n}^\text{o})}$$

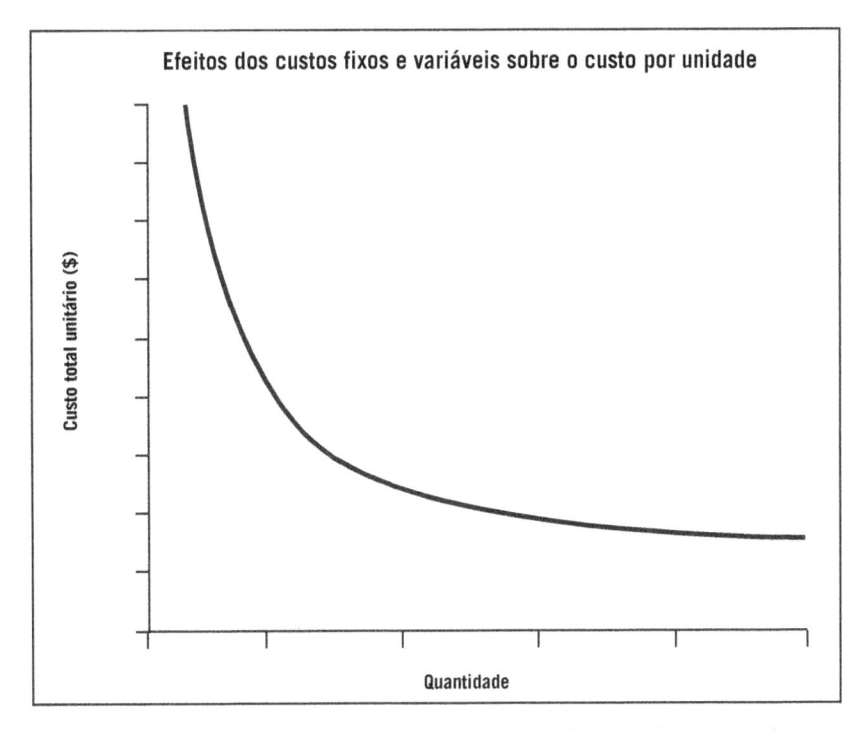

Figura 3.5 O custo total por unidade diminui com o volume (suposições comuns).

Isso pode ser representado graficamente e contar uma história interessante (veja Figura 3.5). À medida que a quantidade aumenta, o custo total por unidade (custo médio por unidade) diminui. A forma dessa curva variará entre empresas com diferentes estruturas de custo, mas, toda vez que houver custos fixos e variáveis, o custo total por unidade diminuirá à medida que os custos fixos se distribuem por uma quantidade crescente de unidades.

A distribuição dos custos fixos entre as unidades produzidas leva-nos a uma outra fórmula comum para o custo total por unidade.

Custo total por unidade ($) = Custo variável por unidade ($) + [Custo fixo ($)/Quantidade (n°)]

À medida que a quantidade aumenta – ou seja, à medida que os custos fixos são distribuídos por mais unidades –, o custo total por unidade diminui de maneira não linear.[3]

EXEMPLO: À medida que as vendas unitárias de uma empresa aumentam, seus custos fixos continuam constantes em 500 dólares. O custo variável por unidade permanece em 10 dólares por unidade. Os custos variáveis totais aumentam com cada unidade vendida. O custo total por unidade (também conhecido como custo total médio) diminui à medida que mais unidades são vendidas e que os custos fixos se distribuem entre essa quantidade crescente. Finalmente, à medida que cada vez mais unidades são produzidas e vendidas, o custo total por unidade da empresa aproxima-se de seu custo variável por unidade (veja Tabela 3.8).

Tabela 3.8 Custos fixos e variáveis em maiores níveis de volume

Unidades vendidas	1	10	100	1.000
Custos fixos	$500	$500	$500	$500
Custos variáveis	$10	$100	$1.000	$10.000
Custos totais	$510	$600	$1.500	$10.500
Custo total por unidade	$510,00	$60,00	$15,00	$10,50
Custo variável por unidade	$10	$10	$10	$10

Resumindo, o modelo mais simples de comportamento de custo é o da suposição de que os custos totais aumentam linearmente com a quantidade fornecida. Os custos totais são compostos de custos fixos e variáveis. O custo total por unidade diminui de maneira não linear com o aumento da quantidade fornecida.

Fontes de dados, complicações e precauções

Normalmente, supõe-se que o custo total seja uma função linear da quantidade fornecida. Ou seja, o gráfico de custo total *versus* quantidade será uma linha reta.

Como alguns custos são fixos, o custo total começa num nível acima de zero, mesmo quando nenhuma unidade for produzida. Isso ocorre porque os custos fixos incluem despesas como aluguel da fábrica e salários para funcionários de tempo integral, que devem ser pagos sem considerar se algo é produzido e vendido. Os custos variáveis totais, por sua vez, aumentam e diminuem com a quantidade. Em nosso modelo, no entanto, supomos que o custo variável *por unidade* seja constante – 10 dólares por unidade, por exemplo –, sem importar se uma ou mil unidades são produzidas. Esse modelo é útil. Ao utilizá-lo, porém, os profissionais de marketing devem reconhecer que ele não consegue dar conta de certas complexidades.

O modelo de custo linear não é adequado a todas as situações. Descontos de quantidade, expectativas de futuras melhorias de processo e limitações de capacidade, por exemplo, introduzem dinâmicas que limitarão a utilidade da equação de custo linear fundamental: Custo Total = Custo Fixo + Custo Variável por Unidade * Quantidade. Mesmo a noção de que a quantidade determina o custo total pode ser questionada. Embora as empresas paguem por *inputs*, como matéria-prima e mão-de-obra, os profissionais de marketing desejam saber o custo de *outputs* da empresa, ou seja, os produtos acabados vendidos. Essa distinção é clara em teoria. Na prática, no entanto, pode ser difícil revelar a exata relação entre uma quantidade de *outputs* e o custo total da ampla gama de *inputs* que fazem parte dela.

A classificação de custos como fixos ou variáveis depende do contexto. O modelo linear pode não funcionar em todas as situações, mas ele oferece uma aproximação razoável para o comportamento de custo em muitos contextos. No entanto, alguns profissionais de marketing têm dificuldade com o fato de que certos custos podem ser considerados fixos em alguns contextos e variáveis em outros. Em geral, para menores períodos de tempo e mudanças modestas na quantidade, muitos custos são fixos. Para períodos mais longos e maiores mudanças na quantidade, a maioria dos custos é variável. Consideremos o aluguel, por exemplo. Pequenas mudanças na quantidade não exigem uma mudança no espaço de trabalho ou na localização da empresa. Nesses casos, o aluguel deve ser visto como custo fixo. Uma grande mudança na quantidade, no entanto, exigiria mais ou menos espaço de trabalho. O aluguel, portanto, se tornaria variável com a variação de quantidade.

Não confundir custo total por unidade com custo variável por unidade. Em nossa equação de custo linear, o custo variável por unidade é a quantidade na qual os custos totais aumentam se a empresa aumentar sua quantidade em uma unidade. Esse número não deve ser confundido com o custo total por unidade, calculado como *Custo Variável por Unidade + (Custo Fixo/Quantidade)*. Se uma empresa tiver custos fixos, então, seu custo total por unidade será sempre maior do que o custo variável por unidade. O custo total por unidade representa o custo médio por unidade da empresa na atual quantidade – e *somente* na atual quantidade. Não cometa o erro de pensar no custo total por unidade como um número que se aplica a mudanças de quantidade. O custo total por unidade somente se aplica ao volume em que foi calculado.

Um mal-entendido relacionado a isso pode surgir à vezes do fato de que o custo total por unidade geralmente diminui com o aumento da quantidade. Alguns profissionais de marketing usam esse fato para argumentar a favor do aumento agressivo da quantidade a fim de "reduzir nossos custos" e melhorar a lucratividade. O custo total, em contraste com o custo total *por unidade*, quase sempre aumenta com a quantidade. Apenas com certos descontos de quantidades ou abatimentos que "compensam" quando os volumes desejados são atingidos é que o custo total pode diminuir com os aumentos do volume.

3.5 Despesas de marketing – totais, fixas e variáveis

Para prever como os custos das vendas mudam com as vendas, a empresa deverá distinguir entre custos de venda fixos e custos de venda variáveis.

Custos totais de venda (Marketing)(\$) = Custos de venda fixos totais (\$)
  + Custos de venda variáveis totais (\$)

Custos de venda variáveis totais (\$) = Receita (\$) * Custo de venda variável (%)

O reconhecimento da diferença entre custos de venda fixos e variáveis pode auxiliar as empresas a dar conta de riscos relativos associados com estratégias de venda alternativas. Em geral, as estratégias que incorrem em custos de venda variáveis são menos arriscadas porque os custos de venda variáveis permanecerão mais baixos no caso de as vendas não corresponderem às expectativas.

Propósito: Prever as despesas de marketing e avaliar o risco orçamentário.

Despesas de marketing: *Gasto total com atividades de marketing. Costuma incluir a propaganda e promoção não relacionada a preço. Às vezes, incluem a despesa com a equipe de vendas e também podem incluir promoções de preços.*

Os custos de marketing com frequência são uma parte importante das despesas discricionárias gerais de uma empresa. Assim, são importantes determinantes de lucros em curto prazo. Naturalmente, os orçamentos de marketing e de vendas também podem ser vistos como investimentos na aquisição e manutenção de clientes. Em qualquer uma dessas perspectivas, no entanto, é útil distinguir entre custos de marketing fixos e custos de marketing variáveis. Ou seja, os gerentes devem reconhecer quais custos de marketing permanecerão constantes e quais mudarão com as vendas. Geralmente, essa classificação exige uma revisão de cada item, um por um, de todo o orçamento de marketing.

Em seções anteriores, vimos os custos variáveis totais como despesas que variam com o volume de vendas unitárias. Com relação aos custos de venda, precisaremos de uma concepção ligeiramente diferente. Em vez de variar com as vendas unitárias, os custos de venda variáveis totais têm maior probabilidade de variar diretamente com o valor monetário das unidades vendidas – isto é, com a receita. Assim, é mais provável que os custos de venda variáveis sejam expressos como porcentagem da receita do que como certa quantidade monetária por unidade.

A classificação de custos de venda como fixos ou variáveis dependerá da estrutura da organização e das decisões específicas de administração. No entanto, diversos itens costumam recair numa categoria ou noutra – com a condição de que seu status como fixo ou variável pode ser específico do período de tempo. Em longo prazo, todos os custos finalmente tornam-se variáveis.

Em períodos típicos de planejamento de um trimestre ou um ano, os custos fixos de marketing poderão incluir

- Salários e apoio à equipe de vendas.
- Grandes campanhas publicitárias, incluindo custos de produção.
- Equipe de marketing.
- Material de promoção de vendas, como material para os pontos de venda, produção de cupons e custos de distribuição.
- Verbas para propaganda cooperativa com base nas vendas do período anterior.

Os custos variáveis de marketing podem incluir

- Comissões de vendas pagas à equipe de vendas, corretores, representantes do fabricante.
- Bônus de vendas conforme o alcance das metas de vendas.
- Descontos fora da fatura e concessões de desempenho no canal, ligadas ao volume atual.
- Termos de pagamento inicial (se incluídos nos orçamentos de promoção de vendas).
- Pagamentos de desconto do valor nominal dos cupons ou abatimentos, incluindo taxas de processamento.
- Reembolsos para campanhas locais, que são conduzidas pelos varejistas, mas reembolsadas por verbas da marca nacional e de propaganda cooperativa, com base no atual período de vendas.

Os profissionais de marketing muitas vezes não consideram seus orçamentos como sendo fixos ou variáveis, mas podem extrair pelo menos dois benefícios disso.

Primeiro, se a despesa de marketing for de fato variável, então, o orçamento desse modo é mais preciso. Alguns profissionais de marketing orçam uma quantia *fixa* e depois confrontam-se com uma discrepância de final de período ou "variância" se as vendas não corresponderem às suas metas declaradas. Por outro lado, um orçamento flexível – ou seja, que leve em conta seus componentes genuinamente variáveis – refletirá resultados reais, não importando onde terminem as vendas.

Segundo, os riscos de curto prazo associados com custos fixos de marketing são maiores do que os associados com os custos variáveis de marketing. Se os profissionais da área esperam que as receitas sejam sensíveis a fatores fora de seu controle – tais como ações da concorrência ou escassez de produção –, podem reduzir o risco incluindo mais despesas variáveis e menos despesas fixas em seus orçamentos.

Uma decisão clássica que depende dos custos fixos de marketing *versus* os custos variáveis de marketing é a escolha entre envolver representantes de vendas terceirizados *versus* uma equipe de vendas própria. A contratação de uma equipe de vendas assalariada – ou predominantemente assalariada – acarreta mais risco do que a alternativa porque os salários devem ser pagos mesmo se a empresa não atingir suas metas em termos de receita. Por outro lado, quando uma empresa usa corretores terceirizados para vender seus produtos com base em comissões, seus custos de venda diminuem quando as metas de venda não são atingidas.

Construção

Custos totais de venda (marketing) ($) = Custos de venda fixos totais ($)
+ Custos de venda variáveis totais ($)

Custos de venda variáveis totais ($) = Receita ($) * Custo de venda variável (%)

Custos de vendas comissionadas: As comissões de vendas representam um exemplo de custos de vendas que variam proporcionalmente com a receita. Consequentemente, quaisquer comissões de vendas devem ser incluídas nos custos de venda variáveis.

EXEMPLO: A Henry's Catsup gasta 10 milhões de dólares por ano para manter uma equipe de vendas que visita redes de supermercados e atacadistas. Um corretor se oferece para realizar as mesmas tarefas de vendas por uma comissão de 5%.

Em 100 milhões de dólares de receita,

Custo de venda variável total = $100 milhões * 5% = $5 milhões

Em 200 milhões de dólares de receita,

Custo de venda variável total = $200 milhões * 5% = $10 milhões

Em 300 milhões de dólares de receita,

Custo de venda variável total = $300 milhões * 5% = $15 milhões

Se as receitas forem menores do que 200 milhões de dólares, o corretor custará menos do que a equipe de vendas própria. Em 200 milhões de dólares de receita, o corretor custará o mesmo que a equipe de vendas da empresa. Em níveis de receita maiores do que 200 milhões de dólares, o corretor custará mais.

Naturalmente, a transição de uma equipe de vendas assalariada para um corretor pode ela mesma causar uma mudança nas receitas. O cálculo do nível de receita em que os custos de venda são iguais é somente um ponto de partida para análise. Mas é um primeiro passo importante na compreensão das compensações.

Há muitos tipos de custos de venda variáveis. Por exemplo, os custos de venda poderiam ser baseados numa fórmula complicada, especificada nos contratos de uma empresa com seus corretores e negociantes. Os custos de venda poderiam incluir incentivos aos negociantes locais, comprometidos com a realização de metas de venda específicas. Poderiam incluir promessas de reembolsar os varejistas por despesas na propaganda cooperativa. Por sua vez, pagamentos a um *site* da *web* por uma quantidade fixa de impressões ou cliques, num contrato que prevê remuneração específica em dólares, teriam mais probabilidade de serem classificados como custos fixos. Por outro lado, pagamentos para conversões (vendas) seriam classificados como custos variáveis de marketing.

EXEMPLO: Um pequeno fabricante de uma guloseima regional deve selecionar um orçamento para uma campanha publicitária que ele planeja lançar na televisão. Num dos planos, o fabricante poderia pagar para criar um comercial e veiculá-lo em certo número de intervalos. Seu nível de despesas seria, então, fixo. O plano seria selecionado com antecedência e não variaria com os resultados da campanha.

No outro plano, a empresa poderia produzir a propaganda – ainda um custo fixo –, mas pedir que os varejistas a veiculassem em seus mercados locais e pagassem as taxas de mídia exigidas pelas estações de televisão como parte de um acordo de propaganda cooperativa. Em troca do pagamento das taxas da mídia, as lojas locais receberiam um desconto (um reembolso) em cada unidade do produto da empresa que elas vendessem.

Neste último plano, o desconto do produto seria um custo variável, uma vez que sua quantidade total dependeria da quantidade de unidades vendidas. Empreendendo tal campanha de propaganda cooperativa, o fabricante transformaria seu orçamento de marketing numa combinação de custos fixos e variáveis. A propaganda cooperativa é uma boa ideia? Para decidir isso, a empresa deve determinar suas vendas esperadas em ambos os planos, bem como a consequente economia e sua tolerância ao risco.

Fontes de dados, complicações e precauções

Os custos fixos são quase sempre mais fáceis de mensurar do que os custos variáveis. Normalmente, os custos fixos podem ser reunidos a partir de registros de folha de pagamento, documentos de aluguel ou registros financeiros. Para os custos variáveis, é necessário medir a razão em que eles aumentam como função do nível de atividade. Embora os custos de venda variáveis frequentemente representem uma porcentagem predefinida da receita, eles podem alternativamente variar com a quantidade de *unidades* vendidas (como num desconto por venda unitária). Uma complicação adicional surge se alguns custos de venda variáveis se aplicarem somente a uma porção das vendas totais. Isso pode acontecer, por exemplo, quando alguns negociantes qualificam-se para descontos em dinheiro ou por volume de encomenda e outros não.

Numa outra complicação, algumas despesas podem parecer ser fixas quando, na verdade, são escalonadas. Ou seja, são fixas num ponto, mas acionam outros gastos além daquele ponto. Por exemplo, uma empresa pode contratar até três campanhas por ano com uma agência de propaganda. Se ela decidir comprar mais do que três campanhas, incorrerá num custo adicional. Normalmente, os custos escalonados podem ser tratados como fixos – desde que as fronteiras de análise sejam bem compreendidas.

Os pagamentos escalonados podem ser difíceis de padronizar. Os abatimentos para clientes cujas compras excedem certo nível ou bônus para vendedores que ultrapassam a cota podem ser funções difíceis de descrever. A criatividade é importante no planejamento de descontos de marketing. Mas essa criatividade pode ser difícil de refletir numa estrutura de custos fixos e variáveis.

Ao desenvolver o orçamento de marketing, as empresas devem decidir quais custos despender no período atual e quais amortizar no decorrer de vários períodos. A última situação é apropriada para despesas corretamente vistas como investimentos. Um exemplo de tal investimento seria uma verba especial para financiar contas a receber de novos distribuidores. Em vez de adicionar essa verba ao orçamento do período atual, ela seria vista melhor como um item de marketing que aumenta o investimento da empresa em capital de giro. Por outro lado, a propaganda que é projetada para gerar impacto em longo prazo pode ser vagamente chamada de investimento, mas seria melhor se tratada como despesa de marketing. Embora possa haver uma situação teórica válida para amortizar a propaganda, essa discussão está além do escopo deste livro.

Métricas e conceitos relacionados

Níveis de despesas de marketing são com frequência utilizados para comparar empresas e para demonstrar com que intensidade elas "investem" nessa área. Para esse fim, as despesas de marketing costumam ser vistas como porcentagem das vendas.

Marketing como porcentagem das vendas: *O nível de despesas de marketing como fração das vendas. Esse número oferece uma indicação da intensidade com que uma empresa faz marketing. O nível apropriado para esse número varia entre produtos, estratégias e mercados.*

$$\text{Marketing como porcentagem das vendas (\%)} = \frac{\text{Despesas de marketing (\$)}}{\text{Receita (\$)}}$$

Variantes dessa métrica são usadas para examinar componentes de marketing em comparação com as vendas. Exemplos incluem a promoção comercial como porcentagem das vendas ou equipe de vendas como porcentagem das vendas. Um exemplo particularmente comum é:

Propaganda como porcentagem das vendas: *Despesas com propaganda como fração das vendas. Geralmente, é um subconjunto do marketing como porcentagem das vendas.*

Antes de usar tais métricas, aconselha-se que os profissionais de marketing determinem se determinados custos de marketing já foram subtraídos no cálculo da receita de vendas. Verbas comerciais, por exemplo, são frequentemente deduzidas das "vendas brutas" para calcular as "vendas líquidas".

Custos de novos espaços: *São uma forma específica de custos de vendas encontrados quando novos itens são introduzidos para varejistas ou distribuidores. Essencialmente, representam uma cobrança feita pelos varejistas por "abrirem um* *espaço" para um novo item em suas lojas e depósitos. Essa cobrança pode tomar a forma de um único pagamento em dinheiro, produtos gratuitos ou um desconto especial. Os termos exatos de custos de espaço determinarão se se trata de um custo de venda fixo ou variável ou de uma combinação das duas coisas.*

3.6 Análise de ponto de equilíbrio e análise de contribuição

O nível de ponto de equilíbrio representa a quantidade de vendas – em termos de unidades ou de receita – que é necessária para cobrir os custos totais (fixos e variáveis). O lucro, no ponto de equilíbrio, é zero. O ponto de equilíbrio só é possível se os preços de uma empresa são mais altos do que seus custos variáveis por unidade. Se isso acontece, então, cada unidade de produto vendido gerará alguma "contribuição" para a cobertura dos custos fixos. A diferença entre preço por unidade e custo variável por unidade é definida como Contribuição por Unidade.

Contribuição por unidade (\$) = Preço de venda por unidade (\$) − Custo variável por unidade (\$)[4]

$$\text{Margem de contribuição (\%)} = \frac{\text{Contribuição por unidade (\$)}}{\text{Preço de venda por unidade (\$)}}$$

$$\text{Volume de ponto de equilíbrio (n}^\text{o}\text{)} = \frac{\text{Custos fixos (\$)}}{\text{Contribuição por uniidade (\$)}}$$

Receita de ponto de equilíbrio (\$) = Volume de ponto de equilíbrio (unidades)(n$^\text{o}$) * Preço por unidade (\$)

ou

$$= \frac{\text{Custos Fixos (\$)}}{\text{Margem de contribuição (\%)}}$$

A análise de ponto de equilíbrio é o canivete suíço da economia de marketing. É útil em diversas situações e costuma ser empregada para avaliar a lucratividade provável de ações de marketing que afetam os custos fixos, os preços ou os custos variáveis por unidade. O ponto de equilíbrio é muitas vezes dividido num cálculo "no verso da folha" para determinar se uma análise mais detalhada é necessária.

Propósito: Oferecer um indicador aproximado do impacto de uma atividade de marketing sobre os ganhos.

O ponto de equilíbrio para qualquer atividade empresarial é definido como o nível de vendas em que tal atividade não acarreta nem lucro, nem prejuízo – ou seja, onde Receitas Totais = Custos Totais. Desde que uma empresa venda seus produtos com um preço por unidade maior do que seu custo variável por unidade, a venda de cada unidade fará uma "contribuição" para a cobertura de alguma porção dos custos fixos. Tal contribuição pode ser calculada como a diferença entre preço por unidade (receita) e custo variável por unidade. Nessa base, o ponto de equilíbrio constitui o nível mínimo de vendas em que a contribuição total cubra completamente os custos fixos.

Construção

Para determinar o ponto de equilíbrio para um programa empresarial, deve-se primeiro calcular os custos fixos de se realizar tal programa. Para isso, os gerentes não precisam calcular volumes projetados. Os custos fixos são constantes, não importando o nível de atividade. Os gerentes precisam, porém, calcular a diferença entre receita por unidade e custos variáveis por unidade. Essa diferença representa a contribuição por unidade ($). As taxas de contribuição podem também ser expressas como porcentagem do preço de venda.

EXEMPLO: A Apprentice Mousetraps quer saber quantas unidades de sua "Ratoeira Mágica" ela deve vender para chegar ao ponto de equilíbrio. O produto é vendido por 20 dólares. Custa cinco dólares por unidade para ser produzido. Os custos fixos da empresa são de 30.000 dólares. O ponto de equilíbrio será atingido quando a contribuição total for igual aos custos fixos.

$$\text{Volume de ponto de equilíbrio} = \frac{\text{Custos fixos}}{\text{Contribuição por unidade}}$$

$$\text{Contribuição por unidade} = \text{Preço de venda por unidade} - \text{Custo variável por unidade}$$

$$= \$20 - \$5 = \$15$$

$$\text{Volume de ponto de equilíbrio} = \frac{\$30.000}{\$15} = 2.000 \text{ ratoeiras}$$

Essa dinâmica pode ser sintetizada num gráfico que mostra os custos fixos, os custos variáveis, os custos totais e a receita total (veja Figura 3.6). Abaixo do ponto de equilíbrio, os custos totais excedem a receita total, criando prejuízo. Acima do ponto de equilíbrio, uma empresa gera lucros.

Ponto de equilíbrio: *O ponto de equilíbrio ocorre quando a contribuição total é igual aos custos fixos. Lucros e perdas nesse ponto são iguais a zero.*

Um dos blocos principais na construção da análise de ponto de equilíbrio é o conceito de contribuição. A contribuição representa a porção da receita de vendas que não é consumida pelos custos variáveis e, assim, contribui para a cobertura dos custos fixos.

$$\text{Contribuição por unidade (\$)} = \text{Preço de venda por unidade (\$)} - \text{Custo variável por unidade (\$)}$$

A contribuição também pode ser expressa em termos de porcentagem, quantificando a fração do preço de venda que contribui para a cobertura dos custos fixos. Essa porcentagem é com frequência chamada de margem de contribuição.

$$\text{Margem de contribuição (\%)} = \frac{\text{Contribuição por unidade (\$)}}{\text{Preço de venda por unidade (\$)}}$$

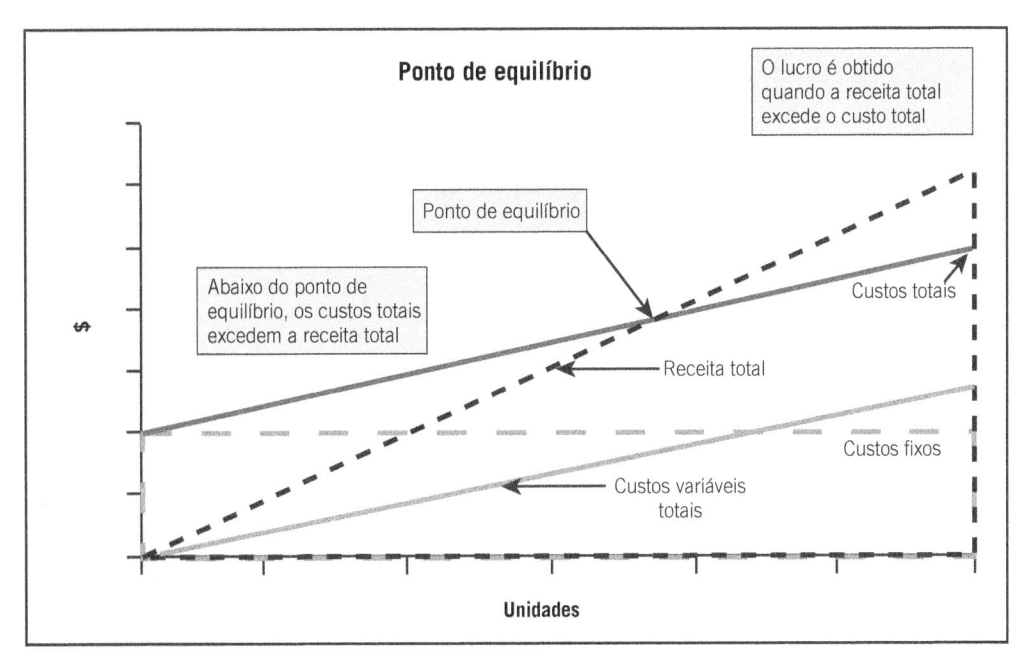

Figura 3.6 No ponto de equilíbrio, custos totais = receitas totais.

As fórmulas para a contribuição total incluem as seguintes:

Contribuição total (\$) = Unidades vendidas (n°) * Contribuição por unidade (\$)
Contribuição total (\$) = Receitas totais (\$) − Custos variáveis totais (\$)

Como foi observado anteriormente,

Custos variáveis totais = Custos variáveis por unidade * Unidades vendidas
Receitas totais = Preço de venda por unidade * Unidades vendidas

Volume de ponto de equilíbrio: *Número de unidades que devem ser vendidas para cobrir os custos fixos.*

$$\text{Volume de ponto de equilíbrio (n°)} = \frac{\text{Custos fixos (\$)}}{\text{Contribuição por unidade (\$)}}$$

O ponto de equilíbrio ocorrerá quando uma empresa vender unidades suficientes para cobrir seus custos fixos. Se os custos fixos forem 10 dólares e a contribuição por unidade for dois dólares, então, a empresa deve vender cinco unidades para chegar no ponto de equilíbrio.

Receita de ponto de equilíbrio: *Nível de vendas em dólares exigido para o ponto de equilíbrio.*

Receita de ponto de equilíbrio (\$) = Volume de ponto de equilíbrio (unidades) (n°) * Preço por unidade (\$)

Essa fórmula é a simples conversão do volume em unidades para as receitas geradas por aquele volume.

EXEMPLO: A Apprentice Mousetraps quer saber quantos dólares de sua "Ratoeira Poderosa de Luxo" ela deve vender para chegar ao ponto de equilíbrio. O produto é vendido por 40 dólares por unidade e custa 10 dólares por unidade para ser produzido. Os custos fixos da empresa são de 30.000 dólares.

Com os custos fixos de 30.000 dólares e uma contribuição por unidade de 30 dólares, a Apprentice deve vender $30.000/$30 = 1.000 ratoeiras de luxo para chegar ao ponto de equilíbrio. A 40 dólares por ratoeira, isso corresponde a receitas de 1.000 * $40 = $40.000.

$$\text{Receita de ponto de equilíbrio (\$)} = \text{Volume de ponto de equilíbrio (n}^\text{o}\text{)} * \text{Preço por unidade (\$)}$$
$$= 1.000 * \$40 = \$40.000$$

O ponto de equilíbrio em termos de dólares também pode ser calculado dividindo-se os custos fixos pela fração do preço de venda que representa a contribuição.

$$\text{Receita de ponto de equilíbrio} = \frac{\text{Custos fixos}}{[(\text{Preço de venda} - \text{Custos variáveis})/\text{Preço de venda}]}$$

$$= \frac{\$30.000}{[(\$40 - \$10)/\$40]}$$

$$= \frac{\$30.000}{75\%} = \$40.000$$

Ponto de equilíbrio em investimento adicional

O ponto de equilíbrio em investimento adicional é uma forma comum de análise de ponto de equilíbrio. Examina o investimento adicional necessário para realizar um plano de marketing e calcula as vendas adicionais necessárias para cobrir essas despesas. Quais custos ou receitas que teriam ocorrido, não importando a decisão de investimento, são excluídas dessa análise.

EXEMPLO: A Clothing Store de John emprega três vendedores. Gera vendas anuais de 1 milhão de dólares e uma margem de contribuição média de 30%. O aluguel é de 50.000 dólares. Cada vendedor custa 50.000 dólares por ano em salários e benefícios. Quanto as vendas precisariam aumentar para John chegar ao ponto de equilíbrio na contratação de mais vendedores?

Se o "investimento" adicional em um vendedor for de 50.000 dólares, então, o ponto de equilíbrio na nova contratação será alcançado quando as vendas aumentarem em $50.000/30% ou 166.666,67 dólares.

Fontes de dados, complicações e precauções

Para calcular um nível de vendas de ponto de equilíbrio, devem-se saber as receitas por unidade, os custos variáveis por unidade e os custos fixos. Para estabelecer esses números, devem-se classificar todos os custos como fixos (os que não mudam com o volume) ou variáveis (os que aumentam linearmente com o volume).

A escala de tempo da análise pode influenciar essa classificação. De fato, a intenção administrativa pode ser refletida na classificação. (A empresa demitirá funcionários e sublocará espaço da fábrica se as vendas diminuírem?) Como regra geral, todos os custos tornam-se variáveis no longo prazo. As empresas costumam considerar o aluguel, por exemplo, como um custo fixo. Mas, no longo prazo, até mesmo o aluguel torna-se variável na medida em que a empresa pode mudar-se para locais maiores quando as vendas ultrapassarem certo ponto.

Antes de se preocuparem com esses discernimentos, aconselha-se que os gerentes se lembrem de que a aplicação mais útil do exercício do ponto de equilíbrio é fazer um julgamento aproximado sobre se vale a pena fazer análises mais detalhadas. O cálculo de ponto de equilíbrio possibilita que os gerentes avaliem diversas opções e propostas rapidamente. No entanto, não é um substituto para análises mais detalhadas, incluindo projeções de lucros desejados (veja Seção 3.7), riscos e valor do dinheiro no tempo. (veja Seções 5.3 e 10.4).

Métrica e conceitos relacionados

Período de retorno: *Período de tempo necessário para recuperar os fundos despendidos num investimento. O período de retorno é o tempo necessário para que um investimento atinja o ponto de equilíbrio (veja a seção anterior).*

3.7 Metas de vendas baseadas no lucro

Ao lançarem um programa, os gerentes muitas vezes começam com uma ideia do lucro desejado e perguntam que níveis de vendas serão necessários para alcançá-lo. O volume desejado (n^o) é a quantidade de vendas unitárias exigida para atingir uma meta de ganhos. A receita desejada ($) é o valor correspondente para as vendas em dólares. Ambas as métricas podem ser vistas como extensões da análise de ponto de equilíbrio.

$$\text{Volume desejado } (n^o) = \frac{[\text{Custos fixos } (\$) + \text{Lucro desejado } (\$)]}{\text{Contribuição por unidade } (\$)}$$

$$\text{Receita desejada } (\$) = \text{Volume desejado } (n^o) * \text{Preço de venda por unidade } (\$)$$

ou

$$= \frac{[\text{Custo fixo (\$)} + \text{Lucro (\$)}]}{\text{Margem de contribuição (\%)}}$$

Cada vez mais, espera-se que os profissionais de marketing gerem volumes que atinjam os lucros desejados por sua empresa. Isso quase sempre exigirá que eles revisem as metas de vendas à medida que os preços e os custos se modificarem.

Propósito: Garantir que os objetivos de marketing e de vendas se articulem com as metas de lucro.

Na seção anterior, exploramos o conceito de ponto de equilíbrio, o ponto em que uma empresa vende o suficiente para cobrir os custos fixos. Nos cálculos de volume desejado e de receita desejada, os gerentes dão o passo seguinte. Eles determinam o nível de vendas unitárias ou de receitas necessário não só para cobrir os custos da empresa, como também para realizar suas metas de lucro.

Construção

Volume desejado: *Volume de vendas necessário para gerar os lucros especificados nos planos de uma empresa.*

A fórmula para o volume desejado será familiar para aqueles que realizam análises de ponto de equilíbrio. A única mudança é adicionar a meta de lucro exigida aos custos fixos. De outra perspectiva, a equação de volume de ponto de equilíbrio pode ser vista como um caso especial de cálculo geral de volume desejado – em que a meta de lucro é zero e a empresa busca somente cobrir seus custos fixos. Nos cálculos de volume desejado, a empresa amplia esse objetivo para chegar a um lucro desejado.

$$\text{Volume desejado (n}^\text{o}\text{)} = \frac{[\text{Custos fixos (\$)} + \text{Lucro (\$)}]}{\text{Contribuição por unidade (\$)}}$$

EXEMPLO: Mohan, um artista, quer saber quantas caricaturas deve vender para realizar um objetivo de lucro anual de 30.000 dólares. Cada caricatura é vendida por 20 dólares e custa cinco dólares em material para ser produzida. Os custos fixos para o estúdio de Mohan são de 30.000 dólares por ano:

$$\text{Volume desejado} = \frac{(\text{Custos fixos} + \text{Lucro})}{(\text{Preço de vendas} - \text{Custos variáveis})}$$

$$= \frac{(\$30.000 + \$30.000)}{(\$20 - \$5)}$$

$$= 4.000 \text{ caricaturas por ano}$$

É muito simples converter o volume desejado unitário em receitas desejadas. Precisa-se somente multiplicar o número do volume pelo preço por unidade de um item. Continuando com o exemplo do estúdio de Mohan,

$$\text{Receita desejada (\$)} = \text{Volume desejado (n}^\text{o}\text{)} * \text{Preço de venda (\$)}$$
$$= 4.000 * \$20 = \$80.000$$

De modo alternativo, podemos utilizar uma segunda fórmula:

$$\text{Receita desejada} = \frac{[\text{Custos fixos (\$)} + \text{Lucro (\$)}]}{\text{Margem de contribuição (\%)}}$$

$$= \frac{(\$30.000 + \$30.000)}{(\$15/\$20)}$$

$$= \frac{\$60.000}{0,75} = \$80.000$$

Fontes de dados, complicações e precauções

As informações necessárias para realizar o cálculo de volume desejado são essencialmente as mesmas exigidas para a análise de ponto de equilíbrio – custos fixos, preço de venda e custos variáveis. Evidentemente, antes de determinar o volume desejado, deve-se também estabelecer uma meta de lucro.

A principal pressuposição aqui é a mesma da análise de ponto de equilíbrio: os custos são lineares com relação ao volume unitário ao longo da faixa explorada no cálculo.

Métricas e conceitos relacionados

Volumes desejados *não* baseados em lucro desejado: Nesta seção, supomos que uma empresa começa com uma meta de *lucro* e busca determinar o volume necessário para atingi-la. Em certos casos, porém, uma empresa pode estabelecer uma meta de volume por razões que não sejam o lucro em curto prazo. Por exemplo, as empresas às vezes adotam o crescimento continuado como meta. Não confunda esse uso de volume desejado com os volumes desejados baseados no lucro calculados nesta seção.

Retornos e metas: As empresas com frequência colocam índices ambiciosos para retorno sobre vendas e retorno sobre investimento e exigem que as projeções as atinjam antes que qualquer plano possa ser aprovado. Dadas essas metas, podemos calcular o volume de vendas exigido para o retorno necessário. (Veja Seção 10.2 para mais detalhes.)

EXEMPLO: Niesha dirige o desenvolvimento de negócios na Gird, uma empresa que estabeleceu um retorno sobre meta de vendas de 15%. Ou seja, a Gird requer que todos os programas gerem lucros equivalentes a 15% das receitas de vendas. Niesha está avaliando um programa que adicionará um milhão de dólares aos custos fixos. Nesse programa, cada unidade de produto será vendida por 100 dólares e gerará uma margem de contribuição de 25%. Para chegar ao ponto de equilíbrio nesse programa, a Gird deve vender $1.000.000/$25 = 40.000 unidades de produto. Quanto a Gird deve vender para alcançar seu retorno sobre vendas almejado de 15%?

Para determinar o nível de receita necessário para atingir um retorno sobre as vendas de 15%, Niesha pode usar um modelo de planilha de tentativa e erro ou a seguinte fórmula:

$$\text{Receita desejada} = \frac{\text{Custos fixos (\$)}}{[\text{Margem de contribuição (\%)} - \text{Meta do retorno sobre vendas (\%)}]}$$

$$= \frac{\$1.000.000}{(0,25 - 0,15)}$$

$$= \frac{\$1.000.000}{0,1} = \$10.000.000$$

Assim, a Gird atingirá sua meta de 15% de retorno sobre vendas se gerar 10 milhões de dólares em vendas. A um preço de venda de 100 dólares por unidade, isso equivale a venda de 100.000 unidades.

Capítulo 4

Gerenciamento de produto e de portfólio

Principais conceitos abordados neste capítulo:

Experimentação, repetição, penetração e projeções de volume

Crescimento: Porcentagem e TCAC

Taxa de canibalização e taxa de perda de *share*

Métricas de valor de marca

Utilidades conjuntas e preferência do consumidor

Segmentação e utilidades conjuntas

Utilidades conjuntas e projeção de volume

O marketing eficaz advém do conhecimento do cliente e da compreensão de como um produto atende às necessidades dos clientes. Neste capítulo, descreveremos métricas utilizadas em planejamento e estratégia de produtos. Essas métricas abordam as seguintes questões: que volumes os profissionais de marketing podem esperar de um novo produto? Como as vendas dos produtos existentes serão afetadas pelo lançamento de uma nova oferta? O valor de marca aumenta ou diminui? O que os clientes realmente desejam e o que estão dispostos a sacrificar para obtê-lo?

Começaremos com uma seção sobre experimentação e taxas de repetição, explicando como essas métricas são determinadas e como são empregadas para gerar previsões de vendas de novos produtos. Como as previsões envolvem projeções de crescimento, discutiremos a diferença entre crescimento ano a ano e taxas de crescimento anual compostas (TCAC). Como o crescimento de um produto às vezes ocorre em detrimento de uma linha de produtos já existente, é importante entender métricas de canibalização. Estas refletem o impacto de novos produtos sobre um portfólio existente.

Em seguida, abordaremos métricas selecionadas associadas com valor de marca – um foco central de marketing. Na verdade, muitas das métricas em todo este livro podem ser úteis na avaliação de valor de marca. No entanto, determinadas métricas foram desenvolvidas especificamente para mensurar a "saúde" das marcas. Elas serão discutidas neste capítulo.

Embora a estratégia de marca seja um aspecto importante da oferta de um produto, existem outras e os gerentes devem estar preparados para fazer trocas entre elas, informados por um senso de "valor" de suas diferentes características. A análise conjunta ajuda a identificar a valorização de atributos específicos do produto pelo cliente. Cada vez mais, essa técnica é usada para melhorar produtos e auxiliar os profissionais de marketing a avaliar e segmentar mercados novos ou de crescimento rápido. Nas seções finais deste capítulo, discutiremos a análise conjunta a partir de diversas perspectivas.

	Métrica	Construção	Considerações	Propósito
4.1	Experimentação	Usuários novos como porcentagem da população alvo.	Distingue usuários "antigos" dos que experimentam o produto pela primeira vez no período atual.	Com o tempo, as vendas devem basear-se menos na experimentação e mais na repetição de compra.
4.1	Volume de repetição	Compradores que repetem a compra, multiplicados pelo número de produtos que eles compram em cada ocasião, multiplicado pelo número de vezes que eles compram por período.	Dependendo de quando a experimentação foi realizada, nem todos os experimentadores terão igual oportunidade de repetir as compras.	Mensurar a estabilidade de opção pela marca.
4.1	Penetração	Usuários no período anterior multiplicados pela taxa de repetição para o período atual, somados a novos Experimentadores no período atual.	A duração do período afetará normas, isto é, mais clientes compram em um ano do que em um mês.	Mensurar a população que está comprando no período atual.
4.1	Projeções de volume	Combina volume de experimentação e volume de repetição.	Ajusta a experimentação e as taxas de repetição ao período. Nem todos os experimentadores terão tempo ou oportunidade de repetir.	Planejar a produção e os estoques para vendas comerciais e alavancagem do consumidor.
4.2	Crescimento ano a ano	Mudança de porcentagem de um ano a outro.	Distingue taxas de crescimento unitário e em dólar.	Planejar a produção e o orçamento.

Continua

	Métrica	Construção	Considerações	Propósito
4.2	Taxa de crescimento anual composta (TCAC)	Valor final dividido pelo valor inicial na potência de 1/N, onde N é o número de períodos.	Pode não refletir taxas de crescimento individual ano a ano.	Útil para fazer a média de taxas de crescimento em períodos longos.
4.3	Taxa de canibalização	Porcentagem de vendas de novos produtos tomada de uma linha de produtos existente.	Os efeitos da expansão do mercado também devem ser considerados.	Útil para explicar o fato de que novos produtos muitas vezes reduzem as vendas de produtos existentes.
4.3	Taxa pela perda de *share*	Suposição de que novos participantes em um mercado capturam vendas de concorrentes estabelecidos proporcionalmente às participações de mercado estabelecidas.	Pode não ser uma suposição razoável se houver diferenças significativas entre as marcas concorrentes.	Útil para gerar uma estimativa das vendas e participações após a entrada de um novo concorrente.
4.4	Métricas de valor de marca	Diversas medidas, como, por exemplo, utilidades conjuntas, atribuídas à marca.	Métricas que mapeiam a essência da marca podem não mapear sua saúde e valor.	Monitorar a saúde de uma marca. Diagnosticar pontos fracos quando necessário.
4.5	Utilidades conjuntas	Coeficientes de regressão para níveis de atributos derivados de análise conjunta.	Pode ser função do número, nível e tipo de atributos em estudo.	Indica os valores relativos que os clientes colocam nos atributos que compõem os produtos.
4.6	Agilidade por segmento	Agrupamento de indivíduos em segmentos de mercado com base na distância "soma dos quadrados" entre coeficientes de regressão retirados da análise conjunta.	Pode ser função do número, nível e tipo de atributos no estudo conjunto. Supõe homogeneidade dentro dos segmentos.	Utiliza a valorização dada pelo cliente aos atributos do produto para ajudar a definir segmentos de mercado.

Continua

	Métrica	Construção	Considerações	Propósito
4.7	Utilidades conjuntas e projeção de volume	Usada no simulador conjunto para calcular o volume.	Supõe que os níveis de consciência e de distribuição são conhecidos ou podem ser calculados.	Prever as vendas de produtos, *designs*, preços e estratégias de marca alternativos.

4.1 Experimentação, repetição, penetração e projeções de volume

Os testes de mercado e as projeções de volume permitem aos profissionais de marketing prever as vendas por meio de amostras das intenções dos clientes recolhidas em pesquisas e estudos de mercado. Calculando quantos clientes experimentarão um novo produto e com que frequência repetirão as compras, os profissionais de marketing podem estabelecer a base para tais projeções.

$$\text{Taxa de experimentação (\%)} = \frac{\text{Usuários pela primeira vez no período } t \text{ (n}^\text{o}\text{)}}{\text{População total (n}^\text{o}\text{)}}$$

Usuários pela primeira vez no período t (n$^\text{o}$) = População total (n$^\text{o}$) * Taxa de experimentação (%)

Penetração t (n$^\text{o}$) = [Penetração em t – 1 (n$^\text{o}$) * Taxa de repetição no período t (%)] + Usuários pela primeira vez no período t (n$^\text{o}$)

Projeção de vendas t (n$^\text{o}$) = Penetração t (n$^\text{o}$) * Frequência média de compra (n$^\text{o}$) * Média de unidades por compra (n$^\text{o}$)

As projeções a partir de pesquisas de clientes são especialmente úteis nos estágios iniciais de desenvolvimento de produto e no estabelecimento do momento de lançamento do produto. Através de tais projeções, a reação do cliente pode ser calculada sem a despesa de um lançamento completo do produto.

Propósito: Compreender as projeções de volume.

Quando projetam as vendas de produtos relativamente novos, os profissionais de marketing costumam utilizar um sistema de cálculos de experimentação e repetição para prever as vendas em períodos futuros. Isso funciona sob o princípio de que todo indivíduo que compra o produto será um novo cliente (um "experimentador") ou um cliente que já usou o produto. Somando os clientes novos e antigos num período, podemos estabelecer a penetração de um produto no mercado.

No entanto, é um desafio projetar as vendas para uma grande população com base em testes de mercado simulados ou mesmo em distribuições (promoções) regionais completas. Os profissionais de marketing desenvolveram várias soluções para aumentar a velocidade e reduzir o custo dos testes de mercado, tais como estocar uma loja com produtos (ou simulações de novos produtos) ou fornecer aos clientes dinheiro para comprarem os produtos de sua escolha. Isso simula condições reais de compra, mas requer modelos específicos para calcular o volume de todo o mercado de acordo com os resultados do teste. Para ilustrar a sustentação conceitual desse processo, oferecemos um modelo geral para fazer projeções de volume com base em resultados de testes de mercado.

Construção

A penetração de um produto em um período futuro pode ser calculada de acordo com o tamanho da população, com as taxas de experimentação e as taxas de repetição.

Taxa de experimentação (%): *Porcentagem de uma população definida que compra ou utiliza um produto pela primeira vez em determinado período.*

EXEMPLO: Uma empresa de TV a cabo mantém registros detalhados dos nomes e endereços de seus clientes. O vice-presidente de marketing da empresa observa que 150 lares utilizaram pela primeira vez os serviços da empresa em março de 2005. A empresa tem acesso a 30.000 residências. Para calcular a taxa de experimentação de março, podemos dividir 150 por 30.000, tendo 0,5% como resultado.

Experimentadores pela primeira vez no período t (n°): *Quantidade de clientes que compra ou utiliza um produto ou marca pela primeira vez em determinado período.*

Penetração t (n°) = [Penetração em $t - 1$ (n°) * Taxa de repetição no período t (%)] + Usuários pela primeira vez no período t (n°)

EXEMPLO: Uma empresa de TV a cabo começou a vender um pacote mensal de esportes em janeiro. A empresa tem uma taxa de repetição de 80% e prevê que ela continuará para a nova oferta. A empresa vendeu 10.000 pacotes de esportes em janeiro. Em fevereiro, ela espera adicionar 3.000 clientes ao pacote. Com base nisso, podemos calcular a penetração esperada para o pacote de esportes em fevereiro.

Penetração em fevereiro = (Penetração em janeiro * Taxa de repetição)
+ Usuários pela primeira vez em fevereiro
= (10.0000 * 80%) + 3.000 = 11.000

Mais tarde, em setembro daquele ano, a empresa conta com 20.000 assinantes. Sua taxa de repetição continua a ser 80%. A empresa tinha 18.000 assinantes em agosto. A administração deseja saber quantos clientes novos a empresa acrescentou para seu pacote de esportes em setembro:

$$\text{Usuários pela primeira vez} = \text{Penetração} - \text{clientes antigos}$$
$$= 20.000 - (18.000 * 80\%) = 5.600$$

A partir da penetração, estamos a um passo das projeções de vendas.

$$\text{Projeção de vendas (n}^{\underline{o}}) = \text{Penetração (n}^{\underline{o}}) * \text{Frequência de compra (n}^{\underline{o}})$$
$$* \text{ Unidades por compra (n}^{\underline{o}})$$

Resultados de testes de mercado simulados e projeções de volume

Volume de experimentação

As taxas de experimentação quase sempre são estimadas de acordo com pesquisas de clientes potenciais. Normalmente, essas pesquisas perguntam aos respondentes se eles "certamente" ou "provavelmente" comprarão um produto. Como essas são as respostas mais decisivas para perguntas sobre intenções de compra, elas às vezes são chamadas de "os quadrados mais altos". As respostas menos favoráveis numa pesquisa padrão com cinco alternativas incluem "pode ou não comprar", "provavelmente não" e "certamente não". (Veja a Seção 2.7 para mais detalhes sobre intenção de compra.)

Como nem todos os respondentes seguem suas intenções de compra conforme afirmam, as empresas frequentemente fazem ajustes nas porcentagens das duas respostas mais favoráveis ao desenvolver suas projeções de vendas. Por exemplo, alguns profissionais de marketing calculam que 80% de respondentes que dizem que "certamente" comprarão e 30% dos que dizem que "provavelmente" comprarão realmente compram um produto quando têm a oportunidade.[1] (O ajuste para consumidores que continuam usando é usado no modelo seguinte.) Apesar de alguns respondentes nas três últimas alternativas poderem comprar um produto, supõe-se que seu número seja insignificante. Reduzindo a pontuação para as duas alternativas mais favoráveis, os profissionais de marketing obtêm uma estimativa mais realista do número de clientes potenciais que experimentarão um produto se as circunstâncias forem adequadas. Tais circunstâncias quase sempre são moldadas pela consciência e disponibilidade do produto.

Consciência: Os modelos de projeção de vendas incluem ajuste para falta de conhecimento de um produto no mercado alvo (veja Figura 4.1). A falta de conhecimento reduz a taxa de experimentação porque exclui alguns clientes potenciais que poderiam experimentar o produto, mas que não o conhecem. Por outro lado, se a consciência for de 100%, então, todos os clientes potenciais conhecem o produto e nenhuma venda potencial é perdida por falta de conhecimento.

Distribuição: Um outro ajuste para taxas de experimentação em testes de mercado costuma ser aplicado – corresponde à disponibilidade estimada do novo produto. É improvável que, mesmo os respondentes que dizem que "certamente" experimentarão um novo produto, o façam se não puderem encontrá-lo com facilidade. Ao fazer esse ajuste, as empresas normalmente usam uma distribuição estimada, uma porcentagem do total de lojas que terão o novo produto em estoque, tais como a distribuição em porcentagem VTP. (Veja a Seção 6.6 para mais detalhes.)

Taxa de experimentação ajustada (%) = Taxa de experimentação (%) * Consciência (%) * VTP (%)

Depois de fazer essas modificações, os profissionais de marketing podem calcular o número esperado de clientes que experimentarão o produto, simplesmente aplicando a taxa de experimentação ajustada à população alvo.

População de experimentação (n^o) = População alvo (n^o) * Taxa de experimentação ajustada (%)

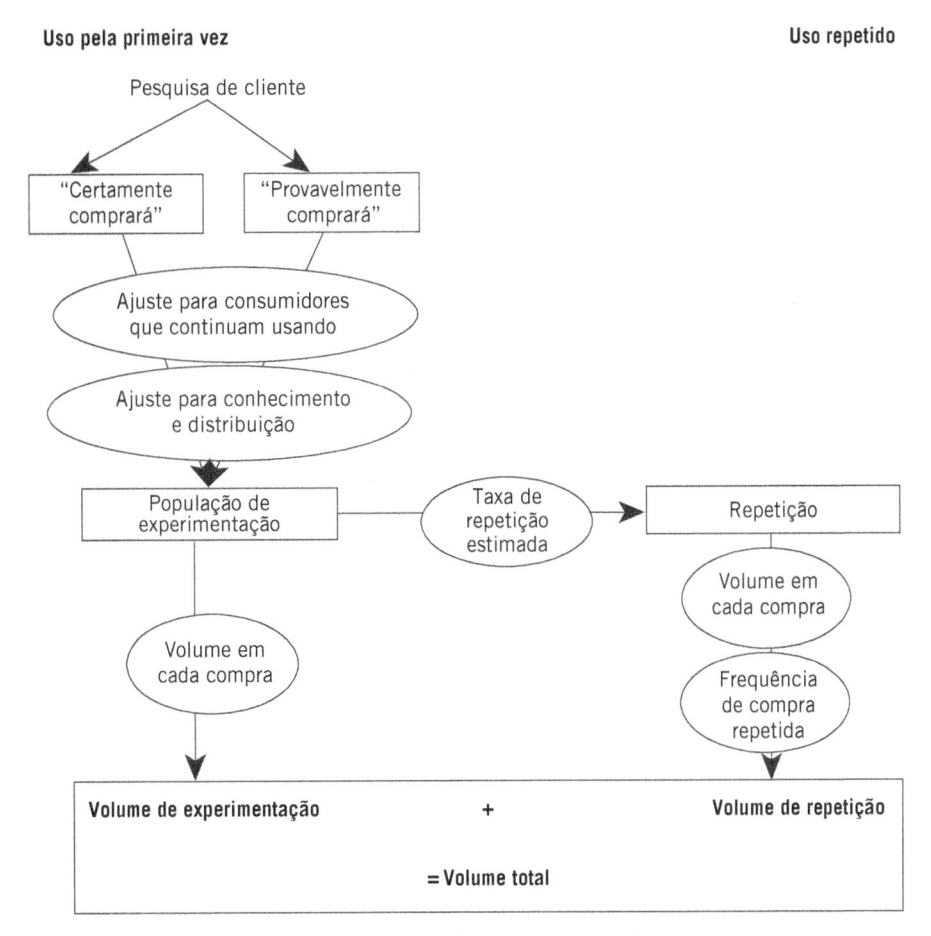

Figura 4.1 Esquema de projeção de volume de teste de mercado simulado.

Calculada dessa maneira, a população de experimentação (nº) é idêntica à penetração (nº) no período de experimentação.

Para prever o volume de experimentação, multiplica-se a população de experimentação pelo número médio projetado de unidades de um produto que serão levados em cada compra de experimentação. Frequentemente, supõe-se que seja uma unidade, pois a maioria das pessoas experimentará uma única unidade de um novo produto antes de comprar quantidades maiores.

Volume de experimentação (nº) = População de experimentação (nº) * Unidades por compra (nº)

Combinando-se todos esses cálculos, a fórmula completa para o volume de experimentação é

Volume de experimentação (nº) = População alvo (nº) * [(80% * Certamente comprará (%)) + (30% * Provavelmente comprará (%)) * Conhecimento (%) * VTP (%)] * Unidades por compra (nº)

EXEMPLO: A equipe de marketing de um fabricante de material de escritório tem uma grande ideia para um novo produto – um grampeador de segurança. Para vender a ideia internamente, a equipe quer projetar o volume de vendas que poderá ser esperado no primeiro ano do produto. Sua pesquisa de clientes produz os seguintes resultados (veja Tabela 4.1).

Tabela 4.1 Respostas na pesquisa de clientes

	% de clientes que responderam
Certamente comprará	20%
Provavelmente comprará	50%
Pode ou não comprar	15%
Provavelmente não comprará	10%
Certamente não comprará	5%
Total	100%

Com base nisso, a empresa calcula a taxa de experimentação para o novo grampeador aplicando a expectativa padrão do setor de que 80% de "certos" e 30% de "prováveis" de fato comprarão o produto se tiverem oportunidade.

Taxa de experimentação = 80% de "Certos" + 30% de "Prováveis"
= (80% * 20%) + (30% * 50%)
= 31%

Assim, espera-se que 31% da população experimente o produto se o conhecer e se ele estiver disponível nas lojas. A empresa tem uma forte presença publicitária e uma sólida rede de distribuição. Consequentemente, seus especialistas em marketing acreditam que podem obter um VTP de aproximadamente 60% para o grampeador e que podem gerar conhecimento num nível semelhante. A partir daí, projetam uma taxa de experimentação ajustada de 11,16% da população:

Taxa de experimentação ajustada = Taxa de experimentação * Conhecimento * VTP
= 31% * 60% * 60% = 11,16%

A população alvo compreende 20 milhões de pessoas. Ela pode ser calculada multiplicando-se esse número pela taxa de experimentação ajustada.

População de experimentação = População alvo * Taxa de experimentação ajustada
= 20 millhões * 11,16% = 2,232 milhões

Supondo-se que cada pessoa compre uma unidade para experimentar o produto, o volume de experimentação totalizará 2,232 milhões de unidades.

Também podemos calcular o volume de experimentação usando a fórmula completa:

Volume de experimentação = População alvo
 * [((80% * Certos) + (30% * Prováveis)) * Conhecimento * VTP]
 * Unidades por Compra
= 20 m * [((80% * 20%) + (30% * 50%)) *60% * 60%)] * 1
= 2,232 milhões

Volume de repetição

A segunda parte do volume projetado refere-se à fração de pessoas que experimentam um produto e repetem sua decisão de compra. O modelo para essa dinâmica usa uma única taxa de repetição estimada para produzir a quantidade esperada de clientes que comprará novamente após a experimentação inicial. Na realidade, as taxas de repetição inicial são com frequência mais baixas do que as taxas de repetição subsequentes. Por exemplo, não é raro que 50% dos compradores para experimentação façam uma primeira compra repetida, mas para 80% daqueles que compram pela segunda vez comprassem também uma terceira.

Compradores de repetição (n^{o}) = População de experimentação (n^{o}) * Taxa de repetição (%)

Para calcular o volume de repetição, a quantidade dos compradores de repetição pode ser multiplicada por um volume esperado por compra entre os clientes de repetição e pela quantidade de vezes que se espera que esses clientes repitam suas compras dentro do período em consideração.

Volume de repetição (n^{o}) = Compradores de repetição (n^{o}) * Volume unitário de repetição por cliente (n^{o}) * Ocasiões de repetição (n^{o})

Esse cálculo produz o volume total que se espera que um novo produto gere entre os clientes de repetição ao longo de um período inicial de introdução. A fórmula completa pode ser escrita assim

Volume de Repetição (nº) = [Taxa de Repetição (%) * População de Experimentação (nº)] *
Volume de Repetição por Cliente (nº) * Ocasiões de Repetição (nº)

EXEMPLO: Continuando com o exemplo anterior da empresa de material de escritório, o grampeador de segurança tem uma população de experimentação de 2,232 milhões. Os profissionais de marketing esperam que o produto seja de qualidade suficiente para gerar uma taxa de repetição de 10% no primeiro ano. Isso produzirá 223.200 compradores de repetição:

Compradores de repetição = População de experimentação * Taxa de repetição
= 2,232 milhões * 10%
= 223.200

Na média, a empresa espera que cada comprador de repetição compre em quatro ocasiões durante o primeiro ano. Na média, espera-se que cada compra seja de duas unidades.

Volume de repetição = Compradores de repetição * Volume unitário de repetição por cliente * Ocasiões repetidas
= 223.200 * 2 * 4
= 1.785.600 unidades

Isso pode ser representado na fórmula completa:

Volume de Repetição (nº) = [Taxa de Repetição (%) * População de Experimentação (nº)] * Volume de Repetição por Cliente (nº) * Ocasiões de Repetição (nº)
= (10% * 2.232.000) * 2 * 4
= 1.785.600 unidades

Volume total

O volume total é a soma do volume de experimentação e do volume de repetição, já que todo o volume deve ser vendido ou para novos clientes, ou para clientes que já compraram o produto.

Volume total (nº) = Volume de experimentação (nº) + Volume de repetição (nº)

Para captar o volume total em sua forma completamente detalhada, precisamos somente combinar as fórmulas anteriores.

Volume Total (nº) = [População Alvo * ((0,8 * Certamente Comprará + 0,3 * Provavelmente Comprará) * Conhecimento * VTP) * Unidades por Compra de Experimentação] + [(Taxa de Repetição * População de Experimentação) * Volume de Repetição por Cliente * Ocasiões de Repetição]

EXEMPLO: O volume total no ano 1 para o grampeador é a soma do volume de experimentação e do volume de repetição.

$$\text{Volume total} = \text{Volume de experimentação} + \text{Volume de repetição}$$
$$= 2.232.000 + 1.785.600$$
$$= 4.017.600 \text{ unidades}$$

Cálculo completo deste número e um gabarito para cálculos em planilhas são apresentados na Tabela 4.2.

Tabela 4.2 Planilha de projeção de volume

Dados preliminares	Fonte	
Certamente comprará	Pesquisa de clientes	20%
Provavelmente comprará	Pesquisa de clientes	50%
Prováveis compradores		
Prováveis compradores entre os "Certos"	= Certamente comprará * 80%	16%
Prováveis compradores entre os "Prováveis"	= Provavelmente comprará * 30%	15%
Taxa de experimentação (%)	Total de prováveis compradores	31%
Ajustes de Marketing		
Consciência	Estimado a partir do plano de Marketing	60%
VTP	Estimado a partir do plano de Marketing	60%
Taxa de experimentação ajustada (%)	= Taxa de experimentação * Consciência * VTP	11,2%
População alvo (n°) (milhares)	Dados do plano de Marketing	20.000
População de experimentação (n°) (milhares)	= População alvo * Taxa de experimentação ajustada	2.232
Volume unitário comprado por experimentação (n°)	Estimado a partir do plano de Marketing	1
Volume de experimentação (n°) (milhares)	= População de experimentação * Volume por experimentador	2.232
Taxa de repetição (%)	Estimado a partir do plano de Marketing	10%
Compradores de repetição (n°)	= Taxa de repetição * População de experimentação	223.200
Volume médio por compra repetida (n°)	Estimado a partir do plano de Marketing	2

Continua

Tabela 4.2 Planilha de projeção de volume *(Continuação)*

Dados preliminares	Fonte	
Frequência de compra repetida** (n°)	Estimada a partir do plano de Marketing	4
Frequência de volume de repetição (milhares)	= Compradores de repetição * Volume de repetição por compra * Compra de repetição	1.786
Volume total (milhares)		4.018

**Observação: a frequência média de compras repetidas por comprador de repetição deve ser ajustada para refletir o tempo disponível para os experimentadores repetirem a compra, o ciclo de compra (frequência) para a categoria e a disponibilidade. Por exemplo, se as taxas de experimentação ao longo do ano fossem constantes, o número de compras repetidas seria cerca de 50% do que teria sido se todos tivessem experimentado no primeiro dia do período.

Fontes de dados, complicações e precauções

As projeções de vendas baseadas em testes de mercado sempre exigirão a inclusão de suposições-chave. Ao estabelecerem essas suposições, os profissionais de marketing confrontam-se com oportunidades tentadoras de fazer com que as suposições se enquadrem no resultado desejado. Os profissionais de marketing devem resistir a essa tentação e realizar uma análise de sensibilidade para estabelecer uma série de previsões.

Métricas relativamente simples como as taxas de experimentação e de repetição podem ser difíceis de pôr em prática. Embora se tenha progredido na obtenção de dados do cliente – através de cartões de fidelidade do cliente, por exemplo –, muitas vezes será difícil determinar se os clientes são novos ou se estão repetindo a compra.

Com relação ao conhecimento e à distribuição: suposições quanto ao nível de conhecimento público a ser gerado pelo comercial de lançamento apresentam incertezas. Os profissionais de marketing são aconselhados a perguntar: que tipo de conhecimento o produto precisa? Que promoções complementares podem ajudar o lançamento?

As taxas de experimentação e de repetição são importantes. Alguns produtos geram fortes resultados no estágio de experimentação, mas fracassam na manutenção das vendas. Consideremos o seguinte exemplo.

EXEMPLO: Vamos comparar o grampeador de segurança com um novo produto, tal como um selador de envelopes mais eficiente. O selador de envelopes gera menos percepção do que o grampeador, mas tem maior taxa de repetição. Para prever os resultados para o selador de envelopes, adaptamos os dados do grampeador de segurança, reduzindo as duas respostas mais favoráveis pela metade (refletindo o menor entusiasmo inicial) e elevando a taxa de repetição de 10 para 33% (mostrando maior resposta ao produto após o uso).

Após seis meses, os resultados das vendas para o grampeador de segurança são superiores aos do selador de envelopes. Após um ano, os resultados de vendas para os dois produtos são iguais. Numa escala de três anos, porém, o selador de envelopes – com sua clientela leal – surge claramente como vencedor no volume de vendas (veja Figura 4.2).

Os dados para o gráfico são produzidos conforme a Tabela 4.3.

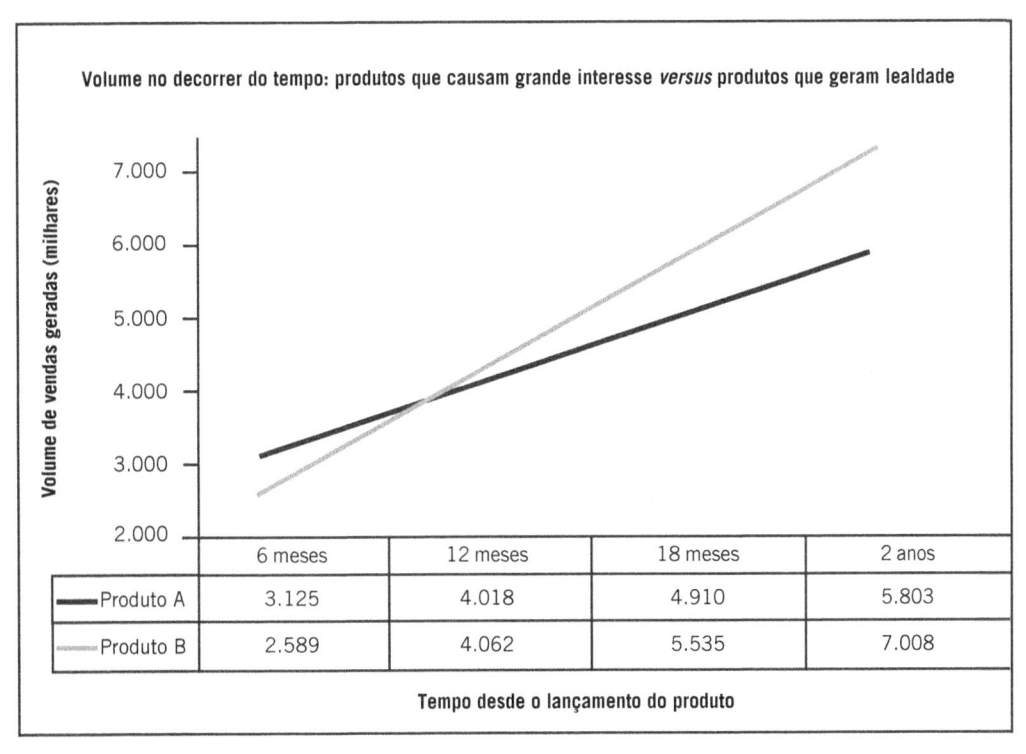

Volume no decorrer do tempo: produtos que causam grande interesse *versus* produtos que geram lealdade

	6 meses	12 meses	18 meses	2 anos
Produto A	3.125	4.018	4.910	5.803
Produto B	2.589	4.062	5.535	7.008

Tempo desde o lançamento do produto

Figura 4.2 O período de tempo influencia os resultados percebidos.

Repetição e experimentação: Alguns modelos pressupõem que os clientes, após pararem de repetir as compras, estarão perdidos e não retornarão mais. No entanto, os clientes podem ser adquiridos, perdidos, readquiridos e perdidos novamente. Em geral, o modelo de experimentação/repetição é mais adequado para a projeção de vendas ao longo dos períodos iniciais. Outros meios de prever o volume incluem participação nos gastos da categoria e métricas de penetração (veja as Seções 2.4 e 2.5). Essas abordagens podem ser preferíveis para produtos que não tenham taxas de repetição confiáveis.

	Tamanho do mercado	Participação de penetração	Participação nos gastos da categoria	Índice de intensidade de consumo	Participação de mercado	Unidades vendidas
Novo produto	1.000.000	5%	80%	1,2	4,8%	48.000
Fonte	Estimado	Estimado	Estimado	Estimado	Participação de penetração * Participação nos gastos da categoria * Índice de intensidade de consumo	Participação * Tamanho do mercado

Tabela 4.3 Grande interesse inicial ou lealdade de longo prazo – resultados ao longo do tempo

		6 meses		12 meses		18 meses		2 anos	
Dados preliminares	**Fonte**	Prod. A	Prod. B	Prod. A	Prod. B	Prod. A	Prod. B	Prod. A	Prod. B
Certamente comprarão	Pesquisa de clientes	20%	10%	20%	10%	20%	10%	20%	10%
Provavelmente comprarão	Pesquisa de clientes	50%	25%	50%	25%	50%	25%	50%	25%
Diferenças destacadas em amarelo									
Prováveis compradores									
Prováveis compradores entre os certos	= Certamente comprarão * 80%	16%	8%	16%	8%	16%	8%	16%	8%
Prováveis compradores entre os prováveis	= Provavelmente comprarão * 30%	15%	8%	15%	8%	15%	8%	15%	8%
Taxa de experimentação	Total de prováveis compradores	31%	16%	31%	16%	31%	16%	31%	16%
Ajustes de marketing									
Consciência	Estimado no plano de marketing	60%	60%	60%	60%	60%	60%	60%	60%
VTP	Estimado no plano de marketing	60%	60%	60%	60%	60%	60%	60%	60%
Taxa de experimentação ajustada	= Taxa de experimentação * Conhecimento * VTP	11,2%	5,6%	11,2%	5,6%	11,2%	5,6%	11,2%	5,6%
População alvo (milhares)	Dados do plano de marketing	20.000	20.000	20.000	20.000	20.000	20.000	20.000	20.000

População de experimentação (milhares)	= População alvo * Taxa de experimentação ajustada	2.232	1.116	2.232	1.116	2.232	1.116	2.232	1.116
Volume unitário comprado na experimentação	Estimado no plano de marketing	1	1	1	1	1	1	1	1
Volume de experimentação (milhares)	= População de experimentação * Volume comprado	2.232	1.116	2.232	1.116	2.232	1.116	2.232	1.116
Taxa de repetição	Estimado no plano de marketing	10%	33%	10%	33%	10%	33%	10%	33%
Compradores de repetição	= Taxa de repetição * População de experimentação	223,20	368,28	223,20	368,28	223,20	368,28	223,20	368,28
Volume unitário de compra de repetição	Estimado no plano de marketing	2	2	2	2	2	2	2	2
Número de compras de repetição	Estimado no plano de marketing	2	2	4	4	6	6	8	8
Volume de repetição (milhares)	= Compradores de repetição * Volume de repetição * Número de compras de repetição	893	1.473	1.786	2.946	2.678	4.419	3.571	5.892
Volume total		3.125	2.589	4.018	4.062	4.910	5.535	5.803	7.008

Métricas e conceitos relacionados

Retorno de experimentação: Essa métrica é um pouco diferente da experimentação, pois mede a porcentagem da população alvo que "já" (em qualquer período anterior) comprou ou consumiu o produto que está sendo considerado. Trata-se de uma medida cumulativa e nunca pode somar mais de 100%. A experimentação, por outro lado, é uma medida incremental. Ela indica a porcentagem da população que experimenta o produto pela primeira vez em determinado período. Mesmo aqui, no entanto, há potencial para confusões. Se um cliente deixa de comprar um produto, mas o experimenta seis meses depois, alguns profissionais de marketing colocarão esse indivíduo na categoria de comprador de retorno, enquanto outros o classificarão como um novo cliente. Pela última definição, se os indivíduos podem "experimentar" um produto mais de uma vez, então, a soma de todos os "experimentadores" poderia ser maior do que a população total. Para evitar confusão, quando se revisa um conjunto de dados, é melhor esclarecer as definições que estão por trás deles.

Variações na experimentação: Alguns cenários reduzem as barreiras para a experimentação, mas acarretam um menor comprometimento pelo cliente do que uma compra padrão.

- **Experimentação forçada:** Nenhum outro produto similar se encontra disponível. Por exemplo, muitas pessoas que preferem Pepsi-Cola "experimentam" Coca-Cola em restaurantes que servem somente esta última, e vice-versa.
- **Experimentação com desconto:** Os consumidores compram um novo produto, mas a um preço substancialmente reduzido.

As experimentações forçada e com desconto costumam estar associadas com taxas de repetição menores do que as experimentações feitas através da compra voluntária.

Conjunto evocado: O conjunto de marcas que os consumidores mencionam em resposta a perguntas sobre quais marcas eles consideram (ou poderiam considerar) ao fazer uma compra numa categoria específica. Os conjuntos evocados para cereais matinais, por exemplo, costumam ser bastante amplos, enquanto que os de café podem ser menores.

Quantidade de novos produtos: A quantidade de produtos lançados pela primeira vez em determinado período de tempo.

Receita de novos produtos: Geralmente expressa como porcentagem de vendas geradas pelos produtos lançados no período corrente ou, às vezes, nos últimos três a cinco períodos.

Margem sobre novos produtos: Margem de lucro em dólares ou em porcentagem sobre os novos produtos. Isso pode ser mensurado separadamente, mas não difere matematicamente dos cálculos de margem.

Lucro da empresa com novos produtos: Porcentagem dos lucros da empresa derivada de novos produtos. Ao trabalhar com essas cifras é importante compreender como se define "novo produto".

Adequação ao mercado alvo: Dos clientes que compram um produto, a adequação ao mercado alvo representa a porcentagem que pertence ao conjunto demográfico, psicográfico ou outro para aquele item. A adequação ao mercado alvo é útil na avaliação de estratégias de marketing. Se uma grande porcentagem de clientes de um produto pertencer a grupos que inicialmente não foram alvos, os profissionais de marketing podem reconsiderar suas metas – e também a alocação de verbas de marketing.

4.2 Crescimento: Porcentagem e TCAC

Há duas medidas comuns de crescimento. O crescimento em porcentagem ano a ano usa o ano precedente como base para expressar a mudança de porcentagem de um ano a outro. Em períodos de tempo mais longos, a taxa de crescimento anual composta (TCAC) é uma métrica geralmente aceita para taxas de crescimento médio.

$$\text{Crescimento ano a ano (\%)} = \frac{\text{Valor (\$, n}^\text{o}\text{, \%)} \, t - \text{Valor (\$, n}^\text{o}\text{, \%)} \, t-1}{\text{Valor (\$, n}^\text{o}\text{, \%)} \, t-1}$$

$$\text{Taxa de crescimento anual composta ou TCAC} = \{[\text{Valor Final(\$, n}^\text{o}\text{, \%)} / \text{Valor Inicial(\$, n}^\text{o}\text{, \%)}]^{\wedge}[1 / \text{Número de Anos (n}^\text{o}\text{)}]\} - 1$$

Crescimento nas mesmas lojas = Crescimento calculado somente com base nas lojas que estavam completamente estabelecidas no período anterior e no período atual.

Propósito: Medir o crescimento.

O crescimento é a meta de virtualmente todas as empresas. De fato, as percepções de sucesso ou de fracasso de muitas empresas são baseadas em avaliações de seu crescimento. No entanto, as medidas de crescimento ano a ano são complicadas por dois fatores:

1. Mudanças ao longo do tempo na base em que o crescimento é mensurado. Tais mudanças podem incluir aumentos no número de lojas, mercados ou equipes de vendas que geram as vendas. Essa questão é abordada utilizando-se medidas de "mesmas lojas" (ou medidas de corolário para mercados, pessoal de vendas, etc.).
2. Composição do crescimento no decorrer de diversos períodos. Por exemplo, se uma empresa atinge 30% de crescimento em um ano, mas seus resultados permanecem inalterados ao longo dos dois anos subsequentes, isso não seria o mesmo que 10% de crescimento em cada um dos três anos. A TCAC, taxa de crescimento anual composta, é uma métrica que aborda essa questão.

Construção

O crescimento em porcentagem é a plataforma central da análise ano a ano. Aborda a questão: o que a empresa conseguiu neste ano em comparação com o ano anterior? Dividindo-se os resultados para o período corrente pelos resultados do período anterior, teremos um número comparativo. Subtraindo-se um do outro, teremos em destaque o aumento ou diminuição entre períodos. Quando se avaliam comparativos, pode-se dizer que os resultados no Ano 2 foram, por exemplo, 110% dos do Ano 1. Para converter esse número em uma taxa de crescimento, precisa-se somente subtrair 100%.

Os períodos considerados frequentemente são anos, mas qualquer período pode ser utilizado.

$$\text{Crescimento ano a ano (\%)} = \frac{\text{Valor (\$, n}^\text{o}\text{, \%) } t - \text{Valor (\$, n}^\text{o}\text{, \%) } t-1}{\text{Valor (\$, n}^\text{o}\text{, \%) } t-1}$$

EXEMPLO: Ed é proprietário de uma pequena *delicatessen*, que teve grande sucesso em seu segundo ano de operação. As receitas no Ano 2 são de $570.000, comparadas com $380.000 do Ano 1. Ed calcula que os resultados de vendas do segundo ano sejam 150% das receitas do primeiro ano, indicando uma taxa de crescimento de 50%.

$$\text{Crescimento de vendas ano a ano} = \frac{\$570.000 - \$380.000}{\$380.000} = 50\%$$

Crescimento nas mesmas lojas: Essa métrica encontra-se no centro da análise de varejo. Ela possibilita que os profissionais de marketing analisem os resultados de lojas que estiveram em operação em todo o período considerado. A lógica é eliminar as lojas que não estiveram abertas em todo o período para garantir a comparabilidade. Assim, o crescimento nas mesmas lojas esclarece a eficiência com que recursos equivalentes são empregados no período em estudo *versus* o período anterior. No varejo, um modesto crescimento nas mesmas lojas e taxas de crescimento geral altas indicariam uma organização em rápida expansão, no qual o crescimento é impulsionado pelo investimento. Quando tanto o crescimento nas mesmas lojas quanto o crescimento geral são fortes, pode-se dizer que a empresa está usando eficazmente as lojas existentes.

EXEMPLO: Uma pequena rede de lojas na Bavária apresenta porcentagens impressionantes de crescimento, passando de 58 milhões de euros em vendas para 107 milhões (84% de crescimento) de um ano para outro. Apesar desse crescimento dinâmico, porém, os analistas lançam dúvidas quanto ao modelo de atuação da empresa, alertando que a medida de crescimento nas mesmas lojas sugere que seu conceito está fracassando (ver Tabela 4.4).

Tabela 4.4 Receita de uma rede de lojas na Bavária

Loja	Aberta	Receita do primeiro ano (em mihões)	Receita do segundo ano (em milhões)
A	Ano 1	€10	€9
B	Ano 1	€19	€20
C	Ano 1	€20	€15
D	Ano 1	€9	€11
E	Ano 2	n/a	€52
		€58	€107

O crescimento nas mesmas lojas exclui as que não estavam abertas no início do primeiro ano em consideração. Para fins de simplificação, supomos que as lojas nesse exemplo estivessem abertas no primeiro dia dos Anos 1 e 2, conforme apropriado. Com base nisso, a receita das lojas no Ano 2 seria de 55 milhões de euros – ou seja, o total de 107 milhões daquele ano, menos os 52 milhões gerados pela Loja E, recém--aberta. Esse ajuste pode ser incluído na fórmula de crescimento nas mesmas lojas:

$$\text{Crescimento nas mesmas lojas} = \frac{\text{(Vendas das lojas A–D no ano 2)} - \text{(Vendas das lojas A–D no ano 1)}}{\text{Vendas das Lojas A–D no ano 1(\$)}}$$

$$= \frac{€55 \text{ milhões} - €58 \text{ milhões}}{€58} = -5\%$$

Conforme é demonstrado pelo número negativo do crescimento nas mesmas lojas, o crescimento das vendas nessa empresa foi impulsionado inteiramente por um grande investimento em uma nova loja. Isso sugere sérias dúvidas sobre seu conceito das lojas existentes. Também levanta uma questão: a nova loja "canibalizou" as vendas das lojas existentes? (Ver a próxima seção para métricas de canibalização.)

Crescimento composto, valor em período futuro: Fazendo composições, os gerentes ajustam os números do crescimento para explicar o efeito iterativo da melhora. Por exemplo, um crescimento de 10% em cada um dos anos sucessivos não seria o mesmo que o total de 20% de crescimento ao longo do período de dois anos. A razão: o crescimento no segundo ano é construído sobre a base elevada atingida no primeiro. Assim, se a vendas chegam a 100.000 dólares no Ano 0 e sobem 10% no Ano 1, então, as vendas do Ano 1 chegam a 110.000 dólares. Se as vendas sobem mais 10%

no Ano 2, no entanto, as vendas do Ano 2 não totalizam 120.000 dólares. Na verdade, elas totalizam $110.000 + (10\% * \$110.000) = \$121.000$.

O efeito de composição pode ser facilmente reproduzido em planilhas eletrônicas, que possibilitam trabalhar os cálculos compostos de um ano de cada vez. Para calcular um valor no Ano 1, multiplica-se o valor do Ano 0 correspondente por um mais a taxa de crescimento. Então, utiliza-se o valor no Ano 1 como uma nova base e multiplica-se esse valor por um mais a taxa de crescimento para determinar o valor correspondente para o Ano 2. Repete-se o processo para o número de anos necessário.

EXEMPLO: Num período de três anos, 100 dólares, compostos a uma taxa de 10% de crescimento, produzem $133,10.

Ano 0 a Ano 1	$100 + 10% de crescimento (ou seja, $10) = $110
Ano 1 a Ano 2	$110 + 10% de crescimento ($11) = $121
Ano 2 a Ano 3	$121 + 10% de crescimento ($12,10) = $133,10

Existe uma fórmula matemática que gera esse efeito. Ela multiplica o valor no início – isto é, no Ano 0 – por um mais a taxa de crescimento na potência do número de anos em que a taxa de crescimento se aplica.

$$\text{Valor em período futuro }(\$, n^o, \%) = \text{Valor atual }(\$, n^o, \%) * [(1 + \text{TCAC }(\%))\wedge \text{Número de períodos }(n^o)]$$

EXEMPLO: Utilizando a fórmula, podemos calcular o impacto do crescimento anual de 10% em um período de três anos. O valor no Ano 0 é de 100 dólares. O número de anos é três. A taxa de crescimento é de 10%.

$$\text{Valor em período futuro} = \text{Valor no ano 0} * (1 + \text{Taxa de crescimento}) \wedge \text{Número de anos}$$
$$= \$100 * (100\% + 10\%) \wedge 3$$
$$= \$100 * 133,1\% = \$133,10$$

Taxa de crescimento anual composta (TCAC): A TCAC é uma taxa de crescimento constante ano a ano aplicada durante um período de tempo. Dados os valores inicial e final e a extensão do período considerado, ela pode ser calculada como segue:

$$\text{TCAC }(\%) = \{[\text{Valor final }(\$, n^o)/\text{Valor inicial }(\$, n^o)] \wedge 1/\text{Número de períodos }(n^o)\} - 1$$

EXEMPLO: Vamos supor que tenhamos os resultados do crescimento composto observado no exemplo anterior, mas não sabemos qual foi a taxa de crescimento. Sabemos que o valor inicial era 100 dólares, o valor final era 133,10 dólares e o número de anos era três. Podemos simplesmente dar entrada desses números na fórmula para obtermos a TCAC.

$$\text{TCAC} = [(\text{Valor Final}/\text{Valor Inicial}) \wedge (1/\text{Número de Anos})] - 1$$
$$= [(\$133{,}10/\$100) \wedge 1/3] - 1$$
$$= [1{,}331 \text{ (O Aumento)} \wedge 1/3 \text{ (Raiz Cúbica)}] - 1 = 1{,}1 - 1 = 10\%$$

Assim, determinamos que a taxa de crescimento foi de 10%.

Fontes de dados, complicações e precauções

A porcentagem de crescimento é uma medida útil como parte de um pacote de métricas. Entretanto, ela poderá ser enganadora se não for ajustada para a adição de fatores, como lojas, equipe de vendas ou produtos, ou para a expansão em novos mercados. As vendas "nas mesmas lojas" e ajustes semelhantes para outros fatores dizem-nos com que eficácia uma empresa usa recursos comparáveis. Os próprios ajustes, contudo, são limitados por sua deliberada omissão de fatores que não estavam em operação em todo o período estudado. Os números ajustados devem ser revisados paralelamente com as medidas de crescimento total.

Métricas e conceitos relacionados

Ciclo de vida: Os profissionais de marketing consideram que os produtos passam por quatro estágios de desenvolvimento:

- **Introdutório:** Pequenos mercados que ainda não estão em rápido crescimento.
- **Crescimento:** Mercados maiores com taxas de crescimento mais rápidas.
- **Maturação:** Os maiores mercados, mas com pouco ou nenhum crescimento.
- **Declínio:** Mercados de tamanho variável com taxas de crescimento negativas.

Essa classificação é aproximada. Não existem regras geralmente aceitas para essas classificações.

4.3 Taxas de canibalização e perda de *share*

A canibalização é a redução nas vendas (em unidades ou em dólares) dos produtos existentes de uma empresa devido à introdução de um novo produto. A taxa de canibalização geralmente é calculada como porcentagem das vendas de um novo produto que representa perda de vendas (atribuível à introdução do novo elemento) de um ou mais produtos específicos já existentes.

$$\text{Taxa de canibalização (\%)} = \frac{(\text{Vendas perdidas de produtos existentes (n°, \$)}}{\text{Vendas do novo produto (n°, \$)}}$$

As taxas de canibalização representam um fator importante na avaliação de estratégias de novos produtos.

Perda de *share* constitui uma suposição ou expectativa de que um novo produto capturará as vendas (em unidades ou em dólares) de produtos existentes proporcionalmente às participações de mercado desses produtos.

A canibalização é uma dinâmica empresarial conhecida. Uma empresa com um produto bem-sucedido com forte participação de mercado confronta-se com duas ideias conflitantes. A primeira é a de que quer maximizar os lucros da linha de produtos existentes, concentrando-se nos pontos fortes atuais que prometem sucesso em curto prazo. A segunda ideia é a de que essa empresa – ou seus concorrentes – podem identificar oportunidades para novos produtos que atendem melhor às necessidades de certos segmentos. Se a empresa introduz um novo produto nesse campo, no entanto, ele pode "canibalizar" as vendas dos produtos já existentes. Ou seja, pode enfraquecer as vendas de sua linha de produtos já consolidada e bem-sucedida. Mas, se a empresa recusa-se a introduzir o novo produto, ficará vulnerável aos concorrentes que *lançarem* tal produto e que poderão, assim, capturar suas vendas e sua participação de mercado. Frequentemente, quando novos segmentos estão emergindo e há vantagens de se adiantar no mercado, o fator-chave torna-se o tempo. Se uma empresa lança seu novo produto cedo demais, pode perder muita receita de sua linha existente; se o lança tarde demais, pode perder completamente a nova oportunidade.

Canibalização: *Fenômeno de mercado em que as vendas de um produto são obtidas à custa de outros produtos da empresa.*

A taxa de canibalização é a porcentagem de vendas de um novo produto que provém de um conjunto específico de produtos existentes.

$$\text{Taxa de canibalização (\%)} = \frac{\text{Vendas perdidas de produtos existentes (n^{o}, \$)}}{\text{Vendas do novo produto (n^{o}, \$)}}$$

EXEMPLO: Uma empresa possui um único produto, que vendeu 10 unidades no último período. A empresa planeja introduzir um novo produto que venderá cinco unidades com uma taxa de canibalização de 40%. Desse modo, 40% das vendas do novo produto (40% * 5 unidades = 2 unidades) são originadas à custa do produto antigo. Portanto, depois da canibalização, a empresa pode esperar vender oito unidades do produto antigo e cinco do novo produto, ou 13 unidades no total.

Qualquer empresa que estiver considerando a introdução de um novo produto deve confrontar o potencial para a canibalização. As empresas deveriam garantir que a quantidade de canibalização seja estimada de antemão para ter uma ideia de como a contribuição da linha do produto como um todo mudará. Se feita adequadamente, essa análise dirá à empresa se pode esperar que os lucros gerais cresçam ou diminuam com a introdução da nova linha de produtos.

EXEMPLO: Lois vende guarda-sóis em uma pequena praia onde ela é a única fornecedora. Suas finanças no último mês foram:

Preço de venda do guarda-sol:	$20
Custo variável por guarda-sol:	$10
Contribuição do guarda-sol por unidade:	$10
Vendas unitárias totais por mês:	100
Contribuição mensal total:	**$1.000**

No mês seguinte, Lois planeja introduzir um guarda-sol maior e mais leve, chamado "Big Block". As finanças projetadas para o Big Block são:

Preço de venda do Big Block:	$30
Custo variável por Big Block:	$15
Contribuição do Big Block por unidade:	$15
Vendas unitárias totais por mês (Big Block):	50
Contribuição mensal total (Big Block):	**$750**

Se não houver nenhuma canibalização, Lois espera que sua contribuição mensal total seja $1.000 + $750, ou $1.750. Refletindo, porém, Lois acha que a taxa de canibalização unitária para o Big Block será de 60%. Sua finanças projetadas após considerar a canibalização são, portanto, as que seguem:

Vendas unitárias de Big Block:	50
Taxa de canibalização:	60%
Vendas perdidas do guarda-sol comum:	50 * 60% = 30
Novas vendas do guarda-sol comum:	100 – 30 = 70
Nova contribuição total (comum):	70 Unidades * Contribuição de $10 por Unidade = $750
Contribuição total do Big Block:	50 Unidades * Contribuição de $15 por Unidade = $750
Contribuição mensal total de Lois:	**$1.450**

Sob essas projeções, a venda total de guarda-sóis passará de 100 para 120, e a contribuição total aumentará de 1.000 para 1.450 dólares. Lois substituirá a venda de 30 guarda-sóis comuns pela venda de 30 unidades de Big Block e obterá uma contribuição unitária extra de cinco dólares em cada. Ela também venderá 20 guarda-sóis a mais do que vendeu no mês anterior e obterá uma contribuição unitária de 15 dólares em cada.

Nesse cenário, Lois estava na posição invejável de conseguir canibalizar um produto de margem mais baixa com um produto de margem maior. Às vezes, no entanto, os novos produtos têm contribuições unitárias menores do que as de produtos existentes. Nesses casos, a canibalização reduz os lucros totais da empresa.

Um modo alternativo de explicar a canibalização é utilizar uma margem de contribuição ponderada. No exemplo anterior, a margem de contribuição ponderada seria a contribuição unitária que Lois recebe para o Big Block após a canibalização. Como cada Big Block contribui com 15 dólares diretamente e canibaliza 10 dólares da contribuição gerada pelos guarda-sóis comuns em uma taxa de 60%, a margem de contribuição ponderada do Big Block é de 15 dólares – (0,6 * $10), ou nove dólares por unidade. Como Lois espera vender 50 Big Blocks, projeta-se que sua contribuição total aumente em 50 * $9, ou 450 dólares. Tal resultado é coerente com nossos cálculos anteriores.

Se a introdução do Big Block implica alguma despesa fixa de marketing, então, a margem de nove dólares pode ser usada para encontrar o número de ponto de equilíbrio das vendas de Big Block necessárias para justificar essa despesa. Por exemplo, se o lançamento do Big Block exige 360 dólares em custos de marketing para uma só vez, então, Lois precisa vender $360/$9, ou 40 Big Blocks para chegar ao ponto de equilíbrio em relação àquela despesa.

Se um novo produto tem margem mais baixa do que a do produto existente que ele canibaliza e se a taxa de canibalização é suficientemente alta, os ganhos da empresa diminuirão com cada unidade vendida do novo produto.

A canibalização refere-se a uma dinâmica em que um produto de uma empresa toma a participação de um ou mais produtos da *mesma empresa*. Quando um produto toma as vendas de um produto de um concorrente, isso não é canibalização... embora os gerentes às vezes afirmem incorretamente que seus novos produtos estão "canibalizando" as vendas de produtos de um concorrente.

Apesar de isso não ser canibalização, o impacto de um novo produto sobre as vendas de produtos concorrentes é uma consideração importante no lançamento de um produto. Uma suposição simples sobre como a introdução de um novo produto poderá afetar as vendas de produtos existentes é chamada de "perda de *share*".

Perda de *Share*: *Suposição de que um novo produto captará as vendas (em termos de unidades ou de dólares) de produtos existentes de modo diretamente proporcional às participações de mercado mantidas por estes produtos.*

EXEMPLO: Três rivais competem no mercado de moda jovem em uma pequena cidade. Suas vendas e participações de mercado do último ano são mostradas na tabela a seguir.

Empresa	Vendas	Participação
Threadbare	$500.000	50%
Too Cool for School	$300.000	30%
Tommy Hitchhiker	$200.000	20%
Total	$1.000.000	100%

Um novo participante espera ingressar no mercado no ano seguinte e gerar 300.000 dólares em vendas. Espera-se que dois terços dessas vendas provenham dos três concorrentes já estabelecidos. Sob a suposição de perda de *share*, quanto cada empresa venderá no ano seguinte?

Se dois terços das vendas da nova empresa forem tomados dos concorrentes existentes, então, essa "captação" de vendas totalizará (2/3) * $300.000, ou $200.000. Sob perda de *share*, a divisão desses 200.000 será proporcional às participações dos concorrentes atuais. Assim, 50% dos 200.000 dólares virão da Threadbare, 30% da Too Cool for School, e 20% da Tommy. A tabela abaixo mostra as vendas projetadas e as participações de mercado do ano seguinte para os quatro concorrentes sob a suposição de perda de *share*:

Empresa	Vendas	Participação
Threadbare	$400.000	36,36%
Too Cool for School	$240.000	21,82%
Tommy Hitchhiker	$160.000	14,55%
Novo Participante	$300.000	27,27%
Total	$1.100.000	100%

Observe que o novo participante expande o mercado em 100.000 dólares, uma quantia igual às vendas desse novo concorrente que *não* é gerada à custa dos concorrentes existentes. Observe também que, sob perda de *share*, as participações relativas dos concorrentes existentes permanecem inalteradas. Por exemplo, a participação da Threadbare, em relação ao total dos três concorrentes originais, é de 36,36/(36,36 + 21,82 + 14,55), ou 50% – igual a sua participação antes da entrada do novo concorrente.

Fontes de dados, complicações e precauções

Conforme observado anteriormente, na canibalização, um dos produtos de uma empresa toma as vendas de um ou mais produtos *daquela* empresa. As vendas tomadas de produtos da concorrência não são "canibalizadas", embora alguns gerentes as classifiquem como tal.

As taxas de canibalização dependem de como as características, os preços, a promoção e a distribuição de um novo produto se comparam com as dos produtos existentes da empresa. Quanto maior a semelhança de suas respectivas estratégias de marketing, maior a probabilidade de a taxa de canibalização aumentar.

Embora a canibalização nem sempre seja um problema quando uma empresa lança um novo produto que compete com sua linha estabelecida, essa dinâmica é especialmente prejudicial para a lucratividade da empresa quando um novo participante de margem baixa captura as vendas de ofertas com margem mais alta da empresa. Mesmo quando as taxas de canibalização são significativas, entretanto, pode ser sábio por parte da empresa prosseguir com um novo produto se a administração acredita que a linha original está perdendo sua força competitiva. O exemplo a seguir é ilustrativo.

EXEMPLO: Um produtor de fórmula de leite em pó tem a oportunidade de introduzir uma nova fórmula melhorada. A nova fórmula tem certos atributos que não são encontrados nos produtos existentes da empresa. Devido aos custos mais altos, porém, ela terá uma margem de contribuição de somente oito dólares, comparada com a margem de 10 dólares da fórmula consagrada. A análise sugere que a taxa de canibalização unitária da nova fórmula será de 90% em seu ano inicial. Se a empresa espera vender 300 unidades da nova fórmula no primeiro ano, ela deve prosseguir com a introdução?

A análise demonstra que a nova fórmula gerará $8 * 300, ou 2.400 dólares em contribuição direta. No entanto, a canibalização reduzirá a contribuição da linha estabelecida em $10 * 0,9 * 300, ou 2.700 dólares. Desse modo, a contribuição geral da empresa declinará em 300 dólares com a introdução da nova fórmula. (Observe que a margem unitária ponderada para o novo produto é – $1.) Essa simples análise sugere que a nova fórmula não deve ser introduzida.

Entretanto, a tabela seguinte contém os resultados de uma análise mais detalhada para um período de quatro anos. Na tabela, estão refletidas as crenças da administração de que, sem a nova fórmula, as vendas da fórmula comum declinarão para 700 unidades no Ano 4. Além disso, espera-se que as vendas unitárias da nova fórmula aumentem para 600 no Ano 4, enquanto as taxas de canibalização baixam para 60%.

	Ano 1	Ano 2	Ano 3	Ano 4	Total
Vendas unitárias da fórmula comum *sem* o lançamento do novo produto	1.000	900	800	700	3.400
Vendas unitárias da nova fórmula	300	400	500	600	1.800
Taxa de canibalização	90%	80%	70%	60%	—
Vendas unitárias da fórmula comum *com* o lançamento do novo produto	730	580	450	340	2.100

Sem a nova fórmula, a contribuição total em quatro anos é projetada como $10 * 3.400, ou 34.000 dólares. Com a nova fórmula, a contribuição total é projetada como ($8 * 1.800) + ($10 * 2.100), ou 35.400 dólares. Embora a contribuição prevista seja menor no Ano 1 com a nova fórmula do que sem ela, prevê-se que a contribuição total em quatro anos seja mais alta com o novo produto devido a aumentos nas vendas da nova fórmula e decréscimos na taxa de canibalização.

4.4 Métricas de valor de marca

O valor de uma marca representa uma informação crucial para um especialista em marketing. Mas é bem difícil de mensurá-lo. As métricas apresentadas neste capítulo ajudarão os profissionais de marketing a chegar a uma compreensão mais aprofundada desse bem intangível mais importante – a marca. Alguns dos modelos apresentados são patenteados; outros são de domínio público. Os modelos normalmente utilizados são:

Modelo de valor da marca de Aaker
Avaliador de Marca Y&R
Índice de valor da marca de Moran
Modelo de Avaliação de Marca Interbrand

Propósito: medir o valor de uma marca.

Uma marca é composta pelo nome, pelo logo, pela imagem e pelas percepções que identificam um produto, um serviço ou fornecedor na mente dos clientes. Ela ganha forma na propaganda, na embalagem e em outras comunicações de marketing, sendo ponto central no relacionamento com os consumidores. A marca carrega uma promessa de qualidade, desempenho e outras dimensões de valor que podem influenciar a escolha do consumidor entre produtos concorrentes. Quando os consumidores acreditam em uma marca e na sua relevância, tendem a escolher as ofertas associadas a ela, em lugar de outra, mesmo pagando um preço premium. Quando a promessa da marca vai além de determinado produto, seu proprietário pode alavancar sua entrada em novos mercados. Por essas razões, uma marca pode carregar um enorme valor, o chamado *brand equity*.

Esse é um valor de difícil medição. Quando da aquisição de uma empresa por outra, os profissionais de marketing costumar analisar o chamado *goodwill*, incorporado ao preço como parte do valor das marcas adquiridas. O *goodwill* é o excedente pago pela empresa – além do simples valor dos seus ativos tangíveis e mensuráveis. E se as marcas da empresa constituem ativos intangíveis importantes, o valor do *goodwill* é um indicador do valor do portfólio de marcas. É claro que as marcas não são o único ativo intangível adquirido em transações desse gênero. É mais comum que o *goodwill* inclua propriedade intelectual e outros intangíveis, além da marca. O valor dos intangíveis, estimado na avaliação da empresa (vendas ou preço das ações) é também afetado pelos ciclos econômicos, pela "exuberância" dos investidores e outros fatores que dificilmente podem ser separados do valor intrínseco da marca.

Do ponto de vista do consumidor, o valor da marca pode ser a quantia que ele se dispõe a pagar por um produto que leva determinada marca na comparação com produtos idênticos de outro fornecedor.² Os profissionais de marketing lutam para estimar esse prêmio que é parte do *brand equity*. É um tema complexo, uma vez que as pessoas variam em termos de consciência em relação a marcas diferentes e também no critério de julgamento, de avaliação e no quanto essas opiniões afetam o comportamento de compra.

Em tese, um profissional de marketing pode reunir essas preferências e aplicá-las a uma população a fim de estimar o prêmio total que seus integrantes pagariam pelos produtos de determinada marca. Isso, no entanto, não consegue capturar plenamente o valor de um marca. O valor de uma marca vai além do que o cliente está disposto a pagar por unidade do produto daquela marca, mas é também o volume que isso gera. Uma marca bem-sucedida vai fugir da curva da demanda de bens e serviços; ou seja, permitirá não apenas um preço mais alto (P' em lugar de P, como mostra a Figura 4.3), mas também venderá em quantidades crescentes (Q' em lugar de Q). Assim, neste caso, o *brand equity* pode ser visto como a diferença entre a receita com a marca (P' * Q') e a receita sem a marca (P * Q) – destacada pela área de sombra na Figura 4.3. (Este exemplo foca em receita, mas o que interessa mesmo é o lucro ou valor presente do lucro).

Na prática é difícil medir uma curva de demanda e poucos profissionais o fazem. Uma vez que as marcas são ativos tão importantes, profissionais de marketing e pesquisadores acadêmicos procuram formas de avaliá-la. David Aaker, por exemplo, lista 10 atributos de uma marca para avaliar sua força. Bill Moran criou um índice de *brand equity* cujo cálculo considera participação efetiva de mercado, preço relativo e retenção de cliente. Kusum Ailawadi e seus colegas aprimoraram esse cálculo ao sugerir que uma estimativa verdadeira para o valor de uma marca pode ser derivada da multiplicação do índice Moran pelo valor monetário do mercado em que a empresa concorre. A agência de comunicação de marketing Young & Rubicam desenvolveu o Brand Asset Valuator©, que mede o poder da marca em termos de diferenciação, relevância, estima e conhecimento. Um conceito ainda mais teórico do *brand equity* é a diferença entre o valor da empresa com e sem a marca. Se você acha difícil imaginar a empresa sem a sua marca, consegue perceber o grau de dificuldade existente na avaliação do *brand equity*. A agência Interbrand usa um modelo que procura se-

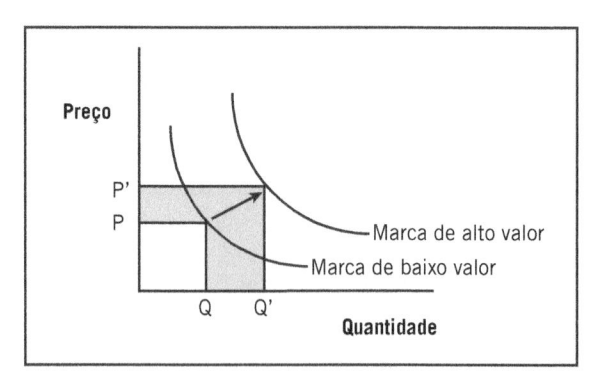

Figura 4.3 *Brand equity*: um ponto fora da curva de demanda.

parar o valor de produtos tangíveis e de intangíveis e usa este último para classificar anualmente as 100 marcas mais valiosas. Por fim a análise conjunta pode jogar um pouco de luz sobre o tema valor da marca ao permitir que os profissionais de marketing meçam o impacto da marca sobre a preferência do cliente, tratando-a como mais um entre muitos atributos que os clientes pesam ao tomar decisões de compra (veja Seção 4.5).

Construção

Brand Equity Ten (Aaker): David Aaker, professor de marketing e consultor de marcas, destaca 10 atributos que uma marca pode usar para avaliar sua força. Eles incluem diferenciação, satisfação/lealdade, qualidade percebida, liderança/popularidade, valor percebido, personalidade da marca, associações organizacionais, consciência da marca, participação de mercado, preço de mercado e cobertura de distribuição.[3] Aaker não pondera as características ou as reúne em uma pontuação geral, pois acredita que isso seria arbitrário e levaria a uma variação entre marcas e categorias. Em vez disso, ele recomenda o acompanhamento de cada atributo separadamente.

Índice de Valor de Marca (Moran): O executivo de marketing Bill Moran derivou um índice de valor de marca como produto de três fatores: Participação efetiva de mercado, Preço relativo e Durabilidade.[4]

Índice de valor de marca (I) = Participação efetiva de mercado (%) * Preço relativo (I) * durabilidade (%)

A Participação efetiva de mercado é uma média ponderada. Ela representa a soma das participações de mercado de uma marca em todos os segmentos em que ela concorre, ponderada pela proporção de cada segmento das vendas totais daquela marca. Portanto, se uma marca tiver 70% das suas vendas no segmento A, em que sua participação de mercado era de 50%; e 30% das suas vendas no segmento B, em que sua participação era de 20%, sua participação efetiva de mercado será (0,7 * 0,5) + (0,3 * 0,2) = 0,35 + 0,06 = 0,1, ou 41%.

O preço relativo é um quociente. Ele representa o preço de bens vendidos de determinada marca, dividido pelo preço médio de bens comparáveis. Por exemplo, se bens associados com a marca em estudo fossem vendidos por $2,50 a unidade, ao passo que bens concorrentes fossem vendidos por $2,00 em média, o preço relativo dessa marca seria $1,25 e seria dito que a marca cobra um preço *premium*. Ao contrário, se os bens da marca fossem vendidos por $1,50, *versus* $2,00 para a concorrência, seu preço relativo seria 0,75, posicionando-o com um desconto em relação ao mercado. Observe que a medida de preço relativo não é a mesma resultante da divisão do preço da marca pelo preço médio do mercado. Sobre esta, tem a vantagem de o valor calculado não ser afetado pela participação de mercado da empresa ou dos seus concorrentes.

A durabilidade é uma medida de retenção ou fidelidade de cliente. Ela representa a porcentagem dos clientes de uma marca que continuará a comprar bens daquela marca no ano seguinte.

EXEMPLO: A ILLI é uma bebida energética que se concentra em dois mercados geográficos – áreas metropolitanas do leste e do oeste dos Estados Unidos. Em seu mercado do oeste, que representa 60% das vendas da ILLI, a bebida tem 30% de participação de mercado. No mercado do leste, a ILLI tem uma participação de mercado de 50%.

A participação efetiva de mercado é igual às participações dos segmentos, ponderadas pelas porcentagens das vendas da marca.

$$\text{Oeste} = 30\% * 60\% = 0,18$$
$$\text{Leste} = 50\% * 40\% = 0,20$$
$$\text{Participação efetiva de mercado} = 0,38$$

Espera-se que metade das pessoas que comprarem ILLI este ano repitam a compra no ano seguinte, gerando um índice de lealdade de 0,5. (Ver a Seção 4.1 para definição de taxas de repetição.)

O preço médio para bebidas energéticas no mercado é de 2 dólares, mas a ILLI cobra um preço premium. Geralmente é vendida por $2,50. Isso produz um preço relativo de $2,50/$2,00, ou $1,25.

Espera-se que metade das pessoas que compraram ILLI este ano repitam a compra no ano seguinte, gerando um índice de lealdade de 0,5. (Ver a seção 4.1 para definição de taxas de repetição.)

Com essas informações, o índice de valor de marca da ILLI pode ser calculado como segue:

$$\text{Valor de marca} = \text{Participação efetiva de mercado} *$$
$$\text{Preço relativo} * \text{Índice de durabillidade} = 0,38 * 1,25 * 0,5$$
$$= 0,2375$$

É claro que os profissionais de marketing vão encontrar interações entre os três fatores por trás de um índice de valor de marca. Se eles aumentarem o preço dos bens de uma marca, por exemplo, eles poderão aumentar seu preço relativo, mas reduzirão sua participação efetiva de mercado e durabilidade. Será que o efeito geral seria positivo para a marca? Ao estimar o índice de valor de mercado antes e depois do aumento do preço considerado, os profissionais de marketing poderão compreender essa questão.

Observe que dois dos fatores por trás desse índice, a participação efetiva de mercado e o preço relativo, baseiam-se nos eixos de uma curva de demanda (quantidade e preço). Ao construir seu índice, Moran pegou esses dois fatores e os combinou, por meio de retenção anual, com a dimensão de tempo.

Ailawadi *et al* sugeriram que o índice de valor de uma marca pode ser aperfeiçoado multiplicando-o pelo volume em dólar do mercado em que a marca concorre, o que gera uma estimativa melhor do seu valor. Ailawadi também argumenta que o valor de uma marca é mais bem captado pelo preço *premium* sobre a receita (em comparação com bens genéricos) em vez de pelo preço unitário isoladamente, uma vez que o valor da receita incorpora tanto preço quanto quantidade e então reflete um salto de uma curva de demanda para outra em vez de um movimento ao longo de uma única curva.

Brand Asset Valuator (Young & Rubicam[5]): a agência de comunicação de marketing Young & Rubicam desenvolveu o Brand Asset Valuator, uma ferramenta para diagnosticar a força e o valor de uma marca. Ao utilizá-la, a agência levanta a perspectiva dos consumidores em relação a quatro dimensões:

- **Diferenciação:** As características que definem a marca e a distinguem em comparação aos concorrentes.
- **Relevância:** A adequação e ligação da marca com determinado consumidor.
- **Estima:** O respeito e a atração dos consumidores pela marca.
- **Conhecimento:** A consciência que os consumidores têm da marca e sua compreensão do que ela representa.

A Young & Rubicam sustenta que esses critérios revelam fatores importantes por trás da força da marca e da dinâmica de mercado. Por exemplo, apesar de marcas fortes obterem pontuações elevadas em todas as quatro dimensões, marcas em crescimento podem conseguir notas mais altas em diferenciação e relevância, em comparação com conhecimento e estima. Marcas em declínio costumam apresentar o padrão contrário, uma vez que são amplamente conhecidas e respeitadas, mas podem estar sofrendo um declínio rumo à transformação em *commodity* ou à irrelevância (veja a Figura 4.4).

O Brand Asset Valuator é uma ferramenta de propriedade da Y&R, mas os conceitos por trás dela são muito atraentes. Muitos profissionais de mercado aplicam estes conceitos em pesquisas independentes e exercendo juízo sobre suas próprias marcas em comparação com a concorrência. Leon Ramsellar[6], da Philips Consumer Electronics, disse utilizar quatro medidas-chave na avaliação de valor de marca e ofereceu exemplos de perguntas para verificá-las.

- **Singularidade:** Esse produto me oferece alguma coisa nova?
- **Relevância:** Esse produto é relevante para mim?
- **Atratividade:** Eu quero esse produto?
- **Credibilidade:** Eu acredito no produto?

É evidente que a lista de Romsellar não é a mesma que a BAV, da Y&R, mas é difícil não perceber a semelhança dos dois primeiros fatores.

Modelo de avaliação de marca da Interbrand: Esta medida patenteada foi criada para separar o valor tangível do produto e o valor intangível da marca. Um número para receitas associadas à marca é isolado, removendo-se os ganhos estimados atribuíveis a bens tangíveis da receita total. Assim, essa medida baseia-se em análises financeiras ou previsões de ganhos residuais, bem como na análise de mercado do papel de marcas na criação desses ganhos, a fim de calcular a porção de lucros atribuíveis às marcas. Essa porção de lucros é então combinada com taxas de crescimento e desconto (a última também depende da força da marca) para estimar um valor para

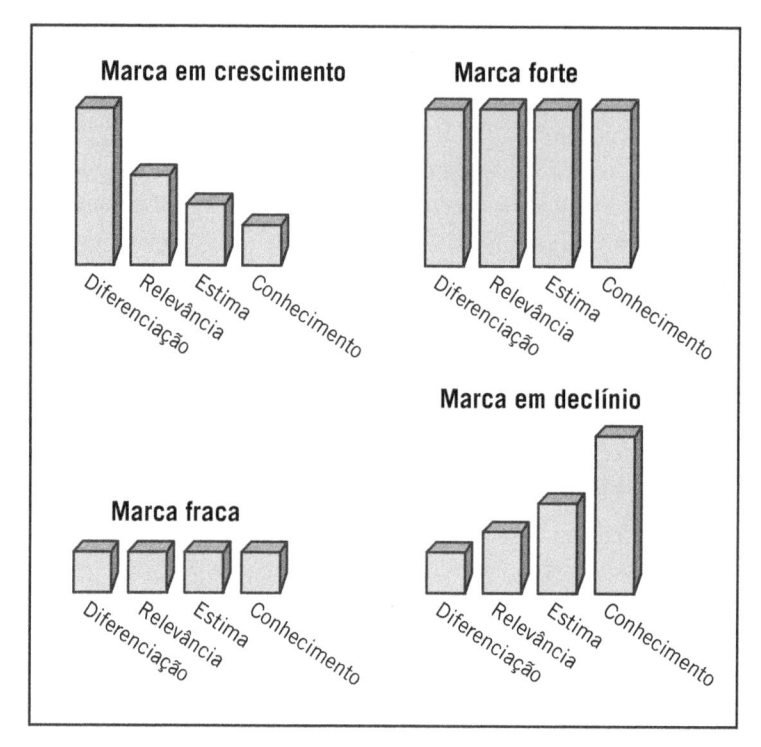

Figura 4.4 Padrões de valor de marca do Brand Asset Valuator da Young & Rubicam.

a marca. Como a maior parte dos passos desse processo é patenteada, esta é, necessariamente, uma descrição geral.[7]

Análise conjunta: O valor de uma marca pode ser avaliado através da análise conjunta (ver Seção 4.5). Ao realizar-se tal análise, os profissionais de marketing simplesmente precisam tratar a marca como tratariam qualquer outro atributo de um produto ou serviço.

Fontes de dados, complicações e precauções

Os métodos descritos anteriormente representam as melhores tentativas de especialistas para atribuir um valor a uma entidade um tanto nebulosa. Quase todas as métricas neste livro são relevantes para valor de marca, juntamente com uma ou outra dimensão.

Métricas e conceitos relacionados

A estratégia de marca é um campo amplo e inclui diversos conceitos que podem parecer mensuráveis. No entanto, a rigor, a estratégia de marca não é uma métrica.

Identidade de marca: Trata-se da visão do profissional de marketing em relação a uma marca ideal — a meta da empresa para a percepção que o mercado-alvo de uma marca tem por ela. Todas as mensagens físicas, emocionais, visuais e verbais devem ser direcionadas para a realização daquela meta, incluindo nome, logotipo, assinatura e outras comunicações de marketing. Mas identidade de marca não é declarada em termos quantificáveis.

Posição de marca e imagem de marca: São as verdadeiras percepções dos consumidores em relação a uma marca, geralmente em comparação com sua concorrência. A posição de marca costuma ser medida ao longo de dimensões de produto que podem ser mapeadas no espaço multidimensional. Se forem medidas de maneira consistente ao longo do tempo, estas dimensões podem ser vistas como métricas — como coordenadas num mapa perceptivo. (Veja a Seção 2.7 para uma discussão de atitude, medidas de uso e da hierarquia de efeitos).

Diferenciação de produto: Este é um dos termos mais utilizados no marketing, mas não há definição unânime a respeito. Mais do que simples "diferença," ela costuma referir-se a atributos distintivos de um produto que geram um aumento na preferência ou na demanda do cliente. Estes costumam ser difíceis de ver de maneira quantitativa porque podem ser reais ou percebidos, além de não serem monotônicos. Em outras palavras, apesar de determinados atributos, como o preço, poderem ser quantificados e seguirem um modelo de preferência linear (ou seja, tanto mais quanto menos é sempre melhor), outros não podem ser analisados numericamente ou podem cair num lugar agradável, fora do qual seria preferível nem mais nem menos (o tempero de uma comida, por exemplo). Por todas estas razões, a diferenciação de produto é difícil de analisar e essa métrica já foi criticada como "sem sentido".

Citações adicionais

Simon, Julian, "Product Differentiation": A Meaningless Term and an Impossible Concept, *Ethics*, Vol. 79, No. 2 (Jan., 1969), pp. 131-138. Publicado pela University of Chicago Press.

4.5 Utilidades conjuntas e preferência do consumidor

As utilidades conjuntas medem a preferência do consumidor para um nível de atributo e, então – combinando os valores de vários atributos –, mensuram a preferência por uma escolha geral. As medidas geralmente são feitas individualmente, embora essa análise também possa ser feita por nível de segmento. No mercado de pizza congelada, por exemplo, as utilidades conjuntas podem ser usadas para determinar o quanto um cliente valoriza o gosto superior (um atributo) *versus* o pagamento extra por um queijo de ótima qualidade (um segundo atributo).

As utilidades conjuntas também têm um papel na análise de decisões compensatórias e não compensatórias. Pontos fracos em fatores compensatórios podem ser compensados em outros atributos. Um ponto fraco em um fator não compensatório não pode ser compensado pelos pontos fortes.

A análise conjunta pode ser útil na determinação do que os clientes realmente desejam e – quando o preço é incluído como atributo – o que eles pagarão pelo produto. No lançamento de novos produtos, os profissionais de marketing acham úteis essas análises para obterem uma maior compreensão dos valores que os clientes dão para diversos atributos dos produtos. No gerenciamento de produtos, as utilidades conjuntas podem ajudar os profissionais de marketing a concentrarem seus esforços nos atributos de maior importância para os clientes.

Propósito: Compreender o que os clientes desejam.

A análise conjunta é um método usado para estimar as preferências dos clientes com base no modo como eles classificam os atributos considerados em sua escolha. A premissa da análise conjunta é a de que a preferência de um cliente entre opções de produtos pode ser esmiuçada em um conjunto de atributos que são ponderados para formar uma avaliação global. Em vez de perguntar diretamente às pessoas o que elas querem e por quê, na análise conjunta, os profissionais de marketing questionam as pessoas sobre suas preferências gerais em um conjunto de opções descritas sobre atributos e então decompõem esses atributos em suas dimensões de componentes e valores subjacentes. Um modelo pode ser desenvolvido para comparar conjuntos de atributos para determinar qual representa o grupo de atributos mais atraente para os clientes.

A análise conjunta é uma técnica comumente utilizada para avaliar os atributos de um produto ou serviço que são importantes para os clientes-alvo e para auxiliar no seguinte:

- *Design* de produtos
- Propaganda
- Estabelecimento de preços
- Segmentação
- Previsões

Construção

Análise conjunta: *Método de estimar clientes pela avaliação das preferências gerais que os clientes atribuem a opções.*

A preferência de um indivíduo pode ser expressa como o total de suas preferências básicas para qualquer opção, mais os valores parciais (valores relativos) para aquela opção expressos pelo indivíduo.

Em forma linear, isso pode ser representado pela seguinte fórmula:

Forma linear de preferência conjunta (I) = [Valor parcial do atributo 1 para o indivíduo (I)* nível do atributo (1)] + [Valor parcial do atributo 2 para o indivíduo (I) * Nível do atributo (2)] + [Valor parcial do atributo 3 para o indivíduo (I)* nível do atributo (3)] + etc.

EXEMPLO: Dois atributos de um telefone celular, preço e tamanho, são classificados através da análise conjunta, produzindo os resultados mostrados na Tabela 4.5.

Ela pode ser lida como segue:

Tabela 4.5 Análise conjunta: preço e tamanho de um telefone celular

Atributo	Classificação	Valor parcial
Preço	$100	0,9
Preço	$200	0,1
Preço	$300	–1
Tamanho	Pequeno	0,7
Tamanho	Médio	–0,1
Tamanho	Grande	–0,6

Um telefone pequeno por 100 dólares tem um valor parcial para os clientes de 1,6 (derivado como 0,9 + 0,7). Esse é o resultado mais alto observado nesse exercício. Um telefone pequeno, mas caro (300 dólares) é classificado como – 0,3 (ou seja, – 1 + 0,7). A desejabilidade desse pequeno telefone é contrabalançada pelo seu preço. Um telefone grande e caro é menos desejável para os clientes, gerando um valor parcial de – 1,6 (isto é, (– 1) + (– 0,6)).

Com base nisso, determinamos que o cliente cujas percepções são analisadas aqui preferiria um telefone de tamanho médio por 200 dólares (utilidade = 0) a um telefone pequeno por 300 dólares (utilidade = – 0,3). Tais informações seriam instrumentais para decisões referentes às compensações entre o *design* e o preço do produto.

Essa análise também demonstra que, dentro das faixas examinadas, o preço é mais importante do que o tamanho a partir da perspectiva desse consumidor. O preço gera uma gama de efeitos de 0,9 a – 1 (ou seja, uma difusão total de 1,9), enquanto os efeitos gerados pelos tamanhos mais e menos desejáveis têm uma faixa de somente 0,7 a 0,6 (difusão total = 1,3).

Decisões compensatórias do consumidor *versus* decisões não compensatórias

O processo de decisão compensatória é aquele em que um cliente avalia opções com a perspectiva de que os pontos fortes em uma ou mais dimensões podem compensar os pontos fracos em outras.

Em um processo de decisão não compensatório, por outro lado, se certos atributos de um produto são fracos, não há compensação possível, mesmo se o produto possuir pontos fortes em outras dimensões. No exemplo anterior, do telefone celular, por exemplo, alguns clientes podem achar que, se um telefone for maior do que um determinado tamanho, nenhum preço o tornaria atrativo.

Em outro exemplo, a maioria das pessoas escolhe um mercado com base em sua proximidade. Qualquer loja dentro de um certo raio a partir da residência ou do trabalho pode ser considerada. Além dessa distância, no entanto, todas as lojas serão excluídas, e não há nada que uma delas possa fazer para superar isso. Mesmo se ela colocar preços extraordinariamente baixos, oferecer um sortimento incrivelmente diversificado, criar *displays* maravilhosos e fornecer os alimentos mais frescos, por exemplo, a loja não fará com que os consumidores viajem 400 milhas para comprar seus produtos.

Embora esse seja um exemplo extremo ao ponto do absurdo, ele ilustra uma questão importante: quando os consumidores fazem uma escolha de base não compensatória, os profissionais de marketing precisam definir as dimensões em que certos atributos *devem* ser oferecidos, simplesmente para qualificar a consideração de sua oferta geral.

Uma forma de decisão não compensatória é a eliminação por aspecto. Nessa abordagem, os consumidores vêem todo um conjunto de opções e então eliminam aquelas que não atendem às suas expectativas na ordem de importância dos atributos. Na seleção de um mercado, por exemplo, esse processo poderia ser o seguinte:

- Que lojas estão a 5 km da minha casa?
- Quais ficam abertas após as 8 da noite?
- Quais têm a mostarda picante que eu gosto?
- Quais têm flores novas?

O processo continua até que fique somente uma opção.

Na situação ideal, analisando-se processos de decisão dos clientes, os profissionais de marketing teriam que acessar informações em nível individual, revelando

- Se a decisão para cada cliente é ou não é compensatória
- A ordem de prioridade dos atributos
- Os níveis de "eliminação" de cada atributo
- O peso da importância relativa de cada atributo se a decisão seguir um processo compensatório

Com mais frequência, porém, os profissionais de marketing têm acesso somente ao comportamento passado, ajudando-os a fazer inferências com relação a esses itens.

Na ausência de informações detalhadas e individuais para os clientes em um mercado, a análise conjunta oferece um meio de obter entendimento dos processos de tomada de decisão de uma amostra de clientes. Na análise conjunta, geralmente supomos um processo compensatório. Ou seja, pressupomos que as utilidades sejam aditivas. Sob tal suposição, se uma opção for fraca em uma dimensão (por exemplo, se uma loja não tem a mostarda picante), ela pode compensar isso com um ponto forte em outra dimensão (por exemplo, tem flores novas), pelos menos em parte. As análises conjuntas podem aproximar-se de um modelo não compensatório atribuindo peso não linear a um atributo em certos níveis de seu valor. Por exemplo, os pesos para distância de um supermercado poderiam ser:

Dentro de 1 km:	0,9
1–5 km de distância:	0,8
5–10 km de distância:	– 0,8
Mais de 10 km de distância:	– 0,9

Nesse exemplo, as lojas fora de um raio de 5 km praticamente não conseguem compensar a perda de utilidade em que incorrem como resultado da distância. A distância torna-se, efetivamente, uma dimensão não compensatória.

Estudando processos de decisão de clientes, os profissionais de marketing obtêm conhecimento dos atributos necessários para atender às expectativas do consumidor. Eles aprendem, por exemplo, se certos atributos são compensatórios ou não compensatórios. Uma boa compreensão do valor dado pelos clientes a diferentes atributos também possibilita adequar os produtos e alocar recursos de forma eficiente.

Várias complicações potenciais surgem quando se consideram decisões compensatórias e não compensatórias. Os clientes muitas vezes não sabem se um atributo é compensatório ou não e podem não ser prontamente capazes de explicar suas decisões. Portanto, frequentemente é necessário inferir o processo de decisão do cliente ou determinar esse processo através de uma avaliação de opções, em vez de uma descrição do processo.

É possível, no entanto, revelar elementos não compensatórios através da análise conjunta. Qualquer atributo para o qual a difusão de valor for tão alta que praticamente não pode ser compensada por outras características é, com efeito, um atributo não compensatório.

EXEMPLO: Entre os supermercados, Juan prefere o mercado Acme porque fica perto de sua casa, apesar de os preços serem geralmente mais altos do que os da loja local Shoprite. Uma terceira loja, a Vernon's, fica no complexo de apartamentos onde Juan mora. Mas Juan evita comprar lá porque a Vernon's não vende seu refrigerante preferido.

A partir dessas informações, sabemos que a opção de compra de Juan é influenciada por pelo menos três fatores: preço, distância de casa e oferta de seu refrigerante preferido. No processo de decisão de Juan, preço e distância parecem ser fatores de compensatórios. Ele troca o preço pela distância. Já o refrigerante parece ser um fator não compensatório. Se uma loja não oferece o refrigerante favorito de Juan, não poderá vender para ele, não importando seus escores em termos de preço e distância.

Fontes de dados, complicações e precauções

Antes de realizar um estudo composto, é necessário identificar os atributos de importância para o cliente. Grupos focais são comumente usados para esse fim. Depois que os atributos e os níveis são determinados, uma abordagem típica da análise conjunta é usar um *design* ortogonal fatorial fracional, que é uma amostra parcial de todas as combinações possíveis de atributos. Isso é feito para reduzir o número total de avaliações de opções exigidas pelo respondente. Com um *design* ortogonal, os atributos permanecem independentes uns dos outros, e o teste não pondera um atributo desproporcionalmente ao outro.

Há diversas maneiras de reunir dados, mas uma abordagem direta seria apresentar opções aos respondentes e pedir que classifiquem essas alternativas de acordo com suas preferências. Tais preferências tornam-se, então, a variável dependente em uma regressão, em que os níveis de atributos servem como variáveis independentes, como na equação anterior. As utilidades conjuntas constituem os pesos determinados para melhor captar as classificações de preferência oferecidas pelo respondente.

Com frequência, certos atributos funcionam paralelamente para influenciar a escolha do cliente. Por exemplo, um carro esporte veloz *e* macio pode oferecer maior valor para um cliente do que seria sugerido pela soma dos atributos veloz e macio. Tais relações entre atributos não são captadas por um modelo composto simples, a menos que seja um modelo que explique interações.

De modo ideal, a análise conjunta é realizada em nível individual porque os atributos podem ser ponderados de maneira diferente entre indivíduos. Os profissionais de marketing também podem criar uma perspectiva mais equilibrada realizando a análise em uma amostra de indivíduos. É adequado realizar a análise nos segmentos de consumidores com pesos semelhantes. A análise conjunta pode ser vista como uma fotografia dos desejos de um cliente em um momento. Ela não poderá necessariamente ser considerada indefinidamente como retrato de uma situação futura.

É vital empregar os atributos corretos em qualquer estudo composto. As pessoas só podem expressar suas preferências dentro dos parâmetros que forem estabelecidos. Se os atributos corretos não forem incluídos em um estudo, embora seja possível determinar a importância relativa dos atributos que *são* incluídos e tecnicamente formar segmentos com base nos dados resultantes, os resultados da análise poderão não ser válidos para formar segmentos *úteis*. Por exemplo, em uma análise conjunta de preferências de consumidores em relação a cores e estilos de automóveis, podem-se agrupar corretamente os clientes quanto a suas percepções desses atributos. Mas, se os consumidores realmente derem mais importância à potência do motor, tais segmentações terão pouco valor.

4.6 Segmentação utilizando utilidades conjuntas

A compreensão dos desejos dos clientes é uma meta vital do marketing. A segmentação ou o agrupamento de clientes semelhantes pode auxiliar os gerentes a reconhecerem padrões úteis e identificar subconjuntos atraentes dentro de um mercado maior. Com tal entendimento, os gerentes podem selecionar mercados-alvo, desenvolver ofertas adequadas para cada um, determinar os modos mais eficazes de atingir os segmentos almejados e alocar recursos de forma apropriada. A análise conjunta pode ser muito útil nessa tarefa.

Propósito: Identificar segmentos com base em utilidades conjuntas.

Conforme descrito na seção anterior, a análise conjunta é usada para determinar as preferências dos clientes com base nos pesos de atributos que eles revelam em seus processos de tomada de decisão. Tais pesos, ou utilidades, são geralmente avaliados em um nível individual.

A segmentação implica o agrupamento de clientes que demonstram padrões semelhantes de preferência e peso em relação a certos atributos do produto, distintos dos padrões exibidos por outros grupos. Usando a segmentação, uma empresa pode decidir que grupo(s) atingir e pode determinar uma abordagem que tenha apelo aos membros do segmento. Depois de os segmentos terem sido formados, a empresa pode estabelecer estratégias com base na atratividade (tamanho, crescimento, taxa de compra, diversidade) e na sua própria capacidade de atender esses segmentos quando comparada com seus concorrentes.

Construção

Para realizar uma segmentação baseada nas utilidades conjuntas, deve-se primeiro determinar os escores de utilidade em nível individual de cliente. A seguir, devem-se agrupar esses clientes em segmentos de indivíduos que pensam de maneira semelhante. Isso geralmente é feito através de uma metodologia conhecida como análise de *cluster*.

Análise de *cluster*: *Técnica que calcula as distâncias entre clientes e forma grupos minimizando as diferenças dentro de cada grupo e maximizando as diferenças entre grupos.*

A análise de *cluster* opera calculando uma "distância" (soma de quadrados) entre indivíduos e, de modo hierárquico, começa a agrupar esses indivíduos em pares. O processo de colocação em pares minimiza a "distância" dentro de um grupo e cria um número administrável de segmentos dentro de uma população maior.

EXEMPLO: A Samson-Finn Company tem três clientes. A fim de auxiliar na administração de seu trabalho de marketing, a Samson-Finn quer organizar clientes semelhantes em segmentos. Para isso, realiza uma análise conjunta em que mensura as preferências de seus clientes entre produtos que são confiáveis ou muito confiáveis, rápidos ou muito rápidos (ver a Tabela 4.6). Então, considera as utilidades conjuntas de cada um de seus clientes para ver quais deles demonstram desejos semelhantes. Quando se agrupam dados conjuntos, as distâncias são calculadas sobre os valores parciais.

Tabela 4.6 Utilidades conjuntas dos clientes

	Muito confiável	Confiável	Muito rápido	Rápido
Bob	0,4	0,3	0,6	0,2
Erin	0,9	0,1	0,2	0,7
Yogesh	0,3	0,3	0,5	0,2

A análise verifica a diferença entre a perspectiva de Bob e de Erin sobre a importância da confiabilidade em sua escolha. A pontuação de Bob é 0,4, e a de Erin é 0,9. Podemos colocar a diferença ao quadrado para gerar a "distância" entre Bob e Erin.

Usando essa metodologia, a distância entre cada par de clientes da Samson-Finn pode ser calculada como segue:

Distâncias	Muito confiável	Confiável	Muito rápido	Rápido
Bob e Erin:	$= (0,4 - 0,9)^2$	$+ (0,3 - 0,1)^2$	$+ (0,6 - 0,2)^2$	$+ (0,2 - 0,7)^2$
	$= 0,25$	$+ 0,04$	$+ 0,16$	$0,25$
	$= 0,7$			
Bob e Yogesh:	$= (0,4 - 0,3)^2$	$+ (0,3 - 0,3)^2$	$+ (0,6 - 0,5)^2$	$+(0,2 - 0,2)^2$
	$= 0,01$	$+ 0,0 + 0,01$	$+ 0,0$	
	$= 0,02$			
Erin e Yogesh:	$= (0,9 - 0,3)^2$	$+ (0,1 - 0,3)^2$	$+ (0,2 - 0,5)^2$	$+ (0,7 + 0,2)^2$
	$= 0,36$	$+ 0,04$	$+ 0,09$	$+ 0,25$
	$= 0,74$			

A partir disso, vê-se que Bob e Yogesh parecem estar muito próximos um do outro porque a soma de quadrados é 0,02. Como resultado, eles devem ser considerados parte do mesmo segmento. De forma contrária, em vista da distância de alta soma de quadrados estabelecida pelas suas preferências, Erin não deve ser considerada como parte do mesmo segmento nem de Bob, nem de Yogesh.

Fontes de dados, complicações e precauções

Como foi observado anteriormente, as utilidades de um cliente podem não ser estáveis e o segmento a que um cliente pertence pode mudar com o tempo ou conforme a ocasião. Um indivíduo poderá pertencer a um segmento para viagens aéreas pessoais, em que o preço pode ser um fator importante, e a um outro segmento quando se trata de viagens de negócios, em que a conveniência pode se tornar mais importante. Tais pesos (utilidades) conjuntos de um cliente difeririam, dependendo da ocasião de compra.

A determinação do *número* apropriado de segmentos para uma análise pode ser um pouco arbitrária. Não há um meio estatístico geralmente aceito para determinar o número "correto" de segmentos. De maneira ideal, os profissionais de marketing buscam uma estrutura de segmentos que atenda às seguintes qualificações:

- Cada segmento constitui um grupo homogêneo, dentro do qual há relativamente pouca variação entre utilidades de atributos de diferentes indivíduos.
- Os agrupamentos são heterogêneos entre segmentos; isto é, há uma ampla variação de utilidades de atributo *entre* segmentos.

4.7 Utilidades conjuntas e projeção de volume

As utilidades conjuntas de produtos e serviços podem ser usadas para prever a participação de mercado que cada um alcançará e o volume que cada um venderá. Os profissionais de marketing podem projetar a participação de mercado para um dado produto ou serviço com base na proporção de indivíduos que o selecionam a partir de um conjunto relevante de opções, bem como de sua utilidade geral.

Propósito: usar a análise conjunta para projetar a participação de mercado e o volume de vendas que serão atingidos por um produto ou serviço.

A análise conjunta é utilizada para mensurar as utilidades para um produto. A combinação dessas utilidades, geralmente aditivas, representa um escore para a popularidade esperada daquele produto. Esses escores podem ser usados para classificar os produtos. Entretanto, mais informações são necessárias para estimar a participação de mercado. Pode-se imaginar que o produto com melhor classificação em um conjunto de opções terá maior probabilidade de ser escolhido por um indivíduo do que os produtos com classificação inferior para esse indivíduo. Adicionar o número de clientes que classificam a marca em primeiro lugar deve permitir o cálculo da participação do cliente.

Fontes de dados, complicações e precauções

Para fazer uma projeção de volume de vendas, é necessário ter uma completa análise conjunta. Essa análise deve incluir todas as características importantes, de acordo com as quais os consumidores fazem sua escolha. A definição do "mercado" é claramente crucial para um resultado significativo.

Para definir o mercado, é importante identificar todas as opções nesse mercado. O cálculo da porcentagem de seleções de "primeira opção" para cada alternativa meramente oferece uma "participação de preferências". Para estender isso à participação de mercado, devem-se estimar (1) o volume de vendas por cliente, (2) o nível de distribuição de disponibilidade para cada opção e (3) a porcentagem de clientes que adiarão sua compra até que possam encontrar a primeira opção.

O maior potencial de erro nesse processo seria o de exclusão de atributos significativos da análise conjunta.

Efeitos de rede também podem distorcer uma análise conjunta. Em alguns casos, os clientes não tomam decisões de compra puramente com base nos atributos do produto, mas também influenciados por seu nível de aceitação no mercado. Tais efeitos de rede e a importância de utilizá-los ou superá-los são especialmente evidentes nas mudanças em indústrias de tecnologia.

Referências e leituras sugeridas

Aaker, D.A. (1991). *Managing Brand Equity: Capitalizing on the Value of a Brand Name,* New York: Free Press; Toronto; New York: Maxwell Macmillan; Canada: Maxwell Macmillan International.

Aaker, D.A. (1996). *Building Strong Brands,* New York: Free Press.

Aaker, D.A., and J.M. Carman. (1982)."AreYou Overadvertising?" *Journal of Advertising Research*, 22(4), 57–70.

Aaker, D.A., and K.L. Keller. (1990). "Consumer Evaluations of Brand Extensions," *Journal of Marketing*, 54(l), 27–41.

Ailawadi, Kusum, and Kevin Keller. (2004). "Understanding Retail Branding: Conceptual Insights and Research Priorities," *Journal of Retailing*, Vol. 80, Issue 4, Winter, 331–342.

Ailawadi, Kusum, Donald Lehman, and Scott Neslin. (2003). "Revenue Premium As an Outcome Measure of Brand Equity," *Journal of Marketing*, Vol. 67, nº 4, 1–17.

Burno, Hernan A., Unmish Parthasarathi, and Nisha Singh, eds. (2005). "The Changing Face of Measurement Tools Across the Product Lifecycle," *Does Marketing Measure Up? Performance Metrics: Practices and Impact,* Marketing Science Institute, nº 05-301.

Harvard Business School Case: Nestlé Refrigerated Foods Contadina Pasta & Pizza (A) 9-595- 035. Rev Jan 30 1997.

Moran, Bill. Comunicação pessoal com Paul Farris.

Capítulo 5

Rentabilidade do cliente

Principais conceitos abordados neste capítulo:

Clientes, recência e retenção
Lucro do cliente
Valor de duração do cliente

Valor do *prospect* versus valor do cliente
Despesa de aquisição *versus* despesa de retenção

O Capítulo 2, "Participação em Corações, Mentes e Mercados", apresentou métricas criadas para mensurar como uma empresa está se saindo com seus clientes como um todo. As métricas discutidas anteriormente eram sínteses do desempenho da empresa em relação aos clientes para mercados inteiros ou segmentos de mercado. Neste capítulo, abordamos métricas que mensuram o desempenho de relações de clientes individuais. Começamos com métricas destinadas a simplesmente contar quantos clientes uma empresa atende. Como este capítulo mostrará, é muito mais fácil contar o número de unidades vendidas do que o número de pessoas ou empresas as compram. A Seção 5.2 apresenta o conceito de lucratividade do cliente. Assim como algumas marcas são mais lucrativas do que outras, também o são algumas relações com os clientes. Enquanto a lucratividade do cliente é uma métrica que sintetiza o desempenho financeiro passado da relação com um cliente, o valor de duração do cliente vai além, numa tentativa de avaliar as relações com clientes existentes. A Seção 5.3 discute como calcular e interpretar o valor de duração do cliente. Um dos usos mais importantes do valor de duração do cliente é informar sobre futuras decisões. A Seção 5.4 explica como isso pode ser realizado e faz uma cuidadosa distinção entre valor do *prospect* e valor do cliente. A Seção 5.5 discute as despesas de aquisição e retenção – duas métricas que as empresas usam para monitorar o desempenho desses tipos importantes de despesas de marketing –, ou seja, gastos com a função de adquirir novos clientes e gastos para reter e lucrar com os clientes existentes.

	Métrica	Construção	Considerações	Propósito
5.1	Clientes	O número de pessoas (ou empresas) que compraram da empresa durante um período específico.	Evita contagem dupla de pessoas que compraram mais de um produto. Define cuidadosamente o cliente como indivíduo/ economia doméstica/ registro na tela/divisão que comprou/pediu/registrou.	Mensurar como a empresa está atraindo e retendo os clientes.
5.1	Recência	Período de tempo desde a última compra do cliente.	Em situações não contratuais, a empresa desejará mapear a recência de seus clientes.	Mapear mudanças no número de clientes ativos.
5.1	Taxa de retenção	A razão de clientes retidos para o número de risco.	Não deve ser confundida com crescimento (ou declínio) nas contas dos clientes. A retenção refere-se somente aos clientes existentes em situações contratuais.	Mapear mudanças na habilidade da empresa em reter clientes.
5.2	Rentabilidade	Diferença entre as receitas obtidas e cliente os custos associados com a relação com o cliente durante um período específico.	Exige que se atribuam receitas e custos para clientes individual mente.	Permite que a empresa identifique quais clientes são rentáveis e quais não são... Como precursor ao tratamento diferencial destinado a melhorar a lucratividade da empresa.
5.3	Valor de duração do cliente	O valor atual de futuros fluxos de caixa atribuídos à relação com o cliente.	Exige uma projeção de fluxos de caixa futuros da relação com um cliente. Exige uma projeção de fluxos de caixa futuros da relação com um. Isso será mais fácil de fazer em uma situação contratual. Formulações do VDC diferem com relação ao tratamento da margem inicial e da despesa de aquisição.	As decisões administrativas da relação com o cliente devem ser tomadas com o objetivo de melhorar o VDC. O orçamento de aquisição deve basear-se no VDC.

Continua

	Métrica	Construção	Considerações	Propósito
5.4	Previsão do valor de duração	Taxa de resposta vezes a soma da margem inicial e do VDC do cliente adquirido menos o custo do trabalho de prospecção.	Há uma variedade de maneiras equivalentes de fazer os cálculos necessários para ver se vale a pena o trabalho de prospecção.	Guiar as decisões de prospecção da empresa. A prospecção é benéfica somente se o valor de duração previsto e esperado for positivo.
5.5	Custo médio de aquisição	Razão da despesa de aquisição para o número de novos clientes adquiridos.	Frequentemente, é difícil isolar a despesa de aquisição da despesa total de marketing.	Mapear o custo da aquisição de novos clientes e comparar esse custo com o valor dos clientes recém-adquiridos.
5.5	Custo médio de retenção	Razão da despesa de retenção para o número de novos clientes retidos.	Frequentemente, é difícil isolar a despesa de retenção da despesa total de marketing. O número do custo médio de retenção não é muito útil para a tomada de decisões em orçamentos de retenção.	Monitorar as despesas de retenção por cliente.

5.1 Clientes, recência e retenção

Essas três métricas são utilizadas para contar os clientes e mapear a atividade dos clientes sem levar em consideração a quantidade de transações (ou o valor dessas transações em dólares) realizadas por cada um.

Um cliente é uma pessoa ou empresa que compra de uma empresa.

- **Contas de clientes:** Número de clientes de uma empresa por um período específico.
- **Recência:** Refere-se ao período de tempo desde a última compra feita pelo cliente. Um cliente de seis meses é aquele que comprou da empresa pelo menos uma vez nos últimos seis meses.
- **Taxa de retenção:** É a razão entre o número de clientes retidos e o número em risco.

Em situações contratuais, faz sentido falar na quantidade de clientes atualmente sob contrato e na porcentagem retida quando o período de contrato expira.

Em situações não contratuais (tais como vendas por catálogo), faz menos sentido falar de quantidade *atual* de clientes do que contar quantos clientes têm recência específica.

Propósito: Monitorar o desempenho da empresa na atração e retenção de clientes.

Só recentemente a maioria dos profissionais de marketing se preocupou em desenvolver métricas concentradas em clientes individuais. A fim de começar a pensar sobre a gestão de relações com clientes individualmente, a empresa deve ser capaz de contar seus clientes. Apesar de a sistematicidade na contagem de clientes provavelmente ser mais importante do que a formulação de uma definição precisa, ainda assim, a definição é necessária. Em especial, a definição de clientes e a contagem serão diferentes em situações contratuais e não contratuais.

Construção
Contagem de clientes

Em situações contratuais, deveria ser muito fácil contar quantos clientes estão sob contrato em qualquer momento. Por exemplo, a Vodafone Australia[1], uma empresa global de telefones celulares, conseguiu contar 2,6 milhões de clientes diretos no final do trimestre de dezembro.

Uma complicação na contagem de clientes em situações contratuais é o manejo de contratos que abrangem dois ou mais indivíduos. Um plano familiar que inclui cinco telefones, mas apenas uma conta, deve aparecer como um ou cinco? Um contrato *business-to-business* com uma taxa básica e cobranças para cada um dos 1.000 telefones em uso conta como um ou como mil clientes? Por acaso a resposta à pergunta anterior depende de os usuários individuais pagarem para a Vodafone, para sua empresa ou não pagarem nada? Em situações como essas, a empresa deve selecionar alguma definição padrão do que é um cliente (detentor de contrato, membro) e implementá-la de forma sistemática.

Uma segunda complicação na contagem de clientes em situações contratuais é o tratamento de clientes com diversos contratos com uma única empresa. A USAA, uma associação global de seguros e serviços financeiros diversos, oferece seguros e serviços financeiros para a comunidade militar dos Estados Unidos e suas famílias. Cada cliente é considerado um membro, com um único número de participação. Isso permite que a USAA saiba exatamente quantos membros ela tem em qualquer momento – mais de cinco milhões no final de 2004 –, a maioria dos quais não aproveita uma série de serviços oferecidos aos participantes.

Para outras empresas de serviços financeiros, no entanto, as contas quase sempre são registradas separadamente para cada linha de empresa. O relatório anual de 2003 para a State Farm Insurance, por exemplo, registra um total de 73,9 milhões de apólices e contas com um gráfico de pizza mostrando a porcentagem entre automóveis, residências, vida, anuidades, etc. Claramente, os 73,9 milhões referem-se à quantidade de apólices, não de clientes. Como a State Farm conhece os nomes e endereços de todos os seus detentores de apólices, parece viável que possa contar quantos clientes individuais ela atende. O fato de a State Farm contar apólices em vez de clientes sugere uma ênfase maior na venda de apólices do que no gerenciamento das relações com os clientes.

Finalmente, oferecemos um exemplo de uma empresa de gás natural que não poupou esforços para contar os clientes – definindo cliente como "um consumidor de gás natural distribuído em qualquer período num local através de um medidor. Uma entidade que utilizar gás natural em locais separados é considerada um cliente individual em cada local". Para essa empresa de gás natural, os clientes eram sinônimos de medidores. Essa é provavelmente uma ótima maneira de ver as coisas se seu trabalho é instalar e manter medidores. Não é um modo muito bom de ver as coisas se seu trabalho é comercializar gás natural.

Em situações não contratuais, a habilidade da empresa de contar clientes depende de os clientes individuais poderem ser identificados. Se os clientes não forem identificáveis, as empresas só poderão contar visitas ou transações. Como a Wal-Mart não identifica seus compradores, suas contagens de clientes limitam-se à quantidade de transações que passam pelos caixas num dia, numa semana ou num ano. Essas contas "em trânsito" são semelhantes às cifras encontradas em eventos esportivos e visitas a *sites* da *web*. Em certo sentido, contam pessoas, mas, quando reunidos em vários períodos, não medem mais indivíduos separados. Assim, apesar de o público doméstico nos jogos do Atlanta Braves em 1993[2] ter sido de 3.884.720, a quantidade de pessoas que assistiram a um ou mais jogos dos Braves naquele ano foi menor.

Em situações não contratuais com clientes identificáveis (mala direta, lojas com cartões de frequência de compras, lojas especiais, locação de automóveis e hotéis que exigem registro), uma complicação é que a atividade de compra do cliente é esporádica. Enquanto o *New York Times* sabe exatamente quantos clientes (assinantes) possui *atualmente*, as compras esporádicas por catálogo da L.L.Bean indicam que não faz sentido falar na quantidade *atual* de clientes da L.L.Bean. A L.L.Bean sabe quantos pedidos recebe diariamente, sabe quantos catálogos envia mensalmente, mas não se pode esperar que saiba quantos clientes possui atualmente porque é difícil definir um cliente "atual".

Em vez disso, as empresas, em situações não contratuais contam quantos clientes compraram em determinado período. Este é o conceito de recência – período de tempo decorrido desde a última compra. Os clientes com um ano ou menos de recência são aqueles que compraram no último ano. As empresas em situações não contratuais com clientes identificáveis contam os clientes de várias recências.

Recência: *Período de tempo desde a última compra feita pelo cliente.*

Por exemplo, o eBay relatou ter 60,5 milhões de usuários ativos no primeiro trimestre de 2005. Os usuários ativos foram definidos como a quantidade de usuários da plataforma do eBay que deram lances, compraram ou colocaram um item para venda no período dos últimos 12 meses. A empresa afirma que 45,1 milhões de usuários ativos foram registrados no mesmo período há um ano.

Observe que o eBay conta "usuários ativos", não "clientes" e usa o conceito de recência para mapear a quantidade de seus usuários ativos ao longo do tempo. Essa cifra (12 meses) aumentou de 45,1 milhões para 60,5 milhões no período de um ano. Isso diz para a empresa que o número de clientes ativos aumentou devido, em parte, à aquisição de clientes. Uma medida de desempenho da empresa para manter as relações com os clientes existentes é a porcentagem de 45,1 milhões de clientes ativos há um ano que estavam ativos nos 12 meses anteriores. Essa medida é semelhante à de retenção, pois reflete a porcentagem de clientes ativos que permaneceram ativos no período subsequente.

Retenção: Aplica-se a situações contratuais em que os clientes são mantidos ou não. Ou os clientes renovam suas assinaturas de uma revista, ou deixam-nas expirar. Os clientes mantêm uma conta num banco até fechá-la. Os inquilinos pagam aluguel até o dia em que resolvem se mudar. Esses são exemplos de situações de retenção de clientes em que estes ou são mantidos, ou são considerados perdidos para sempre.

Nessas situações, as empresas prestam muita atenção nas taxas de retenção.

Taxa de retenção: *Razão do número de clientes retidos em relação ao número de risco.*

Se 40.000 assinaturas da revista *Fortune* estiverem para expirar em julho e a editora convencer 26.000 desses clientes a renovarem suas assinaturas, diríamos que a editora reteve 65% de seus assinantes.

O complemento da retenção é a taxa de desgaste ou perda. A taxa de desgaste para os 40.000 assinantes da *Fortune* foi de 35%.

Observe que essa definição de retenção é uma razão do número retido em relação ao número de risco (de não ser retido). O aspecto principal dessa definição é que um cliente deve oferecer o risco de desistência a fim de ser contado como cliente retido com sucesso. Isso significa que os novos assinantes da *Fortune* obtidos durante julho não fazem parte da equação, nem o grande número de clientes cujas assinaturas estavam para expirar nos meses subsequentes.

Finalmente, lembramos que, às vezes, faz mais sentido medir a retenção em "tempo do cliente" do que em "tempo do calendário". Em vez de perguntar qual foi a taxa de retenção da empresa em 2004, pode ser mais informativo perguntar qual a porcentagem de clientes que sobreviveram por três anos e que foram retidos ao longo do quarto ano.

Fontes de dados, complicações e precauções

A razão do total de clientes no final do período em relação aos clientes no início do período não é uma taxa de retenção. A retenção durante o período afeta essa razão, mas as aquisições de clientes também.

A porcentagem de clientes que iniciam o período e que continuam clientes no decorrer do período está muito mais próxima de uma taxa de retenção. Essa porcentagem seria uma verdadeira taxa de retenção se todos os clientes que iniciassem o período estivessem sob o risco de desistência durante o período.

Conselho sobre a contagem de clientes[3]

A definição adequada de cliente é fundamental.

Os profissionais de marketing tendem a contar "clientes" de maneiras fáceis e consequentemente obtêm respostas incorretas. Eles tendem a atenuar o passo fundamental e de essencial importância que é a *definição de cliente*. Com a definição errada, a contagem não é relevante.

Os bancos consideram os "domicílios" porque têm obsessão por "relacionamentos" (*relacionamento* é definido como a quantidade de produtos vendidos para clientes com um mesmo endereço de conta). Os bancos tendem a enfatizar quantos produtos são vendidos. Não importa se o domicílio contém um empresário com quase todas as contas, um cônjuge que utiliza outros bancos e filhos que não usam banco. O domicílio, nessa situação, não significa nada. Há pelo menos três "clientes" aí: o empresário (um grande cliente), o cônjuge (quase um não cliente) e as crianças (decididamente, não clientes).

Os lojistas contam as transações ou "notas" (recibos de registros de caixa), que podem abranger coisas vendidas para a mãe, o pai e as crianças, mais as compras da tia Mary e da vizinha Sue. Ou podem refletir uma compra de um cônjuge que está comprando para seu parceiro sob instruções específicas. Nessa circunstância, o parceiro é o verdadeiro cliente, com o outro assumindo o papel de comprador.

A definição de cliente é quase sempre difícil porque exige uma compreensão clara da estratégia da empresa e do comportamento do comprador

Nem todos os "clientes" são os mesmos.

A atração e retenção de "clientes" não pode ser medida para fins de ação administrativa sem que se compreendam as diferenças entre clientes. No ano passado, uma grande empresa de *software*, que chamaremos de Zapp, comprou uma única cópia de um *software*. Uma outra empresa, que chamaremos de Tancat, comprou 100 cópias. Ambas são "clientes"? Obviamente, não. A Tancat é, quase com certeza, um cliente que precisa ser retido e possivelmente trabalhado para expansão com outros produtos. A Zapp provavelmente está apenas experimentando o produto para continuar no topo dos novos conceitos em *software* e copiá-lo potencialmente. Uma opção é acompanhar a Zapp em sua compra de uma única cópia para ver o que realmente está acontecendo. A Zapp poderia tornar-se um grande "cliente" se entendêssemos o que motivou sua compra ou se usássemos essa compra para obter uma base de contato.

Antes de contar qualquer coisa, devem-se segmentar os usuários de produto ou serviço *potenciais e atuais* que podem ser abordados estrategicamente. Alguns compradores atuais, como a Zapp, na verdade, são compradores potenciais em termos do que se deve fazer em relação a ela. Devem-se contar os compradores e os usuários potenciais que são *semelhantes* nos modos de definição.

Onde está o "cliente"?

Grandes clientes compram com frequência, independentemente da localização de cada usuário. O cliente é o Bank of America ou cada uma de suas filiais? Se o Citicorp tivesse que comprar de forma centralizada, como poderíamos contá-lo como um só cliente enquanto o Bank of Amercia conta como centenas de clientes?

Quem é o "cliente"?

A definição de *quem* é o cliente é ainda mais complicada. Muitos "clientes" não são aqueles que fazem o pedido com a equipe de vendas. O verdadeiro cliente está num nível mais profundo nas entranhas da organização compradora, alguém que pode exigir muito esforço até poder ser identificado. O nome da conta pode ser GM, mas o verdadeiro cliente pode ser Burt Cipher, um engenheiro de algum local desconhecido. Ou o comprador da Ford pode ter oficializado pedidos de vários indivíduos dispersos por todo o país. Nesse caso, a Ford é cliente só para fins de faturamento. Então, o que se conta?

Ainda mais comum é o cliente poder ser um grupo. As decisões de compra são tomadas por várias pessoas. Pessoas diferentes podem ser importantes para uma decisão em momentos diferentes ou diferentes produtos. As grandes empresas possuem equipes de vendas dedicadas a vender para esses grupos de compras. Embora os grupos possam ser contados como um único cliente, a dinâmica de sua decisão de compra é substancialmente mais complicada do que as de decisões tomadas por um único indivíduo.

Lojas de vestuário que vendem roupas para pré-adolescentes têm pelo menos dois clientes: a mãe e o usuário da roupa. Deve-se contar um ou os dois como clientes? O departamento de marketing poderá desejar tratar cada um como um cliente para decidir como criar e colocar os comerciais. A loja poderá tratar ambos como um único cliente ou escolher o pré-adolescente como seu alvo.

O importante é que a definição de cliente para a contagem depende fundamentalmente do propósito dessa contagem. Pode-se ter que contar o mesmo "cliente" de diferentes maneiras para diferentes fins. Não existe uma definição universal de cliente.

5.2 Rentabilidade do cliente

A rentabilidade do cliente (RC) é o lucro que a empresa tem com o atendimento de um cliente ou de um grupo de clientes no decorrer de um determinado período.

O cálculo da rentabilidade do cliente é um passo importante para entender quais relações com clientes são melhores do que as outras. Com frequência, a empresa descobrirá que algumas relações com clientes não são lucrativas. A empresa pode até ficar melhor (mais lucrativa) sem esses clientes. Por outro lado, a empresa poderá identificar seus clientes mais rentáveis e ficar em posição de tomar iniciativas para garantir a continuação dessas relações.

Propósito: Identificar a lucratividade de clientes individuais.

As empresas costumam considerar seu desempenho de forma agregada. Uma citação comum nas empresas é algo assim: "tivemos um bom ano e os negócios geraram 400.000 dólares de lucro". Quando os clientes são considerados, muitas vezes, utiliza-se uma média do tipo "tivemos um lucro de $2,50 por cliente". Apesar de essas métricas poderem ser úteis, elas às vezes disfarçam o fato importante de que nem todos os clientes são iguais e, pior ainda, alguns não são lucrativos. Dito de maneira simples, em vez de medir o "cliente médio", podemos aprender muito descobrindo o quanto cada cliente contribui para nossa base.[4]

Rentabilidade do cliente: *Diferença entre as receitas obtidas e os custos associados com o relacionamento com um cliente durante um período determinado.*

A rentabilidade geral da empresa pode ser melhorada tratando clientes distintos de forma diferente.

Essencialmente, deve-se pensar em diferentes níveis de clientes:

1. Clientes de primeiro nível – **RECOMPENSAR**: Seus clientes mais valiosos são aqueles que você mais quer manter. Eles devem receber mais atenção do que qualquer outro grupo. Se você perdê-los, seus lucros serão muito afetados. Procure recompensá-los de outras maneiras que não seja simplesmente o rebaixamento de preços. Esses clientes provavelmente valorizam o que você faz e podem não ser sensíveis ao preço.
2. Clientes de segundo nível – **DESENVOLVER**: Os clientes intermediários – com lucros de baixos a médios – podem ser alvos de desenvolvimento. Trata-se de clientes que você pode tornar clientes de primeiro nível. Verifique as métricas de clientes descritas na Seção 5.3 para compreender quais os clientes que têm maior potencial de crescimento.
3. Clientes de terceiro nível – **DISPENSAR**: A empresa perde dinheiro atendendo essas pessoas. Se não conseguir promovê-los facilmente para os níveis mais altos de lucratividade, deve considerar a possibilidade de cobrar mais pelos serviços que atualmente utilizam. Se for possível reconhecer esse grupo previamente, pode ser melhor não adquirir esses clientes.

Um banco de dados que possa analisar a rentabilidade de clientes individualmente pode ser uma vantagem competitiva. Se for possível conhecer a lucratividade por cliente, haverá uma chance de defender os melhores clientes e talvez até mesmo tomar os consumidores mais rentáveis dos concorrentes.

Construção

Teoricamente, esse cálculo não apresenta problemas. Encontra-se o custo de atender cada cliente e as receitas associadas a cada um em determinado período. Faz-se a subtração para obter o lucro com cliente e classificá-lo de acordo com a sua rentabilidade. Apesar de simples na teoria, as grandes empresas com muitos clientes verão isso como um desafio, mesmo contando com os bancos de dados mais sofisticados.

Para fazer a análise com grandes bancos de dados, pode ser necessário abandonar a noção de cálculo de lucro para cada cliente individualmente e, em vez disso, trabalhar com grupos significativos de clientes.

Após obter a lista classificatória dos lucros por cliente (ou lucros por grupo de clientes), costuma-se considerar a porcentagem cumulativa dos lucros totais *versus* a porcentagem cumulativa do total de clientes. Como os clientes são classificados do nível mais alto ao nível mais baixo de lucro, o gráfico resultante geralmente fica parecido com a cabeça de uma baleia.

A rentabilidade aumentará agudamente e se afunilará desde o início. (Lembre-se, nossos clientes foram classificados do mais ao menos rentável.) Sempre que houver clientes com lucro negativo, o gráfico alcançará um pico – acima de 100% – à medida que o lucro por cliente se move do positivo para o negativo. À medida que continuamos com os clientes de lucro negativo, os lucros cumulativos decrescem a uma taxa sempre crescente. O gráfico sempre termina em 100% dos clientes respondendo por 100% do lucro total.

Robert Kaplan (cocriador do custo ABC Activity-Based Costing e do Balanced Scorecard) gosta de referir-se a essas curvas como "curvas de baleias".[5] Na experiência de Kaplan, a curva de baleia geralmente revela que os 20% mais lucrativos dos clientes podem às vezes gerar entre 150 e 300% dos lucros totais, de modo que a curva resultante se parece com uma baleia elevando-se acima da superfície da água. A Figura 5.2 mostra um exemplo de curva de baleia.

EXEMPLO: Um varejista que vende por catálogo agrupou clientes em 10 decis com base na rentabilidade (veja a Tabela 5.1 e a Figura 5.1). (Um decil é um décimo da população, assim, a faixa 0 – 10% corresponde aos 10% de clientes mais rentáveis).

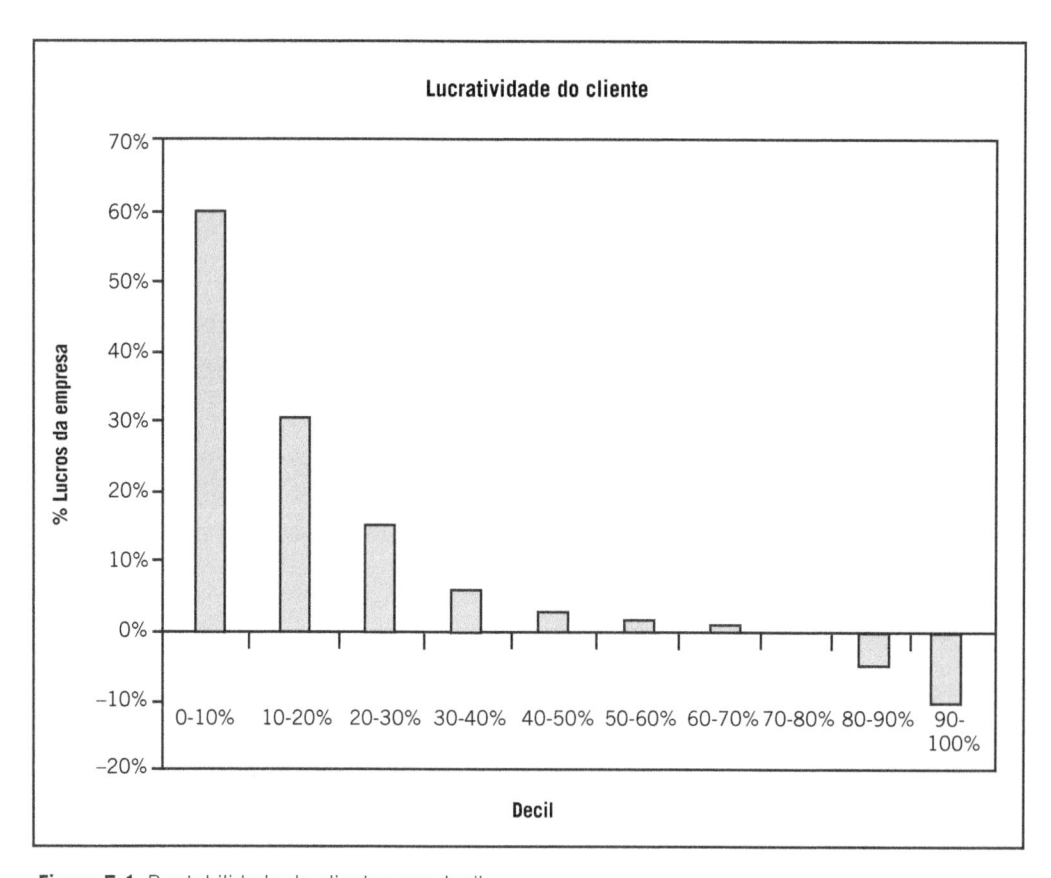

Figura 5.1 Rentabilidade de clientes por decil.

Tabela 5.1 Lucratividade de clientes de acordo com a lucratividade

Decil de clientes por lucratividade	0–10%	10–20%	20–30%	30–40%	40–50%	50–60%	60–70%	70–80%	80–90%	90–100%
Faixa de lucratividade ($m)	$100	$50	$25	$10	$5	$3	$2	$0	($8)	($20)
% do lucro total	60%	30%	15%	6%	3%	2%	1%	0%	−5%	−12%

Aqui temos uma clara ilustração de que, se a empresa deixasse de atender os 20% de clientes menos rentáveis, estaria 28 milhões de dólares melhor.

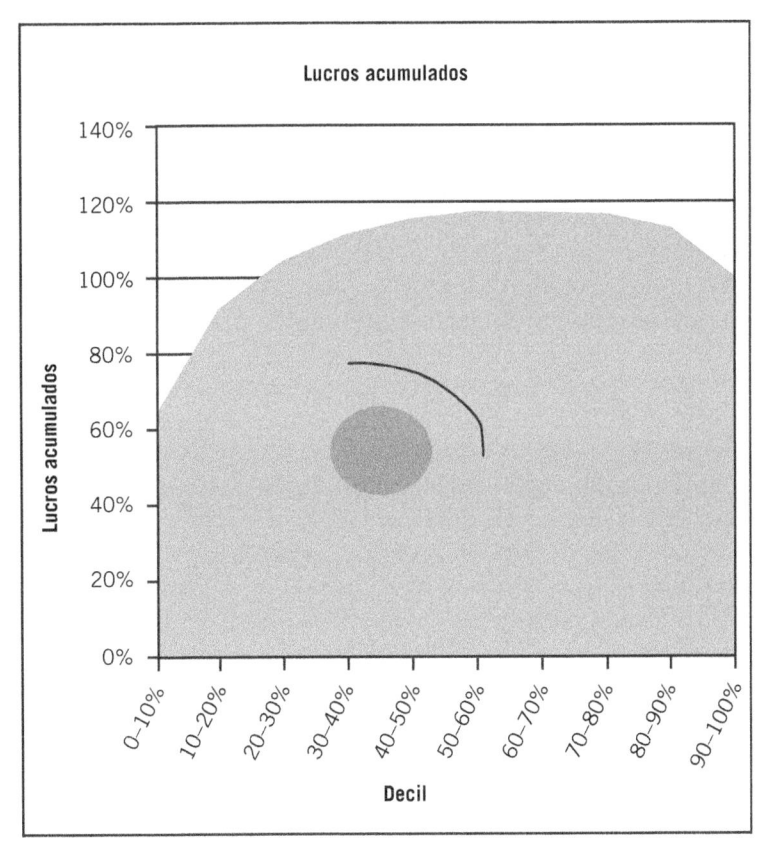

Figura 5.2 A curva da baleia.

Tabela 5.2 Picos de rentabilidade acumulada antes de todos os clientes serem atendidos

Decil de clientes por lucratividade	0–10%	10–20%	20–30%	30–40%	40–50%	50–60%	60–70%	70–80%	80–90%	90–100%
Lucros acumulados	$100	$150	$175	$185	$190	$193	$195	$195	$187	$167
% de lucros acumulados	59,9	89,8	104,8	110,8	113,8	115,6	116,8	116,8	112,0	100,0

A Tabela 5.2 apresenta esta mesma informação de clientes de forma cumulativa. Os lucros acumulados organizados em decis começam a ficar parecidos com uma baleia elevando o dorso verticalmente, atingindo um pico de rentabilidade total acima de 100% e afilando a partir daí (veja a Figura 5.2).

Fontes de dados, complicações e precauções

A mensuração da rentabilidade dos clientes exige informações detalhadas. A atribuição de receitas aos clientes costuma ser fácil; atribuir os custos aos clientes é algo bem mais difícil. O custo de mercadorias vendidas obviamente é atribuído aos clientes com base nos produtos que cada cliente adquiriu. A atribuição de custos mais indiretos pode exigir o uso de alguma forma de sistema de custos com base na atividade. Finalmente, pode haver algumas categorias de custos impossíveis de atribuir ao cliente. Se isso acontecer, provavelmente é melhor manter esses custos como custos da empresa e ficar satisfeito com as cifras referentes aos lucros com o cliente que soma ao lucro total da empresa.

Ao considerar os lucros obtidos a partir dos clientes, deve-se lembrar que a maior parte das coisas muda com o passar do tempo. Os clientes rentáveis do ano passado podem não sê-lo neste ano. Como a curva da baleia reflete o desempenho passado, devemos ter cuidado ao utilizá-la na tomada de decisões com efeitos futuros. Por exemplo, podemos continuar um relacionamento que não foi lucrativo no passado se soubermos que as coisas mudarão no futuro. Os bancos, por exemplo, geralmente oferecem pacotes de descontos para estudantes. Isso pode muito bem mostrar lucros baixos ou negativos em curto prazo. O "plano" é que os lucros futuros venham a compensar as perdas no presente. O valor de duração do cliente (abordado na Seção 5.3) é uma métrica com vistas ao futuro que tenta prever a rentabilidade futura de cada relacionamento com os clientes.

Ao reunir informações para decidir que clientes atender, é importante considerar o ambiente legal em que a empresa opera. Isso pode variar consideravelmente de país para país, onde pode haver leis antidiscriminação e situações especiais em alguns setores. Por exemplo, os serviços públicos às vezes são obrigados a atender todos os clientes.

Também vale a pena lembrar que o levantamento intrusivo de dados sobre clientes específicos pode prejudicar as relações com eles. Alguns indivíduos serão afastados pelo excesso de dados. Para uma empresa de alimentos, pode ajudar saber quais dos clientes estão de dieta. Mas a administração da empresa deve pensar duas vezes antes de acrescentar essa questão em sua próxima pesquisa de clientes.

Às vezes, há boas razões financeiras para continuar a atender clientes não lucrativos. Por exemplo, algumas empresas baseiam-se nos efeitos de rede. Tomemos o caso do United States Postal Service – parte de sua força está na capacidade de fazer entregas em todo o país. Aparentemente, pode parecer lucrativo deixar de fazer entregas em áreas remotas. Mas, quando isso acontece, o serviço torna-se menos valioso para todos os clientes. Resumindo, às vezes, as relações com clientes não lucrativos são necessárias para que a empresa mantenha os clientes lucrativos.

De forma semelhante, empresas com altos custos fixos atribuídos a clientes durante a construção do lucro com o cliente devem perguntar-se se esses custos desaparecerão se ela desistir das relações com os clientes não lucrativos. Se os custos não desaparecerem, o término das relações não lucrativas pode apenas servir para fazer com que as relações sobreviventes pareçam ainda menos lucrativas (após a realocação de custos) e resultar na diminuição dos lucros da empresa. Em síntese, certifique-se de que a receita e o custo dos produtos vendidos desaparecerão, mas, se alguns dos outros custos não desaparecerem, a empresa poderá ficar em melhor situação mantendo um relacionamento de lucro negativo, já que ele contribui para cobrir o custo fixo (veja as Seções 3.4 e 3.6).

Abandonar os clientes é algo muito delicado e uma empresa deve sempre considerar as consequências dessas ações em termos de relações públicas. De maneira parecida, quando uma empresa se livra de um cliente, não deve esperar atraí-lo de volta facilmente se ele migrar para o seu segmento mais rentável.

Finalmente, como a curva da baleia examina a porcentagem *acumulada* dos lucros totais, os números são muito sensíveis à quantia em dólares do lucro total. Quando o lucro total em dólares for um valor pequeno, será muito fácil para a maioria dos clientes lucrativos representar uma grande *porcentagem* desse valor. Assim, quando se ouve dizer que 20% dos clientes de uma empresa representam 350% do lucro, uma das primeiras coisas que devemos considerar é o valor total dos lucros em dólares. Se esse total for baixo, 350% também poderá ser um número bastante baixo em dólares. Para consolidar essa ideia, devemos nos perguntar como ficaria a curva da baleia com $0 de lucro.

5.3 Valor de duração do cliente

O valor de duração do cliente é o valor em dólares do relacionamento com um cliente com base no valor presente dos fluxos de caixa futuros projetados a partir da relação com o cliente.

Quando as margens e as taxas de retenção são constantes, a seguinte fórmula pode ser usada para calcular o valor da duração do relacionamento com um cliente:

$$\text{Valor de duração do cliente (\$)} = \frac{\text{Margem (\$)} * \text{Taxa de retenção (\%)}}{1 + \text{Taxa de desconto (\%)} - \text{Taxa de retenção (\%)}}$$

O valor de duração do cliente (VDC) é um conceito importante porque estimula as empresas a mudarem seu foco dos lucros trimestrais para a saúde de longo prazo das relações com seus clientes. O valor de duração do cliente é um número importante porque representa um limite superior nas despesas para adquirir novos clientes.

Propósito: Avaliar o valor de cada cliente.

Como Don Peppers e Martha Rogers adoram dizer, "alguns clientes são mais iguais do que outros".[6] Vimos uma clara ilustração disso na última seção, que examinou a rentabilidade de relações com clientes individualmente. Como observamos, o lucro do cliente (LC) é a diferença entre as receitas e os custos associados com o relacionamento com o cliente durante um determinado período. A diferença principal entre LC e o valor de duração do cliente (VDC) é que o LC mede o passado e o VDC considera o futuro. Como tal, o VDC pode ser mais útil nas decisões envolvendo clientes, mas é muito mais difícil de quantificar. A quantificação do LC tem a ver com relatar e sintetizar cuidadosamente os resultados da atividade passada, enquanto que a quantificação do VDC envolve a previsão de atividade futura.

Valor de duração do cliente (VDC): *Valor atual de fluxos de caixa futuros atribuídos ao relacionamento com o cliente.*

O conceito de valor atual será considerado com mais detalhes na Seção 10.4. Por enquanto, pode-se pensar no valor atual como a soma descontada de fluxos de caixa futuros. Descontamos (multiplicamos por um número cuidadosamente selecionado menor que um) os fluxos de caixa futuros antes de adicioná-los para justificar o fato de que há um valor em dinheiro. O valor do tempo do dinheiro é outro modo de dizer que todos preferem ser pagos mais cedo a ser pagos mais tarde e que todos preferem pagar mais tarde a pagar mais cedo. Isso é válido tanto para indivíduos (quanto mais cedo eu for pago, mais cedo poderei pagar meu extrato de cartão de crédito e evitar taxas de juros) quanto para empresas. Os fatores exatos de desconto usados dependem da taxa de desconto escolhida (10% por ano, por exemplo) e do número de períodos até quando recebemos cada fluxo de caixa (dólares recebidos daqui a 10 anos devem ser descontados mais do que dólares recebidos daqui a cinco anos).

O conceito de VDC nada mais é do que o conceito de valor presente aplicado a fluxos de caixa atribuídos ao relacionamento com o cliente. Como o valor atual de qualquer fluxo de caixa futuro destina-se a mensurar a soma atual estimada do futuro dos fluxos de caixa, o VDC representará a soma atual estimada do relacionamento com o cliente. De forma ainda mais simples, o VDC é o valor em dólares do relacionamento do cliente com a empresa. É um limite superior ao que a empresa estaria disposta a pagar para adquirir o relacionamento com o cliente, bem como um limite superior à quantia que a empresa estaria disposta a pagar para evitar a perda do relacionamento com o cliente. Se virmos a relação com um cliente como um ativo da empresa, o VDC apresentará o valor em dólares desse ativo.

Coorte e incubação

Uma maneira de projetar o valor de fluxos de caixa futuros é fazer a heroica suposição de que os clientes adquiridos há vários períodos não são nem melhores, nem piores (em termos de seu VDC) do que aqueles que adquirimos no presente. Então, retrocedemos e coletamos dados numa coorte de clientes, todos adquiridos aproximadamente ao mesmo tempo, e cuidadosamente reconstruímos seus fluxos de caixa ao longo de um número finito de períodos. O próximo passo é descontar os fluxos de caixa para cada cliente de volta ao tempo da aquisição para calcular a amostra de VDC daquele cliente e, então, fazer uma média de todas as amostras juntas para produzir uma estimativa do VDC de cada cliente recentemente adquirido. Chamamos esse método de abordagem de "coorte e incubação". De forma equivalente, pode-se calcular o valor atual dos fluxos de caixa *totais* a partir da coorte e dividir pelo número de clientes para obter o VDC médio para a coorte. Se o valor das relações com os clientes for estável ao longo do tempo, o VDC médio da amostra de coorte será um modo adequado de estimar o VDC de clientes recém-adquiridos.

Como exemplo da abordagem de coorte e incubação, Berger, Weinberg e Hanna (2003) acompanharam todos os clientes adquiridos por uma linha de cruzeiros em 1993. Os 6.094 clientes na coorte de 1993 foram mapeados (incubados) por cinco anos. O valor atual líquido total dos fluxos de caixa a partir desses clientes foi de $27.916.614. Esses fluxos incluíam receitas de cruzeiros realizados (os 6.094 clientes fizeram 8.660 cruzeiros durante os cinco anos), custo variável dos cruzeiros e custos promocionais. O valor atual líquido total da coorte expresso em uma base por cliente veio a ser $27.916.614/6.094 ou $4.581 por cliente. Esse é o VDC médio de cinco anos para a coorte.

> *Antes dessa análise, a administração [da linha de cruzeiros] jamais gastaria mais de $3.314 para adquirir um passageiro... Agora, conhecendo o VDC (tanto o conceito quanto os resultados numéricos), um comercial [que resultou em um custo por aquisição de três a quatro mil dólares] foi bem-vindo – especialmente porque os números do VDC são conservadores (novamente, conforme observado, o VDC não inclui qualquer negócio residual após cinco anos).[7]*

A abordagem de coorte e incubação funciona bem quando as relações com os clientes são estáticas – mudam lentamente com o passar do tempo. Quando o valor dos relacionamentos muda devagar, podemos usar o valor de relações passadas incubados como fator de previsão do valor de novos relacionamentos.

Em situações em que o valor das relações com os clientes muda mais rapidamente, as empresas frequentemente utilizam um modelo simples para prever o valor desses relacionamentos. Por modelo, queremos dizer algumas suposições sobre como a relação com o cliente se desdobrará. Se o modelo for suficientemente simples, será até mesmo possível encontrar uma equação para o valor atual de nosso modelo de fluxos de caixa futuros. Isso torna o cálculo do VDC ainda mais fácil, pois agora requer somente a substituição de números para nossa situação na equação para o VDC.

A seguir, explicaremos o que é talvez o modelo mais simples e mais utilizado para fluxos de caixa futuros de clientes e a equação para o valor atual desses fluxos de caixa.

Construção

O modelo para fluxos de caixa futuros de clientes trata os relacionamentos do cliente com a empresa como se fosse um balde furado. Em cada período, uma fração (1 menos a taxa de retenção) dos clientes se perde para sempre.

O modelo VDC tem somente três parâmetros: 1) margem constante (contribuição após dedução dos custos variáveis, incluindo a despesa com retenção) por período, 2) probabilidade de retenção constante por período e 3) taxa de desconto. Além disso, o modelo supõe que, no caso de o cliente não ser mantido, ele será perdido para sempre. Finalmente, o modelo pressupõe que a primeira margem será recebida (com probabilidade igual à taxa de retenção) no final do primeiro período.

A outra suposição do modelo é a de que a empresa usa um horizonte finito quando calcula o valor presente dos fluxos de caixa futuros. Embora nenhuma empresa realmente tenha um horizonte finito, as consequências de supor sua existência são discutidas a seguir.

Valor de duração do cliente: A fórmula do VDC[8] multiplica a margem em dinheiro por período (a partir de agora, usaremos apenas o termo "margem") por um fator que representa o valor presente da duração esperada do relacionamento com o cliente:

$$\text{Valor de duração do cliente (\$)} = \frac{\text{Margem (\$)} * \text{Taxa de retenção (\%)}}{1 + \text{Taxa de desconto (\%)} - \text{Taxa de retenção (\%)}}$$

Sob as suposições do modelo, o VDC é um múltiplo da margem. O fator multiplicativo representa o valor presente da duração (número de períodos) do relacionamento com o cliente. Quando a retenção for igual a 0, o cliente jamais é retido e o fator de multiplicação é 0. Quando a retenção é igual a 1, o cliente sempre é mantido e a empresa recebe a margem perpetuamente. O valor presente da margem perpetuamente vem a ser margem/taxa de desconto. Para valores de retenção intermediários, a fórmula de VDC nos mostra o multiplicador adequado.

EXEMPLO: Um provedor de serviços de internet (ISP) cobra $19,95 por mês. Os custos variáveis ficam em torno de $1,50 por conta por mês. Com gastos de marketing de $6 por ano, seu desgaste é de somente 0,5% por mês. A uma taxa de desconto mensal de 1%, qual é o VDC de um cliente?

$$\text{Margem de contribuição} = (\$19,95 - \$1,50 - \$6/12) = \$17,95$$
$$\text{Taxa de retenção} = 0,995$$
$$\text{Taxa de desconto} = 0,01$$

$$\text{Valor de duração do cliente (VDC)} = \frac{\text{Margem} * \text{Taxa de retenção (\%)}}{1 + \text{Taxa de desconto (\%)} - \text{Taxa de retenção (\%)}}$$

$$\text{VDC} = \$17,95 * [0,995 / (1 + 0,01 - 0,995)]$$
$$\text{VDC} = [\$17,95] * [66,33]$$
$$\text{VDC} = \$1.191$$

Fontes de dados, complicações e precauções

A taxa de retenção (e, por extensão, a taxa de desgaste) é um guia do valor do cliente. Mudanças muito pequenas podem fazer uma grande diferença para o valor de duração calculado. A precisão é vital nesse parâmetro para que se obtenham resultados significativos. Supõe-se que a taxa de retenção seja constante ao longo do relacionamento com o cliente. Para produtos e serviços que passam pela progressão de experimentação, conversão e lealdade, as taxas de retenção aumentarão com o decorrer da relação. Nessas situações, o modelo explicado aqui pode ser bastante simples. Se a empresa desejar calcular uma sequência de taxas de retenção, um modelo de planilha poderá ser mais útil no cálculo do VDC.

A taxa de desconto também é um guia sensível do cálculo do valor de duração – assim como ocorre com a retenção, mudanças aparentemente pequenas podem causar grandes diferenças no valor de duração do cliente. A taxa de desconto deve ser escolhida com cuidado.

Pressupõe-se que a contribuição seja constante ao longo do tempo. Se for esperado que a margem aumente no decorrer do relacionamento com o cliente, o modelo simples não servirá.

Deve-se ter cuidado em usar essa fórmula de VDC para relacionamentos em que a inatividade do cliente não assinala o fim da relação com ele. Em vendas por catálogos, por exemplo, uma pequena porcentagem dos clientes da empresa compra de qualquer catálogo. Não se deve confundir a porcentagem de clientes ativos em determinado período (relevante para a empresa que oferece o catálogo) com as taxas de retenção nesse modelo. Se os clientes com frequência voltarem a fazer negócio com a empresa após um período de inatividade, essa fórmula de VDC não se aplica.

Valor de duração do cliente (VDC) com margem inicial: Uma última fonte de confusão refere-se a suposições de tempos inerentes ao modelo. O primeiro fluxo de caixa explicado no modelo é a margem recebida no final de um período com probabilidade igual à taxa de retenção. Outros modelos também incluem uma margem inicial recebida no começo do período. Se um determinado recibo de uma margem inicial for incluído, o novo VDC será igual ao antigo VDC, mais a margem inicial. Além disso, se a margem inicial for igual a todas as margens subsequentes, há pelo menos duas maneiras de escrever as fórmulas do VDC que incluem a margem inicial:

$$\text{VDC com margem} = \text{Margem (\$)} + \text{Margem (\$)} * \frac{\text{Taxa de retenção (\%)}}{1 + \text{Taxa de desconto (\%)} - \text{Taxa de retenção (\%)}}$$

ou

$$= \text{Margem (\$)} * \frac{1 + \text{Taxa de desconto (\%)}}{1 + \text{Taxa de desconto (\%)} - \text{Taxa de retenção (\%)}}$$

A segunda fórmula é semelhante à fórmula original com 1 + Taxa de Desconto assumindo o lugar da taxa de retenção no numerador do fator multiplicativo. Devemos lembrar que a nova fórmula do VDC e a fórmula original do VDC aplicam-se às mesmas situações e diferem somente no tratamento de uma margem inicial. Essa nova fórmula de VDC a inclui, enquanto que a original não.

A suposição de horizonte infinito

Em alguns setores e empresas, costuma-se calcular valores de clientes para quatro ou cinco anos, em vez de se usar o horizonte infinito inerente às fórmulas anteriores. Naturalmente, é menos provável que, em períodos mais curtos, as taxas de retenção sejam afetadas por grandes mudanças na tecnologia ou em estratégias competitivas e é mais provável que sejam capturadas taxas de retenção históricas. Para os gerentes, a questão é: "faz diferença se eu usar o horizonte finito ou (por exemplo) o valor do cliente para cinco anos"? A resposta a essa pergunta é sim, às vezes, pode fazer diferença porque o valor em cinco anos pode ser menos de 70% do valor ao longo de um horizonte infinito (veja a Tabela 5.3).

A Tabela 5.3 calcula a porcentagem de VDC (horizonte infinito) acumulando-se nos primeiros cinco anos. Se as taxas de retenção forem maiores que 80% e as taxas de desconto forem menores que 20%, as diferenças nas duas abordagens serão substanciais. Dependendo dos riscos estratégicos que as empresas percebem, as complexidades adicionais de utilizar-se um horizonte finito podem ser informativas.

Tabela 5.3 VDC de horizonte finito como porcentagem do VDC de horizonte infinito

Porcentagem de VDC Acumulando-se nos primeiros cinco anos						
Taxas de desconto	Taxas de retenção					
	40%	50%	60%	70%	80%	90%
2%	99%	97%	93%	85%	70%	47%
4%	99%	97%	94%	86%	73%	51%
6%	99%	98%	94%	87%	76%	56%
8%	99%	98%	95%	89%	78%	60%
10%	99%	98%	95%	90%	80%	63%
12%	99%	98%	96%	90%	81%	66%
14%	99%	98%	96%	91%	83%	69%
16%	100%	99%	96%	92%	84%	72%
18%	100%	99%	97%	93%	86%	74%
20%	100%	99%	97%	93%	87%	76%

5.4 Duração do *prospect versus* valor do cliente

O valor de duração do *prospect* é o valor esperado de um cliente potencial. Trata-se do valor que se espera do cliente potencial, menos o custo de prospectá-lo. O valor esperado do cliente potencial é a fração esperada de clientes potenciais que farão uma compra, vezes a soma da margem média que a firma obtém na compra inicial e o VDC do cliente recém-adquirido.

Somente se o valor de duração do *prospect* for positivo é que a empresa deverá prosseguir com as despesas de aquisição planejadas.

Propósito: Responder pelo valor de duração de um cliente recém-adquirido (VDC) quando se tomam decisões sobre prospecção.

Um dos principais usos do VDC é subsidiar decisões sobre prospecção. Um *prospect* é alguém com quem a empresa despenderá dinheiro na tentativa de torná-lo seu como cliente. As despesas de aquisição devem ser comparadas não apenas com a contribuição das vendas imediatas que geram, como também com os futuros fluxos de caixa esperados da relação com o cliente recém-adquirido (o VDC). Somente com uma completa compreensão do relacionamento com o cliente recém-adquirido é que a empresa poderá tomar uma decisão informada e econômica quanto à prospecção.

Construção

O valor esperado de duração do *prospect* (VDP) é o valor que se espera de cada *prospect*, menos seu custo de prospecção. O valor esperado de cada *prospect* é a taxa de aquisição (a fração esperada de *prospects* que farão uma compra e se tornarão clientes), vezes a soma da margem inicial que a empresa espera obter nas compras iniciais e o VDC. O custo é a quantia gasta na aquisição por *prospect*. A fórmula para o VDP esperado é a seguinte:

Valor de duração do *Prospect* ($) = Taxa de aquisição (%) * [Margem inicial ($) + VDC ($)] − Despesa de aquisição ($)

Se o VDP for positivo, a despesa com a aquisição será um bom investimento. Se o VDP for negativo, a despesa com a aquisição não deve ser feita.

O número do VDP geralmente será pequeno. Embora o VDC, às vezes, chegue a centenas de dólares, o VDP pode ser apenas alguns centavos. Lembremo-nos de que o VDP se aplica aos *prospects*, não a clientes. Um grande número de pequenos *prospects* positivos pode gerar uma quantia considerável de valor para a empresa.

EXEMPLO: Uma empresa de serviços planeja gastar 60.000 dólares em propaganda para atingir 75.000 leitores. Se a empresa de serviços espera que a propaganda convença 1,2% dos leitores a aproveitar uma oferta especial de lançamento (com preço tão baixo que a empresa obterá uma margem de apenas 10 dólares nessa compra inicial) e o VDC dos clientes adquiridos for 100 dólares, o comercial será economicamente interessante?

Aqui, a despesa de aquisição é de 80 centavos por *prospect*, a taxa de aquisição esperada é 0,012 e a margem inicial é de 10 dólares. O VDC esperado de cada um dos 75.000 *prospects* é

$$VDC = 0,012 * (\$10 + \$100) - \$0,80$$
$$= \$0,52$$

O VDC esperado é de $0,52. O valor esperado total do trabalho com os clientes potenciais será 75.000 * $0,52 = $39.000. A despesa de aquisição proposta *é* economicamente atraente.

Se não tivermos certeza quanto à taxa de aquisição de 0,012, poderemos perguntar qual deve ser a taxa de aquisição a partir da campanha com *prospects* para que seja economicamente bem-sucedida. Podemos obter esse número usando a função de busca de meta do Excel para encontrar a taxa de aquisição que coloca o VDP em zero. Ou podemos usar um pouco de álgebra e substituir $0 por VDP e achar a taxa de aquisição de ponto de equilíbrio:

$$\text{Taxa de aquisição do ponto de equilíbrio} = \frac{\text{Despesa de aquisição (\$)}}{\text{Margem inicial (\$)} + \text{VDC (\$)}}$$

$$= \frac{\$0,80}{\$10 + \$100} = 0,007273$$

A taxa de aquisição deve ser maior do que 0,7273% para que a campanha seja bem-sucedida.

Fontes de dados, complicações e precauções

Além do VDC para clientes recém-adquiridos, a empresa precisa saber a quantia planejada de despesa com aquisição (expressa por cliente potencial), a taxa de sucesso esperada (fração de *prospects* que a empresa espera que se tornem clientes) e a margem média que a empresa receberá com as compras iniciais dos clientes recém-adquiridos. O número da margem inicial é necessário porque o VDC, conforme foi definido na seção anterior, responde somente pelos fluxos de caixa futuros do relacionamento. O fluxo de caixa inicial não está incluído no VDC e deve ser calculado separadamente. Observe também que a margem inicial deve corresponder a qualquer despesa de retenção do período inicial.

Talvez o maior desafio no cálculo do VDP seja a estimativa do VDC. Os outros termos (despesa de aquisição, taxa de aquisição e margem inicial) todos se referem a fluxos ou resultados no futuro próximo, enquanto o VDC exige projeções para períodos mais longos.

Uma outra precaução que vale a pena mencionar é a de que a decisão de despender dinheiro na aquisição de clientes sempre que o VDP for positivo reside na suposição de que os clientes adquiridos não teriam sido obtidos se a empresa não tivesse gasto o dinheiro. Em outras palavras, nossa abordagem dá à despesa de aquisição "crédito total" pelos clientes adquiridos subsequentemente. Se a empresa realiza vários trabalhos de aquisição simultâneos, a interrupção de um deles poderia levar a maiores taxas de aquisição nos outros. Situações como essa (onde uma solicitação canibaliza outra) exigem uma análise mais complexa.

A empresa deve ser cuidadosa ao procurar a maneira mais econômica de adquirir novos clientes. Se houver abordagens alternativas, a empresa deverá ter cuidado para simplesmente não ser levada pela primeira que oferecer um VDP projetado positivo. Dado um número limitado de clientes potenciais, a abordagem que oferecer o maior VDP esperado é a que deve ser utilizada.

Finalmente, queremos alertar para o fato de que há outros modos de fazer os cálculos necessários para julgar a viabilidade econômica de um determinado trabalho com potenciais clientes. Embora essas outras abordagens sejam equivalentes à apresentada aqui, elas diferem com relação ao que é incluído no VDC. Algumas incluirão a margem inicial como parte do VDC. Outras incluirão tanto a margem inicial quanto o custo de aquisição esperado por cliente adquirido como parte do VDC. Ilustramos essas duas abordagens utilizando o exemplo da empresa de serviços.

EXEMPLO: Uma empresa de serviços planeja gastar 60.000 dólares em propaganda para atingir 75.000 leitores. Se a empresa de serviços espera que a propaganda convença 1,2% dos leitores a aproveitar uma oferta especial de lançamento (com preço tão baixo que a empresa obterá uma margem de apenas 10 dólares nessa compra inicial) e o VDC dos clientes adquiridos for 100 dólares, o comercial será economicamente interessante?

Se incluirmos a margem inicial no VDC, obtemos

$$\text{VDC [com margem inicial(\$)]} = \text{Margem inicial(\$)} + \text{VDC(\$)}$$
$$= \$10 + \$100 = \$110$$

O VDP esperado é agora

$$\text{VDP(\$)} = \text{Taxa de aquisição (\%)} * \text{VDC[com margem inicial(\$)]} - \text{Custo de aquisição (\$)}$$
$$= 0,012 * \$110 - \$0,85 = \$0,52$$

Esse é o mesmo número de antes, calculado com um VDC ligeiramente diferente – o que inclui a margem inicial.

Ilustramos ainda mais um modo de fazer os cálculos necessários para avaliar a economia de uma campanha para clientes potenciais. Esse último método opera por cliente adquirido usando um VDC que inclui tanto a margem inicial quanto uma despesa de aquisição alocada. O raciocínio é o seguinte: o valor esperado de um novo cliente é de 10 dólares mais 100 dólares de vendas futuras, ou 110 dólares no total. O custo esperado para adquirir um cliente é o custo total da campanha dividido pelo número esperado de novos clientes. Esse custo de aquisição médio é calculado como $60.000/(0,012 * 75.000) = $66,67. O valor esperado de um novo cliente livre do custo de aquisição esperado por cliente é $110 – $66,67 = $43,33. Como o novo VDC "líquido" é positivo, a campanha é economicamente atraente. Alguns chegam a denominar o número $43,33 como VDC de um novo cliente.

Observe que $43,33 vezes os 900 novos clientes esperados é igual a $39.000, o mesmo valor líquido total da campanha calculado no exemplo original como o VDP de $0,52 vezes os 75.000 *prospects*. As duas maneiras de fazer os cálculos são equivalentes.

5.5 Custo de aquisição *versus* custo de retenção

O custo médio de aquisição numa empresa é a razão da despesa de aquisição pelo número de clientes adquiridos. O custo médio de retenção é a razão da despesa de retenção direcionada a um grupo de clientes pelo número dos clientes retidos com sucesso.

$$\text{Custo médio de aquisição (\$)} = \frac{\text{Despesa de aquisição (\$)}}{\text{Número de clientes adquiridos (n}^{\circ}\text{)}}$$

$$\text{Custo médio de retenção (\$)} = \frac{\text{Despesa de retenção (\$)}}{\text{Número de clientes retidos (n}^{\circ}\text{)}}$$

Essas duas métricas auxiliam a empresa a monitorar a eficácia de duas importantes categorias de despesas de marketing.

Propósito: Determinar o custo de aquisição e de retenção de uma empresa.

Antes de a empresa poder otimizar o seu *mix* de despesas de aquisição e de retenção, ela deve acessar o *status quo*. Nos níveis atuais de gastos, quanto custa (em média) à empresa a aquisição de novos clientes e quanto ela está gastando (em média) para reter seus clientes existentes? Adquirir um novo cliente custa cinco vezes mais do que reter um cliente existente?

Construção

Custo médio de aquisição: *Representa o custo médio para adquirir um cliente e é a despesa total de aquisição dividida pelo número de novos clientes adquiridos.*

$$\text{Custo médio de aquisição (\$)} = \frac{\text{Despesa de aquisição (\$)}}{\text{Número de clientes adquiridos (n}^\circ)}$$

Custo médio de retenção: *Representa o "custo" médio para reter um cliente existente e é a despesa total de retenção dividida pelo número de clientes retidos.*

$$\text{Custo médio de retenção (\$)} = \frac{\text{Despesa de retenção (\$)}}{\text{Número de clientes retidos (n}^\circ)}$$

EXEMPLO: Durante o ano passado, um serviço regional de controle de pestes gastou 1,4 milhão de dólares e adquiriu 64.800 clientes novos. Das 154.890 relações já existentes no início do ano, somente 87.957 permaneceram até o final do ano, apesar de cerca de 500.000 dólares terem sido gastos durante aquele período em tentativas de reter os 154.890 clientes. O cálculo do custo médio de aquisição é relativamente direto. Um total de 1,4 milhão de dólares resultou em 64.800 clientes novos. O custo médio de aquisição é $1.400/64,8 = $21,60 por cliente. O cálculo do custo médio de retenção também é direto. Um total de 500.000 dólares resultou em 87.957 clientes retidos. O custo médio de retenção anual é $500.000/87.957 = $5,68. Desse modo, para a empresa de controle de pestes, a aquisição de um novo cliente custou cerca de *quatro* vezes mais do que custou a retenção de um cliente existente.

Fontes de dados, complicações e precauções

Para qualquer período específico, a empresa precisa saber a quantia total que gastou na aquisição de clientes e o número de novos clientes que resultou desse gasto. Com relação à retenção de clientes, a empresa precisa mensurar a quantia total gasta durante o período em que tentou reter os clientes existentes no início do período e a quantidade de clientes existentes que foram retidos com sucesso no final do período. Observe que a despesa de retenção dirigida a clientes adquiridos no período não é incluída nesse número. De maneira semelhante, a quantidade retida refere-se somente àqueles retidos do conjunto de clientes existentes no início do período. Assim, o custo médio de retenção calculado será associado com a extensão do período em questão. Se o período for um ano, o custo médio de retenção será o custo por ano por cliente retido.

O cálculo e a interpretação do custo médio de aquisição são muito mais fáceis do que o cálculo e a interpretação do custo médio de retenção. Isso ocorre porque muitas vezes é possível isolar a despesa de aquisição e contar os novos clientes que resultaram dessa despesa. Uma divisão simples resulta no custo médio para adquirir um cliente. A suposição razoável que subjaz esse cálculo é a de que os novos clientes não teriam sido adquiridos se não houvesse a despesa de aquisição.

As coisas não são tão claras quando se trata do custo médio de retenção. Uma fonte de dificuldade é que as taxas de retenção (e custos) dependem do período em consideração. A retenção anual é diferente da retenção mensal. O custo para reter um cliente por um mês será menor do que o custo para reter um cliente por um ano. Dessa forma, a definição de custo médio de retenção exige a especificação do período associado com a retenção.

Uma segunda dificuldade provém do fato de que alguns clientes serão retidos mesmo se a empresa não gastar nada com sua retenção. Por essa razão, pode ser um pouco enganoso chamar de custo médio de retenção a razão entre despesa de retenção e a quantidade de clientes retidos. Não se deve passar para a conclusão de que a retenção desaparece se não há despesa com retenção. Também não se deve supor que, se a empresa aumentar o orçamento de retenção pelo custo médio de retenção, isso manterá mais um cliente. O valor do custo médio de retenção não é muito útil para a tomada de decisões referentes à retenção.

Uma última precaução envolve a capacidade de a empresa separar as despesas em aquisição e retenção. Claramente, pode haver despesas que funcionam para melhorar a aquisição e a retenção da empresa. Comerciais gerais da marca, por exemplo, servem para baixar o custo tanto da aquisição quanto da retenção. Em vez de tentar alocar todos os gastos como aquisição ou retenção, entendemos que é perfeitamente aceitável manter uma categoria separada que não seja nem aquisição, nem retenção.

Referências e leituras sugeridas

Berger, Weinberg, and Hanna. (2003). "Customer Lifetime Value Determination and Strategic Implications for a CruiseShip Line," *Database Marketing and Customer Strategy Management,* 11 (1).

Blattberg, R.C., and S.J. Hoch. (1990). "Database Models and Managerial Intuition: 50% Model + 50% Manager," *Management Science,* 36(8), 887–899.

Gupta, S., and Donald R. Lehmann. (2003). "Customers As Assets," *Journal of Interactive Marketing,* 17(l).

Kaplan, R.S., and V.G. Narayanan. (2001). "Measuring and Managing Customer Profitability," *Journal of Cost Management,* September/October: 5–15.

Little, J.D.C. (1970). "Models and Managers: The Concept of a Decision Calculus," *Management Science,* 16(8), B-466; B-485.

McGovern, G.J., D. Court, J.A. Quelch, and B. Crawford. (2004). "Bringing Customers into the Boardroom" *Harvard Business Review,* 82(11), 70–80.

Much, J.G., Lee S. Sproull, and Michal Tamuz. (1989). "Learning from Samples of One or Fewer," *Organization Science: A Journal of the Institute of Management Sciences,* 2(l), 1–12.

Peppers, D., and M. Rogers. (1997). *Enterprise On-to-One: Tools for Competing in the Interactive Age* (1st ed.), New York: Currency Doubleday.

Pfeifer, P.E., M.E. Haskins, and R.M. Conroy. (2005). "Customer Lifetime Value, Customer Profitability, and the Treatment of Acquisition Spending," *Journal of Managerial Issues,* 17(l), 11–25.

Capítulo 6

Gerenciamento da equipe e do canal de vendas

Métricas abordadas neste capítulo:

Abrangência da equipe de vendas
Metas da equipe de vendas
Resultados da equipe de vendas
Remuneração da equipe de vendas
Análise de funil
Distribuição numérica, distribuição VTP e distribuição VCP

Exposição de embalagem e espaço na prateleira
Níveis de ausência de estoque e de serviços
Rotatividades de estoque
Remarcações
Margem bruta de rotorno do investimento em estoques (MBRIE)
Rentabilidade direta do produto (RDP)

Este capítulo trata de marketing em níveis do canal. Descreve como os profissionais de marketing mensuram a adequação e a eficácia dos sistemas que dão aos clientes razões e oportunidades para comprar seus produtos.

As primeiras seções discutem métricas das equipes de vendas. Aqui, listamos e definimos as medidas mais comuns para a determinação da adequação do trabalho e da cobertura geográfica da equipe de vendas. Discutimos a análise de *prospects* em negociação, o que é útil para fazer previsões de vendas e para alocar o trabalho da equipe de vendas em diferentes estágios do processo. As métricas de *prospects* em negociação são usadas para examinar uma sequência de atividades de venda, desde sua geração, passando pelo acompanhamento, até chegar à conversão e às vendas. Embora a mais importante dessas métricas seja a porcentagem de iniciativas que realmente resultam em compras, outras medidas de atividade, produtividade, eficiência e custos podem ser úteis em cada estágio do processo de vendas.

Nas seções posteriores deste capítulo, discutiremos medidas de distribuição e disponibilidade de produtos. Para fabricantes que chegam ao mercado através de revendedores, três métricas principais oferecem uma indicação de "listagem" – a porcentagem de lojas potenciais que estocam seus produtos. Essas métricas incluem a distribuição numérica, que não é ponderada; VTP, que é o padrão do setor; e VCP, uma medida específica de categoria da disponibilidade do produto.

As métricas de mapeamento da logística de marketing são usadas para mensurar a eficácia operacional dos sistemas que atendem varejistas e distribuidores. Rotatividade de estoque, ausência de estoque e níveis de atendimentos são fatores-chave nessa área.

No nível de varejo, a margem bruta de retorno do investimento em estoques (MBRIE) e a rentabilidade direta do produto (RDP) oferecem métricas específicas de unidade de manutenção de estoque (UME) no desempenho de produto, combinação de taxas de movimentação, margens brutas, custos de estoque e outros fatores.

	Métrica	Construção	Considerações	Propósito
6.1	Carga de trabalho	Horas necessárias para atender clientes e *prospects*.	Os números de *prospects* podem ser datáveis. O tempo gasto tentando converter os *prospects* pode variar por território, vendedor e cliente potencial.	Avaliar o número de vendedores exigido para atender um território e para garantir cargas de trabalho equilibradas.
6.1	Previsão do potencial de vendas	Compreende o número de *prospects* e seu poder de compra.	Não avalia a probabilidade de converter contas "potenciais". Definições de poder de compra são mais uma arte do que uma ciência.	Determinar metas de vendas. Também pode ajudar a identificar territórios que merecem uma alocação de recursos de vendas limitados.
6.2	Total de vendas	Projeções de vendas individuais podem ser baseadas na porção de vendas prevista de um vendedor, nas vendas do ano anterior e numa porção de aumento de projeções por distrito ou num sistema de ponderação criado pela administração.	O estabelecimento de metas individuais com base nas vendas do ano anterior pode desencorajar o desempenho ótimo, pois o forte desempenho num ano leva a alvos mais agressivos no ano seguinte.	Estabelecer metas para vendedores individualmente e para territórios.

Continua

	Métrica	Construção	Considerações	Propósito
6.3	Eficácia da equipe de vendas	As métricas de eficácia analisam as vendas no contexto de vários critérios, incluindo telefonemas, contatos, contas potenciais, contas ativas, poder de compra do território e despesas.	Depende de fatores que também afetam o potencial de vendas e e a carga de trabalho.	Avaliar o desempenho de um vendedor ou de uma equipe de vendas.
6.4	Remuneração	Total de pagamentos feitos a um vendedor, normalmente consistindo de salário básico, bônus e/ou comissão.	O relacionamento percebido entre gratificação para incentivo e atividades controláveis pode variar amplamente entre setores e empresas.	Motivar o máximo do trabalho de vendas. Possibilitar que os vendedores e a administração mapeiem o progresso em direção às metas.
6.4	Número de ponto de equilíbrio de funcionários	Receita de vendas, multiplicada pela margem líquida da comissão, dividida pelo custo por membro da equipe.	As margens podem variar de acordo com os produtos, o tempo e os vendedores. As vendas não são independentes do número de vendedores.	Determinar o nível adequado de funcionários para um volume de vendas projetado.
6.5	Funil de vendas, total de *prospects* em negociação	Panorama do número de clientes e de clientes potenciais em vários estágios do ciclo de vendas.	As dimensões do funil dependem do tipo de negócio e da definição dos clientes potenciais.	Monitorar o trabalho de vendas e projetar vendas futuras.
6.6	Distribuição numérica	Porcentagem de lojas em um universo definido que mantém uma determinada marca ou produto.	O tamanho ou os níveis de vendas das lojas não são refletidos por essa medida. As fronteiras em que o universo de distribuição é definido podem ser arbitrárias.	Avaliar até que ponto uma marca ou produto penetrou em seus canais potenciais.

Continua

	Métrica	Construção	Considerações	Propósito
6.6	Volume de todos os produtos (VTP)	A distribuição numérica, ponderada pela participação de vendas de todas as categorias de produto nas lojas penetradas.	Reflete as vendas de "todos os produtos", mas pode não refletir as vendas do produto ou categoria relevante.	Avaliar até que ponto uma marca ou produto teve acesso ao tráfego no varejo.
6.6	Volume da categoria do produto (VCP)	A distribuição numérica, ponderada pela participação de vendas da categoria relevante de produto nas lojas penetradas.	Forte indicador do potencial de participação, mas pode perder oportunidades de expandir a categoria.	Avaliar até que ponto uma marca ou produto teve acesso a lojas estabelecidas para sua categoria.
6.6	Distribuição total	Geralmente baseada no VTP ou no VCP. Soma as medidas relevantes para cada UME em uma marca ou linha de produtos.	Forte indicador da distribuição de uma *linha* de produtos, em oposição a um UME individual.	Avaliar até que ponto uma linha de produtos está disponível.
6.6	Quociente de desempenho da categoria	Quociente entre as distribuições VCP e VTP	As mesmas relativas a VCP e VTP	Avaliar se a distribuição da marca ou determinado varejista está alcançando desempenho superior ou inferior ao de sua categoria.
6.7	Ausência de estoque	Porcentagem de lojas que "registram" ou normalmente estocam um produto ou marca, mas que não têm nenhum disponível para venda.	A ausência de estoque pode ser mensurada em termos numéricos, em VTP ou em VCP.	Monitorar a habilidade de sistemas logísticos de adequar a oferta com a demanda.
6.7	Estoques	Quantidade total de produtos ou marcas disponíveis para venda em um canal.	Pode ser mantida em diferentes níveis e avaliada de modos que podem ou não refletir promoções e descontos.	Calcular a capacidade de satisfazer a demanda e determinar investimentos em canais.

Continua

	Métrica	Construção	Considerações	Propósito
6.8	Remarcações	Porcentagem descontada do preço de venda normal.	Para muitos produtos, uma certa porcentagem de remarcações pode refletir "menor quantidade de pedidos". Se as remarcações forem muito altas, pode ocorrer o oposto.	Determinar se as vendas do canal estão sendo feitas nas margens planejadas.
6.8	Lucratividade direta do produto (RDP)	Margem bruta ajustada dos produtos, menos os custos diretos do produto.	A alocação de custos é frequentemente imprecisa. Alguns produtos podem não ser destinados a gerar lucro, e sim a impulsionar o tráfego.	Identificar UMEs lucrativos e calcular realisticamente os seus ganhos.
6.8	Margem bruta de retorno do investimento em estoque (MBRIE)	Margem dividida pelo valor médio em dólares do estoque mantido durante um período específico de tempo.	Abatimentos e descontos devem ser considerados nos cálculos das margens. Para "líderes de perda", essa medida pode ser sistematicamente negativa e ainda não apresentar problema. Para a maioria dos produtos, tendências negativas nessa métrica são sinais de problemas futuros.	Quantificar o retorno sobre o capital de giro investido em estoque.

6.1 Abrangência da equipe de vendas: territórios

Os territórios da equipe de vendas são grupos de clientes ou distritos geográficos pelos quais respondem os vendedores individuais ou as equipes de vendas. Os territórios podem ser definidos de acordo com a geografia, o potencial de vendas, a história ou uma combinação de fatores. As empresas se empenham em equilibrar seus territórios porque isso pode reduzir custos e aumentar as vendas.

Carga de trabalho (nº) = [Contas atuais (nº) * Tempo médio para atender uma conta ativa (nº)] + [Clientes potenciais (nº) * Tempo gasto tentando converter um cliente potencial numa conta ativa (nº)]

Potencial de vendas ($) = Número de contas possíveis (nº) * Poder aquisitivo ($)

Propósito: Criar territórios de vendas equilibrados.

Existem diversas maneiras de analisar territórios.[1] O mais comum é que os territórios sejam comparados de acordo com seu tamanho ou potencial. Trata-se de um exercício importante. Se os territórios forem muito diferentes ou não tiverem um equilíbrio, a equipe de vendas poderá receber muito ou pouco trabalho. Isso pode levar a um atendimento insuficiente ou ao excesso de atendimento dos clientes.

Quando a equipe de vendas é pequena, o resultado pode ser o *atendimento insuficiente* dos clientes. Isso pode custar alguns negócios para a empresa, pois vendedores sobrecarregados acabam por oferecer níveis de atividade abaixo do ideal em diversas áreas. Eles procuram poucos clientes importantes, identificam poucos potenciais e passam pouco tempo com os clientes existentes. Esses clientes, por sua vez, fazem negócio com outros fornecedores.

O excesso de atendimento, por outro lado, pode elevar custos e preços e, portanto, indiretamente reduzir as vendas. O atendimento em excesso em alguns territórios também pode levar ao atendimento insuficiente em outros.

O desequilíbrio entre territórios também pode gerar o problema de distribuição injusta de potencial de vendas entre os membros da equipe. Isso pode resultar em remuneração distorcida e fazer com que vendedores talentosos deixem a empresa, procurando melhor equilíbrio e remuneração.

Alcançar o equilíbrio adequado entre territórios é importante para a manutenção da satisfação entre os clientes, os vendedores e a empresa como um todo.

Construção

Na definição ou redefinição de territórios, as empresas se empenham para

- Equilibrar as cargas de trabalho
- Equilibrar o potencial de vendas
- Desenvolver territórios compactos
- Minimizar rupturas durante o planejamento

Estas metas podem ter efeitos diferentes sobre diferentes *stakeholders*, conforme representado na Tabela 6.1.[2]

Antes de planejar novos territórios, um gerente de vendas deve avaliar as cargas de trabalho de todos os membros da equipe. A carga de trabalho para um território pode ser calculada da seguinte maneira:

Carga de trabalho (nº) = [Contas atuais (nº) * Tempo médio para atender uma conta ativa (nº)] + [Clientes potenciais (nº) * Tempo gasto tentando converter um cliente potencial numa conta ativa (nº)]

O potencial de vendas num território pode ser determinado da seguinte maneira:

Potencial de vendas (\$) = Número de contas possíveis (n^{o}) * Poder aquisitivo (\$)

Tabela 6.1 Efeitos do equilíbrio dos territórios de vendas

		Equilíbrio da carga de trabalho	Equilíbrio do potencial de vendas	Minimização de rupturas	Desenvolvimento compactos de territórios
Clientes	Resposta	X			X
	Relacionamentos			X	
Vendedores	Oportunidades de ganhos		X		
	Carga de trabalho administrável	X			X
	Redução da incerteza			X	
	Controle de pernoites				X
Empresa	Resultados de vendas	X	X	X	
	Controle do esforço	X			
	Motivação	X	X	X	X
	Controle de custos de viagens				X

O poder aquisitivo é um valor em dólares baseado em fatores como níveis médios de renda, quantidade de empresas num território, vendas médias dessas empresas e demografia populacional. Os índices do poder aquisitivo costumam ser específicos de setores individuais.

EXEMPLO: Entre as vendas potenciais num de seus territórios, um fabricante de copiadoras identificou seis empresas pequenas, oito empresas médias e duas empresas grandes. As empresas historicamente têm feito compras anuais de copiadoras na média de 500, 700 e 1.000 dólares, respectivamente. O potencial de vendas para o território é então:

Potencial de vendas = (6 * \$500) + (8 * \$700) + (2* \$1.000) = \$10.600

Além da carga de trabalho e do potencial de vendas, uma terceira métrica importante é necessária para comparar os territórios. Trata-se do tamanho ou, mais especificamente, do tempo de deslocamento. Neste contexto, o tempo de deslocamento é mais útil do que o tamanho porque representa com mais precisão o fator que a distância implica – ou seja, a quantidade de tempo necessária para chegar aos clientes e aos clientes potenciais.

Como a meta de um gerente é equilibrar a carga de trabalho e o potencial entre os vendedores, pode ser benéfico calcular métricas combinadas – tais como potencial de vendas ou tempo de deslocamento – para fazer comparações entre territórios.

Fontes de dados, complicações e precauções

O potencial de vendas pode ser representado de diversas maneiras. Dentre estas, a mais básica é a população – o número de contas potenciais em um território. No caso das copiadoras citado anteriormente, isso poderia ser o número de escritórios existem em determinado território.

A estimativa do tamanho de um território pode envolver simplesmente o cálculo da área geográfica que ele abrange. No entanto, é provável que o tempo médio de deslocamento também seja importante. Dependendo da qualidade das estradas, da densidade do tráfego ou da distância entre as empresas, pode-se descobrir que territórios com áreas iguais implicam exigências bem diferentes em termos de tempo de deslocamento. Na avaliação de tais distinções, os registros do tempo necessário para o deslocamento da equipe de vendas de um local para outro pode ser útil. Programas de computador especializados estão disponíveis para esses propósitos.

A redefinição de territórios é um processo famoso por sua dificuldade. Para executá-la bem, além das métricas mencionadas, a ruptura dos relacionamentos com clientes e as impressões de propriedade entre a equipe de vendas também devem ser levadas em consideração.

6.2 Objetivos da equipe de vendas: estabelecimento de metas

As metas de vendas são importantes para motivar a equipe. No entanto, se forem altas ou baixas demais, poderão ter efeitos negativos. Os meios de estabelecer metas de vendas incluem os seguintes:

Meta de vendas ($) = Participação do vendedor nas vendas do ano anterior no distrito (%) * Vendas previstas para o distrito ($)

Meta de vendas ($) = Vendas do vendedor no ano anterior ($) + [Aumento de vendas previsto para o distrito ($) * Participação do potencial de vendas do território no distrito (%)]

Participação ponderada da distribuição de vendas (%) = {Participação do vendedor nas vendas do ano anterior no distrito (%) * Peso atribuído (%)} + {Participação do potencial de vendas do território no distrito (%) * [1 − Peso atribuído (%)]}

Meta de vendas ($) = Participação ponderada da distribuição de vendas (%) * Vendas previstas para o distrito ($)

Muitas dessas abordagens envolvem uma combinação de resultados históricos e a ponderação do potencial de vendas entre os territórios. Isso garante que as metas gerais serão alcançadas se todos os vendedores atingirem suas metas individuais.

Propósito: Motivar a equipe de vendas e estabelecer parâmetros para avaliar e recompensar seu desempenho.

Ao estabelecer metas de vendas, os gerentes pretendem motivar sua equipe a esforçar-se e a gerar o máximo de vendas possível. Mas eles não querem estabelecer metas demasiado altas. Os níveis corretos das metas motivarão todos os vendedores e recompensarão a maioria deles.

Quando se planejam metas de vendas, certas orientações são importantes. Sob a estratégia SMART, recomendada por Jack D. Wilner, autor de *Seven Secrets to Successful Sales Management*,[3] as metas devem ser Específicas, Mensuráveis, Atingíveis, Realistas e Programadas*. As metas devem ser específicas de um departamento, território ou mesmo de uma pessoa. Devem ser claras e aplicáveis a cada indivíduo de modo que os vendedores não tenham que inferir parte de sua meta. As metas mensuráveis, expressas em números concretos, tais como "vendas em dólares" ou "aumento de porcentagem", possibilitam que os vendedores estabeleçam alvos precisos e acompanhem seu progresso. Metas vagas, como "mais" vendas ou "aumento", não são eficazes porque dificultam a mensuração do progresso. As metas atingíveis estão no domínio da possibilidade. Elas podem ser visualizadas e compreendidas tanto pelo gerente quanto pelo vendedor. As metas realistas são estabelecidas num nível alto o suficiente para motivar, mas não tão alto que os vendedores desistam antes mesmo de começar. Finalmente, as metas programadas devem ser atingidas dentro de um período de tempo preciso. Isso aplica pressão para que sejam atingidas mais cedo em vez de mais tarde e define um ponto final em que os resultados serão verificados.

Construção

Existem diversas maneiras de distribuir a previsão de uma empresa entre sua equipe de vendas. Esses métodos são criados para estabelecer metas justas, atingíveis e consoantes com resultados históricos. As metas são declaradas em termos de totais de vendas para vendedores individuais. Nas fórmulas seguintes, que abrangem esses métodos, um *distrito* é composto de territórios individuais de vários vendedores.

Uma meta ou distribuição de vendas baseada nas vendas do ano anterior pode ser calculada da seguinte maneira:[4]

Meta de vendas ($) = Participação do vendedor nas vendas do ano anterior no distrito (%) * Vendas previstas para o distrito ($)

---

* N. de T.: Em inglês, respectivamente: *Specific, Measurable, Attainable, Realistic* e *Time-bound*.

Uma meta de vendas baseada nas vendas do ano anterior *e* no potencial de vendas de um território pode ser calculada da seguinte maneira:

Meta de vendas ($) = Vendas do vendedor no ano anterior ($) + [Aumento de vendas previsto para o distrito ($) * Participação do potencial de vendas do território no distrito (%)]

As metas de vendas também podem ser estabelecidas por um método combinado, em que a administração atribui pesos para as vendas do ano anterior de cada vendedor e para o potencial de vendas de cada território. Esses pesos são então usados para calcular a porcentagem de previsão de vendas relevante de cada pessoa e as porcentagens são utilizadas para calcular as metas de vendas em dólares.

Participação ponderada da distribuição de vendas (%) = {Participação do vendedor nas vendas do ano anterior no distrito (%) * Peso atribuído (%)} + {Participação do potencial de vendas do território no distrito (%) *[1 − Peso atribuído (%)]}

Meta de vendas ($) = Participação ponderada da distribuição de vendas (%) * Vendas previstas para o distrito ($)

EXEMPLO: Uma vendedora atingiu vendas de 1.620 dólares no ano anterior, o que representou 18% das vendas em seu distrito. Essa vendedora era responsável por um território que mantinha 12% do potencial de vendas no distrito. Se o empregador da vendedora designasse uma meta de vendas de 10.000 dólares para o ano seguinte – representando um aumento total de 1.000 dólares em relação aos resultados do ano anterior –, então, a meta de vendas individual da vendedora poderia ser calculada de várias formas que envolvem diferentes ênfases nas vendas históricas *versus* potencial de vendas. Aqui estão quatro exemplos:

1. Meta de vendas de acordo com as vendas do ano anterior = 18% * $10.000 = $1.800
2. Meta de vendas de acordo com o potencial de vendas = 12% * $10.000 = $1.200
3. Meta de vendas de acordo com as vendas do ano anterior + Potencial de vendas * Aumento = $1.620 + (12% * $1.000) = $1.740
4. Participação ponderada de distribuição de vendas, em que as vendas do ano anterior e o potencial de vendas são ponderados (por exemplo) por um fator de 50% cada = (18% * 50%) + (12% * 50%) = 15%. Então...

Meta de vendas de acordo com a participação ponderada de distribuição de vendas = 15% * $10.000 = $1.500

Fontes de dados, complicações e precauções

As metas de vendas costumam ser estabelecidas pelo uso de combinações de procedimento de cima para baixo e de baixo para cima. Frequentemente, a alta administração estabelece objetivos em nível corporativo, enquanto o gerente de vendas aloca porções da meta geral entre os vários membros da equipe de vendas.

A alta administração costuma utilizar diversas métricas para prever as vendas, incluindo as vendas do ano anterior do produto em questão, o total de vendas do ano anterior no mercado relevante, as vendas do ano anterior por concorrente e a atual participação de mercado da empresa. Depois que se fazem as previsões de vendas corporativas, o gerente da equipe de vendas verifica se as metas são razoáveis, retrocedendo onde for necessário. O gerente, então, aloca as vendas projetadas entre os vendedores de um distrito, de acordo, pelo menos em parte, com as medidas de desempenho individual do ano anterior. A porcentagem de vendas no histórico do vendedor e o potencial de vendas de seu território são os fatores mais importantes neste cálculo.

É importante reavaliar as metas de vendas *durante* o ano para garantir que o verdadeiro desempenho esteja razoavelmente próximo das projeções. Se, no momento dessa verificação, parecer que mais de 90% ou menos de 50% da equipe de vendas estão próximos de atingir suas metas, então, pode ser aconselhável alterar as metas. Isso evitará que os vendedores relaxem cedo demais porque as metas estão próximas, ou que desistam, porque elas são inatingíveis. No estabelecimento de metas, uma regra possível seria planejar uma taxa de sucesso de 75%. Isso garante que vendedores suficientes alcancem a meta *e* que esta seja suficientemente desafiadora.

Se uma "redistribuição" tornar-se necessária, é importante assegurar que isto seja adequadamente registrado. Se não se tiver cuidado, as novas metas de vendas poderão sair dos orçamentos financeiros e não atingir as expectativas da alta administração.

6.3 Eficácia da equipe de vendas: medidas de empenho, potencial e resultados

Ao analisar o desempenho da equipe de vendas, os gerentes podem fazer mudanças para otimizar vendas futuras. Para esse fim, existem diversas maneiras de aferir o desempenho de vendedores individualmente e da equipe como um todo, além do total anual de vendas.

Taxas de eficácia da equipe de vendas

$$= \frac{\text{Vendas (\$)}}{\text{Contatos com clientes (Visitas) (n}^{\text{o}}\text{)}}$$

$$= \frac{\text{Vendas (\$)}}{\text{Contas potenciais (n}^{\text{o}}\text{)}}$$

$$= \frac{\text{Vendas (\$)}}{\text{Contas ativas (n}^{\text{o}}\text{)}}$$

$$= \frac{\text{Vendas (\$)}}{\text{Poder aquisitivo (\$)}}$$

$$= \frac{\text{Despesas (\$)}}{\text{Vendas (\$)}} \quad \text{(Também conhecida como custo de vendas)}$$

Cada modo também pode ser calculado de acordo com a contribuição em dólares.

Propósito: Mensurar o desempenho da equipe de vendas e dos vendedores individualmente.

Na análise de desempenho de um vendedor, várias métricas podem ser comparadas. Estas podem revelar mais sobre o vendedor do que se pode aferir a partir do total de suas vendas.

Construção

Uma fonte autorizada registra as seguintes taxas como úteis para avaliar a eficácia relativa da equipe de vendas:[5]

$$\frac{\text{Vendas (\$)}}{\text{Contatos com clientes (visitas) (n}^{\text{o}}\text{)}}$$

$$\frac{\text{Vendas (\$)}}{\text{Contas potenciais (n}^{\text{o}}\text{)}}$$

$$\frac{\text{Vendas (\$)}}{\text{Contas ativas (n}^{\text{o}}\text{)}}$$

$$\frac{\text{Vendas (\$)}}{\text{Poder aquisitivo (\$)}}$$

Estas fórmulas podem ser úteis para comparar vendedores de diferentes territórios e para examinar tendências ao longo do tempo. Elas também podem revelar distinções que podem ser obscurecidas pelos resultados do total de vendas, especialmente em distritos onde os territórios variam de tamanho, número de contas potenciais ou poder aquisitivo.

Estas taxas proporcionam uma compreensão sobre fatores que estão por trás do desempenho nas vendas. Se a taxa de vendas por visita de um indivíduo for baixa, por exemplo, isso pode indicar que o vendedor em questão precisa de treinamento para levar os clientes a fazerem compras maiores. Ou, ainda, pode sugerir uma falta de habilidades de fechamento de negócio. Se a métrica das vendas por conta potencial ou por poder aquisitivo for baixa, o vendedor pode não estar fazendo o suficiente para procurar novas contas. Essas métricas revelam muito sobre clientes potenciais e levam ao seu desenvolvimento, pois são baseadas em *todo* o território de cada vendedor, incluindo tanto os clientes existentes quanto os clientes potenciais. A métrica de vendas por conta ativa oferece um indicador útil da eficácia de um vendedor na maximização do valor dos clientes existentes.

Apesar de ser importante aproveitar ao máximo cada visita, um vendedor não atingirá sua meta com apenas um contato. Certa quantidade de empenho é necessária para concluir as vendas. Isso pode ser representado graficamente (veja Figura 6.1).[6]

Apesar de ser possível aumentar as vendas destinando mais tempo e atenção a um cliente, em determinado ponto, o vendedor encontra retornos reduzidos nas visitas mais frequentes a um cliente. Finalmente, o negócio adicional gerado por contato valerá menos do que o custo da visita.

Além das fórmulas descritas anteriormente, outra medida importante de eficácia é a taxa de despesas para vendas. Essa métrica de custo costuma ser expressa como porcentagem de vendas e é calculada da seguinte maneira:

$$\frac{\text{Despesas (\$)}}{\text{Vendas (\$)}}$$

Se essa taxa for substancialmente mais alta para um vendedor do que para os outros, isso pode indicar que o indivíduo em questão não controla bem suas despesas. Exemplos de pouco controle de despesas poderiam incluir viagens desnecessárias para ver um cliente, superprodução de panfletos de produtos ou o pagamento de muitas refeições. Por outro lado, as despesas podem representar uma alta porcentagem de vendas se o indivíduo tiver poucas habilidades para fechar os negócios. Se as despesas de um vendedor forem comparáveis às de seus colegas, mas suas vendas forem menores, então, ele pode não estar conseguindo realizar as vendas após despender uma quantia significativa com um cliente potencial.

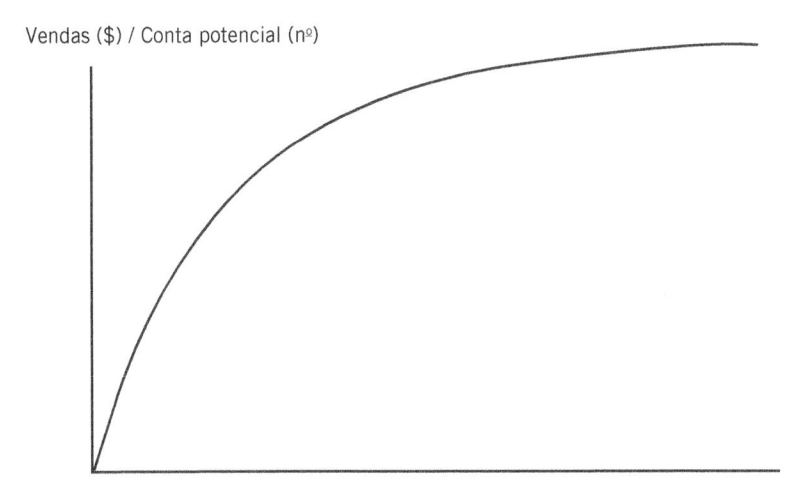

Figura 6.1 Vendas resultantes de visitas a clientes.

Um conjunto mais desafiador de métricas de desempenho da equipe de vendas envolve o atendimento ao cliente. O atendimento ao cliente é difícil de mensurar porque não há números concretos que o representem além das taxas de repetição ou das reclamações dos clientes. Cada uma dessas possibilidades nos diz algo, mas como um gerente de vendas pode avaliar o atendimento oferecido a clientes que não repetem a compra, que estão se afastando ou se queixando? Uma maneira possível é desenvolver uma pesquisa, incluindo uma escala em itens para ajudar os clientes a quantificarem suas opiniões. Depois que várias dessas pesquisas forem feitas, os gerentes poderão calcular as pontuações médias para diferentes métricas de atendimento. Comparando-se estas com os números das vendas, os gerentes podem correlacionar as vendas com o atendimento ao cliente e classificar os vendedores quanto ao seu desempenho.

EXEMPLO: Para traduzir as opiniões dos clientes em uma métrica, uma empresa poderia colocar questões de pesquisa como a seguinte:

Por favor, faça um círculo no nível de atendimento que sua empresa recebeu de nossa equipe de vendas após o embarque dos produtos pedidos:

1	2	3	4	5	6	7	8	9	10
Muito ruim				Satisfatório					Muito bom

Fontes de dados, complicações e precauções

O cálculo da eficiência de um vendedor não é difícil, mas exige que se rastreiem alguns números importantes. Felizmente, estes costumam ser registrados no setor de vendas.

As estatísticas mais importantes são a quantidade de cada venda (em dólares) e a contribuição gerada pela venda. Também pode ser importante rastrear os itens vendidos se o vendedor for instruído a enfatizar determinada linha de produtos. Informações adicionais úteis incluiriam medidas do número de chamadas realizadas (incluindo visitas e contatos telefônicos), total de contas ativas e total de contas no território. Destas, as duas últimas são necessárias para calcular o poder aquisitivo de um território.

O maior problema na revisão de desempenho é a tendência a confiar somente em uma ou duas métricas. Isso pode ser perigoso porque o desempenho de um indivíduo em uma medida pode ser anômalo. Um vendedor que gere 30.000 dólares por chamada poderá ser mais valioso do que outro que gere 50.000 dólares, por exemplo, se ele gerar maiores vendas por conta potencial. Um vendedor num território pequeno pode gerar um total baixo de contribuição, mas grandes vendas em dólares por poder aquisitivo. Se isso ocorrer, poderá ser aconselhável aumentar o território dessa pessoa. Outro vendedor pode mostrar um drástico aumento nas vendas em dólares por conta ativa. Se ele conseguir isso simplesmente eliminando contas mais fracas sem gerar mais vendas, esse ato não merecerá ser remunerado. Na revisão da equipe de vendas, aconselha-se que os gerentes avaliem o máximo possível de métricas de desempenho.

Apesar de a pesquisa sobre o atendimento ao cliente descrita anteriormente basear-se em um conceito direto, os gerentes podem achar difícil reunir dados suficientes – ou suficientemente representativos – para que sejam úteis. Isso pode acontecer porque os clientes hesitam em responder as pesquisas ou porque o fazem somente quando encontram algum problema. Uma amostra pequena ou a predominância de respostas negativas pode distorcer os resultados. Mesmo assim, é necessário algum empenho para mensurar a satisfação dos clientes de modo a garantir que os vendedores não enfatizem as questões erradas – ou que negligenciem as que têm impacto substancial sobre o valor de duração do cliente.

6.4 Remuneração da equipe de vendas: *mix* de salário/gratificação

"O plano de incentivo precisa alinhar as atividades do vendedor com os objetivos da empresa."[7] Para esse fim, um plano eficaz pode basear-se no passado (crescimento), no presente (comparação com outros) ou no futuro (porcentagem de meta atingida). As principais fórmulas nessa área incluem:

Remuneração ($) = Salário ($)+ Bônus 1 ($)+ Bônus 2 ($)

Remuneração ($) = Salário ($))+ [Vendas ($) * Comissão (%)]

Propósito: Determinar o *mix* de salário, bônus e comissão que maximizará as vendas geradas pela equipe.

Ao fazer um plano de remuneração para uma equipe de vendas, os gerentes confrontam-se com quatro considerações principais: nível de pagamento, *mix* entre salário e incentivo, medidas de desempenho e relações desempenho/pagamento. O nível de pagamento, ou remuneração, é a quantia que a empresa planeja pagar a um vendedor no decorrer de um ano. Isso pode ser visto como uma faixa, pois seu total variará de acordo com os bônus ou comissões.

O *mix* entre salário e incentivo representa uma alocação importante dentro da remuneração total. O salário é uma soma de dinheiro garantida. Os incentivos podem assumir diversas formas, incluindo bônus ou comissões. No caso de um bônus, o vendedor receberá uma soma por atingir certos objetivos de vendas. Com uma comissão, o incentivo é incremental e é obtido em cada venda. A fim de gerar incentivos, é importante mensurar precisamente o papel do vendedor em cada venda. Quanto mais causalidade puder ser atribuída a um vendedor, mais fácil será utilizar um sistema de incentivos.

Várias métricas podem ser usadas para medir o desempenho de um vendedor. Com elas, os gerentes podem avaliar o desempenho de um vendedor no contexto de comparações passadas, presentes ou futuras, como segue:

- **O passado:** Mensurar a porcentagem de crescimento nas vendas do vendedor nos resultados do ano anterior.

- **O presente:** Classificar o vendedor com base nos resultados atuais.
- **O futuro:** Mensurar a porcentagem de metas de vendas individuais atingidas por cada vendedor.

Os gerentes de vendas também podem selecionar o nível organizacional onde focar um plano de incentivos. O desembolso de incentivos pode estar relacionado aos resultados no nível da empresa, da divisão ou da linha de produtos. Na mensuração de desempenho e no planejamento de remunerações nessas dimensões, os gerentes buscam alinhar os incentivos dos vendedores com as metas da empresa.

Finalmente, deve-se definir um período de tempo para aferir o desempenho de cada vendedor.

Construção

Os gerentes desfrutam de considerável liberdade no planejamento de sistemas de remuneração. A chave é começar com uma previsão para as vendas e uma faixa em que deve se situar a remuneração de cada vendedor. Depois que esses elementos são determinados, existem muitas maneiras de motivar um vendedor.

Num sistema de vários bônus, a seguinte fórmula pode representar a estrutura de remuneração para um vendedor:

$$\text{Remuneração (\$)} = \text{Salário (\$)} + \text{Bônus 1 (\$)} + \text{Bônus 2 (\$)}$$

Neste sistema, o primeiro bônus poderá ser obtido num nível aproximadamente intermediário para a realização da meta de vendas do indivíduo para o ano. O segundo bônus poderá ser oferecido quando a meta for atingida.

Em um sistema de comissões, a seguinte fórmula representaria a remuneração para um vendedor:

$$\text{Remuneração (\$)} = \text{Salário (\$)} + [\text{Vendas (\$)} * \text{Comissão (\%)}]$$

Teoricamente, numa estrutura de 100% de comissão, o salário poderia ser estabelecido como $0. No entanto, a legislação pode colocar limites nessas estruturas. Os gerentes devem se certificar de que as estruturas de remuneração escolhidas estejam de acordo com a lei.

Os gerentes também podem combinar estruturas de bônus e de comissões oferecendo bônus sobre as comissões em determinados níveis de vendas ou aumentando a taxa de comissão em determinados níveis de vendas.

EXEMPLO: Tina recebe uma comissão de 2% sobre as vendas até $1.000.000 e de 3% em vendas além desse valor. Seu salário é $20.000 por ano. Se ela vender $1.200.000, sua remuneração poderá ser calculada da seguinte maneira:

$$\text{Remuneração} = \$20.000 + (0,02) * (\$1.000.0000) + (0,03) * (\$200.000)$$
$$= \$46.000$$

Depois que um plano de remuneração pelas vendas estiver estabelecido, a gerência poderá reavaliar o tamanho de sua equipe de vendas. Com base nas previsões para o ano seguinte, uma empresa pode ter espaço para a contratação de mais vendedores ou pode precisar reduzir o tamanho da equipe. Baseados num valor para vendas projetadas, os gerentes podem determinar a quantidade de funcionários em ponto de equilíbrio para a empresa da seguinte maneira:

$$\text{Quantidade de funcionários em ponto de equilíbrio (n}^{\circ}) = \frac{\text{Vendas (\$)} * [\text{Margem (\%)} - \text{Comissão (\%)}]}{[\text{Salário (\$)} + \text{Despesas (\$)} + \text{Bônus (\$)}]}$$

Fontes de dados, complicações e precauções

As mensurações geralmente utilizadas em planos de incentivo incluem o total de vendas, a contribuição total, a participação de mercado, a retenção de clientes e as reclamações de clientes. Como o plano gratifica o vendedor por atingir certas metas, esses alvos devem ser definidos no início do ano (ou outro período de tempo). O rastreamento contínuo destas métricas ajudará tanto os vendedores quanto a empresa a planejarem a remuneração para o final de ano.

O tempo é uma questão importante nos planos de incentivo. Uma empresa deve coletar dados de forma oportuna para que os gerentes e os vendedores saibam onde estão em relação às metas estabelecidas. O tempo coberto por um plano também representa uma consideração importante. Se uma empresa tenta gerar incentivos através de gratificações semanais, seu programa de remuneração pode tornar-se muito oneroso e demorado. Por outro lado, se o programa abrange um período muito longo, ele pode sair do alinhamento com as previsões e metas da empresa. Isso poderia resultar em pagamento excessivo ou insuficiente da equipe de vendas. Para precaver-se dessas armadilhas, os gerentes podem desenvolver um programa que combine incentivos de curto e longo prazo. Eles podem vincular algumas gratificações a uma métrica simples de curto prazo, como as chamadas por semana e outras a medidas com alvo mais complexo de longo prazo, como a participação de mercado alcançada em um ano.

Uma outra complicação que pode surgir em programas de incentivo é atribuição de causalidade a vendedores individuais. Isto pode tornar-se um problema em diversos casos, incluindo a colaboração da equipe nas vendas. Num panorama como esse, pode ser difícil determinar quais membros da equipe merecem que gratificações. Consequentemente, os gerentes podem achar melhor remunerar todos os membros da equipe com bônus iguais por terem atingido uma meta.

Uma última preocupação: quando se coloca em prática um programa de incentivos, ele pode premiar os vendedores "errados". Para evitar isso, antes de ativar um programa recém-proposto, aconselha-se que os gerentes de vendas apliquem o programa aos resultados do ano anterior para testá-lo. Um "bom" plano geralmente premiará os vendedores que o gerente sabe que são os melhores.

6.5 Rastreamento da equipe de vendas: análise de funil

A análise de funil é utilizada para rastrear o progresso das vendas em relação aos clientes atuais e potenciais a fim de prever vendas em curto prazo e avaliar a carga de trabalho da equipe.

Propósito: Prever vendas e avaliar a distribuição da força de trabalho.

Uma maneira conveniente de prever as vendas em curto prazo e controlar a atividade da equipe de vendas é criar um funil de vendas. Apesar de este conceito poder ser representado graficamente, os dados por trás dele são armazenados eletronicamente em um banco de dados ou planilha.

O conceito de funil de vendas origina-se de uma dinâmica bem conhecida: se uma equipe de vendas abordar vários clientes potenciais, somente um subconjunto destes realmente fará compras. À medida que os vendedores prosseguem ao longo de diversos estágios de interação com os clientes, diversos clientes potenciais são eliminados. Na conclusão de cada estágio, menos clientes potenciais permanecem. Ao rastrear a quantidade de clientes potenciais em cada estágio do processo, um gerente de vendas pode equilibrar a carga de trabalho na equipe e fazer previsões precisas sobre as vendas.

Esta análise é semelhante à hierarquia de efeitos discutida na Seção 2.7. Enquanto a hierarquia de efeitos focaliza o impacto da propaganda ou da mídia de massa, o funil de vendas é utilizado para rastrear clientes individuais (com frequência, pelo nome) e o empenho da equipe de vendas. (Observação: em alguns setores, tais como produtos embalados ao consumidor, o termo "vendas em funil" pode referir-se às vendas em um canal de distribuição. Favor não confundir vendas em funil com funil de vendas.)

Construção

A fim de conceituar um funil de vendas, é útil traçar um esquema mostrando os estágios do processo de vendas (veja a Figura 6.2). Em qualquer ponto do ano, é provável que todos os estágios do funil incluam alguma quantidade de clientes. Como a Figura 6.2 ilustra, apesar de poder haver vários clientes *potenciais*, os que realmente compram representam apenas uma porcentagem do original.

Criação de interesse: Implica a construção de conhecimento de um produto através de atividades como mostras comerciais, mala direta e propaganda. No decorrer da criação de interesse, os vendedores também podem descobrir clientes prováveis. Ou seja, eles podem identificar alvos que podem ser adicionados ao seu conjunto de clientes potenciais. Duas classificações principais desses clientes incluem os clientes prováveis e os clientes interessados.

> **Cliente provável:** *Aquele que não expressou interesse especificamente. Pode ser identificado por meio de listas de correspondência, lista de telefones, listas de empresas, etc.*

```
                Clientes                    ⎫
                                            ⎬  Clientes
                Prováveis                   ⎭  interessados

                Prospects                   ⎫
                                            ⎬  Pré-compra
                Primeira                    ⎭
                visita

                Segunda                     ⎫
                visita                      ⎬  Compra
                                            ⎭
                Terceira visita
                                            ⎫
                                            ⎬  Pós-compra
                Entrega                     ⎭

              Criação de interesse
```

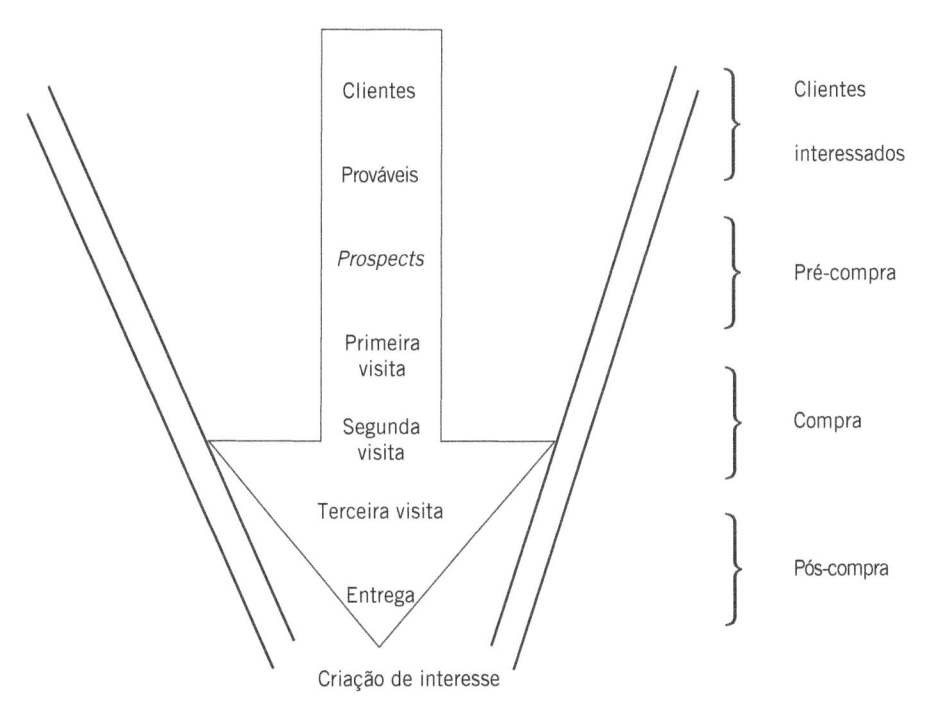

Figura 6.2 Funil da equipe de vendas.

Cliente interessado: *Aquele de quem se espera uma resposta. Esse cliente potencial pode ter sido registrado num site ou solicitado informações sobre o produto, por exemplo.*

Pré-compra: Este estágio envolve a identificação dos clientes potenciais entre os clientes prováveis e interessados. Os vendedores fazem essa distinção através de encontros iniciais com esses clientes, em que explicam as características e benefícios do produto e cooperam na solução de problemas do cliente. O resultado desejado desse encontro no estágio inicial não é uma venda, mas a identificação de um *prospect* e o planejamento de outro encontro.

Prospect: *Aquele que foi identificado como provável comprador, com capacidade e disposição para comprar.*[8]

Compra: Depois que os clientes potenciais são identificados e concordam com visitas adicionais, os vendedores realizam um segundo e um terceiro encontros com eles. É nesses momentos que a "venda" tradicional ocorre. Os vendedores envolvem-se na persuasão, negociação e/ou licitação. Se uma compra é acordada, o vendedor pode fechar o negócio através de uma proposta escrita, contrato ou pedido.

Pós-compra: Depois que o cliente fez uma compra, ainda há muito trabalho a ser feito. Isso inclui a entrega do produto ou serviço, instalação (se necessário), coleta de pagamentos e, possivelmente, treinamento. Existe então um compromisso contínuo com o atendimento ao cliente.

Tabela 6.2 Planilha de funil de vendas

Vendedor	Criação de interesse		Pré-compra	Compra		Pós-compra	
	Clientes prováveis	Clientes interessados	Prospects	1ª/2ª Visita	2ª/3ª Visita	Entrega	Manutenção
Sandy	56	30	19	5	8	7	25
Bob	79	51	33	16	4	14	35

Depois que os vendedores visualizam os diferentes estágios representados em um funil de vendas, eles podem rastrear seus clientes e contas com maior precisão. Podem fazer isso eletronicamente, utilizando um banco de dados ou planilha. Se um arquivo de funil de vendas for mantido em um *drive* compartilhado, qualquer outro membro da equipe poderá regularmente atualizar os dados relevantes. Isso também possibilita que o gerente de vendas verifique o progresso da equipe em qualquer ponto do tempo. A Tabela 6.2 é um exemplo de planilha de um funil de vendas.

Um gerente pode usar as informações armazenadas no funil para preparar as vendas para o futuro próximo. Essa é uma forma de *análise de funil*. Quando uma empresa enfrenta problemas de estoque ou quando as metas de vendas não estão sendo atingidas, essas informações são vitais. Aplicando médias históricas, o gerente de marketing ou de vendas pode melhorar as previsões usando os dados em um funil de vendas. Isso pode ser feito manualmente ou com *software* especializado. A suposição subjacente ao funil de vendas é a de que o fracasso em qualquer estágio elimina um *prospect* do funil. O exemplo a seguir ilustra como essa previsão de baixo para cima pode ser aplicada.

EXEMPLO: Utilizando o funil de vendas, a gerente de Sandy e Bob quer prever quantas vendas devem ser feitas nos próximos cinco meses. Para isso, ela aplica certas médias históricas:

- 2% dos clientes prováveis são convertidos em vendas dentro de cinco meses.
- 14% dos clientes interessados são convertidos em vendas dentro de quatro meses.
- 25% dos *prospects* são convertidos em vendas dentro de três meses.
- 36% dos clientes que concordam com uma visita pré-compra são convertidos em vendas dentro de dois meses.
- 53% dos clientes que concordam com uma visita de compra são convertidos em vendas dentro de um mês.

Com base nisso:

$$\text{Vendas futuras} = [(56 + 79) * 2\%] + [(30 + 51)] * 14\%] + [(19 + 33) * 25\%] + [(5 + 16) * 36\%] + [(8 + 4) * 53\%] = 41$$

Nota: Este exemplo aplica-se somente a um produto. Muitas vezes, a empresa precisará de vários funis de vendas para diferentes produtos ou linhas de produtos. Além disso, uma venda pode compreender um único item ou milhares de itens. Neste último caso, seria apropriado usar uma métrica para "venda média/cliente" na previsão.

Fontes de dados, complicações e precauções

Para preencher um funil de vendas corretamente, os vendedores precisam manter registros de todos os seus clientes potenciais e atuais e do status de cada um dentro do processo de compra. Cada vendedor também precisa compartilhar estas informações, que podem ser agregadas em um banco de dados abrangente das atividades da equipe de vendas. Aplicando suposições a essas informações – incluindo suposições retiradas de resultados históricos de vendas –, a empresa pode projetar as vendas futuras. Por exemplo, se 25% dos clientes interessados são genericamente convertidos em vendas dentro de dois meses e 200 clientes interessados atualmente parecem estar no funil de vendas, a administração pode estimar que 50 desses serão convertidos em vendas dentro de dois meses.

Às vezes, o uso de um funil de vendas conduz à armadilha da superperspectiva. Se a contribuição incremental gerada por um cliente for menor do que o custo de adquiri-lo, então, a previsão para esse cliente produzirá um resultado negativo. Os vendedores são aconselhados a usar métricas de valor de duração do cliente como um guia na decisão da escala apropriada e no direcionamento de sua previsão. Aumentar as métricas do funil de vendas pré-compra não valerá a pena a menos que o incremento também leve a melhores cifras na parte inferior do funil.

Dificuldades no ciclo de vendas também podem surgir quando um vendedor supõe que um cliente pode ser potencial porque tem a disposição e a capacidade para comprar. Para solidificar essa suposição, o vendedor também precisa confirmar se o cliente possui a *autoridade* para comprar. Ao fazerem suas sondagens, os vendedores precisam levar o tempo necessário para verificar se seus contatos podem tomar decisões de compra sem a aprovação de uma outra fonte.

6.6 Distribuição numérica, de VTP e de VCP, exposições de embalagem e espaço na prateleira

As métricas de distribuição quantificam a disponibilidade de produtos vendidos através de revendedores, geralmente como porcentagem de todas as lojas potenciais. Frequentemente, as lojas são ponderadas por sua participação de vendas da categoria ou vendas "de todos os produtos".

$$\text{Distribuição numérica (\%)} = \frac{\text{Quantidade de lojas que oferecem a marca (n}^{\underline{o}}\text{)}}{\text{Total de lojas (n}^{\underline{o}}\text{)}}$$

$$\text{Distribuição de volume de todos os produtos (VTP)(\%)} = \frac{\text{Total de vendas de lojas que oferecem a marca (\$)}}{\text{Total de vendas de todas as lojas (\$)}}$$

$$\text{Distribuição de volume da categoria do produto (VCP)}^9 \text{ (\%)} = \frac{\text{Total de vendas da categoria de lojas que oferecem a marca (\$)}}{\text{Total de vendas da categoria de todas as lojas (\$)}}$$

$$\text{Distribuição de volume da categoria do produto (VCP)}^9 \text{ (\%)} = \frac{\text{Total de vendas da categoria de lojas que oferecem a marca (\$)}}{\text{Total de vendas da categoria de todas as lojas (\$)}}$$

$$\text{Taxa de desempenho da categoria (\%)} = \frac{\text{VCP(\%)}}{\text{VTP(\%)}}$$

Para empresas que vendem através de revendedores, as métricas de distribuição revelam a porcentagem de acesso ao mercado de uma marca. Equilibrar o trabalho da empresa em "empurrar" (construir e manter o apoio do revendedor e do distribuidor) e "puxar" (gerar demanda do cliente) é uma preocupação estratégica constante para os especialistas em marketing.

Propósito: Medir a capacidade de uma empresa em passar um produto para seus clientes.

- Em termos amplos, o marketing pode ser dividido em dois desafios principais:
- O primeiro – e mais amplamente apreciado – é garantir que os consumidores ou usuários finais desejem o produto da empresa. Isto costuma ser chamado de marketing de *puxar*.

O segundo desafio é menos conhecido, mas com frequência é tão importante quanto o primeiro. O marketing de *empurrar* assegura que os clientes tenham oportunidades de comprar.

Os profissionais de marketing desenvolveram diversas métricas para julgar a eficácia do sistema de distribuição que ajuda a criar oportunidades para comprar. As medidas mais fundamentais dentre essas são as de disponibilidade do produto.

As métricas de disponibilidade são empregadas para quantificar o número de lojas atingidas por um produto, a fração do mercado relevante servido por essas lojas e a porcentagem do volume total de vendas em todas as categorias mantidas pelas lojas que oferecem o produto.

Construção

Há três medidas populares de cobertura de distribuição:

1. Distribuição numérica
2. Volume de todos os produtos (VTP)

3. Volume de categoria do produto (VCP), também conhecido como distribuição ponderada

Distribuição numérica

Essa medida baseia-se na quantidade de lojas que oferecem um produto (ou seja, lojas que registram pelo menos uma das unidades de manutenção de estoque do produto, ou UMEs). É definida como a porcentagem de lojas que estocam determinada marca ou UME dentro do universo de lojas no mercado relevante.

O principal uso da distribuição numérica é compreender quantos locais físicos estocam um produto ou marca. Isso tem implicações para sistemas de entrega e para o custo do atendimento a essas lojas.

Distribuição numérica: Para calcular a distribuição numérica, os profissionais de marketing dividem a quantidade de lojas que estocam pelo menos uma UME de um produto ou marca pela quantidade de lojas no mercado relevante.

$$\text{Distribuição numérica (\%)} = \frac{\text{Quantidade de lojas que oferecem o produto (n}^{\underline{o}}\text{)}}{\text{Total de lojas no mercado (n}^{\underline{o}}\text{)}}$$

Para mais informações sobre unidades de manutenção de estoque (UMEs), veja a Seção 3.3.

EXEMPLO: Alice vende álbuns de fotografia para lojas de presentes. Há 60 lojas desse tipo em sua área. Para gerar uma cobertura de distribuição adequada, Alice acredita que deva atingir pelo menos 60% das lojas. Ao iniciar sua relação com cada loja, no entanto, Alice deve suprir o estabelecimento com 4.000 dólares de estoque para marcar sua presença. Para chegar à sua meta de distribuição, quanto Alice precisará investir em estoque?

Para atingir sua meta de distribuição numérica de 60%, Alice deve marcar presença em 36 lojas (isto é, 0,60 * 60).

Portanto, ela terá que gastar no mínimo 144.000 dólares em estoque (36 lojas * $4.000 por loja).

Volume de todos os produtos

O volume de todos os produtos (VTP) é uma medida ponderada da disponibilidade ou distribuição do produto, com base no total de vendas nas lojas. O VTP pode ser expresso como valor em dólares ou em porcentagem.

Volume de todos os produtos (VTP): *Porcentagem de vendas em todas as categorias que são geradas pelas lojas que estocam determinada marca (novamente, pelo menos uma UME dessa marca).*

$$\text{Volume de todos os produtos (Distribuição VTP)(\%)} = \frac{\text{Total de vendas nas lojas que oferecem a marca (\$)}}{\text{Total de vendas de todas as lojas (\$)}}$$

Volume de todos os produtos (Distribuição VTP)($) = Total de vendas de lojas que oferecem a marca ($)

EXEMPLO: Os profissionais de marketing da Madre's Tortillas querem saber o volume de todos os produtos de sua rede de distribuição (Tabela 6.3).

Tabela 6.3 Distribuição da Madre's Tortillas

Loja	Total de vendas	Vendas de Tortilla	UMEs estocadas de Madre's Tortillas	UMEs estocadas de Padre's Tortillas
Loja 1	$100.000	$1.000	12 ct, 24 ct	12 ct, 24 ct
Loja 2	$75.000	$500	12 ct	24 ct
Loja 3	$50.000	$300	12 ct, 24 ct	nenhuma
Loja 4	$40.000	$400	nenhuma	12 ct, 24 ct

As *tortillas* da Madre's Tortillas são vendidas pelas Lojas 1 – 3, mas não pela Loja 4. O VTP de sua rede de distribuição é, portanto, o total de vendas das Lojas 1, 2 e 3 dividido pelo total de vendas de todas as lojas. Isso representa uma medida das vendas de todos os produtos nessas lojas, não só de *tortillas*.

$$\text{VTP(\%) de Madre's Tortillas} = \frac{\text{Vendas das lojas 1 – 3}}{\text{Vendas de todas as lojas}}$$

$$= \frac{(\$100000 + \$75000 + \$50000)}{(\$10000 + \$75000 + \$50000 + \$40000)}$$

$$= \frac{\$225000}{\$265000} = 84,9\%$$

O principal benefício da métrica VTP, em comparação com a distribuição numérica, é que ela oferece uma medida superior do tráfego de clientes nas lojas que estocam uma marca. Em essência, o VTP ajusta a distribuição numérica ao fato de que nem todos os lojistas geram o mesmo nível de vendas. Por exemplo, num mercado composto de duas lojas pequenas, uma loja muito grande e um quiosque, a distribuição numérica ponderaria cada loja igualmente, ao passo que o VTP colocaria maior ênfase no valor de ganho de distribuição na maior loja. Ao calcularem o VTP quando dados detalhados sobre as vendas não estão disponíveis, os profissionais de marketing usam a área das lojas como uma aproximação de seu volume total de vendas.

O ponto fraco do VTP é que ele não oferece informação direta sobre como cada loja comercializa e compete na categoria relevante de produto. Uma loja pode fazer muitas transações gerais, mas vender muito pouco da categoria do produto sob consideração.

Volume da categoria do produto

O volume da categoria do produto (VCP)[10] é um refinamento do VTP. Essa métrica examina a porção da categoria relevante do produto vendida pelas lojas onde determinado produto obteve distribuição. Ela ajuda os profissionais de marketing a compreender se determinado produto está obtendo distribuição em lojas onde os clientes procuram pela categoria, em contraste com as lojas de grande movimento de clientes onde o produto pode ficar perdido pelos corredores.

Continuando com nosso exemplo das duas pequenas lojas, o quiosque e a loja de grande porte, embora o VTP possa levar o comerciante de uma barra de chocolate a buscar distribuição na loja grande, o VCP pode revelar que o quiosque, surpreendentemente, gera o maior volume em vendas de lanches. Na construção da distribuição, o comerciante seria aconselhado a colocar o quiosque como sua mais alta prioridade.

Volume da categoria do produto (VCP): *Porção em porcentagem ou em dólares das vendas da categoria feitas por lojas que estocam pelo menos uma UME da marca em questão, em comparação com todas as lojas de seu universo.*

$$\text{Volume da categoria do produto (Distribuição VCP)(\%)} = \frac{\text{Total de vendas da categoria de lojas que oferecem a marca (\$)}}{\text{Total de vendas da categoria de todas as lojas (\$)}}$$

$$\text{Voluume da categoria do produto (Distribuição VCP)(\%)} = \frac{\text{Total de vendas da categoria das lojas que oferecem a marca (\$)}}{}$$

Quando dados de vendas detalhados estão disponíveis, o VCP pode oferecer uma forte indicação da participação de mercado dentro de uma categoria à qual uma dada marca tem acesso. Se os dados de vendas não estiverem disponíveis, os profissionais de marketing podem calcular um VCP aproximado usando a área dedicada à categoria relevante como indicação da importância dessa categoria para determinada loja ou tipo de loja.

EXEMPLO: Os profissionais de marketing da Madre's Tortillas querem saber com que eficiência seu produto está chegando às lojas onde os clientes compram *tortillas*. Usando dados do exemplo anterior:

As Lojas 1, 2 e 3 estocam as *tortillas* da marca. A Loja 4 não. O volume da categoria do produto da rede de distribuição da Madre's Tortillas pode ser calculado dividindo-se o total de vendas de *tortillas* nas Lojas 1 – 3 pelo total de vendas de *tortillas* em todo o mercado.

$$\text{VCP}(\%) = \frac{(\text{Vendas de tortillas das lojas que oferecem Madre's})}{(\text{Vendas de tortillas de todas as lojas})}$$

$$= \frac{(\$1.000 + \$500 + \$300)}{(\$1.000 + \$500 + \$300 + \$400)} = \$81,8\%$$

Distribuição total: *Soma de distribuição VTP ou VCP para todas as unidades de manutenção de estoque da marca, calculadas individualmente. Em contraste com o VTP ou VCP simples, que são baseados nas vendas de todos os produtos ou da categoria do produto de todas as lojas que oferecem pelo menos uma UME da marca, a distribuição total também reflete a quantidade de UMEs da marca oferecida por essas lojas.*

Taxa de desempenho da categoria: *Desempenho relativo de um lojista em determinada categoria de produto, em comparação com seu desempenho em todas as categorias de produtos.*

Comparando-se o VCP com o VTP, a taxa de desempenho da categoria possibilita saber se a rede de distribuição de uma marca é mais ou menos eficaz na venda da categoria da qual a marca faz parte, em comparação com sua eficácia média na venda de todas as categorias em que os membros dessa rede competem.

$$\text{Taxa de desempenho da categoria (\%)} = \frac{\text{VCP}(\%)}{\text{VTP}(\%)}$$

Se a taxa de desempenho da categoria de uma rede de distribuição for maior do que 1, então, as lojas que participam da rede têm desempenho comparativamente melhor na venda da categoria em questão do que na venda de outras categorias em relação ao mercado como um todo.

EXEMPLO: Como observado anteriormente, o VCP da rede de distribuição da Madre's Tortillas é de 81,8%. Seu VTP é de 84,9%. Assim, sua taxa de desempenho da categoria é de 0,96.

A Madre's Tortillas teve sucesso na obtenção de distribuição nas maiores lojas em seu mercado. As vendas de *tortillas* nessas lojas, porém, ficam ligeiramente abaixo da média de vendas de todos os produtos nas mesmas lojas, em relação ao mercado como um todo. Ou seja, as lojas que oferecem as *tortillas* Madre's demonstram um foco um pouco menos concentrado nas *tortillas* do que o universo total de lojas nesse mercado.

Fontes de dados, complicações e precauções

Em muitos mercados, existem fornecedores de dados, como A.C. Nielsen, que se especializam em coletar informações sobre distribuição. Em outros mercados, as empresas devem gerar seus próprios dados. Relatórios das equipes de vendas e faturas de embarque são um ponto de partida.

Para certas mercadorias – especialmente itens de baixo volume e alto valor –, é relativamente simples contar a quantidade limitada de lojas que oferecem determinado produto. Para produtos de maior volume e menor custo, meramente determinar o número de lojas que estocam um item pode ser um desafio e pode implicar pressuposições. Tomemos, por exemplo, a quantidade de lojas que vendem um determinado refrigerante. Para chegarmos a uma cifra precisa, teríamos que incluir as máquinas de venda automática e os vendedores de rua, bem como os supermercados tradicionais.

As vendas totais nas lojas com frequência são estimadas pela quantificação do espaço de venda (medido em metros quadrados) e aplicação dessa medida para médias de vendas por área no setor.

Na ausência de dados de vendas específicos da categoria, muitas vezes é útil ponderar o VTP para chegar a uma aproximação do VCP. Os profissionais de marketing devem saber, por exemplo, que as farmácias, em relação às suas vendas globais, vendem proporcionalmente mais quantidade de determinado produto do que as grandes lojas. Nesse caso, eles podem aumentar o peso das farmácias em relação às grandes lojas ao avaliarem a cobertura de distribuição relevante.

Métricas e conceitos relacionados

Exposição de embalagem: Exposição de embalagem é a visão frontal de uma única embalagem de um produto numa prateleira completamente preenchida.

Espaço para prateleira: Métrica que compara exposições de determinada marca com o total de posições de exposição disponíveis para quantificar a predominância de exibição da marca.

$$\text{Espaço de prateleira (\%)} = \frac{\text{Exposições para a marca (n}^{\text{o}}\text{)}}{\text{Total de exposições (n}^{\text{o}}\text{)}}$$

Medidas de loja *versus* medidas de marca: Os profissionais de marketing com frequência referem-se ao VTP de uma rede de supermercados. Isso pode ser tanto um valor em dólares (total de vendas da rede de todas as categorias no mercado geográfico relevante) quanto uma porcentagem (sua participação nas vendas em dólares no universo de lojas). O VTP de uma marca é simplesmente a soma dos VTPs das redes e lojas que estocam a marca. Assim, se uma marca for estocada por duas redes num mercado e essas redes tiverem VTP de 40% e 30% respectivamente, então, o VTP da rede de distribuição dessa marca será 30% + 40%, ou seja, 70%.

Os profissionais de marketing podem também referir-se à participação de mercado de uma rede numa categoria específica. Isso equivale ao VTP da rede (%). O

VCP de uma marca, por sua vez, representa a soma dos VCPs das redes que estocam a marca.

Estoque: É o nível de estoque físico mantido. Tipicamente, é medido em diferentes pontos de uma linha. Um lojista pode ter estoque em forma de pedidos aos fornecedores, em depósitos, em trânsito para as lojas, nos depósitos das lojas ou nas prateleiras.

Amplitude de distribuição: Pode ser mensurada pela quantidade de UMEs mantidas. Normalmente, uma empresa mantém uma ampla gama de UMEs – uma alta amplitude de distribuição – para os produtos que lhe interessa vender.

Apresentação na loja: Porcentagem de lojas que oferecem uma promoção em determinado período. Pode ser ponderado por produto ou pelo volume de todos os produtos (VTP).

VTP em exibição: Podem ser feitas distinções nas métricas de volume de todos os produtos para dar conta de onde os produtos estão sendo exibidos. Isso reduzirá a distribuição mensurada de produtos se eles não estiverem em posição para venda.

VTP em promoção: Os profissionais de marketing podem desejar mensurar o VTP de lojas onde um determinado produto está em promoção. Esse é um atalho útil para determinar a confiança do produto em promoção.

6.7 Métricas de rede de fornecimento

O rastreamento de logística de marketing inclui as seguintes métricas:

$$\text{Ausência de estoque (\%)} = \frac{\text{Lojas onde a marca ou produto é vendido mas não está disponível}}{\text{Total de lojas onde a marca ou produto é vendido (n}^\circ\text{)}}$$

$$\text{Níveis de atendimento; porcentagem de entrega no prazo (\%)} = \frac{\text{Entregas no prazo prometido (n}^\circ\text{)}}{\text{Todas as entregas iniciadas no período (n}^\circ\text{)}}$$

$$\text{Rotatividade de estoque (I)} = \frac{\text{Receitas do produto (\$)}}{\text{Estoque médio (\$)}}$$

O rastreamento logístico auxilia a verificar se as empresas estão atingindo a demanda de maneira eficaz e eficiente.

Propósito: Monitorar a eficácia de uma organização na gestão do processo de distribuição e logística.

A logística é o lugar onde o marketing pega a estrada. Muita coisa pode ser perdida no ponto de compra potencial se os produtos certos não forem entregues nas lojas adequadas no prazo previsto e em quantidades que correspondam à demanda dos clientes. Qual a dificuldade disso? Bem, garantir que a oferta satisfaça a demanda torna-se mais difícil quando:

- A empresa vende mais do que poucas unidades de manutenção de estoque (UMEs).
- Vários níveis de fornecedores, armazéns e lojas estão envolvidos no processo de distribuição.
- Os modelos dos produtos mudam com frequência.
- O canal oferece políticas de retorno favoráveis ao cliente.

Nesse campo complexo, monitorando métricas fundamentais e comparando-as com normas e orientações históricas, os profissionais de marketing podem determinar se o canal de distribuição está funcionando bem como uma rede de fornecimento para seus clientes.

Monitorando a logística, os profissionais de marketing podem investigar questões como: perdemos vendas porque os itens errados foram embarcados para uma loja que estava realizando uma promoção? Estamos sendo forçados a pagar pelo descarte de produtos obsoletos que ficaram muito tempo nos depósitos ou nas lojas?

Construção

Ausência de estoque: *Esta métrica quantifica a quantidade de lojas de varejo onde se espera que um item esteja disponível para os clientes, mas não está. Costuma ser expresso como porcentagem de lojas que vendem o item.*

$$\text{Ausência de estoque (\%)} = \frac{\text{Lojas onde a marca ou produto é vendido mas não está disponível (n}^\text{o}\text{)}}{\text{Total de lojas onde a marca ou produto é vendido (n}^\text{o}\text{)}}$$

Ser "vendido" por uma rede significa que um comprador central tem a distribuição "autorizada" de uma marca, UME ou produto no nível das lojas. Por várias razões, ser vendido nem sempre garante a presença na prateleira. Os gerentes locais podem não aprovar a "distribuição". Por outro lado, o produto pode ser distribuído mas estar todo vendido.

A ausência de estoque quase sempre é expressa em porcentagem. Os profissionais de marketing devem observar se uma porcentagem de ausência de estoque está baseada na distribuição numérica, VTP, VCP ou porcentagem de lojas distribuidoras de uma determinada rede.

A porcentagem em estoque é o complemento da porcentagem ausente de estoque. Uma taxa de 3% de ausência de estoque seria equivalente a uma taxa de 97% em estoque.

Ausência de estoque líquido de VCP: *VCP da rede de distribuição de determinado produto, ajustado para situações de ausência de estoque.*

Volume de categoria de produto (VCP), ausência de estoque líquido: Essa medida de ausência de estoque é calculada multiplicando-se o VCP por um fator que o ajusta para reconhecer situações de ausência de estoque. O fator de ajuste é simplesmente um menos o número de ausência de estoque.

$$\text{Volume de categoria de produto (VCP), ausente de estoque líquido (\%)} = \text{VCP (\%)} * [1 - \text{Ausente de estoque (\%)}]$$

Níveis de atendimento, porcentagem de entrega no prazo: Há diversas medidas de atendimento na logística de marketing. Uma medida muito comum é a de entrega no prazo. Essa métrica capta a porcentagem de pedidos de clientes (ou negócios) que são atendidos de acordo com o cronograma estabelecido.

$$\text{Níveis de atendimento, porcentagem de entrega no prazo (\%)} = \frac{\text{Entregas no prazo prometido (n}^\text{o}\text{)}}{\text{Todas as entregas iniciadas no período (n}^\text{o}\text{)}}$$

Os estoques, assim como a porcentagem de ausência de estoque e os níveis de atendimento, devem ser rastreados no nível de UMEs. Por exemplo, no monitoramento de estoque, um varejista de vestuário precisará conhecer não apenas a marca e o *design* dos produtos vendidos, como também o tamanho. Simplesmente saber que há 30 pares de botas de camurça para caminhadas, por exemplo, não é suficiente – especialmente se todas as botas forem do mesmo tamanho e não servirem para a maioria dos clientes.

Com o rastreamento do estoque, os profissionais de marketing podem determinar a porcentagem de produtos em cada estágio do processo logístico – no depósito, em trânsito para as lojas ou na própria loja, por exemplo. A importância dessa informação dependerá da estratégia de gestão de recursos da empresa. Algumas empresas procuram manter a maior parte de seu estoque nos depósitos, principalmente se contarem com um sistema de transporte eficiente para embarcar os produtos com rapidez para as lojas.

Rotatividade de estoque: A quantidade de vezes que o estoque é "mudado" num ano pode ser calculado com base nas receitas associadas com um produto e o nível de estoque mantido. Só é preciso dividir as receitas associadas com o produto em questão pelo nível médio de estoque daquele item. À medida que esse quociente aumenta, isso indica que o estoque do item está se movimentando rapidamente ao longo do processo. A rotatividade de estoque pode ser calculada por empresas, marcas ou UMEs e em qualquer nível da rede de distribuição, mas costuma ser mais relevante para clientes comerciais individuais. Observação importante: no cálculo de rotatividade de estoque, os valores em dólares, tanto para as vendas quanto para o estoque, devem ser declarados com base no custo ou no atacado, ou com base no varejo ou revenda, mas as duas bases devem ser misturadas.

$$\text{Rotatividade de estoque (I)} = \frac{\text{Receitas anuais do produto (\$)}}{\text{Estoque médio (\$)}}$$

Dias de estoque: Esta métrica também lança alguma luz sobre a velocidade com que o estoque se movimenta ao longo do processo de vendas. Para calculá-la, os profissionais de marketing dividem os 365 dias do ano pela quantidade de mudanças de estoque, produzindo o número médio de dias de estoque mantido por uma empresa. Por exemplo, se o estoque de um produto de uma empresa "mudou" 36,5 vezes num ano, essa empresa, em média, manteria 10 dias de estoque do produto. A alta rotatividade de estoque – e, por corolário, poucos dias de estoque – tende a aumentar a lucratividade através do uso eficiente do investimento de uma empresa em estoque. Mas também pode levar a maiores porcentagens de ausente de estoque e perdas de vendas.

$$\text{Dias de estoque (n}^{\text{o}}) = \frac{\text{Dias do ano (365)}}{\text{Rotatividade de estoque (I)}}$$

Os dias de estoque representam os dias de vendas que podem ser supridos pelo estoque presente em determinado momento. Visto de uma perspectiva um pouco diferente, esta cifra aconselha os gerentes de logística quanto ao tempo esperado até que acabe o estoque. Para calcular esse número, os gerentes dividem a receita do produto para o ano pelo valor dos dias de estoque, gerando as mudanças anuais esperadas para aquele nível de estoque. Isso pode ser facilmente convertido em dias usando-se a equação anterior.

EXEMPLO: Um varejista de vestuário mantém 600.000 dólares em meias no estoque no dia primeiro de janeiro e 800.000 dólares no dia 31 de dezembro seguinte. As receitas geradas pelas vendas de meias totalizaram 3,5 milhões de dólares durante o ano.

Para calcular o estoque médio de meias durante o ano, os gerentes podem tomar a média do valor inicial e final: ($600.000 + $800.000)/2 = $700.000 de estoque médio. Com base nisso, os gerentes podem calcular a rotatividade de estoque como segue:

$$\text{Rotatividade de estoque} = \frac{\text{Receitas do produto}}{\text{Estoque médio}}$$

$$= \frac{\$3.500.000}{\$700.000} = 5$$

Se o estoque muda cinco vezes por ano, esse número pode ser convertido em dias de estoque para mensurar o número médio de dias de estoque mantido durante o período.

$$\text{Dias de estoque} = \frac{\text{Dias do ano (365)}}{\text{Rotatividade de estoque}}$$

$$= \frac{365}{5} = 73 \text{ Dias de estoque}$$

Fontes de dados, complicações e precauções

Embora algumas empresas e redes de fornecimento mantenham sistemas sofisticados de acompanhamento de estoque, outras precisam calcular as métricas logísticas com base em dados menos precisos. Cada vez mais, os fabricantes também têm dificuldade em contratar pesquisas, já que os varejistas que reúnem esse tipo de informação tendem a restringir o acesso a elas ou cobrar altas taxas para fornecê-las. Com frequência, os únicos dados prontamente disponíveis podem ser retirados de auditorias incompletas das lojas ou relatórios feitos por vendedores sobrecarregados. De modo ideal, os profissionais de marketing gostariam de obter métricas confiáveis para:

- Unidades de estoque e valor monetário de cada UME em cada nível da rede de distribuição para cada um dos principais clientes.
- Ausente de estoque para cada UME, medida tanto no nível do fornecedor quanto no nível da loja.
- Porcentagem de pedidos dos clientes entregue no prazo e na quantidade correta.
- Contagens de estoque no sistema de acompanhamento que não estejam de acordo com a quantidade no estoque físico. (Isso facilitaria a medida de encolhimento ou furto.)

Quando se considera o valor monetário do estoque, é importante usar valores comparáveis em todos os cálculos. Como exemplo da incoerência e confusão que pode surgir nessa área, uma empresa poderia conferir valor a seu estoque na prateleira do varejo ao custo para a loja, o que poderia incluir uma aproximação de todos os custos diretos. Ou poderia verificar o valor do estoque para alguns fins ao preço de varejo. Essas cifras podem ser difíceis de conciliar com o custo de produtos comprados no armazém e também podem ser diferentes das cifras da contabilidade ajustadas para obsolescência.

Ao avaliarem o estoque, os gerentes também devem estabelecer um sistema de custos para itens que não podem ser rastreados individualmente. Esses sistemas incluem:

- **Primeiro a entrar, primeiro a sair (PEPS):** A primeira unidade de estoque recebida é a primeira debitada na venda.
- **Último a entrar, primeiro a sair (UEPS):** A última unidade de estoque recebida é a primeira debitada na venda.

A escolha de PEPS ou UEPS pode ter um impacto financeiro significativo em tempos de inflação. Nesses momentos, o PEPS manterá baixo o custo de mercadorias vendidas referindo-se esse número nos preços disponíveis iniciais. Simultaneamente, colocará o valor do estoque no mais alto nível possível – isto é, os preços mais recentes. O impacto financeiro do UEPS será o contrário.

Em alguns setores, a gestão de estoque é uma habilidade fundamental. Exemplos incluem o setor de confecções, em que os varejistas não podem ficar com modelos da estação anterior e o de tecnologia, em que o rápido desenvolvimento torna difícil a venda dos produtos passados apenas alguns meses.

Na gestão logística, as empresas devem ter cuidado para não criarem estruturas de compensação que levem a resultados aquém dos desejados. Um gerente de estoque recompensado somente por minimizar a medida de ausente de estoque, por exemplo, teria um claro incentivo para comprar demais – sem considerar os custos de manutenção do estoque. Neste campo, os gerentes devem garantir que os sistemas de incentivo sejam sofisticados o suficiente para não recompensar comportamentos indesejáveis.

As empresas também devem ser realistas quanto ao que será realizado na gestão de estoque. Na maioria das organizações, o único modo de ter estoque completo de todos os produtos o tempo todo é aumentar os estoques drasticamente. Isso envolverá altos custos com armazenamento. Prenderá grande parte do capital da empresa na compra de estoque. E resultará em dolorosas taxas de obsolescência para descarregar itens comprados a mais. Uma boa logística e uma boa gestão de estoque implica encontrar o equilíbrio exato entre dois objetivos conflitantes: minimizar os custos de manutenção de estoque e as perdas de vendas devido à falta de estoque.

Métricas e conceitos relacionados

Substituições em promoções: Estas medidas avaliam o efeito de uma loja não ter à disposição itens que foram colocados em promoção. Num exemplo característico, uma loja pode rastrear as ocorrências em que oferece aos clientes um item substituto porque o estoque de um item em promoção acabou. As substituições podem ser expressas como porcentagem de mercadorias vendidas ou, mais especificamente, como porcentagem de receitas codificadas para a promoção, mas geradas por vendas de itens não registrados no evento promocional.

Embarques incorretos: Mede quantos embarques não chegaram no prazo marcado ou nas quantidades devidas.

Deduções: Mede o valor de deduções de faturas ao cliente causadas por embarques incorretos ou incompletos, produtos danificados, devoluções ou outros fatores. Costuma ser útil distinguir as razões para deduções.

Obsolescência: É uma métrica vital para muitos varejistas, especialmente os envolvidos com moda e tecnologia. Normalmente é expressa como valor monetário de itens que são obsoletos ou como porcentagem do valor total do estoque que compreende itens obsoletos. Se a obsolescência for alta, então, a empresa mantém uma quantidade significativa de estoque que provavelmente só será vendido com um desconto considerável.

Encolhimento: Isto costuma ser um eufemismo para roubo. Descreve o fenômeno no qual o valor do estoque real está abaixo do valor do estoque registrado devido a uma redução inexplicável na quantidade de unidades existentes. Essa medida costuma ser calculada como valor monetário ou como porcentagem do valor total do estoque.

Vendas em funil: Vendas necessárias para suprirem canais de varejo e atacado com estoque suficiente para disponibilizarem um produto para venda (veja a Seção 6.5).

Compras de consumidores: Compras feitas pelos consumidores no varejo, em contraste com as compras feitas pelos varejistas ou atacadistas de seus fornecedores. Quando compras de consumidores forem maiores do que as taxas de venda do fabricante, os estoques diminuirão.

6.8 Lucratividade do UME: remarcações, MBRIE e RDP

As métricas de lucratividade para produtos e categorias de varejo costumam ser semelhantes a outras medidas de lucratividade, tais como margens unitárias e em porcentagem. No entanto, certos aperfeiçoamentos foram desenvolvidos para varejistas e distribuidores. As remarcações, por exemplo, são calculadas como uma razão de desconto do preço original cobrado. A margem bruta de retorno do investimento em estoque (MBRIE) é calculada como a margem dividida pelo custo do estoque e é expressa como "taxa" ou porcentagem. A rentabilidade direta do produto (RDP) é uma métrica que ajusta a margem bruta para outros custos, tais como armazenagem, manejo e abatimentos pagos pelos fornecedores.

$$\text{Remarcação (\%)} = \frac{\text{Redução no preço da UME (\$) do produto}}{\text{Preço inicial da UME (\$)}}$$

$$\text{Margem bruta de retorno do investimento em estoque (\%)} = \frac{\text{Margem bruta sobre vendas do produto no período (\$)}}{\text{Preço inicial da UME (\$)}}$$

Rentabilidade direta do produto ($) = Margem bruta ($) − Custos diretos do produto ($)

Monitorando as remarcações, os profissionais de marketing podem obter importantes informações sobre a lucratividade da UME. O MBRIE pode ser uma métrica vital para determinar se as taxas de vendas justificam as posições do estoque. A RDP é uma medida de lucro teoricamente poderosa que tem sido desconsiderada, mas que pode ser revivida de outras formas (por exemplo, custo com base na atividade).

Propósito: Avaliar a eficácia e a lucratividade das vendas de um produto individual e da categoria.

Os varejistas e distribuidores contam com diversas opções no que se refere aos produtos para estocar ou interromper o estoque à medida que abrem espaço para um fluxo contínuo de novas ofertas. Mensurando a lucratividade de unidades de manutenção de estoque (UMEs) individualmente, os gerentes desenvolvem a percepção necessária para otimizarem as seleções de produtos. As métricas de lucratividade também são úteis nas decisões relativas ao estabelecimento de preços, apresentação e campanhas promocionais.

As cifras que afetam ou refletem a lucratividade no varejo incluem as remarcações, o margem bruta de retorno do investimento em estoque e a rentabilidade direta do produto. Considerando-se cada uma delas:

As remarcações nem sempre são aplicadas a produtos de baixa movimentação. No entanto, remarcações em excesso de orçamento são quase sempre consideradas como indicadores de erros no sortimento de produtos, estabelecimento de preços ou promoção. As remarcações costumam ser expressas como porcentagem do preço regular. Como métrica isolada, a remarcação é difícil de interpretar.

O margem bruta de rotorno do investimento em estoque (MBRIE) aplica o conceito de retorno sobre o investimento ao que muitas vezes é o elemento crucial do capital de giro do varejista: seu estoque.

A rentabilidade direta do produto (RDP) compartilha muitas características com o custo baseado na atividade custo ABC. No custo ABC, uma ampla gama de custos é ponderada e alocada a produtos específicos através de direcionadores de custos – fatores que fazem com que se incorra em custos. Ao mensurarem a RDP, os varejistas colocam itens de linha, como armazenagem, manejo, abatimentos do fabricante, garantias e planos de financiamento, nos cálculos de ganhos sobre vendas de produtos específicos.

Construção

Remarcação: Esta métrica quantifica as reduções de chão de fábrica no preço de uma UME. Pode ser expressa com base em unidades ou como um total para a UME. Também pode ser calculada em dólares ou como porcentagem do preço inicial do item.

$$\text{Remarcação (\$)} = \text{Preço inicial da UME (\$)} - \text{Preço real de venda (\$)}$$

$$\text{Remarcação (\%)} = \frac{\text{Remarcação (\$)}}{\text{Preço inicial da UME(\$)}}$$

Margem bruta de rotorno do investimento em estoque (MBRIE): Esta métrica quantifica a lucratividade de produtos em relação com o investimento em estoque necessário para tornar esses produtos disponíveis. É calculada dividindo-se a margem bruta sobre vendas do produto pelo custo do estoque relevante.

$$\text{Margem bruta sobre investimento em estoque (\%)} = \frac{\text{Margem bruta sobre vendas do produto no período (\$)}}{\text{Valor médio do estoque ao preço de custo (\$)}}$$

Rentabilidade direta do produto (RDP)

A rentabilidade direta do produto está baseada em um conceito simples, mas pode ser difícil mensurá-la na prática. Seu cálculo consiste de diversos estágios. O primeiro é a determinação da margem bruta dos produtos em questão. Esta cifra de margem bruta é então modificada para dar conta de outras receitas associadas com o produto, tais como abatimentos promocionais dos fornecedores ou pagamentos de empresas financiadoras que saem ganhando com sua venda. A margem bruta ajustada é então reduzida por uma alocação de custos diretos do produto, descritos a seguir.

Custos diretos do produto: São os custos de levar o produto aos clientes. Eles costumam incluir armazenagem, distribuição e custos de loja.

Custos diretos do produto (\$) = Custos diretos de armazenagem (\$) + Custos diretos de transporte (\$) + Custos diretos de loja (\$)

Rentabilidade direta do produto (RDP): A rentabilidade direta do produto representa a margem bruta de um produto menos os custos diretos do produto.

Conforme observamos anteriormente, o conceito de RDP é muito simples. No entanto, podem surgir dificuldades no cálculo ou na estimativa dos custos relevantes. Normalmente, um elaborado sistema de custo ABC é necessário para gerar custos diretos para UMEs individuais. A RDP tem sido deixada um pouco de lado em função dessas dificuldades.

Outras métricas foram desenvolvidas, porém, no esforço de se obter uma estimativa mais refinada e precisa da "verdadeira" lucratividade de UMEs individuais, incorporando-se como fatores os custos de receber, armazenar e vender as UMEs. As variações entre produtos nos níveis desses custos podem ser muito significativas. No setor de supermercados, por exemplo, o custo para armazenar e colocar nas prateleiras alimentos congelados é muito maior – por unidade ou por dólar de vendas – do que o custo para armazenar e colocar nas prateleiras alimentos enlatados.

Rentabilidade direta do produto (\$) = Margem bruta ajustada (\$) − Custos diretos do produto (\$)

EXEMPLO: O varejista de vestuário citado anteriormente quer sondar um pouco mais a lucratividade de sua linha de estoque. Para isso, reúne as seguintes informações. Para esse varejista, as meias geram abatimentos – em essência, taxas pagas pelo fabricante ao varejista como compensação por espaço nas prateleiras – na quantia de 50.000 dólares por ano. Os custos de armazenamento para o varejista chegam a 10 milhões de dólares anuais. As meias consomem 0,5% do espaço de armazenagem. Os custos estimados de distribuição e de loja associados com as meias chegam a 80.000 dólares.

Com essas informações, o varejista calcula uma margem bruta ajustada para sua linha de meias.

$$\text{Margem bruta ajustada} = \text{Margem bruta} + \text{Margem adicional}$$
$$= \$350.000 + \$50.000$$
$$= \$400.000$$

Então, o varejista calcula os custos diretos do produto para sua linha de meias.

Custos diretos do produto = Custos de distribuição e de loja + Custos de armazenagem
= $80.000 + (0,5% * $10.000.000)
= $80.000 + $50.000
= $130.000

Com base nisso, o varejista calcula a rentabilidade direta do produto de sua linha de meias.

RDP = Margem bruta − Custos diretos do produto
= $400.000 − $130.000
= $270.000

Fontes de dados, complicações e precauções

Para cálculos de MBRIE, é necessário determinar o valor do estoque mantido ao preço de custo. De modo ideal, isso será um valor médio para o período a ser considerado. A média do estoque mantido no início e no fim do período costuma ser utilizada como um substituto e geralmente – mas nem sempre – é uma aproximação aceitável. Para fazer o cálculo do MBRIE, também é necessário calcular uma margem bruta.

Uma das principais considerações na avaliação da rentabilidade direta do produto é a habilidade da organização de capturar grandes quantidades de dados exatos para análise. O cálculo da RDP exige uma estimativa dos custos de armazenagem, distribuição, de loja e outros custos atribuíveis ao produto. Para reunir esses dados, pode ser necessário verificar todos os custos de distribuição e dividi-los de acordo com os direcionadores de custos identificados.

O estoque mantido e, dessa forma, o custo de mantê-lo, pode mudar consideravelmente com o passar do tempo. Apesar de geralmente ser possível aproximar o estoque médio ao longo de um período fazendo-se a média dos níveis iniciais e finais de um item da linha, esse nem sempre vai ser o caso. Fatores sazonais podem perturbar esses cálculos. Além disso, uma empresa pode manter substancialmente mais – ou menos – estoque durante um ano do que no seu início ou fim. Isso pode ter um grande impacto sobre qualquer cálculo da RDP.

A RDP também exige a medida das receitas secundárias associadas às vendas dos produtos.

A rentabilidade direta do produto possui grande força conceitual. Ela tenta explicar a ampla gama de custos em que os varejistas incorrem ao passarem um produto aos clientes e, desse modo, auxilia a produzir uma medida mais realista da lucratividade do produto. O único ponto fraco significativo nessa métrica é sua complexidade. Poucos varejistas conseguem implementá-la. Muitas empresas continuam tentando compreender seu conceito subjacente, no entanto, através de programas como os de custos com base na atividade.

Métricas e conceitos relacionados

Margem de cesta de compras: *Margem de lucro sobre toda uma transação de varejo, que pode incluir uma série de produtos. Essa transação agregada é denominada "cesta" de compras que um consumidor faz.*

Um fator-chave na lucratividade de uma empresa é sua capacidade de vender produtos secundários além de suas ofertas principais. Em algumas empresas, mais lucro pode ser gerado com os acessórios do que por meio do produto central. Vendas de bebidas e lanches em cinemas são um ótimo exemplo. Com isso em mente, os profissionais de marketing devem compreender o papel de cada produto dentro do conjunto de ofertas agregadas de sua empresa – seja ele um veículo para gerar tráfego de clientes ou para aumentar o tamanho da cesta de cada cliente ou para maximizar os ganhos com aquele item.

Referências e leitura sugeridas

Wilner, J.D. (1998). *7 Secrets to Successful Sales Management. The Sales Manager's Manual*, Boca Raton: St. Lucie Press.

Zoltners, A.A., P. Sinha, and G.A. Zoltners. (2001). *The Complete Guide to Accelerating Sales Force Performance*, Nova York: Amacom.

Capítulo 7

Estratégia de preços

Principais conceitos abordados neste capítulo:

Preço premium
Preço de reserva
Porcentagem de bom preço
Elasticidade de preço da demanda

Preços ótimos, demanda linear e constante
Elasticidade de preços "própria", "cruzada" e "residual"

"O custo da... falta de sofisticação na formação de preços cresce diariamente. Os clientes e concorrentes que operam globalmente num ambiente de marketing complexo estão transformando pensamentos banais sobre a formação de preços em uma séria ameaça ao bem-estar financeiro da empresa".[1]

Uma avaliação completa das estratégias e táticas de formação de preços está muito além do escopo deste livro. No entanto, existem métricas e conceitos fundamentais para a análise das alternativas de preços e este capítulo vai abordá-los.

Primeiro, descrevemos vários dos métodos mais comuns para calcular variações para preço premium – também chamados de preços relativos.

Em seguida, discutimos os conceitos que formam a base das relações preço/quantidade – também conhecidos como funções de demanda ou curvas de demanda. Essas incluem preços de reserva e porcentagem de bom preço.

Na terceira seção, explicamos a definição e o cálculo de elasticidade de preços, um índice da resposta de mercado às mudanças de preços frequentemente utilizado. Essa medida relativamente simples de mudanças percentual em volumes e preços, na prática, é complicada por variações de medida e interpretação.

Para os gerentes, o propósito de compreender a elasticidade de preços é melhorar a formação dos preços. Com isso em mente, dedicamos uma seção para a determinação de preços ótimos para os dois principais tipos de funções de demanda: elasticidade linear e constante. A parte final deste capítulo aborda a questão de a elasticidade ser calculada de uma maneira que incorpore prováveis reações competitivas. Três tipos de elasticidade são explicados – "própria", "cruzada" e "residual". Embora pareçam, à primeira vista, estar baseadas em distinções sutis ou pedantes, elas têm grandes implicações pragmáticas. O conceito conhecido do dilema do prisioneiro ajuda a explicar sua importância.

	Métrica	Construção	Considerações	Propósito
7.1	Preço premium	Porcentagem pela qual o preço de uma marca excede um preço de referência.	Referências incluem o preço médio pago, o preço cobrado, o preço médio apresentado e o preço de um concorrente importante. Os preços podem ser comparados em qualquer nível no canal e podem ser calculados na forma bruta ou líquida de descontos e reduções.	Medir como o preço de uma marca se compara com os de sua concorrência.
7.2	Preço de reserva	Valor máximo que um indivíduo está disposto a pagar por um produto.	Os preços de reserva são difíceis de observar.	Um modo de conceituar uma curva de demanda é a agregação de preços de reserva de clientes potenciais.
7.2	Porcentagem de bom preço	Proporção de clientes que consideram que um produto é de bom preço – isto é, tem um preço de venda abaixo de seu preço de reserva.	Mais fácil de observar do que os preços de reserva individuais.	Uma segunda forma de conceituar uma curva de demanda é como agregação de preços de reserva entre porcentagem de bom valor e preço.
7.3	Elasticidade de preço da demanda	Resposta da demanda a uma pequena mudança de preço, expressa como razão de porcentagens	Para demanda linear, as projeções lineares baseadas na elasticidade são precisas, mas a elasticidade muda com o preço. Para demanda de elasticidade constante, as projeções lineares são aproximadas, mas a elasticidade é a mesma para todos os preços.	Mede a resposta de quantidade às mudanças de preço. Se há um preço ótimo, a margem é o inverso negativo da elasticidade

Continua

	Métrica	Construção	Considerações	Propósito
7.4	Preço ótimo	Para a demanda linear, o preço ótimo é a média do custo variável e do preço de reserva máximo. Para a elasticidade constante, o preço ótimo é uma função conhecida do custo variável e da elasticidade. Em geral, o preço ótimo é o preço que maximiza a contribuição depois de se determinar como a quantidade muda com o preço.	As fórmulas de preço ótimo são adequadas somente se o custo variável por unidade é constante e não há outra consideração estratégica.	Determinar rapidamente o preço que maximiza a contribuição
7.5	Elasticidade residual	A elasticidade residual é a elasticidade "própria" mais o produto da elasticidade de reação do concorrente e da elasticidade cruzada.	Baseia-se na suposição de que a reação do concorrente às mudanças de preço de uma empresa é previsível	Mensurar a resposta de quantidade às mudanças de preço após dar conta das reações da concorrência.

7.1 Preço premium

Preço premium, ou preço relativo, é a porcentagem pela qual o preço de venda de um produto excede (ou fica aquém de) um preço de referência.

$$\text{Preço premium (\%)} = \frac{[\text{Preço da marca A (\$)} - \text{Preço de referência (\$)}]}{\text{Preço de referência (\$)}}$$

Os profissionais de marketing precisam monitorar os preços premium como indicadores iniciais de estratégias competitivas de preços. Mudanças no preço premium também podem ser sinais de escassez do produto, excesso de estoque ou outras mudanças na relação entre a oferta e a demanda.

Propósito: Avaliar a formação de preços dos produtos no contexto da concorrência de mercado.

Apesar de haver várias referências úteis com os quais um gerente pode comparar o preço de uma marca, todos eles tentam mensurar o "preço médio" no mercado. Comparando o preço de uma marca com a média do mercado, os gerentes podem obter informações valiosas sobre sua força, especialmente se virem essas descobertas no contexto de mudanças de volume e de participação de mercado. De fato, o preço premium – também conhecido como preço relativo – é uma métrica comumente usada entre profissionais de marketing e altos administradores. Sessenta e três por cento das empresas relatam os preços relativos de seus produtos às suas diretorias, de acordo com uma recente pesquisa realizada nos Estados Unidos, no Reino Unido, na Alemanha, no Japão e na França.[2]

Preço premium: *Porcentagem pela qual o preço cobrado por uma determinada marca excede (ou fica aquém de) um preço de referência estabelecido para um produto ou cesta de produtos similar. O preço premium também é conhecido como preço relativo.*

Construção

No cálculo do preço premium, os gerentes devem especificar um preço de referência. Normalmente, o preço da marca em questão será incluído nessa referência e todos os preços na referência valerão para um volume equivalente de produto (por exemplo, preço por litro). Existem pelo menos quatro referências comumente utilizadas:

- O preço de um concorrente ou de concorrentes específicos.
- O preço médio pago: preço médio ponderado de vendas unitárias na categoria.
- O preço médio apresentado: preço médio ponderado por apresentação na categoria.
- Preço médio cobrado: preço médio simples (não ponderado) na categoria.

Preço de um concorrente específico: *O cálculo mais simples de preço premium envolve a comparação do preço de uma marca com o de um concorrente direto.*

EXEMPLO: A empresa de Ali vende água mineral "gO2" no mercado interno dos EUA 12% mais caro do que sua principal concorrente. Ali gostaria de saber se o mesmo preço premium será mantido no mercado turco, onde a gO2 enfrenta uma concorrência bem diferente. Ele observa que a água mineral gO2, na Turquia, é vendida por 2 liras turcas por litro, enquanto a principal concorrente, Essence, é vendida por 1,9 lira turca por litro.

$$\text{Preço premium} = \frac{(2,0 \text{ LT} - 1,9 \text{ LT})}{1,9 \text{ LT}}$$

$$= \frac{0,1 \text{ LT}}{1,9 \text{ LT}} = \text{Preço premium de 5,3\% em relação a Essence}$$

Ao avaliar o preço premium de uma marca em relação a diversos concorrentes, os gerentes podem utilizar como sua referência o preço médio de um grupo selecionado desses concorrentes.

Preço médio pago: *Outra referência útil é o preço médio que os clientes pagam por marcas em determinada categoria. Esta média pode ser calculada de pelo menos duas maneiras: (1) como razão da receita total da categoria e do total das vendas unitárias da categoria ou (2) como preço médio ponderado por unidade na categoria. Observe que o preço médio pago inclui a marca que está sendo considerada.*

Também devemos observar que as mudanças nas participações unitárias afetarão o preço médio pago. Se uma marca de baixo preço roubar participações de uma rival de preços mais altos, o preço médio pago declinará. Isso poderá fazer com que o preço premium de uma empresa (calculado utilizando-se o preço médio pago como referência) aumente, mesmo se seu preço absoluto não mudar. De forma semelhante, se uma marca tiver preço premium, essa variação declinará à medida que ela obtiver participação. A razão: um ganho de participação de mercado por uma marca que tenha preço premium fará com que o preço médio geral pago em seu mercado aumente. Isto, por sua vez, reduzirá o diferencial de preço entre essa marca e a média de mercado.

EXEMPLO: Ali deseja comparar o preço de sua marca com o preço médio pago por produtos semelhantes no mercado. Ele observa que a gO2 é vendida por 2,0 liras turcas por litro e tem 20% de vendas unitárias no mercado. Sua concorrente superior, Panache, é vendida por 2,1 liras turcas e desfruta de 10% de participação de mercado. A Essence é vendida por 1,9 lira turca e tem 20% de participação. Finalmente, a marca mais mais barata, Besik, é vendida por 1,2 lira turca e desfruta de 50% do mercado.

Ali calcula o preço médio pago ponderado como $(20\% * 2) + (10\% * 2,1) + (20\% * 1,9) + (50\% * 1,2) = 1,59$ lira turca.

$$\text{Preço premium (\%)} = \frac{(2,00 - 1,59)}{1,59}$$

$$= \frac{0,41}{1,59}$$

$$= 25,8\%$$

Para calcular o preço premium usando a referência de preço médio pago, os gerentes também podem dividir a participação de uma marca no mercado em termos de valor por sua participação em termos de volume. Se as participações de mercado em valor e em volume forem iguais, não haverá preço premium. Se a participação em valor for maior do que a participação em volume, então o preço premium será positivo.

$$\text{Preço premium (\%)} = \frac{\text{Participação de mercado em receita (\%)}}{\text{Participação de mercado unitária (\%)}}$$

Preço médio cobrado: *O cálculo do preço médio pago requer conhecimento das vendas ou participações de cada concorrente. Uma referência muito mais simples é o preço médio cobrado – o preço médio simples não ponderado das marcas na categoria. Esta referência requer conhecimento somente dos preços. Consequentemente, o preço premium calculado usando esta referência não é afetado por mudanças nas participações unitárias. Por esta razão, esta referência atende a um propósito um pouco diferente. Ela capta como o preço de uma marca se compara aos preços estabelecidos por suas concorrentes, sem considerar as reações dos clientes a esses preços. Também trata todos os concorrentes igualmente no cálculo da referência de preço. Grandes e pequenos concorrentes são igualmente ponderados quando se calcula o preço médio cobrado.*

EXEMPLO: Usando os dados anteriores, Ali também calcula o preço médio cobrado na categoria de água mineral como $(2 + 2{,}1 + 1{,}9 + 1{,}2)/4 = 1{,}8$ lira turca.

Usando o preço médio cobrado como sua referência, Ali calcula o preço premium da gO2 como

$$\text{Preço premium (\%)} = \frac{(2{,}0 - 1{,}8)}{1{,}8}$$

$$= \frac{0{,}2}{1{,}8}$$

$$= 11{,}1\% \text{ de preço premium}$$

Preço médio apresentado: *A referência conceitualmente situada entre o preço médio pago e o preço médio cobrado é o preço médio apresentado. Os gerentes de marketing que buscam uma referência que capte diferenças na escala e na força da distribuição da marca podem ponderar o preço de cada marca em proporção a uma medida numérica de distribuição. Medidas típicas de força de distribuição incluem a distribuição numérica, VTP (%) e CVP (%).*

EXEMPLO: Ali calcula o preço médio apresentado usando a distribuição numérica.

A marca de Ali, gO2, com preço de 2 liras turcas, é distribuída em 500 das 1.000 lojas que vendem água engarrafada. A Panache é vendida por 2,1 liras turcas e estocada por 200 lojas. A Essence é vendida por 1,9 lira turca em 400 lojas. A Besik tem o preço de 1,2 lira turca e está presente em 900 lojas.

Ali calcula a ponderação relativa com base na distribuição numérica. O total de lojas é 1.000. As ponderações são, portanto, para gO2, 500/1.000 = 50%; para Panache, 200/1.000 = 20%; para Essence, 400/1.000 = 40%; e para Besik, 900/1.000 = 90%. Como as ponderações, assim, totalizam 200%, ao se calcular o preço médio apresentado, a soma dos preços ponderados deve ser dividida por esse número, como segue:

$$\text{Preço médio apresentado} = \frac{(2*50\%) + (2,1*20\%) + (1,9*40\%) + (1,2*90\%)]}{200\%}$$

$$= 1,63 \text{ lira turca}$$

$$\text{Preço premium (\%)} = \frac{(2,00 - 1,63)}{1,63}$$

$$= \frac{0,37}{1,63}$$

$$= 22,7\% \text{ de preço premium}$$

Fontes de dados, complicações e precauções

Há vários aspectos práticos do cálculo do preço premium que merecem ser mencionados. Os gerentes podem achar mais fácil selecionar alguns concorrentes principais e focalizar sua análise e comparação neles. Costuma ser difícil obter dados confiáveis sobre os concorrentes menores.

Os gerentes devem ter cuidado ao interpretar o preço premium. Diferentes referências mensuram diferentes tipos de preço premium e devem ser interpretados de acordo.

O preço premium pode ser negativo? Sim. Apesar de geralmente expresso em termos que implicam somente valores positivos, o preço premium pode ser negativo. Se uma marca não estabelecer um preço premium positivo, um concorrente o fará. Consequentemente, exceto no evento improvável de que todos os preços sejam exatamente iguais, os gerentes podem desejar falar em termos de preços premium positivos. Quando o preço de determinada marca estiver na extremidade baixa do mercado, os gerentes poderão dizer que a concorrência mantém um preço premium de determinado valor.

Devemos usar os preços do varejo, do fabricante ou do distribuidor? Cada um deles é útil para compreender a dinâmica do mercado em seu nível. Quando os produtos tiverem diferentes margens de canal, sua variação para preço premium difere, dependendo do canal considerado. Ao declarar um preço premium, os gerentes devem especificar o nível ao qual ele se aplica.

Os preços em cada nível podem ser calculados com base bruta, ou líquida de descontos, reduções e cupons. Especialmente quando se lida com distribuidores ou varejistas, é provável que haja diferenças substanciais entre os preços de venda do fabricante (preços de compra do varejo), dependendo do ajuste de descontos e reduções.

Métricas e conceitos relacionados

Preço premium teórico: É a diferença de preço que tornaria os clientes potenciais indiferentes entre dois produtos concorrentes. Representa um uso diferente do termo "preço premium" cuja popularidade está crescendo. O preço premium teórico também pode ser encontrado por meio de uma análise conjunta, utilizando-se a marca como um atributo. Trata-se do ponto em que os consumidores ficariam indiferentes entre um item de marca conhecida e um outro de marca desconhecida, ou entre duas marcas diferentes. Chamamos isso de preço premium teórico porque não há garantia de que os preços premium observados no mercado assumirão esse valor. (Veja a Seção 4.5 para uma explicação de análise conjunta).

7.2 Preço de reserva e porcentagem de bom preço

O preço de reserva é o valor que um cliente atribui a um produto. Expressa o valor máximo que um indivíduo está disposto a pagar. A porcentagem de bom preço representa a proporção de clientes que acreditam que determinado preço é "um bom preço" para determinado produto.

Existem métricas úteis para a avaliação do preço e do valor para o cliente.

Propósito

Os preços de reserva oferecem uma base para estimar as funções de demanda dos produtos em situações em que outros dados não estão disponíveis. Também fornecem aos profissionais de marketing uma visão da latitude da formação dos preços. Quando não é possível ou conveniente perguntar aos clientes sobre seus preços de reserva, a porcentagem de bom preço pode servir como um substituto para essa métrica.

Construção

Preço de reserva: *Preço acima do qual um cliente não comprará um produto. Também conhecido como preço máximo a pagar.*

Porcentagem de bom valor: *Proporção de clientes que percebem que um produto representa um bom preço, ou seja, possui um preço de venda igual ou abaixo do seu preço de reserva.*

A título de exemplo, vamos situar um mercado que consiste em 11 indivíduos com os seguintes preços de reserva para determinado produto: $30, $40, $50, $60,

$70, $80, $90, $100, $110, $120 e $130. O fabricante desse produto tenta definir seu preço. Claramente, poderia ser melhor do que oferecer um único preço. Por enquanto, porém, vamos supor que preços individualizados fossem impraticáveis. O custo variável para produzir o produto é de 60 dólares por unidade.

Com esses preços de reserva, o fabricante poderia esperar vender 11 unidades por $30 ou menos, 10 unidades por um preço maior do que 30 dólares, mas menor do que ou igual a $40 e assim por diante. Não faria venda a um preço unitário maior do que $130. (Por conveniência, supomos que as pessoas comprem pelo seu preço de reserva. Essa suposição é coerente com o fato de um preço de reserva ser o *máximo* que um indivíduo está disposto a pagar).

A Tabela 7.1 mostra a relação preço/quantidade, juntamente com a contribuição para a empresa em cada preço possível.

Uma tabela de quantidades esperadas em cada um dos preços costuma ser chamada de gráfico (ou curva) de demanda. Este exemplo mostra que se pode conceituar uma curva de demanda como acumulação de preços de reserva individuais. Apesar de na prática ser difícil mensurar os preços de reserva individuais, o objetivo é simplesmente ilustrar o uso de preços de reserva nas decisões sobre preços. Nesse exemplo, o preço ótimo – ou seja, o preço que maximiza a contribuição total – é $100. Com esse preço, o fabricante espera vender quatro unidades. Sua margem de contribuição é de $40, produzindo uma contribuição total de $160.

Tabela 7.1 Relação preço/quantidade

Preço	% de bom preço	Quantidade	Contribuição total
$20	100,00%	11	–$440
$30	100,00%	11	–$330
$40	90,91%	10	–$200
$50	81,82%	9	–$90
$60	72,73%	8	$0
$70	63,64%	7	$70
$80	54,55%	6	$120
$90	45,45%	5	$150
$100	36,36%	4	$160
$110	27,27%	3	$150
$120	18,18%	2	$120
$130	9,09%	1	$70
$140	0,00%	0	$0
$150	0,00%	0	$0

O custo variável é $60 por unidade.

Este exemplo também ilustra o conceito de excedente do consumidor. A $100, o fabricante vende três itens a um preço menor do que os preços de reserva dos clientes. O consumidor com preço de reserva de $110 usufrui de um excedente de $10. O consumidor com o preço de reserva de $120 recebe um excedente de $20. Finalmente, o consumidor com o maior preço de reserva, $130, recebe um excedente de $30. Do ponto de vista do fabricante, o excedente total do consumidor – $60 – representará uma oportunidade para aumento de contribuição se puder encontrar uma forma de captar esse valor não declarado.

Fontes de dados, complicações e precauções

Encontrar os preços de reserva não é tarefa fácil. Duas técnicas muito usadas para a compreensão desta métrica são as seguintes:

- **Leilões de segundo preço:** Num leilão desse tipo, quem der o maior lance vence, mas paga somente a quantia do segundo lance mais alto. A teoria de leilões sugere que quando os indivíduos dão lances para itens de valor conhecido em tais leilões, eles têm um incentivo para apresentar seus preços de reserva. Algumas técnicas de pesquisa foram criadas para imitar esse processo. Em uma delas, os clientes são solicitados a indicar seus preços para determinado item, com a compreensão de que esses preços serão depois submetidos a um sorteio. Se o preço sorteado for menor do que o indicado, o respondente poderá comprar o item pelo preço sorteado.
- **Análise conjunta:** Nesta técnica analítica, os profissionais de marketing podem compreender as percepções dos clientes no que se refere ao valor de qualquer conjunto de atributos através das compensações que estão dispostos a fazer.

Tais testes, no entanto, podem ser difíceis de construir e podem não ser práticos em muitas circunstâncias. Consequentemente, como técnica substituta, os profissionais de marketing podem mensurar a porcentagem de bom preço. Em vez de tentar saber qual o preço de reserva de cada cliente, pode ser mais fácil testar alguns preços perguntando aos clientes se eles consideram que um item é de "bom preço" em cada um desses preços.

Demanda linear

A relação quantidade/preço formada por acumulação de preços de reserva pode assumir diversos formatos. Quando a distribuição de preços de reserva for uniforme – quando os preços de reserva tiverem intervalos iguais, como em nosso exemplo –, o gráfico de demanda será linear (veja a Figura 7.1). Isto é, cada incremento no preço reduzirá a quantidade por uma quantia igual. Como a função linear está longe de ser a representação mais comum de demanda, descrevemos esta função na medida em que ela se relaciona com a distribuição de preços de reserva subjacentes.

São necessários apenas dois pontos para determinar uma linha reta. Do mesmo modo, são necessários somente dois parâmetros para escrever uma equação para essa

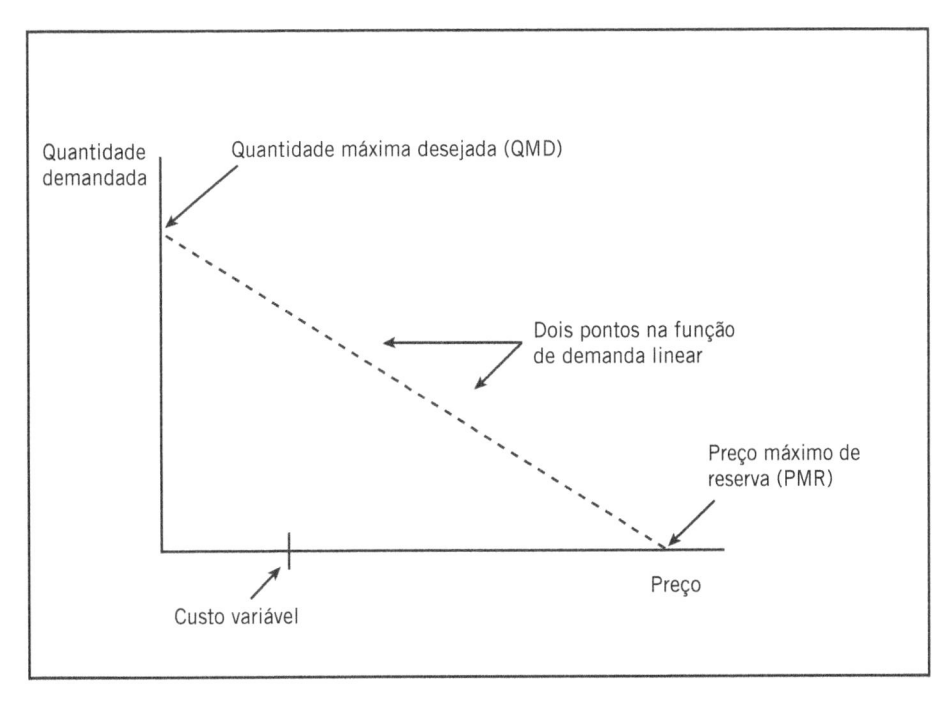

Figura 7.1 Quantidade máxima desejada e preço máximo de reserva.

linha. Em geral, a equação é escrita como Y = *m*X + *b*, em que *m* é a inclinação da linha e *b* é o ponto de interceptação do eixo Y.

No entanto, uma linha também pode ser definida em termos dos dois pontos em que ela cruza os eixos. No caso da demanda linear, esses pontos de cruzamento (interceptações) têm interpretações administrativas úteis.

A interceptação do eixo de quantidade pode ser vista como uma representação da quantidade máxima desejada (QMD). Este é o total de clientes potenciais para um produto. Uma empresa pode atender todos esses clientes somente ao preço zero. Supondo-se que cada cliente potencial compre apenas uma unidade, a QMD será a quantidade vendida quando o preço for igual a zero.

A interceptação do eixo de preço pode ser vista como o preço máximo de reserva (PMR), que é um número ligeiramente maior do que o maior preço de reserva entre todos os que estão dispostos a pagar. Se uma empresa colocar o preço de seu produto no PMR ou acima dele, ninguém o comprará.

Preço máximo de reserva: *O menor preço em que a quantidade demandada é igual a zero.*

Quantidade máxima desejada (QMD): *Quantidade que os clientes desejarão "comprar" quando o preço de um produto for zero. É um conceito artificial usado para ancorar uma função de demanda linear.*

Numa curva de demanda linear definida por QMD e PMR, a equação para quantidade (Q) como função do preço (P) pode ser escrita como segue:

$$Q = (QMD) * [1 - \frac{P}{PMR}]$$

■───────────────────────────

EXEMPLO: Erin sabe que a demanda por seu refrigerante é uma função de preço linear simples. Ela pode vender 10 unidades ao preço zero. Quando o preço atingir cinco dólares por unidade, a demanda cairá a zero. Quantas unidades Erin venderá se o preço for $3 (veja a Figura 7.2)?

Demanda linear: Preço e quantidade demandada

[Gráfico mostrando linha decrescente de (0, 10) a (5, 0), com "Quantidade máxima desejada" apontando para o ponto (0, 10) e "Preço máximo de reserva" apontando para o ponto (5, 0). Eixo Y: Quantidade demandada (0 a 12). Eixo X: Preço ($0 a $5).]

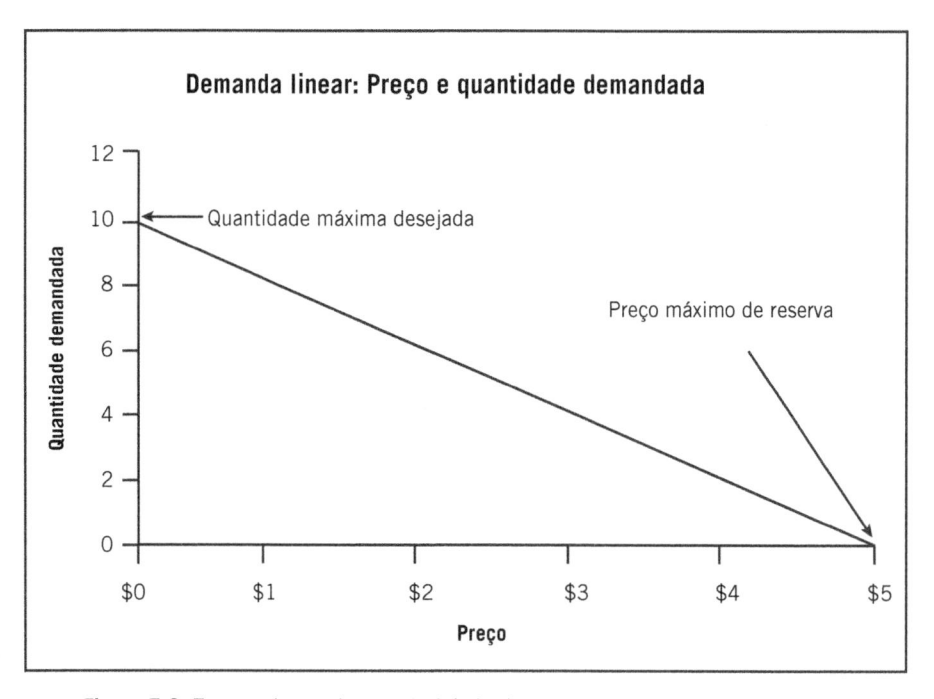

Figura 7.2 Função (preço/quantidade) de demanda linear simples.

Para o refrigerante de Erin, o PMR (Preço Máximo de Reserva) é cinco dólares e a QMD (Quantidade Máxima Desejada) é 10 unidades. A um preço de $3, Erin venderá 10 * (1 − $3/$5), ou seja, quatro unidades.

───────────────────────────■

Quando a demanda for linear, quaisquer dois pontos na função de demanda preço/quantidade poderão ser usados para determinarem **PMR** e **QMD**. Se P_1 e Q_1 representarem o primeiro ponto preço/quantidade na linha e P_2 e Q_2 representarem o segundo, então, as duas equações seguintes poderão ser utilizadas para calcularem **QMD** e **PMR**.

$$QMD = Q_1 - (\frac{Q_2 - Q_1}{P_2 - P_1}) * P_1$$

$$PMR = P_1 - (\frac{P_2 - P_1}{Q_2 - Q_1})$$

EXEMPLO: No começo deste capítulo conhecemos uma empresa que vende cinco unidades ao preço de $90 e três unidades ao preço de $110. Se a demanda for linear, quais são a **QMD** e o **PMR**?

$$\begin{aligned}
QMD &= 5 - (-2/\$20) * \$90 \\
&= 5 + 9 \\
&= 14 \\
PMR &= \$90 - (\$20/-2) * 5 \\
&= \$90 + \$50 \\
&= \$140
\end{aligned}$$

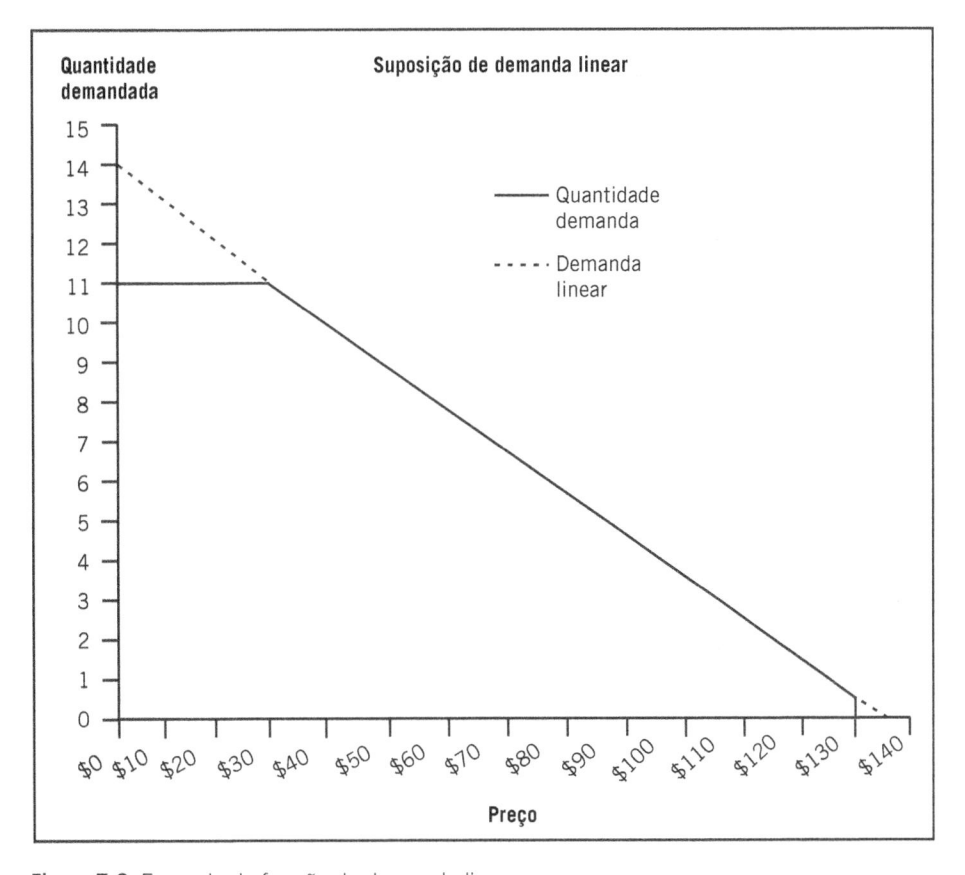

Figura 7.3 Exemplo de função de demanda linear.

equação para quantidade como função do preço é, então:

$$Q = 14 * (1 - \frac{P}{\$140})$$

O mercado nesse exemplo, como você pode lembrar, compreende 11 compradores potenciais com preços de reserva de $30, $40, ... $120, $130. Ao preço de $130, a empresa vende uma unidade. Se estabelecermos o preço em $130 na equação anterior, nosso cálculo realmente resultará na quantidade de um. Para que isso seja verdadeiro, o PMR deverá ser um pouco maior do que $130.

Uma função de demanda linear costuma produzir uma aproximação razoável da demanda real somente numa gama limitada de preços. Em nosso mercado de 11 pessoas, por exemplo, a demanda é linear somente para preços entre $30 e $130. Para escrevermos a equação da função linear que descreve a demanda entre $30 e $130, porém, deveremos utilizar uma QMD de 14 e um PMR de $140. Quando usarmos essa equação linear, deveremos lembrar que ela reflete a demanda real apenas para preços entre $30 e $130, conforme ilustrado na Figura 7.3.

7.3 Elasticidade de preço da demanda

A elasticidade de preço mede a resposta de quantidade demandada por uma pequena mudança no preço.

$$\text{Elasticidade da demanda (I)} = \frac{\text{Mudança na quantidade (\%)}}{\text{Mudança no preço (\%)}}$$

A elasticidade de preço pode ser uma ferramenta valiosa, possibilitando que os profissionais de marketing estabeleçam o preço ótimo.

Propósito: Compreender a resposta do mercado a mudanças nos preços.

A elasticidade de preço é a medida mais comumente empregada da resposta do mercado a mudanças no preço. Muitos profissionais de marketing, no entanto, usam esse termo sem uma clara compreensão do que ele implica. Esta seção ajudará a esclarecer alguns dos detalhes potencialmente perigosos associados com estimativas de elasticidade de preço. Este assunto é desafiador, mas vale o esforço. Um forte domínio da elasticidade de preço pode ajudar os gerentes a estabelecer preços ótimos.

Elasticidade de preço: *Resposta da demanda a uma pequena mudança no preço, expressa como razão percentual. Se a elasticidade de preço for estimada em – 1,5, por exemplo, então, esperaremos que a mudança percentual na quantidade seja de aproximadamente 1,5 vezes a mudança percentual no preço. O fato de este número* *ser negativo indica que, quando o preço aumenta, espera-se que a quantidade demandada diminua e vice-versa.*

Construção

Se elevarmos o preço de um produto, podemos esperar que a demanda continue constante ou que caia vertiginosamente? Em mercados que não respondem a mudanças de preço, dizemos que a demanda é inelástica. Se pequenas mudanças nos preços têm um grande impacto na demanda, dizemos que a demanda é elástica. A maioria de nós não encontra dificuldade em entender a elasticidade num nível qualitativo. Os desafios surgem quando quantificamos esse importante conceito.

Primeiro desafio: questão de sinal

O primeiro desafio no que se refere à elasticidade é chegar a um acordo quanto ao seu sinal. A elasticidade é a razão da mudança percentual na quantidade demandada e a mudança percentual no preço, para uma pequena mudança no preço. Se um aumento no preço levar a uma redução na quantidade, essa razão será negativa. Consequentemente, de acordo com essa definição, a elasticidade quase sempre será um número negativo.

Muitas pessoas, no entanto, simplesmente supõem que a quantidade diminui à medida que o preço aumenta, passando imediatamente para a questão de "quanto". Para tais pessoas, a elasticidade de preço responde essa questão e é um número positivo. Em seu modo de ver, se a elasticidade for 2, então, um pequeno aumento na porcentagem do preço produzirá duas vezes essa redução percentual na quantidade.

Neste livro e nesse cenário, diríamos que a elasticidade de preço é –2.

Segundo desafio: quando a demanda for linear, a elasticidade mudará de acordo com o preço

Para uma função de demanda linear, a inclinação é constante, mas a elasticidade não é. A razão: a elasticidade não é o mesmo que a inclinação. A inclinação é a mudança na quantidade para uma pequena mudança no preço. A elasticidade, por sua vez, é a mudança *percentual* na quantidade para uma pequena mudança *percentual* no preço.

EXEMPLO: Consideremos três pontos numa curva de demanda linear: ($8, 100 unidades), ($9, 80 unidades) e ($10, 60 unidades) (veja a Figura 7.4). Cada mudança em dólar no preço produz uma mudança de 20 unidades na quantidade. A inclinação dessa curva é uma constante – 20 unidades por dólar.

À medida que o preço aumenta de $8 para $9 (um aumento de 12,5%), a quantidade diminui de 100 para 80 (um decréscimo de 20%). A razão dessas porcentagens é

20%/12,5%, ou –1,6. De maneira semelhante, à medida que o preço aumenta de oito para $10 (um aumento de 25%), a quantidade diminui de 100 para 60 (uma redução de 40%). Mais uma vez, a razão (40%/25%) é –1,6. Parece que a razão da mudança percentual na quantidade e da mudança percentual no preço é –1,6, independentemente do tamanho da mudança feita no preço de $8.

Consideremos, entretanto, o que ocorre quando o preço aumenta de $9 para $10 (um aumento de 11,11%). A quantidade diminui de 80 para 60 (uma redução de 25%). A razão desses números, 25%/11,11%, é agora –2,25. Uma redução de preço de $9 para $8 dólares também produz uma razão de elasticidade de –2,25. Parece que a razão é –2,25 ao preço de $9, independentemente da direção de qualquer mudança no preço.

Exercício: Verificar se a razão da mudança percentual na quantidade e da mudança percentual no preço de $10 é –3,33 para toda mudança de preço concebível.

Para uma curva de demanda linear, a elasticidade muda com o preço. À medida que o preço aumenta, a elasticidade ganha magnitude. Dessa forma, para uma curva de demanda linear, a mudança de unidade absoluta na quantidade para uma mudança de dólar absoluta no preço (inclinação) é constante, enquanto a mudança percentual na quantidade para uma mudança percentual no preço (elasticidade) não é. A demanda torna-se mais elástica – ou seja, a elasticidade torna-se mais negativa – à medida que o preço aumenta.

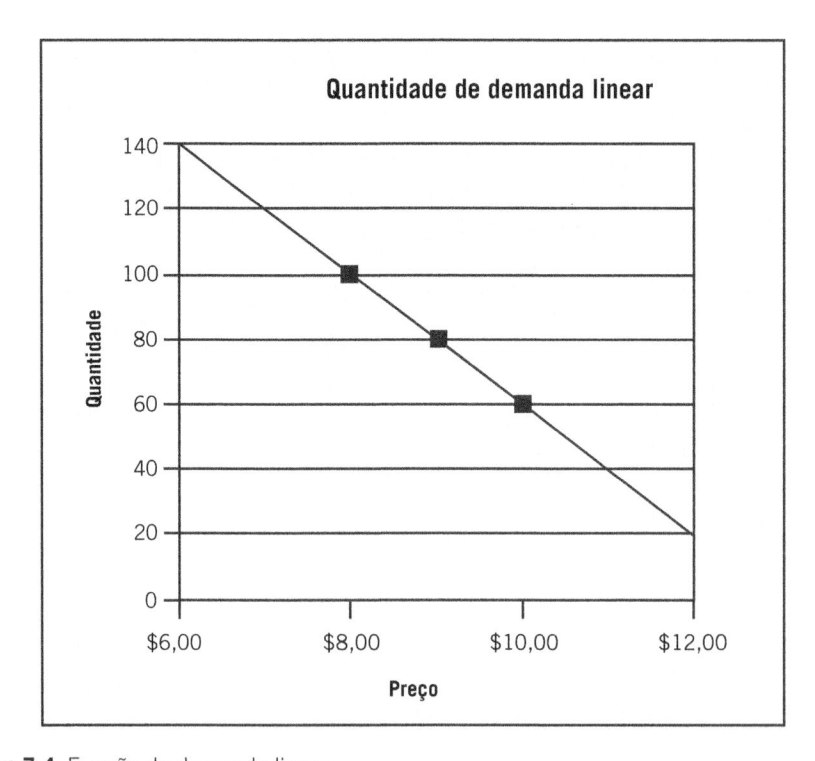

Figura 7.4 Função de demanda linear.

Para uma curva de demanda linear, a elasticidade de demanda pode ser calculada de pelo menos três maneiras:

$$\text{Elasticidade } (P_1) = \frac{\frac{Q_2 - Q_1}{Q_1}}{\frac{P_2 - P_1}{P_1}}$$

$$= \frac{Q_2 - Q_1}{P_2 - P_1} * \left(\frac{P_1}{Q_1}\right)$$

$$= \text{Inclinação} * \left(\frac{P_1}{Q_1}\right)$$

Para enfatizar a ideia de que a elasticidade muda com o preço numa curva de demanda linear, escrevemos "*Elasticidade (P)*", que reflete o fato de que a elasticidade é uma função do preço. Também usamos o termo "elasticidade de ponto" para consolidar a ideia de que determinada elasticidade se aplica somente a um único ponto na curva de demanda linear.

De maneira equivalente, pois a inclinação de uma curva de demanda linear representa a mudança na quantidade para determinada mudança no preço, a elasticidade de preço para uma curva de demanda linear é igual à inclinação, multiplicada pelo preço, dividida pela quantidade. Isso é capturado pela terceira equação.

EXEMPLO: Voltando à função de demanda anterior, vemos que a inclinação da curva reflete uma redução de 20 unidades na demanda para o aumento de cada dólar no preço. Ou seja, a inclinação é igual a –20.

A fórmula da inclinação para elasticidade pode ser usada para verificar nossos cálculos anteriores. Calcula-se preço/quantidade em cada ponto da curva e multiplica-se isso pela inclinação para produzir a elasticidade de preço naquele ponto (veja a Tabela 7.2).

Por exemplo, ao preço de $8, a quantidade vendida é de 100 unidades. Assim:

$$\text{Elasticidade } (\$8) = -20 * (8/100)$$
$$= -1,6$$

Tabela 7.2 Elasticidades num ponto calculado a partir da inclinação de uma função

Preço	Quantidade demandada	Preço/quantidade	Inclinação	Elasticidade do preço no ponto
$8,00	100	0,08	(20,00)	(1,60)
$9,00	80	0,11	(20,00)	(2,25)
$10,00	60	0,17	(20,00)	(3,33)

Numa função de demanda linear, as elasticidades de pontos podem ser usadas para prever a mudança percentual na quantidade esperada para qualquer mudança percentual no preço.

EXEMPLO: Xavi gerencia o marketing de uma marca de creme dental. Ele sabe que a marca segue uma função de demanda linear. Ao preço atual de 3 dólares por unidade, sua empresa vende 60.000 unidades com uma elasticidade de −2,5. Uma proposta é apresentada para elevar o preço para $3,18 por unidade a fim de padronizar as margens entre marcas. A $3,18, quantas unidades seriam vendidas?

A mudança proposta para $3,18 representa um aumento de 6% sobre o preço atual. Como a elasticidade é −2,5, pode-se esperar que esse aumento gere uma redução nas vendas unitárias de 2,5 * 6, ou 15%. Uma redução de 15% nas vendas atuais de 60.000 unidades produziria uma nova quantidade de 0,85 * 60.000, ou 51.000.

Elasticidade constante: curva de demanda com uma inclinação em constante mudança

Uma segunda forma comum de função usada para estimar a demanda implica na elasticidade constante.[3] Esta forma é responsável pelo termo "curva de demanda" porque é, de fato, curvada. Ao contrário da função de demanda linear, as condições nesse cenário são revistas: a elasticidade é constante, enquanto a inclinação muda a cada ponto.

A suposição inerente a uma curva de demanda de elasticidade constante é a de que uma pequena mudança percentual no preço proporcionará uma mesma mudança percentual na quantidade, independentemente do preço inicial. Isto é, a taxa de mudança na quantidade *versus* preço, expressa como razão percentual, é igual a uma constante ao longo da curva. Essa constante é a elasticidade.

Em termos matemáticos, numa função de demanda de elasticidade constante, a inclinação multiplicada pelo preço dividido pela quantidade é igual a uma constante (a elasticidade) para todos os pontos ao longo da curva (veja a Figura 7.5). A função de elasticidade constante também pode ser expressa numa equação igualmente fácil de calcular em planilhas:

$$Q(P) = A * P^{ELAS}$$

Nesta equação, *ELAS* é a elasticidade de preço da demanda, que costuma ser negativa. *A* é um fator de escalonamento. Pode ser visto como a quantidade que seria vendida ao preço de $1 (supondo-se que um dólar seja um preço razoável para o produto em consideração).

Função de elasticidade constante

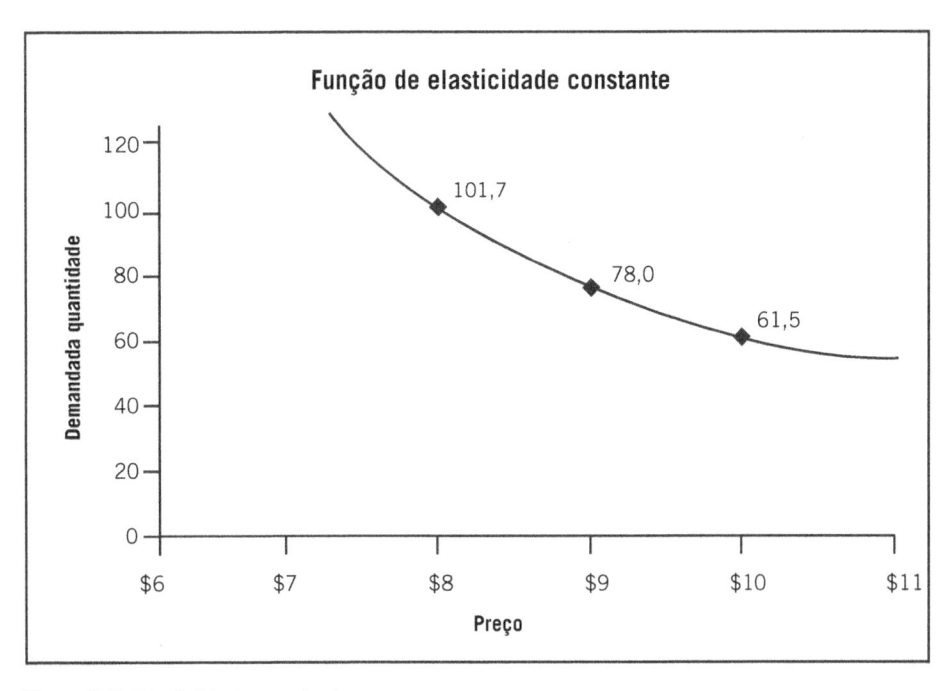

Figura 7.5 Elasticidade constante.

EXEMPLO: Trace uma curva de demanda com elasticidade constante de –2,25 e fator de escalonamento de 10.943,1. Para cada ponto dessa curva, um pequeno aumento percentual no preço produzirá uma redução percentual na quantidade que é 2,25 maior. Essa razão de 2,25 mantém-se, contudo, somente para mudanças menores no percentual do preço. Isso porque a inclinação muda em todos os pontos. O uso da razão 2,25 para projetar os resultados de um aumento finito no percentual do preço é sempre aproximado.

A curva traçada nesse exemplo deveria assemelhar-se à curva de elasticidade constante da Figura 7.5. Valores mais exatos para demanda nos preços de $8, $9 e $10 seriam 101.669, 78.000 e 61.538 unidades, respectivamente.

A seu modo, a elasticidade constante é análoga à composição constante de interesse. Numa função de elasticidade constante, todo pequeno aumento no preço gera a mesma redução percentual na quantidade. Estas reduções percentuais somam-se numa taxa constante, levando a uma redução total percentual que não é precisamente igual à taxa contínua.

Por essa razão, dados dois pontos quaisquer numa curva de demanda de elasticidade constante, não podemos mais calcular a elasticidade utilizando diferenças finitas como podíamos fazer quando a demanda era linear. Em vez disso, devemos usar uma fórmula mais complicada com base em logaritmos naturais:

$$ELAS = \frac{\ln(Q_2/Q_1)}{\ln(P_2/P_1)}$$

Exemplo: Tomando-se dois pontos quaisquer da curva de demanda de elasticidade constante anterior, podemos verificar que a elasticidade é –2,25.
A $8, por exemplo, a quantidade é 101.669, chamados de P_1 e Q_1.
A $9, a quantidade é 78.000, chamados de P_2 e Q_2.
Inserindo-se esses valores na nossa fórmula, determinamos que

$$ELAS = \frac{\ln(78{,}000 - 101{,}669)}{\ln(9/8)}$$

$$= \frac{-0{,}265}{0{,}118}$$

$$= -2{,}25$$

Se tivéssemos estabelecido P_2 igual a $8 e P_1 igual a $9, teríamos chegado ao mesmo valor para elasticidade. Na verdade, sem considerar quais dois pontos selecionamos nessa curva de elasticidade constante nem a ordem em que os consideramos, a elasticidade sempre será –2,25.

Resumindo, a elasticidade é a medida padrão da resposta do mercado a mudanças no preço. Em geral, é a "inclinação percentual" da função (curva) de demanda obtida multiplicando-se a inclinação da curva para determinado preço pela razão do preço e da quantidade.

$$\textit{Elasticidade } (P) = \textit{Inclinação} \; * \; \left(\frac{P}{Q}\right)$$

A elasticidade também pode ser vista como a mudança percentual na quantidade para uma pequena mudança percentual no preço.

Numa função de demanda linear, a inclinação é constante, mas a elasticidade muda de acordo com o preço. Nesse cenário, os profissionais de marketing podem usar estimativas de elasticidade para calcular o resultado de uma mudança de preço imaginada em qualquer direção, mas devem utilizar a elasticidade apropriada para seu ponto de preço inicial, uma vez que numa função de demanda linear, a elasticidade varia com os pontos de preço, mas as projeções baseadas nessas elasticidades são precisas.

Numa função de demanda de elasticidade constante, a elasticidade é a mesma em todos os pontos de preço, mas as projeções baseadas nessas elasticidades serão aproximadas. Supondo-se que sejam estimadas com precisão, o uso da própria função de demanda de elasticidade constante para fazer projeções de vendas baseado nas mudanças de preços será mais exato.

Fontes de dados, complicações e precauções

A elasticidade de preço costuma ser estimada de acordo com os dados disponíveis. Esses dados podem ser extraídos das reais mudanças de preços e vendas observadas no mercado, estudos conjuntos de intenções dos clientes, pesquisas do consumidor sobre preços de reserva ou porcentagem de bom preço ou, ainda, de resultados de testes de mercado. Quando se deriva a elasticidade, as funções preço/quantidade podem ser esboçadas no papel, calculadas a partir de regressões na forma de equações de elasticidade constante ou linear ou estimadas por meio de expressões mais complexas que incluem outras variáveis no *mix* de marketing, tais como propaganda ou qualidade do produto.

Para confirmar a validade e utilidade desses procedimentos, os profissionais de marketing devem compreender completamente as implicações do cálculo de elasticidade resultante sobre o comportamento do cliente. Com essa compreensão, os especialistas de marketing podem determinar se seu cálculo faz sentido ou se necessitam de outra validação. Feito isso, o próximo passo é utilizar o cálculo para tomar decisões em relação aos preços.

7.4 Preços ótimos e funções de demanda linear e constante

O preço ótimo é o preço mais lucrativo para um produto. Numa função de demanda linear, o preço ótimo localiza-se entre o preço máximo de reserva e o custo variável do produto.

$$\text{Preço ótimo para uma função de demanda linear (\$)} = \frac{[\text{Preço máximo de reserva (\$)} + \text{Custo variável(\$)}]}{2}$$

Geralmente, a margem bruta sobre um produto no seu preço ótimo será o inverso negativo de sua elasticidade de preço.

$$\text{Margem bruta no preço ótimo (\%)} = \frac{-1}{\text{Elasticidade (I)}}$$

Apesar de poder ser difícil de aplicar, essa relação oferece uma poderosa compreensão: numa função de demanda de elasticidade constante, a margem ótima deriva diretamente da elasticidade. Isso simplifica muito a determinação do preço ótimo para um produto de custo variável conhecido.

Propósito: Determinar o preço que produz a maior contribuição possível.

Apesar de o "preço ótimo" poder ser definido de várias maneiras, um bom ponto de partida é o preço que gerará a maior contribuição de um produto após a dedução de seu custo variável – ou seja, o preço mais lucrativo para o produto.

Se os gerentes estabelecerem um preço muito baixo, estarão se privando da receita proveniente de clientes que estariam dispostos a pagar mais. Além disso, um preço baixo pode levar os clientes a não valorizarem o produto tanto quanto poderiam. Isto é, faz com que eles baixem seus preços de reserva.

Por outro lado, se os gerentes estabelecerem preços muito altos, arriscam-se a perder contribuição de pessoas que poderiam ter sido atendidas com lucro.

Construção

Para a demanda linear, o preço ótimo é o ponto médio entre o preço máximo de reserva e o custo variável do produto.

Em funções de demanda linear, o preço que maximiza a contribuição total para um produto está sempre precisamente a meio caminho entre o preço máximo de reserva (PMR) e o custo variável para produzir aquele produto. Matematicamente, se P^* representar o preço ótimo de um produto, **PMR** será a interceptação do eixo X de sua função de demanda linear, e **CV** será seu custo variável por unidade:

$$P^* = (PMR + CV)/2$$

EXEMPLO: A empresa de Jaime vende mercadorias que custam $1 para serem produzidas. A demanda é linear. Se o preço for de $5, Jaime acredita que não venderá nada. Para cada redução de $1 no preço, Jaime acha que venderá uma unidade adicional.

Dado que o custo variável é $1, o preço máximo de reserva é de $5 e a função de demanda é linear, Jaime pode prever que conseguirá a contribuição máxima com um preço intermediário entre CV e PMR. Ou seja, o preço máximo é ($5 + $1)/2, ou $3 (veja a Figura 7.6).[4]

Numa função de demanda linear, os gerentes não precisam saber a quantidade demandada de um produto para determinarem seu preço ótimo. Quem deseja examinar os valores de contribuição de Jaime, porém, encontrará os detalhes na Tabela 7.3.

Tabela 7.3 Preço ótimo = 1/2 (PMR + Custo variável)

Preço	Quantidade demandada	Custo variável por unidade	Contribuição por unidade	Contribuição total
$0	5	$1	($1)	($5)
$1	4	$1	$0	$0
$2	3	$1	$1	$3
$3	2	**$1**	**$2**	**$4**
$4	1	$1	$3	$3
$5	0	$1	$4	$0

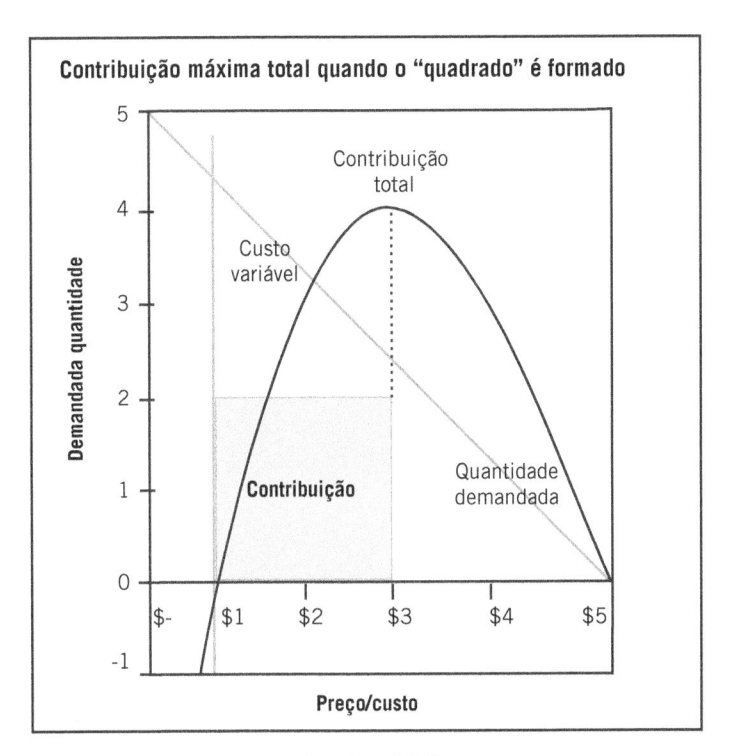

Figura 7.6 Preço ótimo entre o custo variável e o PMR.

A fórmula anterior de preço ótimo não revela a quantidade vendida num determinado preço ou a contribuição resultante. Para determinar a contribuição ótima, os gerentes podem usar a seguinte equação:

$$Contribuição^* = (QMD/PMR) * (P^* - CV)^2$$

EXEMPLO: Jaime desenvolve um produto novo, porém semelhante. Sua demanda segue uma função linear em que a quantidade máxima desejada (QMD) é 200 e o preço máximo de reserva (PMR) é \$10. O custo variável é \$1 por unidade. Jaime sabe que seu preço ótimo ficará entre o PMR e o custo variável. Ou seja, será (\$1 + \$10)/2 = \$5,50 por unidade. Usando a fórmula para contribuição ótima, Jaime calcula a contribuição total no preço ótimo:

Contribuição no preço ótimo para uma função de demanda linear (\$)
= [QMD(nº)/PMR(\$)] * [Preço (\$) − Custo variável(\$)] ^ 2
= (200 /10) * (\$5,50 − \$1) ^ 2
= 20 * \$4,5 ^ 2
= \$405

Jaime elabora uma planilha que sustenta esse cálculo (veja a Tabela 7.4).

Tabela 7.4 Contribuição maximizada no preço ótimo

Preço	Custos variáveis	Quantidade demandada	Contribuição por unidade	Contribuição total
$6	$1	80	$5,00	$400
$5,50	**$1**	**90**	**$4,50**	**$405**
$5	$1	100	$4,00	$400
$4	$1	120	$3,00	$360
$3	$1	140	$2,00	$280
$2	$1	160	$1,00	$160
$1	$1	180	$0,00	$0

Essa relação mantém-se em todas as funções de demanda linear, independentemente da inclinação. Para tais funções, é, portanto, possível calcular o preço ótimo para um produto com base em somente duas informações: o custo variável por unidade e o preço máximo de reserva.

EXEMPLO: As marcas A, B e C têm, cada uma, um custo variável de $2 por unidade e seguem funções de demanda linear, conforme mostra a Tabela 7.5.

Tabela 7.5 A fórmula de preço ótima se aplica a todas as funções de demanda linear

Preço	Demanda marca A	Demanda marca B	Demanda marca C
$2	12	20	16
$3	10	18	15
$4	8	16	14
$5	6	14	13
$6	4	12	12
$7	2	10	11
$8	0	8	10
$9	0	6	9
$10	0	4	8
$11	0	2	7
$12	0	0	6

Com base nessas informações, podemos determinar o preço máximo de reserva – o menor preço em que a demanda é zero. Para a marca C, por exemplo, sabemos que a demanda segue uma função linear em que a quantidade declina em uma unidade para cada dólar de aumento no preço. Se seis unidades forem demandadas a $12, então, a $18 será o menor preço em que ninguém comprará uma única unidade. Esse é o preço máximo de reserva. Podemos fazer determinações semelhantes para as marcas A e B (veja a Tabela 7.6).

Tabela 7.6 Em funções de demanda linear, a determinação do preço ótimo requer somente duas informações

	Marca A	Marca B	Marca C
Preço máximo de reserva	$8	$12	$18
Custos variáveis	$2	$2	$2
Preço ótimo	$5	$7	$10

Para verificar se o preço ótimo determinado gerará o máximo de contribuição possível, observe a Tabela 7.7.

Tabela 7.7 Os preços ótimos para funções de demanda linear podem ser verificados

Preço	Custo variável	Contribuição por unidade = P − CV	Demanda marca A (dado)	Contribuição marca A	Demanda marca B (dado)	Contribuição marca B	Demanda marca C (dado)	Contribuição marca C
P	CV	C	Q	Q ∗ C	Q	Q ∗ C	Q	Q ∗ C
$2	$2	$0	12	$0	20	$0	16	$0
$3	$2	$1	10	$10	18	$18	15	$15
$4	$2	$2	8	$16	16	$32	14	$28
$5	$2	$3	**6**	**$18**	14	$42	13	$39
$6	$2	$4	4	$16	12	$48	12	$48
$7	$2	$5	2	$10	**10**	**$50**	11	$55
$8	$2	$6	0	$0	8	$48	10	$60
$9	$2	$7	0	$0	6	$42	9	$63
$10	$2	$8	0	$0	4	$32	**8**	**$64**
$11	$2	$9	0	$0	2	$18	7	$63
$12	$2	$10	0	$0	0	$0	6	$60

Como a inclinação não influencia o preço ótimo, todas as funções de demanda com o mesmo preço máximo de reserva e custo variável produzirão o mesmo preço ótimo.

EXEMPLO: Um fabricante de almofadas de cadeiras opera em três mercados diferentes – urbano, suburbano e rural. Estes variam muito em termos de tamanho. A demanda é bem maior na cidade do que nos subúrbios ou no campo. O custo variável, no entanto, é o mesmo em todos os mercados, de $4 por unidade. O preço máximo de reserva, $20 por unidade, também é o mesmo em todos os mercados. Sem levar em conta o tamanho do mercado, o preço ótimo é, portanto, $12 por unidade em todos os três mercados (veja a Figura 7.7 e a Tabela 7.8).

O preço ótimo de $12 é verificado pelo cálculo na Tabela 7.9.

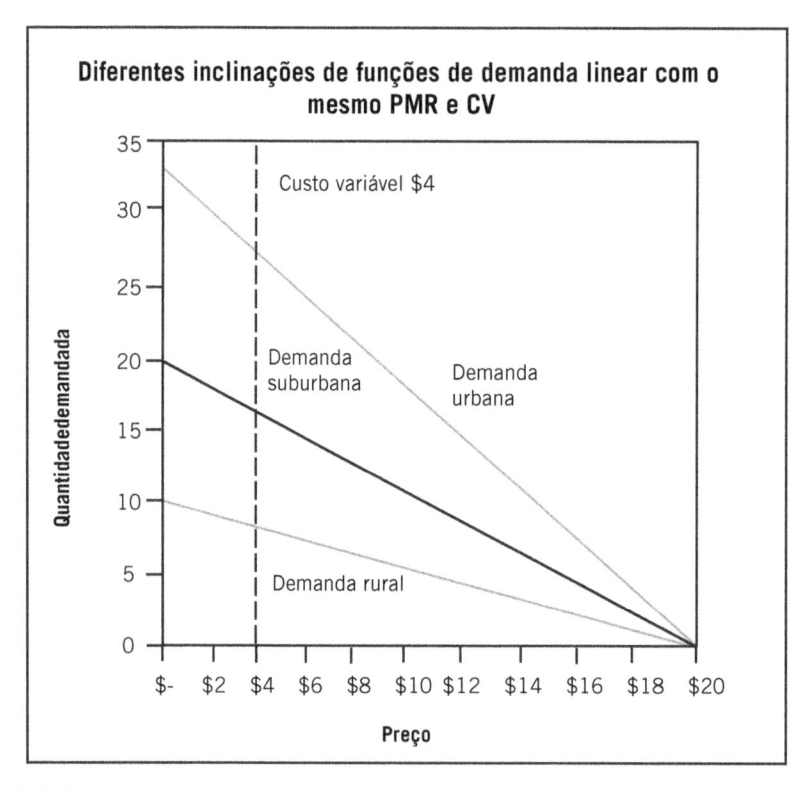

Figura 7.7 Funções de demanda linear com o mesmo PMR e custo variável.

Tabela 7.8 A inclinação não influencia o preço ótimo

Preço máximo de reserva	$20
Custo variável	$4
Preço ótimo	$12

Tabela 7.9 Funções de demanda linear com diferentes inclinações

Preço	Contribuição	Demanda suburbana	Demanda rural	Demanda urbana	Contribuição suburbana	Contribuição rural	Contribuição urbana
$0	($4)	20	10	32	($80)	($40)	($128)
$2	($2)	18	9	29	($36)	($18)	($58)
$4	$0	16	8	26	$0	$0	$0
$6	$2	14	7	22	$28	$14	$45
$8	$4	12	6	19	$48	$24	$77
$10	$6	10	5	16	$60	$30	$96
$12	**$8**	**8**	**4**	**13**	**$64**	**$32**	**$102**
$14	$10	6	3	10	$60	$30	$96
$16	$12	4	2	6	$48	$24	$77
$18	$14	2	1	3	$28	$14	$45
$20	$16	–	–	–	–	–	–

Nesse exemplo, poderia ajudar se pensássemos nos mercados urbano, suburbano e rural como grupos de pessoas com distribuições idênticas e uniformes de preços máximos de reserva. Em cada um, os preços de reserva são uniformes entre zero dólar e o preço máximo de reserva (PMR). A única diferença entre segmentos é a quantidade de pessoas em cada um. Essa quantidade representa a quantidade máxima desejada (QMD). Como se poderia esperar, a *quantidade* de pessoas num segmento não afeta o preço ótimo tanto quanto a *distribuição* de preços de reserva naquele segmento. Como todos os três segmentos aqui mostram a mesma distribuição de preços de reserva, todos eles possuem o mesmo preço ótimo.

Outro exercício útil é considerar o que aconteceria se o fabricante nesse exemplo pudesse aumentar o preço de reserva de todos em $1. Isso elevaria o preço ótimo em metade dessa quantia, isto é, $0,50. Do mesmo modo, o preço ótimo aumentaria metade da quantia de qualquer aumento no custo variável.

Preço ótimo em geral

Quando a demanda é linear, temos uma fórmula de fácil uso para o preço ótimo. Sem considerar o formato da função de demanda, há uma relação simples entre margem bruta e elasticidade no preço ótimo.

Preço ótimo em relação à margem bruta: *O preço ótimo é o preço em que a margem bruta de um produto é igual ao negativo da recíproca de sua elasticidade de demanda.*[5]

$$\text{Margem bruta no preço ótimo (\%)} = \frac{-1}{\text{Elasticidade no preço ótimo}}$$

Uma relação como essa, que se mantém no preço ótimo, é chamada de condição ótima. Se a elasticidade é constante, então, podemos facilmente usar essa condição ótima para determinar o preço ótimo. Simplesmente encontramos o negativo da recíproca da elasticidade constante. O resultado será a margem bruta ótima. Se os custos variáveis são conhecidos e constantes, então, precisamos apenas determinar o preço correspondente à margem ótima calculada.

EXEMPLO: A gerente de uma loja que vende réplicas de produtos esportivos sabe que a demanda de camisas de malha tem uma elasticidade de preço constante de −4. Para chegar ao preço ótimo, ela iguala sua margem bruta com o negativo da recíproca da elasticidade da demanda. (Alguns economistas chamam a margem preço/custo de Índice Lerner.)

$$\text{Margem bruta no preço ótimo} = \frac{-1}{-4} = 25\%$$

Se o custo variável de cada camisa de malha é cinco dólares, o preço ótimo será $5/(1 − 0,25), ou $6,67.

As margens ótimas para várias elasticidades de preço estão listadas abaixo.

Tabela 7.10 Margens ótimas para amostras de elasticidade

Elasticidade de preço	Margem bruta
−1,5	67%
−2	50%
−3	33%
−4	25%

Assim, se a margem bruta de uma empresa for 50%, seu preço será ótimo somente se sua elasticidade naquele preço for −2. Por outro lado, se a elasticidade da empresa for −3 em seu preço atual, então, seu preço será ótimo apenas se produzir uma margem bruta de 33%.

A relação entre margem bruta e elasticidade de preço no preço ótimo é uma das principais razões pelas quais os especialistas em marketing demonstram tanto interesse na elasticidade de preço da demanda. As elasticidades de preço podem ser difíceis de mensurar, mas as margens não costumam ser. Os profissionais de marketing poderiam agora perguntar se suas margens atuais são coerentes com as estimativas de elasticidade de preço. Na próxima seção, exploraremos essa questão com mais detalhes.

Neste ínterim, se a elasticidade muda com o preço, os profissionais de marketing podem usar essa condição ótima para achar o preço ótimo. Essa condição também se aplica a funções de demanda linear. A fórmula de preço ótimo para a demanda linear é relativamente simples. No entanto, os especialistas de marketing raramente usam a condição ótima geral nesse caso.

Fontes de dados, complicações e precauções

Os atalhos para determinar preços ótimos a partir de funções de demanda de elasticidade constante e linear baseiam-se na suposição de que os custos variáveis permanecem constantes ao longo da gama de volumes considerados. Se tal suposição não for válida, os profissionais de marketing provavelmente pensarão que um modelo de planilha proporcionará a maneira mais fácil de determinar o preço ótimo.

Exploramos essas relações detalhadamente porque elas oferecem perspectivas proveitosas sobre a relação entre margens e a elasticidade de preço da demanda. Na administração diária, as margens constituem um ponto de partida para muitas análises, incluindo as de preço. Um exemplo dessa dinâmica seria o preço de custo adicional.

O preço de custo adicional tem sido alvo de maus comentários na literatura sobre marketing. Ele é retratado não só como internamente orientado, como também ingênuo, já que pode sacrificar os lucros. No entanto, de uma perspectiva alternativa, o preço de custo adicional pode ser visto como uma tentativa de manter as margens. Se os gerentes selecionarem a margem correta – a que se relaciona com a elasticidade de preço da demanda –, então, o preço para mantê-la pode de fato ser ótimo se a demanda tiver elasticidade constante. Assim, o preço de custo adicional pode ser mais orientado ao cliente do que costuma ser percebido.

Métricas e conceitos relacionados

Adaptação de preços – também conhecida como discriminação de preços: Os profissionais de marketing inventaram diversas ferramentas para discriminação de preços, incluindo cupons, abatimentos e descontos, por exemplo. Tudo isso se destina a explorar variações na sensibilidade dos clientes aos preços. Sempre que os clientes apresentarem diferentes níveis de sensibilidade aos preços ou a diferentes custos de serviços, o especialista em marketing inteligente poderá encontrar uma oportunidade de reivindicar valor por meio da adaptação de preços.

EXEMPLO: A demanda por determinada marca de óculos de sol é composta de dois segmentos: consumidores concentrados no estilo, menos sensíveis ao preço (mais inelásticos) e consumidores concentrados no valor, mais sensíveis ao preço (mais elásticos) (veja a Figura 7.8). O grupo concentrado no estilo tem um preço máximo

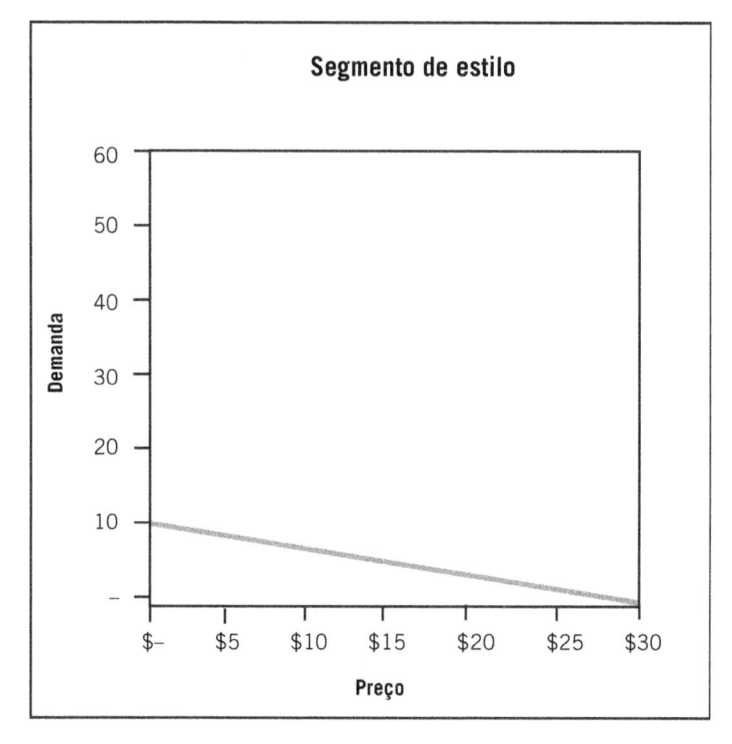

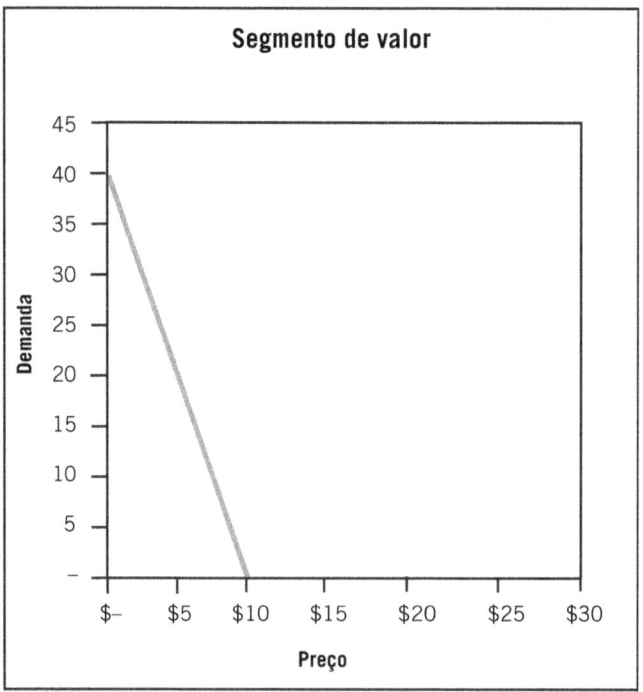

Figura 7.8 Dois segmentos formam a demanda.

de reserva de $30 e se dispõe a comprar uma quantidade máxima de 10 unidades. O grupo concentrado no valor tem um espaço máximo de reserva de dólares e se dispõe a compor uma quantidade máxima de 40 unidades.

Alternativa A: um preço para ambos os segmentos

Suponhamos que o fabricante de óculos de sol planeje oferecer um preço para ambos os segmentos. A Tabela 7.11 mostra a contribuição de diversos preços possíveis. O único preço ótimo (incluindo os centavos) é $6,77, que gera uma contribuição total de $98,56.

Tabela 7.11 Dois segmentos: um preço para ambos os segmentos

Preço único	Quantidade de valor demandada	Quantidade de estilo demandada	Demanda total	Contribuição total
$5	20	8,33	28,33	$85,00
$6	16	8,00	24,00	$96,00
$6,77	**12,92**	**7,74**	**20,66**	**$98,56**
$7	12	7,67	19,67	$98,33
$8	8	7,33	15,33	$92,00

Alternativa B: preço por segmento

Se o fabricante puder encontrar um modo de cobrar de cada segmento seu próprio preço ótimo, aumentará a contribuição total. Na Tabela 7.12, mostramos os preços ótimos, quantidade e contribuições no caso de cada segmento pagar um preço ótimo distinto.

Tabela 7.12 Dois segmentos: adequação de preços

	PMR	Custos variáveis	Preço ótimo	Quantidade	Receita	Contribuição
Estilo	$30	$2	$16	4,67	$74,67	$65,33
Valor	$10	$2	$6	16	$96,00	$64,00
Total				20,67	$170,67	**$129,33**

Esses preços ótimos foram calculados como os pontos intermediários entre o preço máximo de reserva (PMR) e o custo variável (CV). As contribuições ótimas foram calculadas com a fórmula

$$\text{Contribuição}^* = (\text{QMD}/\text{PMR}) * (P^* - CV)^2$$

No segmento concentrado no estilo, por exemplo, isso produz

$$\text{Contribuição}^* = (10/30) * (\$16 - \$2)^2$$
$$= (1/3) * (14^2) = \$65,33$$

Dessa forma, através da adequação de preços, o fabricante de óculos de sol pode aumentar a contribuição total de $98,56 para $129,33 enquanto mantém a quantidade constante.

Onde os custos variáveis diferem entre segmentos, como nos custos de serviço de uma linha aérea na classe executiva *versus* a classe econômica, os cálculos fundamentais são os mesmos. Para determinar preços ótimos, os profissionais de marketing só precisam mudar o custo variável por unidade em cada segmento para corresponder aos custos reais.

Precaução: regulação

Na maioria das economias industriais, os governos estabelecem regras relativas à discriminação de preços. Nos Estados Unidos, a mais importante dessas regras é a Lei Robinson-Patman. De acordo com interpretações desse estatuto pelo Tribunal Superior (conforme meados de 2005), a Lei Robinson-Patman proíbe a discriminação de preços *somente quando ela ameaçar prejudicar a concorrência*. A lei prevê dois tipos principais de prejuízo:

1. **Prejuízo competitivo de primeira linha:** A discriminação de preços pode ser usada como uma prática predatória. Ou seja, uma empresa pode estabelecer preços abaixo do custo para certos clientes com o objetivo de prejudicar a concorrência. Autoridades antitruste aplicam esse padrão a reivindicações de preços predatórias sob a Lei Sherman e a Lei da Comissão de Comércio Federal para avaliarem alegações de discriminação de preços.
2. **Prejuízo competitivo de segunda linha:** Um vendedor que cobra preços diferentes de compradores concorrentes da mesma mercadoria ou que discrimine ao oferecer "abatimentos" – tais como compensação por propaganda ou outros serviços – pode estar violando a Lei Robinson-Patman. Essa discriminação pode prejudicar a concorrência ao garantir aos clientes favorecidos uma vantagem que não tem nada a ver com eficiência superior.

Nos Estados Unidos, a discriminação de preços muitas vezes é legal, especialmente se reflete custos diferentes para lidar com compradores diversos ou se resulta de tentativas do vendedor de se equiparar aos preços ou serviços do concorrente.[6] Não é nosso intuito emitir qualquer opinião com embasamento legal. Profissionais da área devem ser procurados de acordo com a necessidade de cada empresa.

7.5 Elasticidade do próprio preço, cruzada e residual

O conceito de elasticidade de preço residual introduz uma dinâmica competitiva no processo de preço. Incorpora as reações do concorrente e a elasticidade cruzada. Isso, por sua vez, ajuda a explicar por que, na vida cotidiana, os preços raramente são estabelecidos no nível ótimo sugerido por uma visão mais simples de elasticidade. Os profissionais de marketing, consciente ou inconscientemente, colocam a dinâmica competitiva em suas decisões de preço.

Elasticidade de preço residual (I) = Elasticidade do próprio preço (I) + [Elasticidade de reação do concorrente (I) * Elasticidade cruzada (I)]

Quanto maior a reação competitiva prevista, mais a elasticidade de preço residual será diferente da elasticidade de preço própria da empresa.

Propósito: Explicar a elasticidade de preço dos clientes e as reações competitivas potenciais quando se planejam mudanças de preço.

No dia a dia, a elasticidade nem sempre corresponde bem à relação discutida na seção anterior. Os gerentes podem achar, por exemplo, que suas estimativas dessa métrica essencial não são iguais ao negativo da recíproca de suas margens. Isso significa que estão estabelecendo preços que não são ótimos? Talvez.

No entanto, é mais provável que estejam incluindo fatores competitivos em suas decisões de preço. Em vez de usar a elasticidade como calculada a partir de condições atuais de mercado, os especialistas em marketing podem calcular – ou intuir – qual *será* a elasticidade após os concorrentes reagirem a uma mudança proposta no preço. Isso apresenta um novo conceito, a elasticidade de preço residual – elasticidade de demanda dos clientes em resposta a uma mudança no preço, *depois* de dar conta de qualquer aumento ou redução nos preços dos concorrentes que possa ser acionado pela mudança inicial.

A elasticidade de preço residual é a combinação de três fatores:

1. **Elasticidade do próprio preço** – Mudança em unidades vendidas devido à reação dos *clientes* de uma empresa a sua mudança no preço.
2. **Elasticidade de "reação do concorrente"** – Reação dos *concorrentes* às mudanças de preço de uma empresa.
3. **Elasticidade de preço "cruzada"** – Reação dos clientes de uma empresa a mudanças de preço feitas pelos concorrentes.

Esses fatores e suas interações são ilustrados na Figura 7.9.

Elasticidade do próprio preço: *Como os clientes no mercado reagem às nossas mudanças de preço.*

Elasticidade de reação competitiva: *Como nossos concorrentes reagem às nossas mudanças de preço.*

Elasticidade cruzada: *Como nossos clientes reagem às mudanças de preços de nossos concorrentes.*

A distinção entre a elasticidade do próprio preço e residual não está clara na literatura. Algumas medidas de elasticidade de preço, por exemplo, incorporam reações competitivas passadas e, desse modo, são mais indicativas de elasticidade de preço residual. Outras refletem principalmente a elasticidade de preço própria e requerem

```
┌─────────────────────────────────────────────────────────────┐
│                       ┌──────────────┐                       │
│                       │Nossa mudança │                       │
│                       │  de preço    │                       │
│                       └──────────────┘                       │
│   E2: Elasticidade de                    E1: Elasticidade do │
│   reação do concorrente                     próprio preço    │
│                                                              │
│      ┌──────────┐                       ┌──────────────┐    │
│      │Mudança de│                       │Nossa mudança │    │
│      │ preço do │ 3: Elasticidade cruzada│  de volume   │    │
│      │concorrente│                      └──────────────┘    │
│      └──────────┘                                            │
│                                                              │
│              ┌─────────────────────────────────┐             │
│              │ E1 = Elasticidade do próprio preço│            │
│              │ E2 = Elasticidade de reação do   │             │
│              │      concorrente                 │             │
│              │ E3 = Elasticidade cruzada        │             │
│              │ E1 + (E2*E3) = Elasticidade residual│          │
│              └─────────────────────────────────┘             │
└─────────────────────────────────────────────────────────────┘
```

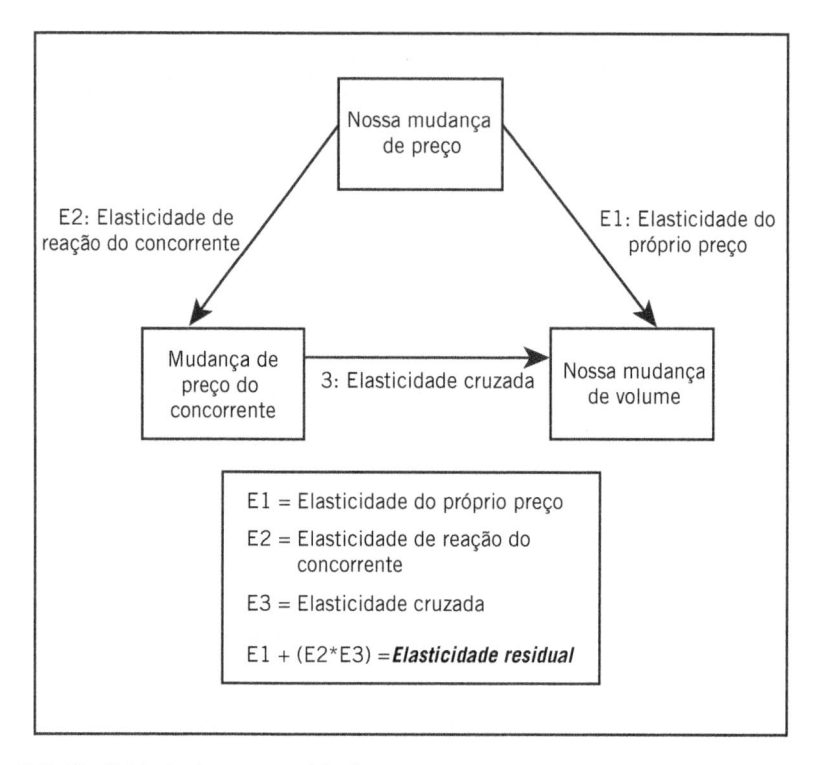

Figura 7.9 Elasticidade de preço residual.

uma análise posterior para determinar onde as vendas e a receita se estabelecerão. A seguinte sequência de ações e reações é ilustrativa:

1. Uma empresa muda o preço e observa a mudança resultante nas vendas. Como alternativa, ela pode rastrear outras medidas correlacionadas com as vendas, tais como sua participação nas escolhas ou preferências dos clientes.
2. Os concorrentes observam a mudança de preço da empresa e seu aumento nas vendas e/ou a diminuição em suas próprias vendas.
3. Os concorrentes decidem se e em quanto mudar seus próprios preços. O impacto de mercado dessas mudanças dependerá (1) da direção e grau das mudanças e (2) do grau de elasticidade cruzada, isto é, a sensibilidade da quantidade de vendas da primeira empresa às mudanças nos preços dos concorrentes. Assim, depois de rastrear a reação a sua própria mudança de preço, a primeira empresa pode observar uma mudança posterior nas vendas à medida que as mudanças de preços dos concorrentes fazem efeito no mercado.

Devido a essa dinâmica, se uma empresa medir a elasticidade de preço somente através da resposta do cliente às suas ações iniciais, ela perderá um importante fator potencial: as reações competitivas e seus efeitos sobre as vendas. Somente monopolistas podem tomar decisões de preços sem levar em consideração a resposta da concorrência. Outras empresas podem negligenciar ou recusar-se a considerar as reações competitivas, dispensando tais análises como se fossem especulações. Mas isso gera o risco de imediatismo e pode levar a surpresas perigosas. Ainda outras empresas podem adotar a teoria dos jogos e buscar um Equilíbrio Nash para prever onde os preços finalmente serão estabelecidos. (Nesse contexto, o Equilíbrio Nash seria o ponto em que nenhum dos concorrentes num mercado tem um incentivo relacionado ao lucro para mudar seus preços.)

Apesar de uma exploração detalhada da dinâmica competitiva estar além do escopo deste livro, oferecemos uma estrutura simples para a elasticidade de preço residual a seguir.

Construção

Para calcular a elasticidade de preço residual, são necessárias três informações:

1. **Elasticidade do próprio preço:** Mudança nas vendas unitárias de uma empresa resultantes de sua mudança de preço inicial, supondo-se que os preços dos concorrentes permaneçam os mesmos.
2. **Elasticidade de reação do concorrente:** Extensão e direção das mudanças de preços que é provável que os concorrentes façam em resposta à mudança de preço inicial de uma empresa. Se a elasticidade de reação do concorrente for 0,5, por exemplo, então, à medida que a empresa reduzir seus preços em uma pequena porcentagem, pode-se esperar que os concorrentes reduzam seus próprios preços em metade dessa porcentagem. Se a elasticidade de reação do concorrente for –0,5, então, à medida que a empresa reduzir seus preços em uma pequena porcentagem, os concorrentes *aumentarão* seus preços em metade dessa porcentagem. Esse cenário é menos comum, mas é possível.
3. **Elasticidade cruzada com relação a mudanças de preço do concorrente:** Porcentagem e direção da mudança nas vendas iniciais de uma empresa que resultarão de uma pequena mudança percentual nos preços dos concorrentes. Se a elasticidade cruzada for 0,25, então, um pequeno aumento percentual nos preços dos concorrentes resultará num aumento de um quarto dessa porcentagem nas vendas iniciais da empresa. Observe que o sinal de elasticidade cruzada costuma ser o inverso do sinal da elasticidade de preço própria. Quando o preço dos concorrentes se eleva, as vendas da empresa geralmente aumentarão, e vice-versa.

Elasticidade de preço residual (I) = Elasticidade do próprio preço (I) + [Elasticidade de reação do concorrente (I) * Elasticidade cruzada (I)]

A mudança percentual nas vendas de uma empresa pode ser aproximada multiplicando-se sua própria mudança de preço por sua elasticidade de preço residual:

Mudança nas vendas a partir da elasticidade residual (%) = Mudança do próprio preço (%) * Elasticidade de preço residual

Previsões de qualquer mudança nas vendas a serem geradas por uma mudança de preço, desse modo, devem levar em conta as subsequentes reações de preço da concorrência que podem ser razoavelmente esperadas, bem como efeitos de segunda ordem dessas reações sobre as vendas da empresa que faz a mudança inicial. O efeito em rede do ajuste dessas reações pode ser ampliar, diminuir ou mesmo reverter a direção da mudança nas vendas que era esperada com a mudança de preço inicial.

EXEMPLO: Uma empresa decide reduzir o preço em 10% (mudança de preço = −10%). Ela estima que sua elasticidade do próprio preço seja −2. Ignorando a reação da concorrência, a empresa esperava que uma redução de 10% no preço produzisse um aumento de aproximadamente 20% nas vendas (− 2 * − 10%). (Nota: como observamos em nossa discussão anterior sobre elasticidade, as projeções com base na elasticidade de um ponto são exatas somente para funções de demanda linear. Como este exemplo não especifica o formato da função de demanda, o aumento de 20% projetado para as vendas é uma aproximação).

A empresa calcula que a elasticidade de reação do concorrente seja 1. Isto é, em resposta à ação da empresa, espera-se que os concorrentes mudem o preço na mesma direção e em igual porcentagem.

A empresa estima que a elasticidade cruzada seja 0,7. Ou seja, uma pequena mudança percentual nos preços dos concorrentes resultará numa mudança de 0,7% nas vendas da própria empresa. Com base nisso,

$$\begin{aligned}\text{Elasticidade residual} &= \text{Elasticidade do próprio preço} + (\text{Elasticidade de reação do} \\ &\quad \text{concorrente} * \text{Elasticidade cruzada}) \\ &= -2\,(1 * 0,7) \\ &= -2 * 0,7 \\ &= -1,3\end{aligned}$$

$$\begin{aligned}\text{Aumento de vendas} &\approx \text{Mudança de preço} * \text{Elasticidade residual} \\ &= -10\% * -1,3 \\ &= 13\% \text{ de Aumento nas vendas}\end{aligned}$$

Espera-se que as reações dos concorrentes e a elasticidade cruzada reduzam o aumento de vendas inicialmente projetado da empresa de 20% para 13%.

Fontes de dados, complicações e precauções

Explicar as reações competitivas potenciais é importante, mas pode haver métodos mais simples e mais confiáveis de administrar a estratégia de preços num mercado disputado. A teoria dos jogos e os princípios de liderança de preços oferecem algumas orientações.

É importante que os gerentes distingam entre medidas de elasticidade de preços que são inerentemente incapazes de explicar as reações competitivas e as que já podem incorporar alguma dinâmica competitiva. Por exemplo, em investigações de "laboratório" sobre sensibilidade de preços – tais como pesquisas, testes de mercado simulados e análises conjuntas –, podem-se apresentar aos consumidores cenários de preço hipotéticos. Estes podem mensurar tanto a elasticidade de preço própria quanto as elasticidades cruzadas que resultam de combinações específicas de preços. Mas um teste eficaz é difícil de realizar.

A análise econométrica de dados históricos, avaliando as vendas e preços de empresas no mercado no decorrer de períodos mais longos (isto é, dados anuais ou trimestrais), pode incorporar melhor as mudanças competitivas e as elasticidades cruzadas. Até onde a empresa mudou o preço de maneira um pouco aleatória no passado e até onde os concorrentes reagiram, as estimativas de elasticidades geradas por tais análises medirão a elasticidade residual. Ainda assim, os desafios e as complexidades envolvidas na mensuração da elasticidade de preço a partir de dados históricos são desanimadores.

Por outro lado, é improvável que experimentos de teste de mercado de curto prazo produzam boas estimativas da elasticidade de preço residual. No decorrer de períodos curtos, os concorrentes podem não ficar sabendo das mudanças de preços ou ter tempo para reagir. Consequentemente, estimativas de elasticidade com base em testes de mercado estão muito mais próximas da elasticidade de preço própria.

Menos óbvias, talvez, sejam as análises econométricas baseadas em dados transacionais, tais como dados de códigos de barras e de promoções de preços de curta duração. Nesses estudos, os preços diminuem por um período curto, sobem novamente por um período mais longo, diminuem brevemente, aumentam de novo, e assim por diante. Mesmo se os concorrentes realizarem suas próprias promoções de preços durante o período de estudo, é provável que as estimativas de elasticidade de preço derivadas dessa forma sejam afetadas por dois fatores. Primeiro, as reações dos concorrentes provavelmente não serão colocadas como fatores na estimativa de elasticidade porque eles não terão tido tempo para reagir às mudanças de preço iniciais da empresa. Ou seja, suas ações terão sido amplamente motivadas por seus próprios planos. Segundo, como os consumidores fazem estoque durante as promoções, qualquer estimativa de elasticidade de preço será mais alta do que seria se observado no curso de mudanças de preço em longo prazo.

Os preços e o dilema do prisioneiro

Os preços no dilema do prisioneiro descreve uma situação em que a busca do interesse próprio por todas as partes leva a resultados não ótimos para todos os envolvidos. Esse fenômeno pode levar à estabilidade em preços acima do preço ótimo esperado. De muitos modos, esses preços acima do preço ótimo têm a aparência de preços de cartel. Mas eles podem ser alcançados sem conivência explícita, desde que todas as partes compreendam a dinâmica, bem como as motivações e a economia de seus concorrentes.

O nome do fenômeno do dilema do prisioneiro provém de uma história que ilustra o conceito. Dois membros de uma gangue de criminosos são capturados e vão para a prisão. Cada prisioneiro é colocado em confinamento isolado, sem possibilidade de falar com o outro. Como os policiais não têm provas suficientes para condenar a dupla quanto à principal acusação, planejam sentenciar ambos a um ano de prisão por uma acusação menor. Primeiro, porém, tentam fazer um deles ou ambos confessarem. Simultaneamente, oferecem a cada um uma troca faustiana. Se o prisioneiro testemunhar contra seu parceiro, será libertado, ao passo que o outro receberá uma sentença de três anos pela principal acusação. Mas há uma armadilha... Se *ambos* os prisioneiros testemunharem um contra o outro, ambos serão sentenciados a dois anos na prisão.[7] Com base nisso, cada prisioneiro raciocina que é melhor testemunhar contra seu parceiro, não importando o que este fizer.

Para uma síntese das escolhas e resultados desse dilema, veja a Figura 7.10, elaborada em primeira pessoa, da perspectiva de um dos prisioneiros. Os resultados em primeira pessoa aparecem em negrito. Os resultados referentes ao parceiro estão em itálico.

Continuando na perspectiva de primeira pessoa, cada prisioneiro raciocina como segue: se meu parceiro testemunhar, serei sentenciado a dois anos de prisão se eu testemunhar também ou a três anos se eu não testemunhar. Por outro lado, se meu parceiro recusar-se a testemunhar, serei libertado se eu testemunhar, mas ficarei um ano na prisão se eu não testemunhar. Em cada caso, será melhor se eu testemunhar. Mas isso levanta um dilema. Se eu seguir essa lógica e testemunhar – e se meu parceiro fizer o mesmo –, ambos ficaremos mal, tendo que passar dois anos na prisão.

A Figura 7.11 usa setas para mapear as alternativas – setas escuras para o narrador em primeira pessoa no raciocínio e setas claras para o parceiro.

O dilema, evidentemente, é que parece perfeitamente lógico seguir as setas e testemunhar. Mas quando ambos os prisioneiros o fazem, ambos acabam ficando pior do que teriam ficado se os dois tivessem se recusado a testemunhar. Quer dizer, quando ambos testemunham, são sentenciados a dois anos de prisão. Se ambos tivessem se recusado a testemunhar, teriam o período reduzido para um ano.

Certamente, é preciso bastante tempo para compreender a mecânica do dilema do prisioneiro e muito mais ainda para avaliar suas implicações. Mas a história serve como uma metáfora poderosa, encapsulando uma ampla gama de situações em que agir em nome do interesse próprio leva a resultados em que todos saem prejudicados.

Na formação de preços, há muitas situações em que uma empresa e seus concorrentes enfrentam o dilema do prisioneiro. Frequentemente, uma empresa percebe

Meu parceiro recusa-se a testemunhar	3 anos **Sou libertado**	*1 ano* **1 ano**
Meu parceiro concorda em testemunhar	2 anos **2 anos**	*Meu parceiro é libertado* **3 anos**
	Eu testemunho	Eu me recuso a testemunhar

Figura 7.10 Grade de resultados no dilema do prisioneiro.

	3 anos	1 ano
Meu parceiro recusa-se a testemunhar	Sou libertado ←	← 1 ano
Meu parceiro concorda em testemunhar	2 anos 2 anos ←	Meu parceiro é libertado ← 3 anos
	Eu testemunho	Eu me recuso a testemunhar

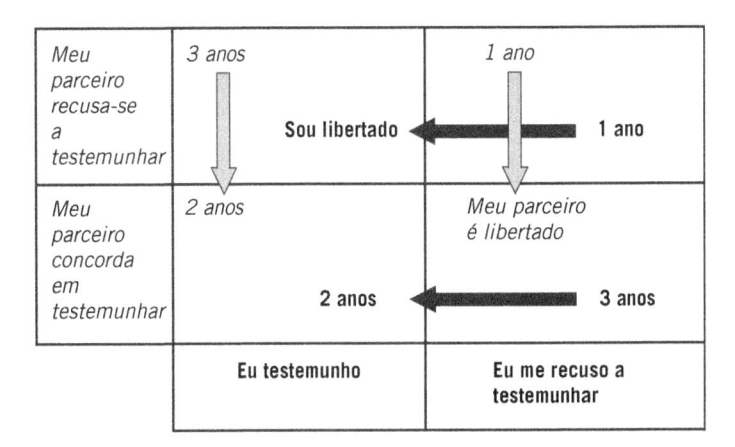

Figura 7.11 Grade de resultados com setas representando as alternativas para os prisioneiros.

que poderia aumentar os lucros reduzindo os preços, sem levar em conta as políticas de preços dos concorrentes. Simultaneamente, seus concorrentes percebem as mesmas forças em funcionamento. Ou seja, eles também poderiam ganhar mais dinheiro cortando os preços, sem considerar as ações da primeira empresa. Se *tanto* a primeira empresa *quanto* os seus concorrentes reduzirem os preços, no entanto – isto é, se todas as partes seguirem seus próprios interesses de modo unilateral –, em muitas situações, todos sairão prejudicados. O desafio do setor nesses momentos é manter os preços altos, apesar do fato de que cada empresa pode se beneficiar com sua redução.

Considerando-se a escolha entre preços altos e baixos, uma empresa enfrenta o dilema do prisioneiro quando as seguintes condições se aplicam:

1. Sua contribuição é maior no preço baixo quando vende juntamente com preços altos e baixos dos concorrentes.
2. A contribuição dos concorrentes é maior com seu preço baixo quando vendem juntamente com os preços altos e baixos da primeira empresa.
3. Tanto para a primeira empresa quanto para seus concorrentes, no entanto, se todas as partes estabelecem preços baixos, a contribuição é menor do que teria sido se todas as partes tivessem colocado preços altos.

EXEMPLO: Como se pode ver na Tabela 7.13, minha empresa enfrenta um concorrente principal. Atualmente, meu preço é $2,90, o preço da concorrência é $2,80 e tenho 40% de participação de mercado, o que totaliza 20 milhões de unidades. Se eu reduzir meu preço para $2,60, espero que minha participação aumente para 55% – a menos, é claro, que a empresa concorrente também diminua seu preço. Se ela também reduzir seu preço em $0,30 – para $2,50 – então, espero que nossas participações de mercado permaneçam constantes em 40/60. Por outro lado, se meu concorrente baixar seu preço e eu continuar com $2,90, então, acho que sua participação de mercado chegue a 80%, deixando-me com apenas 20%.

Se ambos tivermos custos variáveis de $1,20 por unidade e o tamanho do mercado permanecer constante em 20 milhões de unidades, nosso cenário apresenta oito valores de contribuição – quatro para minha empresa e quatro para o concorrente:

Tabela 7.13 Cenário de resultados

Cenário de preços	Meu preço	Meu volume (em milhões)	Minhas vendas ($ milhões)	Meus custos variáveis ($ milhões)	Minha contribuição ($ milhões)
Máximo da minha empresa Máximo do concorrente	$2,90	8	$23,2	$9,6	$13,6
Máximo da minha empresa Mínimo do concorrente	$2,90	4	$11,6	$4,8	$6,8
Mínimo da minha empresa Mínimo do concorrente	$2,60	8	$20,8	$9,6	$11,2
Mínimo da minha empresa Máximo do concorrente	$2,60	11	$28,6	$13,2	$15,4

Cenário de preços	Preço deles	Volume deles (em milhões)	Vendas deles ($ milhões)	Custos variáveis deles ($ milhões)	Contribuição deles ($ milhões)
Máximo da minha empresa Máximo do concorrente	$2,80	12	$33,6	$14,4	$19,2
Máximo da minha empresa Mínimo do concorrente	$2,50	16	$40,0	$19,2	$20,8
Mínimo da minha empresa Mínimo do concorrente	$2,50	12	$30,0	$14,4	$15,6
Mínimo da minha empresa Máximo do concorrente	**$2,80**	9	**$25,2**	**$10,8**	**$14,4**

Estamos vivendo o dilema do prisioneiro?

A Figura 7.12 mostra as quatro possibilidades de contribuição para minha empresa e para meu concorrente.

Vamos verificar se as condições para o dilema do prisioneiro existem nesse caso:

1. Minha contribuição é mais alta no preço mínimo tanto para o preço máximo quanto para o preço mínimo do concorrente ($15,4 mi > $13,6 mi e $11,2 mi > $6,8 mi). Independentemente do que o meu concorrente fizer, eu ganharei mais dinheiro com o preço mínimo.
2. A contribuição do concorrente é mais alta no preço mínimo, independentemente do meu preço ($15,6 mi > $14,4 mi e $20,8 mi > $19,2 mi). O concorrente também ficará em melhor situação no preço mínimo, independentemente do meu preço.
3. Porém, tanto para minha empresa quanto para o concorrente, se ambos colocarmos preços baixos, a contribuição será menor do que seria se ambos tivéssemos preços altos ($15,6 mi < $19,2 mi e $11,2 mi < $13,6 mi).

	Meu preço = $2,60 Mínimo	Meu preço = $2,90 Máximo
Preço deles = $2,80 Máximo	$14,4 / $15,4	$19,2 / $13,6
Preço deles = $2,50 Mínimo	$15,6 / $11,2	$20,8 / $6,8

Figura 7.12 Grade de resultados com valores esperados (em milhões de dólares).

	Meu preço = $2,60	Meu preço = $2,90
Preço deles = $2,80	$14,4 / $15,4	$19,2 / $13,6
Preço deles = $2,50	$15,6 / $11,2	$20,8 / $6,8

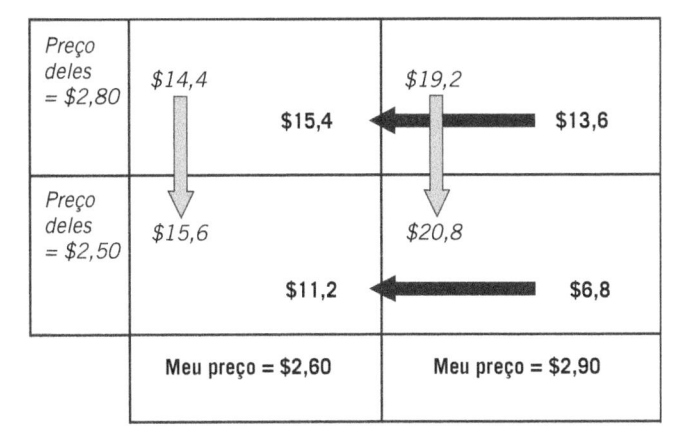

Figura 7.13 Grade de resultados com valores esperados e setas de alternativas (em milhões de dólares).

As condições para o dilema do prisioneiro estão presentes (veja a Figura 7.13).

A implicação para minha empresa é clara: apesar de eu estar tentando reduzir meu preço, procurando uma participação maior e uma contribuição de $15,4 milhões, devo reconhecer que meu concorrente tem os mesmos incentivos. Ele também tem o incentivo para reduzir o preço, obter participação e aumentar sua contribuição. Mas, se ele baixar seu preço, eu provavelmente baixarei o meu. Se eu baixar meu preço, ele provavelmente baixará o dele. Se ambos reduzirmos nossos preços, ganharemos somente $11,2 milhões de contribuição – uma grande redução em relação aos $13,6 milhões que ganho agora.

Nota gerencial: Para determinar se você está enfrentando o dilema do prisioneiro, projete as contribuições em dólares para sua empresa e as de sua concorrência em quatro combinações de preços máximos e mínimos. As projeções podem exigir suposições sobre a economia dos concorrentes. Estas, por sua vez, requerem cuidado. Se a economia dos concorrentes diferirem muito de suas projeções, eles podem não enfrentar as decisões ou motivações que você lhes atribui em seu modelo. Além disso, existem diversas razões para a lógica do dilema do prisioneiro nem sempre se manter, mesmo se todas as suposições estiverem corretas.

1. **A contribuição pode não ser o único critério na tomada de decisão:** em nosso exemplo, usamos a contribuição como o objetivo para ambas as empresas. No entanto, a participação de mercado pode ter importância para uma ou mais empresas, acima e além de seu efeito direto e imediato sobre a contribuição. Seja qual for o objetivo de uma empresa, se puder ser quantificado, poderemos colocá-lo em nossa tabela para melhor compreender a situação competitiva.
2. **Questões legais:** Determinadas atividades criadas para desestimular a concorrência e manter os preços altos são ilegais. Nosso propósito aqui é ajudar os gerentes a compreenderem as remunerações econômicas envolvidas na concorrência de preços. Os gerentes devem estar cientes de seu ambiente legal e comportar-se de acordo.
3. **Diversos concorrentes:** A formação de preços torna-se mais complicada quando existem vários concorrentes. O teste para um dilema do prisioneiro com vários participantes é a extensão lógica do teste descrito anteriormente. Como princípio geral, quanto mais concorrentes independentes, mais difícil será manter os preços máximos.
4. **Jogada única *versus* repetição:** Em nossa história original, dois prisioneiros decidem se vão testemunhar numa única investigação. Em termos de teoria de jogos, eles participam da jogada apenas uma vez. Experimentos mostram que numa única jogada do dilema do prisioneiro o resultado provável é que ambos os prisioneiros testemunhem. Se o jogo for repetido outras vezes, no entanto, é mais provável que ambos os prisioneiros se recusem a testemunhar. Como as decisões sobre preços são tomadas repetidamente, essa evi-

dência sugere que os preços máximos sejam o resultado mais provável. A maioria das empresas finalmente aprende a conviver com sua concorrência.

5. **Mais de dois preços possíveis:** Examinamos uma situação em que cada participante considera dois preços. Na realidade, pode haver uma grande gama de preços sob consideração. Nessas situações, poderemos estender nossa análise em quadros com mais divisões. Novamente, podemos adicionar setas para definirmos as alternativas. Usando-se essas visões mais complexas, às vezes se encontram áreas na tabela em que o dilema do prisioneiro se aplica (geralmente nos preços máximos) e outras em que não pode ser empregado (geralmente nos preços mínimos). Também seria possível descobrir que as setas levam a determinada seção no meio da tabela, chamada de equilíbrio. A situação do dilema do prisioneiro costuma se aplicar a preços mais altos do que o conjunto de preços de equilíbrio.

Aplicando as lições do dilema do prisioneiro, vemos que os cálculos de preço ótimo baseados em nossa própria elasticidade de preço podem nos levar a agir em favor de nosso próprio interesse. Por outro lado, quando colocamos a elasticidade de preço residual em nossos cálculos, a resposta competitiva torna-se um elemento importante de nossa estratégia de preços. Como mostra o dilema do prisioneiro, no longo prazo, uma empresa nem sempre fica em melhor situação agindo em aparente benefício próprio de modo unilateral.

Referências e leituras sugeridas

Dolan, Robert J., and Hermann Simon. (1996). *Power Pricing: How Managing Price Transforms the Bottom Line,* Nova York: Free Press, 4.

Roegner, E.V., M.V. Marn, and C.C. Zawada. (2005). "Pricing," *Marketing Management,* 14(l), 23–28.

Capítulo 8

Promoção

Métricas abordadas neste capítulo:

Vendas básicas, vendas incrementais e impulso promocional

Taxas de resgate para cupons/descontos

Porcentagem de vendas com desconto, porcentagem de tempo em promoção e porcentagem de vendas em promoção

Repasse e cascata de preços

As promoções de preços podem ser divididas em duas categorias amplas:

- Reduções temporárias de preços.
- Aspectos permanentes de sistemas de preços.[1]

Com essas duas categorias, as empresas buscam mudar o comportamento dos consumidores e dos clientes corporativos para aumentar as vendas e os lucros com o decorrer do tempo, apesar de o efeito de curto prazo de uma promoção sobre os lucros ser em geral negativo. Existem muitos caminhos para o crescimento das vendas e dos lucros e muitas razões potenciais para oferecer preços promocionais. O objetivo desses programas pode ser afetar o comportamento de usuários finais (consumidores), clientes intermediários (distribuidores ou varejistas), concorrentes ou mesmo da própria equipe de vendas de uma empresa. Apesar de a meta de uma promoção ser quase sempre aumentar as vendas, esses programas também podem afetar os custos. Exemplos de objetivos promocionais específicos de curto prazo incluem:

- Adquirir novos clientes, talvez por meio da experimentação.
- Atrair novos ou diferentes segmentos mais sensíveis aos preços do que os clientes tradicionais da empresa.
- Aumentar as taxas de compras dos clientes existentes; aumentar a lealdade.
- Obter novas contas comerciais (ou seja, distribuição).
- Lançar novas UMEs no canal.
- Abrir espaço nas prateleiras.

- Enfraquecer os esforços da concorrência incentivando os clientes da empresa a "completar" o estoque.
- Uniformizar a produção em categorias sazonais induzindo os clientes a fazer pedidos mais cedo (ou mais tarde) do que fariam normalmente.

As métricas para vários desses objetivos, inclusive a taxa de experimentação e a porcentagem de vendas de novos produtos, serão abordadas em outras seções. Neste capítulo, vamos nos concentrar nas métricas para monitorar a aceitação de promoções de preços e seus efeitos sobre as vendas e os lucros.

A estrutura mais poderosa para avaliar promoções de preços temporárias é a de participação nas vendas em duas categorias: básica e a incremental. As vendas básicas são as que a empresa espera alcançar ainda que sem promoção. As vendas incrementais representam o "impulso" nas vendas resultante de uma promoção de preços. Separando as vendas básicas do impulso incremental, os gerentes podem avaliar se o aumento de vendas gerado por uma redução de preços temporária compensa a redução concomitante nos preços e margens. Técnicas semelhantes são usadas para se determinar a lucratividade de cupons e descontos.

Apesar de o efeito de curto prazo de uma promoção de preços ser em geral mensurado pelo aumento das vendas, no decorrer de períodos mais longos a administração está interessada na porcentagem de vendas na transação e na porcentagem de tempo durante o qual um produto é negociado. Em alguns setores, o preço de lista tornou-se a tal ponto uma ficção que passou a ser usado apenas como *benchmark* para discussão de descontos.

A porcentagem de vendas em promoção e desconto médio ajudam a captar a profundidade dos cortes de preços e explicar como se chega ao preço líquido de um produto (preço de bolso) após todos os descontos. Em geral existem grandes diferenças entre os descontos oferecidos para clientes comerciais e o ponto até onde tais descontos são aceitos. Também pode existir uma diferença entre os descontos recebidos pelo comércio e os que o comércio compartilha com seus clientes. A porcentagem de transferência e o desconto médio são estruturas analíticas destinadas a capturar essas dinâmicas e, assim, mensurar o impacto das promoções de uma empresa.

	Métrica	Construção	Considerações	Propósito
8.1	Vendas básicas	Interceptação na regressão de vendas como função de variáveis de marketing. Vendas básicas = total de vendas menos as vendas incrementais geradas por um ou mais programas de marketing.	As atividades de marketing também contribuem para a base.	Determinar até que ponto as vendas atuais são independentes de esforços de marketing específicos.

Continua

	Métrica	**Construção**	**Considerações**	**Propósito**
8.1	Vendas incrementais ou impulso promocional	Total de vendas, menos vendas básicas. O coeficiente de regressão para variáveis de marketing citados acima.	É preciso considerar as ações da concorrência.	Determinar os efeitos de curto prazo do trabalho de marketing.
8.2	Taxas de resgate	Cupons resgatados divididos pelos cupons distribuídos.	Difere significativamente por modo de distribuição dos cupons.	Medir de forma aproximada o "impulso" dos cupons após ajustar as vendas que teriam sido feitas sem os cupons.
8.2	Custos para cupons e descontos	Valor nominal do cupom mais taxas de resgate, multiplicado pelo número de cupons resgatados.	Não considera margens que teriam sido geradas por aqueles dispostos a comprar o produto sem cupons.	Permitir orçar as despesas com os cupons.
8.2	Porcentagem de vendas com cupons	Vendas via cupons, divididas pelo total de vendas.	Não inclui a magnitude do desconto oferecido pelos cupons específicos.	Medir o quanto a marca depende dos esforços promocionais
8.2	Porcentagem de vendas com desconto	Vendas com desconto temporário como porcentagem do total de vendas.	Não faz distinção para profundidade de descontos oferecidos.	Medir o quanto a marca depende dos esforços promocionais.
8.2	Porcentagem de tempo em promoção	Porcentagem de tempo durante o qual as promoções temporárias são oferecidas.	Não reflete se o comércio ou os consumidores tiram vantagem dos descontos oferecidos.	Medir o quanto a marca depende dos esforços promocionais.
8.2	Porcentagem de vendas em promoção	Vendas via cupons, divididas pelo total de vendas.	Deve ser ajustada para dar conta das compras posteriores e transferência.	Medir o quanto a marca depende dos esforços promocionais.

Continua

	Métrica	Construção	Considerações	Propósito
8.3	Repasse de descontos	Descontos promocionais oferecidos pelo comércio aos consumidores, divididos por descontos oferecidos para o comércio pelo fabricante.	Pode refletir poder no canal, ou administração ou segmentação deliberada.	Mensurar até que ponto as promoções do fabricante geram atividade promocional ao longo do canal de distribuição.
8.4	Desconto médio	Preço médio real por unidade dividido pelo preço de lista por unidade. Também pode ser calculado trabalhando-se retroativamente a partir do preço de lista, dando conta de descontos potenciais, ponderados pela frequência com que cada um é exercido.	Alguns descontos podem ser oferecidos em um nível absoluto, não por item.	Indicar o preço realmente pago por um produto e a sequência de fatores do canal que afeta esse preço.

8.1 Vendas básicas, vendas incrementais e impulso promocional

Os cálculos de vendas básicas estabelecem um *benchmark* para avaliar as vendas incrementais geradas por atividades de marketing específicas. Esta base também ajuda a isolar as vendas incrementais dos efeitos de outras influências, tais como as estações do ano ou promoções da concorrência. As seguintes equações podem ser aplicadas para períodos definidos de tempo e para o elemento específico do *mix* de marketing usado para gerar vendas incrementais.

Total de vendas ($, n$^{\circ}$) = vendas básicas ($, n$^{\circ}$) + vendas incrementais com marketing ($, n$^{\circ}$)

Vendas incrementais com marketing ($, n$^{\circ}$) = vendas incrementais com propaganda ($, n$^{\circ}$)
+ vendas incrementais com promoção comercial ($, n$^{\circ}$)
+ vendas incrementais com promoção ao consumidor ($, n$^{\circ}$)
+ Vendas incrementais com outros procedimentos ($, n$^{\circ}$)

$$\text{Impulso (com a promoção)}(\%) = \frac{\text{Vendas incrementais (\$, n}^{\circ})}{\text{Vendas básicas (\$, n}^{\circ})}$$

$$\text{Custo das vendas incrementais (\$)} = \frac{\text{Despesas de marketing (\$)}}{\text{Vendas incrementais (\$, n}^{\text{o}}\text{)}}$$

A justificativa das despesas de marketing quase sempre envolve o cálculo dos efeitos incrementais do programa sob avaliação. Contudo, como frequentemente se supõe que alguns custos de marketing sejam fixos (por exemplo, salários da equipe de marketing e de vendas), raramente se atribuem as vendas incrementais a esses elementos do *mix*.

Propósito: Selecionar uma base de vendas em relação a qual as vendas incrementais e os lucros gerados pela atividade de marketing possam ser avaliados.

Um problema comum no marketing é calcular o "impulso" nas vendas atribuível a uma campanha específica ou a um conjunto de atividades de marketing. A avaliação desse impulso implica em fazer uma comparação com as vendas básicas, o nível de vendas que teria sido alcançado sem o programa sob consideração. Idealmente, experimentos ou grupos "de controle" seriam estabelecidos para controlar as bases. Se fosse rápido, fácil e barato realizar tais experimentos, essa abordagem prevaleceria. Em lugar desses grupos de controle, os especialistas em marketing costumam utilizar o histórico de vendas ajustado para o crescimento esperado, tomando o cuidado de controlar as influências sazonais. Modelos de regressão que tentam controlar as influências dessas mudanças são muitas vezes empregados para melhorar as estimativas das vendas básicas. O ideal seria que tanto os fatores controláveis quanto os incontroláveis, tais como as despesas da concorrência, fossem incluídos nos modelos de regressão de vendas básicas. Quando a regressão é usada, a interceptação é considerada para a base.

Construção

Teoricamente, a determinação das vendas incrementais é simples: basta subtrair as vendas básicas do total de vendas. No entanto, há desafios para determinar as vendas básicas.

Vendas básicas: *Resultados de vendas esperados, excluídos os programas de marketing sob avaliação.*

Revisando-se dados históricos, pode-se conhecer o total de vendas. A tarefa do analista é, então, separá-lo em vendas básicas e vendas incrementais. Isto costuma ser feito com análise de regressão. O processo também pode envolver resultados de testes de mercado e outros dados de pesquisa de mercado.

$$\text{Total de vendas (\$, n}^{\text{o}}\text{)} = \text{Vendas básicas (\$, n}^{\text{o}}\text{)} + \text{Vendas incrementais (\$, n}^{\text{o}}\text{)}$$

Os analistas também costumam separar as vendas incrementais em porções atribuíveis às várias atividades de marketing usadas para gerá-las.

$$\text{Vendas incrementais (\$, n}^{\text{o}}\text{)} = \text{Vendas incrementais com propaganda (\$, n}^{\text{o}}\text{)} + \text{Vendas incrementais com promoção comercial (\$, n}^{\text{o}}\text{)} + \text{Vendas incrementais com promoção ao consumidor (\$, n}^{\text{o}}\text{)} + \text{Vendas incrementais com outros procedimentos (\$, n}^{\text{o}}\text{)}$$

As vendas básicas costumam ser estimadas por meio de análises de dados históricos. As empresas desenvolvem modelos sofisticados para esse fim, incluindo variáveis para ajustar-se ao crescimento de mercado, à atividade da concorrência e às estações do ano, por exemplo. Feito isso, a empresa pode utilizar seu modelo para fazer projeções das vendas básicas e utilizá-las para calcular as vendas incrementais.

As vendas incrementais podem ser calculadas como total de vendas, menos as vendas básicas, para um período de tempo (por exemplo, um ano, um trimestre ou o período de uma promoção). O impulso alcançado por um programa de marketing mede as vendas incrementais como uma porcentagem das vendas básicas. O custo das vendas incrementais pode ser expresso como o custo por dólar ou por unidade das vendas incrementais (por exemplo, custo por situação incremental).

$$\text{Vendas incrementais (\$, n}^{\underline{o}}) = \text{Total de vendas (\$, n}^{\underline{o}}) - \text{Vendas básicas (\$, n}^{\underline{o}})$$

$$\text{Impulso (\%)} = \frac{\text{Vendas incrementais (\$, n}^{\underline{o}})}{\text{Vendas básicas (\$, n}^{\underline{o}})}$$

$$\text{Custo das vendas incrementais (\$)} = \frac{\text{Despesas de marketing (\$)}}{\text{Vendas incrementais (\$, n}^{\underline{o}})}$$

EXEMPLO: Um varejista espera vender $24.000 em lâmpadas num mês normal, sem propaganda. Em maio, durante uma campanha de anúncios em jornal que custou $1.500, a loja vendeu $30.000 em lâmpadas, sem realizar nenhuma outra promoção nem outros eventos naquele mês. Seu proprietário calcula as vendas incrementais geradas pela campanha publicitária como segue:

$$\text{Vendas incrementais (\$)} = \text{Total de Vendas (\$)} - \text{vendas básicas (\$)}$$
$$= \$30.000 - \$24.000 = \$6.000$$

O proprietário da loja calcula que as vendas incrementais foram de $6.000. Isso representa um impulso (%) de 25%, calculado do seguinte modo:

$$\text{Impulso (\%)} = \frac{\text{Vendas incrementais (\$)}}{\text{Vendas básicas (\$)}}$$

$$= \frac{\$6000}{\$24000} = 25\%$$

O custo por vendas incrementais é de $0,25, calculado da seguinte maneira:

$$\text{Custo das vendas incrementais (\$)} = \frac{\text{Despesas de marketing (\$)}}{\text{Vendas incrementais (\$)}}$$

$$= \frac{\$\,1.500}{\$\,6.000} = 0,25$$

O total de vendas pode ser analisado ou projetado como função das vendas básicas e do impulso. Quando se calculam efeitos do *mix* de marketing combinados, deve-se determinar se o impulso é estimado através de uma equação multiplicativa ou aditiva. As equações aditivas combinam os efeitos do *mix* de marketing da seguinte maneira:

Total de vendas ($,n$^{\circ}$) = Vendas básicas + [Vendas básicas ($, n$^{\circ}$) * Impulso (%) da propaganda]
  + [Vendas básicas ($, n$^{\circ}$) * Impulso (%) da promoção comercial]
  + [Vendas básicas ($, n$^{\circ}$) * Impulso (%) da promoção ao consumidor]
  + [Vendas básicas ($, n$^{\circ}$) * Impulso (%) de outros procedimentos]

A abordagem aditiva é coerente com a concepção de total de vendas incrementais como soma das vendas incrementais geradas por vários elementos do *mix* de marketing. Equivale à afirmação de que

Total de vendas ($, n$^{\circ}$) = Vendas básicas + Vendas incrementais com propaganda + Vendas incrementais com promoção comercial + Vendas incrementais com promoção ao consumidor + Vendas incrementais com outros procedimentos

As equações multiplicativas, por outro lado, combinam os efeitos do *mix* de marketing usando um procedimento de multiplicação:

Total de vendas ($, n$^{\circ}$) = Vendas básicas ($, n$^{\circ}$) * (1 + Impulso (%) da propaganda) * (1 + Impulso (%) da promoção comercial) * (1 + Impulso (%) da promoção ao consumidor) * (1 + Impulso (%) de outros procedimentos)

Se utilizadas equações de multiplicação, faz pouco sentido falar sobre vendas incrementais de um único elemento do *mix*. Na prática, porém, pode-se encontrar afirmações que tentam fazer exatamente isso.

EXEMPLO: A Empresa A coleta dados de promoções passadas e estima o impulso que obtém por meio de diferentes elementos do *mix* de marketing. Um pesquisador acredita que o modelo aditivo captaria melhor esses efeitos. Um segundo pesquisador pensa que o modelo multiplicativo pode revelar melhor os modos como os diversos elementos do *mix* de marketing se combinam para as vendas incrementais. O gerente de produto do item sob estudo recebe as duas estimativas mostradas na Tabela 8.1.

Tabela 8.1 Retornos esperados com a despesa de marketing

	Aditivo			Multiplicativo		
Despesa	Impulso da propaganda	Impulso da promoção comercial	Impulso da promoção ao consumidor	Impulso da propaganda	Impulso da promoção comercial	Impulso da promoção ao consumidor
$0	0%	0%	0%	1	1	1
$100 mil	5,5%	10%	16,5%	1,05	1,1	1,15
$200 mil	12%	24%	36%	1,1	1,2	1,3

Felizmente, ambos os modelos calculam que as vendas básicas sejam de $900.000. O gerente de produto quer avaliar o seguinte plano de despesas: propaganda ($100.000), promoção comercial ($0) e promoção ao consumidor ($200.000). Ele projeta as vendas utilizando cada método da seguinte maneira:

Aditivo:

$$\text{Vendas projetadas (\$)} = \$900.000 + [\$900.0000 * 5,5\%] + [\$900.000 * 0] + [\$900.000 * 36\%]$$
$$= \$900.000 + \$49.500 + \$0 + \$324.000$$
$$= \$1.273.500$$

Multiplicativo:
$$\text{Vendas projetadas} = \text{Vendas básicas} * \text{Impulso da propaganda} * \text{Impulso da promoção comercial} * \text{impulso da promoção ao consumidor}$$
$$= \$900.0000 * 1,05 * 1 * 1,3$$
$$= \$1.228.500$$

Nota: Como esses modelos são construídos de maneiras diferentes, eles inevitavelmente produzirão diferentes resultados na maioria dos níveis. O método multiplicativo explica uma forma específica de interações entre variáveis de marketing. O método aditivo, em sua forma atual, não leva em consideração as interações.

Quando o histórico de vendas é separado em componentes básicos e incrementais, é relativamente simples determinar se determinada promoção foi lucrativa *durante o período em estudo*. Considerando-se o futuro, a lucratividade de uma atividade de marketing proposta pode ser avaliada comparando-se níveis projetados de lucratividade com e sem o programa:

$$\text{Lucratividade de uma promoção (\$)} = \text{Lucros auferidos com a promoção (\$)}$$
$$- \text{Lucros estimados sem a promoção (ou seja, as vendas básicas) (\$)}[2]$$

EXEMPLO: Fred, vice-presidente de marketing e Jeanne, vice-presidente de finanças, recebem estimativas de que as vendas totalizarão 30.000 unidades após a construção de estandes especiais. Como a promoção proposta envolve um investimento considerável ($100.000), o diretor executivo pede o cálculo do lucro incremental associado com os estandes. Como o programa não envolve mudança de preço, espera-se que a contribuição por unidade durante a promoção seja a mesma de outros períodos, $12 por unidade. Assim, espera-se que a contribuição total durante a promoção seja 30.000 * $12, ou $360.000. Subtraindo-se o custo fixo incremental de estandes especializados, projeta-se que os lucros para o período sejam de $360.000 – $100.000, ou seja, $260.000.

Fred calcula que as vendas básicas totalizem 15.000 unidades. A partir disso, ele calcula que a contribuição sem a promoção seria $12 * 15.000 = $180.000. Desse modo, ele projeta que os estandes especiais possam gerar lucro incremental de $360.000 – $180.000 – $100.000 = $80.000.

Jeanne argumenta que esperaria vendas de 25.000 unidades sem a promoção, gerando uma contribuição básica de $12 * 25.000 = $300.000. Se a promoção for colocada em prática, ela prevê uma *redução* incremental nos lucros, de $300.000 para $260.000. Em sua perspectiva, o impulso da promoção não seria suficiente para cobrir os custos fixos incrementais. Com a promoção, Jeanne acredita que a empresa estaria gastando $100.000 para gerar uma contribuição incremental de apenas $60.000 (isto é, 5.000 unidades * $12 de contribuição por unidade).

O cálculo das vendas básicas é um fator crucial neste caso.

EXEMPLO: Um fabricante de artigos de viagem enfrenta uma decisão difícil quanto a lançar ou não uma nova promoção. Os dados da empresa mostram um grande aumento nas vendas do produto em novembro e dezembro, mas seus gerentes não estão certos se essa é uma tendência permanente de melhores vendas ou se é algo momentâneo – um período bem-sucedido que não podem esperar que continue (veja a Figura 8.1).

O vice-presidente de marketing da empresa apoia totalmente a promoção proposta. Ele argumenta que não se pode esperar que o aumento de volume continue e que a base histórica da empresa (26.028 unidades) deve ser usada como o nível de vendas a ser esperado sem a promoção. Além disso, o vice-presidente de marketing diz que somente o custo variável de cada venda deve ser levado em consideração. "Afinal, os custos fixos continuarão conosco, de qualquer maneira", diz ele. Com base nisso, o custo relevante por unidade sujeito a análise seria $25,76.

O diretor executivo contrata uma consultora, que tem opinião bem diferente. Na visão dela, o aumento de vendas em novembro e dezembro foi mais do que um sucesso passageiro. Ela afirma que o mercado cresceu e que a força da marca da empresa cresceu com ele. Consequentemente, uma estimativa mais adequada das ven-

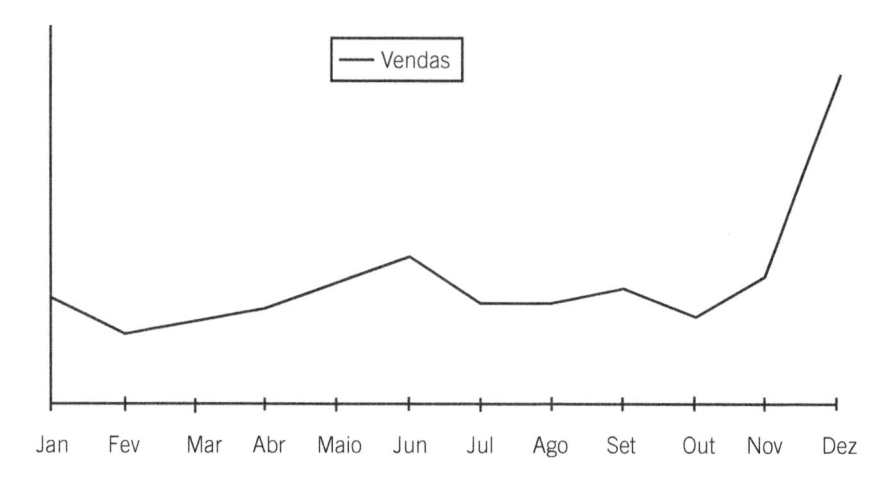

Figura 8.1 Padrões de vendas mensais.

das básicas seria de 48.960 unidades. A consultora também ressalta que, em longo prazo, nenhum custo é fixo. Portanto, para fins de análise, os custos fixos deveriam ser alocados ao custo do produto porque o produto deve gerar um retorno depois que despesas como o aluguel da fábrica são pagas. A partir disso, o custo total de cada unidade, $34,70, deveria ser usado como custo das vendas incrementais (veja a Tabela 8.2).

Tabela 8.2 A base tem importância quando se considera a lucratividade

	Consultora		Vice-presidente de marketing	
	Promoção	**Base**	**Promoção**	**Base**
Preço	$41,60	$48,00	$41,60	$48,00
Custo	$34,70	$34,70	$25,76	$25,76
Margem	$6,90	$13,30	$15,84	$22,24
Vendas	75.174	48.960	75.174	26.028
Lucro	$518.701	$651.168	$1.190.756	$578.863
Lucratividade da promoção	($132.467)		$611.893	

O vice-presidente de marketing e a consultora fazem projeções muito diferentes da lucratividade da promoção. Mais uma vez, a escolha da base é importante. Além disso, podemos ver que o estabelecimento de um consenso quanto aos custos e margens pode ser fundamental.

Fontes de dados, complicações e precauções

Encontrar uma estimativa básica do que se pode esperar que uma empresa venda, "com todas as condições idênticas", é um processo complexo e inexato. Essencialmente, a base é o nível de vendas que se pode esperar sem atividades de marketing significativas. Quando certas atividades de marketing, como promoções de preços, são empregadas por vários períodos, pode ser especialmente difícil separar as vendas "incrementais" das vendas "básicas".

Em muitas empresas, é comum mensurar o desempenho de vendas em relação aos dados históricos. Com efeito, isso coloca o histórico de vendas como nível básico para análise do impacto das despesas de marketing. Por exemplo, os varejistas podem avaliar seu desempenho de acordo com as vendas nas mesmas lojas (para eliminar diferenças causadas pela adição ou subtração de lojas). Além disso, também podem comparar cada período atual com o mesmo período no ano anterior, a fim de evitar a tendenciosidade das estações e garantir que sejam mensurados períodos de atividade especial (como as liquidações) em relação a momentos de atividade semelhante.

Também é uma prática comum ajustar a lucratividade de promoções para efeitos de prazo mais longo. Esses efeitos podem incluir uma redução nas vendas em períodos imediatamente posteriores a uma promoção, bem como aumento ou redução de vendas em categorias de produtos relacionadas, associados com uma promoção. Os ajustes podem ser negativos ou positivos. Efeitos adicionais de longo prazo, tais como a experimentação por novos consumidores, a obtenção de distribuição com clientes comerciais e o aumento das taxas de consumo, foram discutidos brevemente na introdução do capítulo.

Efeitos de longo prazo das promoções

Com o tempo, os efeitos das promoções podem ser de altos e baixos nas vendas (veja as Figuras 8.2 e 8.3). Em um cenário, em resposta às promoções feitas por uma empresa, os concorrentes também podem aumentar sua atividade promocional e os

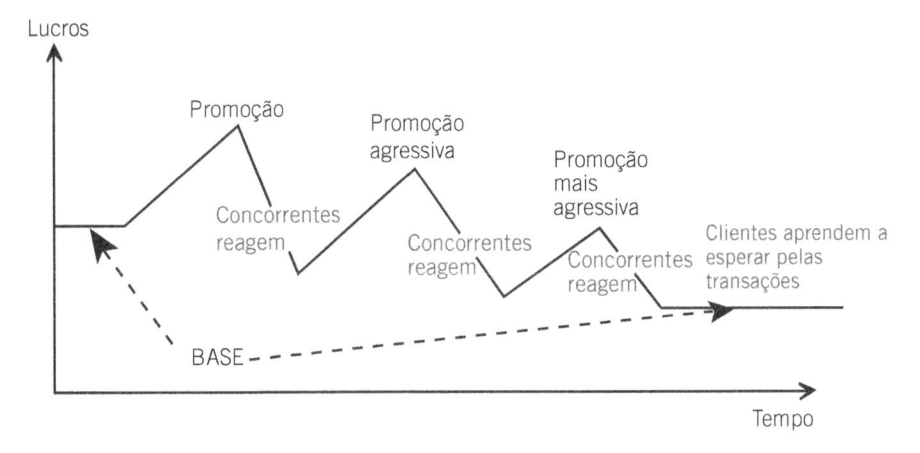

Figura 8.2 Espiral para baixo – eficácia promocional.

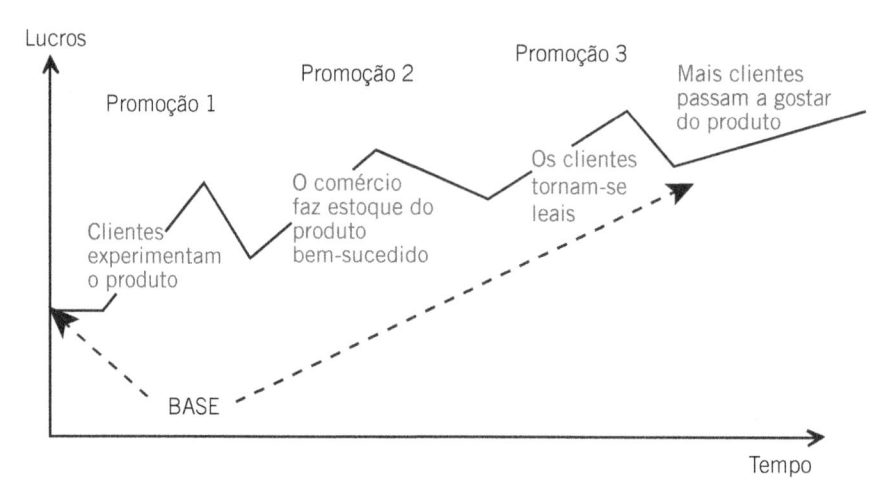

Figura 8.3 Promoção bem-sucedida com benefícios de longo prazo.

consumidores e clientes comerciais da área podem aprender a esperar pelas transações, não aumentando as vendas para ninguém (veja o dilema do prisioneiro na Seção 7.5).

Em um cenário diferente, mais animador, as promoções podem gerar a experimentação de novos produtos, formar a distribuição comercial e incentivar a lealdade, elevando, desse modo, o nível das vendas básicas a longo prazo.

8.2 Taxas de resgate, custos para cupons e descontos, porcentagem de vendas com cupons

A taxa de resgate é a porcentagem de cupons distribuídos ou descontos que são usados (resgatados) pelos consumidores.

$$\text{Taxa de resgate de cupons (\%)} = \frac{\text{Cupons resgatados (n}^{\text{o}}\text{)}}{\text{Cupons distribuídos (n}^{\text{o}}\text{)}}$$

$$\text{Custo por resgate (\$)} = \text{Valor nominal do cupom (\$)} + \text{Taxas de resgate (\$)}$$

$$\text{Custo total dos cupons (\$)} = [\text{Custo por resgate (\$)} * \text{Cupons resgatados (n}^{\text{o}}\text{)}] + \text{Custo de impressão e distribuição do cupom (\$)}$$

$$\text{Porcentagem de vendas com cupom (\%)} = \frac{\text{Vendas com cupom (\$)}}{\text{Vendas (\$)}}$$

A taxa de resgate é uma métrica importante para os profissionais de marketing avaliarem a eficácia de sua estratégia de distribuição de cupons. Ela ajuda a verificar se os cupons estão atingindo os clientes motivados a usá-los. Métricas semelhantes aplicam-se ao reembolso de cupons enviados pelo correio.

O custo por resgate (\$) mede os custos variáveis por cupom resgatado. Os custos com a distribuição de cupons costumam ser considerados como custos fixos.

Propósito: Rastrear e avaliar o uso de cupons.

Algumas pessoas detestam cupons. Outras gostam. E outras, ainda, dizem que detestam cupons, mas na verdade gostam deles. As empresas muitas vezes dizem que detestam cupons, mas continuam a utilizá-los. Os cupons e descontos são usados para apresentar novos produtos, gerar a experimentação de produtos existentes por novos clientes e "abastecer" as despesas dos consumidores, incentivando o consumo de longo prazo.

Quase todos os objetivos discutidos na introdução deste capítulo podem ser aplicados a cupons e descontos. Os cupons podem ser usados para diminuir os preços para consumidores mais sensíveis a eles. Os cupons também servem como propaganda, fazendo as vezes de veículos de marketing de duplo propósito. As pessoas que pegam cupons verão o nome de uma marca e prestarão mais atenção a ela – considerando se desejam o produto – do que um consumidor comum exposto a uma propaganda sem uma oferta atraente. Finalmente, tanto os descontos quanto os cupons podem servir como foco das promoções ao varejo. Para gerar tráfego, varejistas podem duplicar ou mesmo triplicar as quantias dos cupons – geralmente até um limite declarado. Frequentemente, os varejistas também anunciam preços "após descontos" para promover as vendas e as percepções de valor.

Construção

$$\text{Taxa de resgate de cupons (\%)} = \frac{\text{Cupons resgatados (n}^{\circ}\text{)}}{\text{Cupons distribuídos (n}^{\circ}\text{)}}$$

$$\text{Custo por resgate (\$)} = \text{Valor nominal do cupom (\$)} + \text{Taxas de resgate (\$)}$$

Custo total do cupom: *Reflete os custos de impressão, distribuição[3] e resgate para estimar o custo total de uma promoção com cupons.*

$$\text{Custo total dos cupons (\$)} = [\text{Cupons resgatados (n}^{\circ}\text{)} * \text{Custo por resgate (\$)}] + \text{Custo de impressão e distribuição dos cupons (\$)}$$

$$\text{Custo total por resgate (\$)} = \frac{\text{Custo total dos cupons (\$)}}{\text{Cupons resgatados (n}^{\circ}\text{)}}$$

$$\text{Porcentagem de vendas com cupons (\%)} = \frac{\text{Vendas com cupom (\$, n}^{\circ}\text{)}}{\text{Vendas (\$, n}^{\circ}\text{)}}$$

Para determinarem a lucratividade de cupons e descontos, os gerentes exigem abordagens semelhantes àquelas usadas na estimativa de vendas básicas e incrementais, conforme discutido na seção anterior deste capítulo. Por si só, as taxas de resgate não são uma boa medida de sucesso. Em determinadas circunstâncias, mesmo baixas taxas de resgate podem ser lucrativas. Em outras, altas taxas de resgate podem ser muito prejudiciais.

EXEMPLO: Yvette é a gerente de análise de uma pequena empresa de produtos embalados ao consumidor. Seu produto tem uma participação dominante na distribuição do varejo numa área geográfica limitada. Sua empresa decide lançar uma campanha de cupons e Yvette fica encarregada de relatar o sucesso do programa. Seu assistente olha os números e percebe que, dos 100.000 cupons distribuídos no jornal local, 5.000 foram usados para comprar o produto. O assistente fica entusiasmado quando calcula que isso representa uma taxa de resgate de 5% – um número maior do que a empresa jamais havia previsto.

Yvette, porém, é mais cautelosa ao julgar a promoção como um sucesso. Ela verifica as vendas do produto relevante e vê que estas aumentaram somente 100 unidades durante o período de promoção. Yvette conclui que a grande maioria dos cupons foi usada por clientes que teriam comprado o produto de qualquer maneira. Para a maior parte dos clientes, o único impacto do cupom foi reduzir o preço do produto abaixo do nível que eles estariam dispostos a pagar. Antes de realizar uma análise completa de lucratividade, avaliando o lucro gerado pelas vendas incrementais (100) e comparando-o com os custos do cupom e com o valor perdido na maioria das vendas com os cupons, Yvette não pode ter certeza de que o programa provocou uma perda geral. Mas ela acha que deve limitar as comemorações.

Fontes de dados, complicações e precauções

Para calcular as taxas de resgate de cupons, os gerentes precisam saber quantos cupons foram colocados em circulação (distribuídos) e quantos cupons foram resgatados. As empresas costumam contratar serviços de distribuição ou empresas de mídia para colocar os cupons em circulação. A quantidade de resgates costuma derivar das faturas apresentadas pelas câmaras de compensação de cupons.

Métricas e conceitos relacionados

Descontos

O desconto, com efeito, é uma forma de cupom popular com itens de valor elevado. Suas dinâmicas de uso são diretas: os clientes pagam o preço integral por um produto, possibilitando que os varejistas atinjam um ponto específico de preço. O cliente, então, utiliza o desconto e recebe de volta uma quantia específica em dólares.

Usando os descontos, os profissionais de marketing obtêm informações sobre os clientes, as quais podem ser úteis em novos planos de marketing e no controle de produtos. Os descontos também reduzem o preço efetivo de um item para clientes suficientemente sensíveis a preços. Outros pagam o preço integral. As "taxas de não resgate" para descontos às vezes são chamadas de "quebra".

> **Quebra:** *Quantidade de descontos não resgatados pelos clientes. A taxa de quebra é a porcentagem de descontos não resgatados.*

EXEMPLO: Uma empresa de telefones celulares vendeu 40.000 aparelhos em um mês. Em cada compra, oferecia-se ao cliente um desconto de $30. Trinta mil descontos foram reivindicados.

Em termos de volume, a taxa de resgate de descontos pode ser calculada dividindo-se a quantidade de descontos reivindicados (30.000) pela quantidade de descontos oferecida (40.000):

$$\text{Taxa de resgate (em termos de volume)} = \frac{30.000}{40.000} = 75\%$$

Os gerentes muitas vezes não vêem com bons olhos o custo da distribuição dos cupons. Contudo, como as promoções baseiam-se na distribuição adequada, não é aconselhável criar reduções arbitrárias para os custos de distribuição. O custo total de vendas incrementais geradas representaria uma métrica melhor para avaliar a eficiência dos cupons – e, assim, determinar o ponto em que retornos menores tornam outra distribuição de cupons pouco atraente.

Ao avaliarem um programa de cupons ou descontos, as empresas também precisam considerar o nível global do benefício oferecido aos consumidores. Os varejistas costumam aumentar o valor de cupons, oferecendo aos clientes um desconto do dobro ou mesmo o triplo do valor nominal dos cupons. Isso possibilita que os varejistas identifiquem os clientes sensíveis ao preço e lhes ofereçam economias adicionais. Naturalmente, multiplicando-se as economias feitas pelos consumidores, a prática de duplicar ou triplicar cupons sem dúvida eleva algumas taxas de resgate.

8.3 Promoções e repasse

Do valor promocional oferecido por um fabricante a seus varejistas e distribuidores, a porcentagem de repasse representa a porção que finalmente chega ao consumidor.

$$\text{Porcentagem de vendas na transação (\%)} = \frac{\text{Vendas com qualquer desconto temporário (\$, n}^\circ\text{)}}{\text{Total de vendas (\$, n}^\circ\text{)}}$$

$$\text{Repasse (\%)} = \frac{\text{Valor de descontos promocionais temporários oferecidos aos consumidores pelo comércio (\$)}}{\text{Valor de descontos temporários oferecidos ao comércio pelo fabricante (\$)}}$$

Os fabricantes oferecem muitos descontos aos seus distribuidores e varejistas (frequentemente chamados de "o comércio") com o objetivo de estimulá-los a oferecer, por sua vez, suas próprias promoções aos clientes. Se os clientes comerciais ou os consumidores não acharem as promoções atraentes, isso será indicado por uma redução na porcentagem de vendas na transação. Da mesma forma, uma baixa porcentagem de repasse pode indicar que muitas transações – ou os tipos errados de transações – estão sendo oferecidas.

Propósito: Mensurar se as promoções comerciais estão gerando promoções aos clientes.

Repasse: *Porcentagem do valor das promoções do fabricante pago aos distribuidores e varejistas que é refletida em descontos oferecidos pelo comércio aos seus próprios clientes.*

Os "intermediários" são parte da estrutura do canal em muitos setores. As empresas podem ter um, dois, três ou até mesmo quatro níveis de "revendedores" antes de seu produto chegar ao consumidor final. Por exemplo, um fabricante de cerveja pode vender para um exportador que vende para um importador que vende para um distribuidor local que vende para uma loja de varejo. Se cada canal adicionar sua própria margem, sem levar em conta como os outros estão estabelecendo seus preços, o preço resultante poderá ser maior do que um comerciante gostaria que fosse. Esta aplicação sequencial de margens individuais tem sido chamada de "marginalização dupla".[4]

Construção

Porcentagem de vendas na transação: *Mede a porcentagem de vendas da empresa que são realizadas com alguma forma de desconto comercial temporário. Observação: isso geralmente não incluiria descontos padrão, como os para pagamento adiantado ou abatimentos em propaganda cooperativa (provisão contábil).*

$$\text{Porcentagem de vendas na transação (\%)} = \frac{\text{Vendas com desconto temporário (n}^\text{o}\text{, \$)}}{\text{Total de vendas (n}^\text{o}\text{, \$)}}$$

O desconto promocional representa o valor total de descontos promocionais dados ao longo do canal de vendas.

$$\text{Desconto promocional(\$)} = \text{Vendas com qualquer desconto temporário (\$)} * \text{Profundidade média do desconto como porcentagem de lista}$$

$$\text{Profundidade de desconto como porcentagem de lista} = \frac{\text{Desconto unitário (\$)}}{\text{Preço de lista unitário (\$)}}$$

O repasse é calculado como valor de descontos dados pelo comércio aos seus clientes, dividido pelo valor de descontos temporários oferecidos por um fabricante ao comércio.

$$\text{Repasse (\%)} = \frac{\text{Descontos promocionais oferecidos pelo comércio aos consumidores (\$)}}{\text{Descontos oferecidos ao comércio pelo fabricante (\$)}}$$

Fontes de dados, complicações e precauções

Frequentemente, os fabricantes concorrem uns com os outros pela atenção dos varejistas, distribuidores e revendedores. Para isso, elaboram mostruários especiais para seus produtos, modificam seus sortimentos para incluir novas ofertas e procuram atrair mais atenção da equipe de vendas dos revendedores. Significativamente, em seu esforço para aumentar a "tração" do canal, os fabricantes também oferecem descontos e abatimentos ao comércio. É importante compreender as taxas e quantidades de descontos oferecidas ao comércio, bem como as proporções desses descontos que são passados para os clientes dos revendedores. Às vezes, quando as margens dos revendedores são exíguas, os descontos dos fabricantes servem para aumentá-las. Os líderes do mercado quase sempre se preocupam com o fato de as margens comerciais serem muito baixas para sustentar os esforços de tração. Outros fabricantes podem preocupar-se com o fato de as margens do varejo serem muito altas e que muito pouco de seus descontos sejam repassados. As métricas discutidas neste capítulo devem ser interpretadas tendo em mente essas noções.

Os revendedores podem constatar que a otimização de toda uma linha de produtos é mais importante do que a maximização de lucros em determinado produto. Se um revendedor estocar diversas linhas concorrentes, pode ser difícil encontrar uma solução global adequada tanto para o revendedor quanto para seus fornecedores. Os fabricantes lutam para motivar os revendedores a comercializarem seus produtos agressivamente e a aumentarem suas participações de vendas através de programas como incentivos à "exclusividade" ou de descontos com base no aumento de participação nas vendas da categoria ou no crescimento anual de vendas.

Os revendedores aprendem a adaptar suas práticas de compra e venda para tirarem vantagem dos incentivos de preços proporcionados pelo fabricante. Nessa área, os profissionais de marketing devem dar especial atenção à lei de consequências imprevistas. Por exemplo, sabe-se que os revendedores

- Compram quantidades maiores de um produto do que conseguem, ou querem, vender a fim de se qualificarem para a obtenção de descontos por volume. Os produtos em excesso são então vendidos (desviados) para outros varejistas, armazenados para vendas futuras ou mesmo destruídos ou devolvidos para o fabricante em troca de "crédito".
- Programam suas compras para o final de períodos de contabilidade a fim de se qualificarem para descontos e abatimentos. Isso resulta em padrões de vendas desequilibrados para os fabricantes, tornando difíceis as previsões, aumentando os problemas com produtos obsoletos e devoluções e elevando os custos de produção.

Em alguns casos, um "capitão" de canal especialmente poderoso pode impor disciplina de preços em todo o canal. Na maioria dos casos, no entanto, cada "elo" na corrente de distribuição pode coordenar somente seus próprios preços. Um fabricante, por exemplo, pode elaborar incentivos apropriados de preços para atacadistas e estes, por sua vez, podem desenvolver seus próprios incentivos de preços para varejistas.

Em muitos países e setores, é ilegal que os fornecedores ditem os preços de venda dos revendedores. Os fabricantes não podem ditar os preços de venda dos atacadistas e estes não podem comandar os preços do varejo. Consequentemente, os membros do canal procuram métodos indiretos de influenciar os preços dos revendedores.

8.4 Cascata de preços

A cascata de preços é um modo de descrever a progressão de preços desde o preço de lista publicado até o preço final pago por um consumidor. Cada queda no preço representa uma queda no "nível de água". Por exemplo:

100
Preço de lista
      Desconto do revendedor
          90
            Desconto à vista
                85
                  Desconto anual
                      82
                        Propaganda cooperativa
                          Preço líquido $80

$$\text{Cascata de preços (\%)} = \frac{\text{Preço líquido por unidade (\$)}}{\text{Preço de lista por unidade (\$)}}$$

Nessa estrutura, o preço médio pago pelos clientes dependerá do preço de lista de um produto, das proporções de descontos oferecidos e da proporção de clientes que aproveitam esses descontos.

Analisando a cascata de preços, os profissionais de marketing podem determinar onde o valor do produto está sendo perdido. Isso pode ser especialmente importante em empresas que permitem que o canal de vendas reduza preços para manter clientes. A cascata de preços pode auxiliar a concentrar a atenção para se determinar se esses descontos fazem sentido para a empresa.

Propósito: Avaliar o preço real pago por um produto em comparação com o preço de lista.

Na formação de preços, o lado ruim é que os profissionais de marketing podem achar difícil determinar o preço de lista correto para um produto. O bom é que, de qualquer forma, poucos clientes realmente pagarão esse preço. De fato, o preço líquido de um produto – o preço realmente pago pelos clientes – frequentemente fica entre 53% e 94% de seu preço base.[5]

Preço líquido: *Preço real pago por um produto pelos clientes depois de todos os descontos e abatimentos terem sido feitos. Também chamado de preço de bolso*

Preço de lista: *Preço de um produto ou serviço antes de se considerarem os descontos e abatimentos.*

Preço de fatura: *Preço especificado na fatura por um produto. Esse preço normalmente será declarado livre de alguns descontos e abatimentos, tais como descontos de intermediários, da concorrência e por volume de pedido, mas não refletirá outros descontos e abatimentos, tais como os para contratos especiais e propaganda cooperativa. Geralmente, o preço de fatura será, portanto, menor do que o preço de lista, mas maior do que o preço líquido.*

Cascata de preços: *Redução do preço realmente pago pelos clientes por um produto à medida que descontos e abatimentos são dados em vários estágios do processo de vendas. Como poucos clientes aproveitam todos os descontos, ao analisarem a cascata de preços de um produto, os profissionais de marketing devem considerar não somente a quantidade de cada desconto, como também a porcentagem de vendas a que ele se aplica.*

Como os clientes variam no uso de descontos, o preço líquido pode recair numa faixa ampla em relação ao preço de lista.

Construção

Para avaliar-se a cascata de preços de um produto, deve-se colocar o preço que o cliente pagará em cada estágio da cascata, especificando-se descontos e abatimentos potenciais na sequência em que geralmente estes são retirados ou aplicados. Por exemplo, as comissões de corretagem costumam ser aplicadas *após* os descontos comerciais.

Preço líquido: *O preço médio real pago por um produto em determinado estágio em seu canal de distribuição pode ser calculado como seu preço de lista, menos descontos oferecidos, com cada desconto sendo multiplicado pela probabilidade de que será aplicado. Quando todos os descontos são considerados, esse cálculo produz o preço líquido do produto.*

$$\text{Preço líquido (\$)} = \text{Preço de lista (\$)} - [\text{Desconto A (\$)} * \text{Proporção de compras sobre as quais o desconto A incide (\%)}] - [\text{Desconto B (\$)} * \text{proporção de compras sobre as quais o desconto B incide (\%)}] \text{ e assim por diante...}$$

$$\text{Efeito de cascata de preços (\%)} = \frac{\text{Preço líquido por unidade (\$)}}{\text{Preço de lista por unidade (\$)}}$$

EXEMPLO: Hakan administra sua própria empresa. Na venda de seu produto, Hakan oferece dois descontos ou abatimentos. O primeiro é um desconto de 12% em pedidos de mais de 100 unidades. Esse desconto é concedido em 50% dos negócios da empresa e aparece em seu sistema de faturamento. Hakan também dá um abatimento de 5% para a propaganda cooperativa. Este não aparece no sistema de faturamento. É feito em procedimentos separados que envolvem clientes que submetem comerciais para aprovação. Mediante investigação, Hakan descobre que 80% dos clientes aproveitam esse abatimento por propaganda.

O preço de fatura do produto da empresa pode ser calculado como o preço de lista (50 dinares por unidade), menos o desconto de 12% por volume de pedido, multiplicado pela chance de que o desconto seja concedido (50%).

Preço de fatura = Preço de lista − [Desconto * Proporção de compras sobre as quais o desconto incide]
= 50 dinares − [(50 * 12%) * 50%]
= 50 dinares − 3 dinares = 47 dinares

Preço líquido reduz ainda mais o preço de fatura pela quantia média de abatimento concedido pela propaganda cooperativa:

Preço líquido = Preço de lista − [Desconto * Proporção de compras sobre as quais o desconto incide] − [Desconto por propaganda * Proporção de compras sobre as quais este desconto incide] 50 dinares − [(50 * 12%) * 50%] − [(50 * 5%) * 80%] = 50 − 3 − 2
= 45 dinares

Para achar o efeito de cascata de preço, dividimos o preço líquido pelo preço de lista.

$$\text{Cascata de preços (\%)} = \frac{45}{50} = 90\%$$

Fontes de dados, complicações e precauções

Para analisar o impacto de descontos, de abatimentos e do efeito geral de cascata de preços, os especialistas em marketing precisam de informações completas sobre as vendas, tanto em termos de receita quanto em termos de volume, em nível de produto individual, incluindo não apenas os descontos e abatimentos formalmente registrados no sistema de cobrança, como também os concedidos sem aparecer nas faturas.

O principal desafio no estabelecimento da cascata de preços é garantir dados específicos do produto em todos os diversos níveis no processo de vendas. Em todas as empresas, com exceção das de pequeno porte, é provável que isso seja um tanto difícil, especialmente porque muitos descontos são concedidos fora da fatura, portanto, podem não ser registrados em nível de produto no sistema financeiro da empresa. Para complicar ainda mais, nem todos os descontos são baseados no preço de lista. Descontos para pagamento à vista, por exemplo, geralmente baseiam-se no preço líquido da fatura.

A empresa comum oferece uma série de descontos a partir dos preços de lista. A maioria deles tem a função de estimular determinados comportamentos do cliente. Por exemplo, os descontos comerciais podem incentivar os distribuidores e revendedores a comprar cargas completas, pagar as faturas prontamente e fazer pedidos durante períodos promocionais ou de uma forma que uniformize a produção. Com o tempo, esses descontos tendem a multiplicar-se, já que os fabricantes acham mais fácil elevar o preço de lista e acrescentar outro desconto do que eliminar completamente os descontos.

Os problemas com os descontos incluem:

- Como é difícil registrar descontos por item, as empresas muitas vezes os registram em conjunto. A partir disso, os profissionais de marketing podem ver o total de descontos oferecidos, mas têm dificuldade em atribuí-los a produtos específicos. Alguns descontos são oferecidos sobre o volume total de uma compra, exacerbando esse problema. Isso aumenta o desafio de avaliar a lucratividade do produto.
- Uma vez concedidos, os descontos tendem a permanecer. É difícil retirá-los dos clientes. Consequentemente, a inércia com mantém descontos especiais muito depois de as pressões competitivas que os motivaram terem desaparecido.
- Como os descontos não são registrados nas faturas, a administração muitas vezes não consegue rastreá-los para as tomadas de decisão.

Como aconselha a Professional Pricing Society, ao considerar o preço de um produto, "procure pelo preço da fatura".[6]

Métricas e conceitos relacionados

Deduções: Alguns "descontos" são, na verdade, deduções aplicadas por um cliente a uma fatura, em ajustes por produtos danificados no embarque, entregas incorretas, entregas com atraso ou, em alguns casos, por produtos que não venderam tão bem quanto se esperava. As deduções podem não ser registradas de um modo que possa ser analisado e muitas vezes causam discórdia.

Preços baixos todos os dias (PBTD): Refere-se à estratégia de oferecer o mesmo nível de preço de um período a outro. Para varejistas, há uma distinção entre comprar e vender em PBTD. Por exemplo, alguns fornecedores oferecem preços de venda constantes aos varejistas, mas negociam períodos durante os quais um produto será oferecido na transação com mostruário e outras promoções de varejo. Em vez de proporcionar descontos de preço temporários aos varejistas, os fornecedores frequentemente financiam esses programas através de "fundos de desenvolvimento de mercado".

Altos e baixos: Essa estratégia de preço é o oposto do PBTD. Nela, os varejistas e fabricantes oferecem uma série de "negócios" ou "ofertas especiais" – momentos em que os preços têm uma redução temporária. Um objetivo dos preços altos e baixos e de outros descontos temporários é realizar a discriminação de preço no sentido econômico – não no sentido legal – do termo.

Discriminação e adequação de preços

Quando as empresas enfrentam segmentos de mercado diferentes e separáveis, com diferentes disposições para pagar (elasticidades de preço), a cobrança de um preço único significa que a empresa "deixará dinheiro na mesa", ou seja, não obterá o valor total do consumidor.

Há três condições para que a adequação de preços seja lucrativa:

- Os segmentos devem ter **elasticidades diferentes** (disposições para pagar) e/ou os comerciantes devem ter custos diferentes para atenderem esses segmentos (digamos, despesas de embarque) e o volume incremental deve ser suficientemente grande para compensar a redução na margem.
- Os segmentos devem ser **separáveis** – ou seja, a cobrança de preços diferentes não resulta apenas em transferência entre segmentos (por exemplo, seu pai não pode comprar seu jantar e pedir o desconto sênior).
- O **lucro incremental da adequação de preço excede os custos** de implementar diversos preços para o mesmo produto ou serviço.

A adequação de preços é claramente um eufemismo para discriminação de preços. No entanto, o último termo é carregado de implicações legais e compreende-se que os profissionais de marketing o utilizem com cuidado.

Quando confrontado com uma curva de demanda total composta de segmentos identificáveis com diferentes inclinações de demanda, o profissional de marketing pode usar o preço ótimo para cada segmento reconhecido, em oposição ao uso do mesmo preço de acordo com a demanda agregada. Isso geralmente é feito por questões de:

- **Tempo:** Por exemplo, os metrôs ou cinemas que cobram um preço mais alto durante a hora de tráfego mais intenso ou produtos que são lançados com um preço alto no início, "peneirando" lucros com os primeiros consumidores.
- **Geografia:** Como as divisões de mercado internacional – preços diferentes para regiões diferentes para DVDs, por exemplo.
- **Discriminação tolerável:** Identificação de formas aceitáveis de segmentação, tais como discriminação entre estudantes ou cidadãos sênior e o público em geral.

As diferenças de preços geram os mercados nebulosos; os produtos são comercializados de mercados de baixo preço a mercados de alto preço. Os mercados nebulosos são comuns em alguns produtos farmacêuticos e de moda.

Precaução: Regulamentações

A maioria dos países possui regulamentações que se aplicam à discriminação de preços. Como profissional de marketing, você precisa compreender essas leis. Nos Estados Unidos, a lei mais importante é a Robinson-Patman. Ela destina-se principalmente a controlar as diferenças de preço que possam prejudicar a concorrência.[7] Recomendamos uma visita ao *site* da *Federal Trade Commission* para a obtenção de mais informações.

Referências e leituras recomendadas

Abraham, M.M., and L.M. Lodish. (1990). "Getting the Most Out of Advertising and Promotion," *Harvard Business Review*, 68(3), 50.

Ailawadi, K., P. Farris, and E. Shames. (1999). "Trade Promotion: Essential to Selling Through Resellers," *Sloan Management Review*, 41(1), 83–92.

Christen, M., S. Gupta, J.C. Porter, R. Staelin, and D.R. Wittink. (1997). "Using Market-level Data to Understand Promotion Effects in a Nonlinear Model," *Journal of Marketing Research (JMR)*, 34(3),322.

"Roegner, E., M. Marn, and C. Zawada. (2005). "Pricing;" *Marketing Management*, Jan/Fev, Vol. 14 (1).

Capítulo 9

Métricas da mídia e da *web*

Métricas abordadas neste capítulo:

Propaganda: exposições, exposições por impacto e oportunidades de ver
Custo por mil exposições (CME)
Alcance/alcance líquido e frequência
Funções de resposta de frequência
Alcance efetivo e frequência efetiva
Percentual de presença
Exposições, *pageviews* e *hits*
Tempo de exibição de *rich media*

Taxa de interação de *rich media*
Taxas de cliques
Custo por exposição, custo por clique e custo de aquisição
Visitas, visitantes e abandono
Taxa de rejeição
Amigos/seguidores/simpatizantes
Downloads

    A propaganda é a base de muitas estratégias de marketing. O posicionamento e as comunicações transmitidas pela propaganda frequentemente estabelecem o tom e o momento para muitas outras ações de vendas e promoções. A propaganda não é somente o elemento definidor do *mix* de marketing, mas também é cara e muito difícil de avaliar. Isso porque não é fácil rastrear os incrementos de vendas associados com a propaganda. Para muitos profissionais de marketing, as métricas da mídia são especialmente confusas. O domínio do vocabulário envolvido nesse campo é necessário para trabalhar com planejadores, compradores e agências de mídia. Uma boa compreensão das métricas de mídia pode ajudar os especialistas de marketing a garantir que os orçamentos de propaganda sejam utilizados de forma eficiente e dirigidos a uma meta específica.

    Na primeira parte deste capítulo, discutiremos as métricas da mídia que revelam quantas pessoas podem ser expostas a uma campanha publicitária, a frequência com que essas pessoas têm oportunidade de ver os propagandas e o custo de cada potencial exposição. Para isso, apresentaremos o vocabulário de métricas de propaganda, incluindo termos como impressões, exposições, ODV, pontos de audiência, GRPs, alcance líquido, frequência efetiva e CMEs.

Na segunda parte deste capítulo, focalizaremos as métricas utilizadas no marketing com base na *web*. A internet cada vez mais oferece oportunidades valiosas de aumentar a propaganda tradicional com a mídia interativa. De fato, muitos dos mesmos termos usados na mídia da propaganda, como exposições, são utilizados para descrever e avaliar a propaganda na *web*. Outros termos, como cliques, são típicos da *web*. Algumas métricas específicas da *web* são necessárias porque a internet, assim como a mala direta, não serve somente como um meio de comunicação, mas também como um canal de vendas diretas que pode oferecer *feedback* em tempo real sobre a eficácia da propaganda na geração de interesse do cliente e vendas.

	Métrica	Construção	Considerações	Propósito
9.1	Exposições	Uma exposição é gerada cada vez que uma propaganda é vista. A quantidade de exposições alcançada é uma função do alcance da propaganda (a quantidade de pessoas que o veem), multiplicado por sua frequência (número de vezes que as pessoas o veem).	Como métrica, as exposições não explicam a qualidade do que é visto. Nesse sentido, uma olhada rápida terá menos efeito do que um estudo detalhado. As exposições também são chamadas de exposições e de oportunidades de ver (ODV).	Compreender quantas vezes uma propaganda é vista.
9.1	Exposições por impacto (GRPs)	Exposições divididas pela quantidade de pessoas no público para uma propaganda.	Exposições expressas em relação à população. As GRPs são cumulativas entre os veículos da mídia, tornando possíveis GRPs de mais de 100%. Os pontos de classificação alvo (PCAs) são medidos em relação a populações alvo definidas.	Mensurar as exposições em relação à quantidade de pessoas no público para uma campanha publicitária.
9.2	Custo por mil exposições (CME)	Custo de propaganda dividido pelas exposições geradas (em milhares).	O CME é uma medida de custo por exposição de propaganda, representando as exposições em milhares. Isso torna mais fácil o trabalho com os números resultantes em dólares do que seria possível com o custo por cada exposição individual.	Mensurar a eficácia de custo na geração de exposições.

Continua

	Métrica	Construção	Considerações	Propósito
9.3	Alcance líquido	Quantidade de pessoas que recebem uma propaganda.	Equivalente ao alcance. Mede os espectadores de uma propaganda. Com frequência, é melhor representado por um gráfico de Venn.	Mensurar a amplitude da difusão de uma propaganda em uma população.
9.3	Frequência média	Quantidade média de vezes que um indivíduo recebe uma propaganda, desde que ele realmente seja exposto à propaganda.	A frequência é medida somente entre pessoas que de fato vêem o anúncio que está sendo estudado.	Mensurar com que intensidade um comercial se concentra em determinada população.
9.4	Funções de resposta de frequência	Linear: todas as exposições da propaganda têm igual impacto. Limiar: determinada quantidade de exposições é necessária antes que a mensagem de um propaganda seja absorvida. Curva de aprendizado: um propaganda tem pouco impacto no início, mas adquire força com a repetição e depois enfraquece quando a saturação é atingida.	O modelo linear muitas vezes não é realista, especialmente para produtos complexos. O modelo de limiar é bastante utiliza do, pois é simples e intuitivo. Modelos de curva de aprendizado são usados frequentemente como hipóteses, mas são difíceis de testar em termos de precisão. Modelos mais simples também costumam funcionar.	Verificar a reação de uma população à exposição a uma propaganda.
9.5	Alcance efetivo	Alcance obtido entre indivíduos expostos a uma propaganda com uma frequência maior ou igual à frequência efetiva.	A taxa de frequência efetiva constitui uma suposição crucial no cálculo desta métrica.	Mensurar a porção de um público exposta a uma propaganda em um número de vezes suficiente para ser influenciada.

Continua

	Métrica	Construção	Considerações	Propósito
9.5	Frequência efetiva	Quantas vezes um indivíduo precisa ver um comercial para registrar sua mensagem.	Como regra de planejamento, os profissionais de marketing muitas vezes usam uma frequência efetiva de 3. Como promete ter um impacto significativo sobre os resultados da campanha, essa suposição deve ser testada.	Determinar os níveis ótimos de exposição para uma propaganda ou campanha, comparando o risco de gasto excessivo com o risco de fracassar em obter o impacto desejado.
9.6	Percentual de presença	Quantifica a "presença" do comercial de uma marca ou empresa em relação à totalidade de propagandas em um mercado.	A definição de mercado é central para resultados significativos. As exposições ou classificações representam uma base conceitualmente forte para cálculos de percentual de presença. Frequentemente, no entanto, esses dados não estão disponíveis. Consequentemente, os profissionais de marketing usam as despesas, um dado de entrada, como substituto para os resultados.	Avaliar a força relativa do programa publicitário dentro de seu mercado.
9.7	*Pageviews*	Quantas vezes uma página é acessada.	Representa o número de páginas acessadas. Os *hits*, por sua vez, representam as visualizações de página multiplicadas pela quantidade de arquivos em uma página, o que os torna tanto uma métrica de *design* de página quanto de tráfego.	Representar uma medida de alto nível da popularidade de um *site*.
9.8	Tempo de exibição de *rich media*s	O tempo médio em que *rich media*s são exibidas por espectador.	Pode ser muito influenciado por tempos de exibição longos demais. A maneira pela qual os dados são coletados é uma consideração importante.	Mensurar o tempo médio de visão de *rich media*s.

Continua

	Métrica	Construção	Considerações	Propósito
9.9	Taxa de interação de *rich media*s	Fornece a fração de espectadores que interagem com as *rich media*s	A definição de interação deve excluir ações que não estejam relacionadas com as *rich media*s (um movimento do mouse atravessando as *rich media*s para alcançar outra parte da tela).	Mensurar a capacidade de atração relativa de *rich media*s e a capacidade de gerar um espectador.
9.10	Taxa de cliques	Quantidade de cliques como fração da quantidade de exposições.	Medida interativa de propaganda na *web*. Tem grande poder, mas os cliques representam somente um passo em direção à conversão e são, portanto, uma meta de propaganda intermediária.	Mensurar a eficácia de uma propaganda na *web*, contando os clientes que ficam intrigados o suficiente para clicarem.
9.11	Custo por clique	Custo de propaganda, dividido pela quantidade de cliques gerados.	Frequentemente usado como mecanismo de cobrança.	Mensurar ou estabelecer a eficácia de custo de uma propaganda.
9.11	Custo por pedido	Custo do comercial, dividido pela quantidade de pedidos gerados.	Mais diretamente relacionado com o lucro do que o custo por clique, mas menos eficaz em mensurar o marketing puro. Um propaganda pode gerar Uma propaganda pode gerar um grande número de cliques, mas produzir conversão fraca quando o produto é decepcionante.	Mensurar ou estabelecer a eficácia de custo de uma propaganda.
9.11	Custo por cliente adquirido	Custo de propaganda, dividido pela quantidade de clientes adquiridos.	Útil para fins de comparação com o valor de duração do cliente. Ajuda os profissionais de marketing a determinarem se os clientes valem o custo de sua aquisição.	Mensurar o tráfego de público em um *site*.

Continua

	Métrica	Construção	Considerações	Propósito
9.12	Visitas	Quantidade de visualizações individuais de um *site*.	Medindo as visitas relativas às visualizações de página, os profissionais de marketing podem determinar se os espectadores estão investigando várias páginas em um *site*.	Mensurar o tráfego de público em um *site*.
9.12	Visitantes	Quantidade de espectadores de um *site* em determinado período.	Útil para determinar o tipo de tráfego gerado por um *site* – alguns visitantes leais ou muitos visitantes ocasionais. O período durante o qual essa métrica é aplicada pode ser uma consideração importante.	Mensurar o alcance de um *site*.
9.12	Taxa de abandono	Taxa de compras de compras iniciadas, mas não finalizadas.	Pode alertar quan*to a um design pobre em um site* de comércio eletrônico medindo a quantidade de clientes potenciais que perdem a paciência com uma transação ou são surpreendidos por custos "ocultos", revelados na conclusão do negócio.	Mensurar um elemento da taxa de fechamento de negócios na internet.
9.13	Taxa de rejeição	Percentual dos visitantes do *site* que veem apenas uma página	Exige definição clara do encerramento da visita. Em geral considera a taxa de rejeição das visitas e não dos visitantes.	É muito usado como indicador da relevância do *site* e da capacidade de despertar o interesse dos visitantes.
9.14	Amigos/ seguidores/ simpatizantes	Número de pessoas que participam de uma rede social.	O sucesso depende de um grupo-alvo e da natureza social do produto. Essa métrica não reflete o objetivo de uma campanha de marketing.	Mensurar o tamanho da rede social, mas não o número de participantes engajados.

Continua

Métrica	Construção	Considerações	Propósito
9.15 *Downloads*	Número de vezes que um aplicativo ou arquivo é baixado.	Conta as vezes em que um arquivo foi baixado, não o número de clientes que baixou o arquivo. É útil para monitorar downloads iniciados mas não completados.	Determinar a eficácia em fornecer aplicativos aos usuários.

9.1 Propaganda: impressões, exposições, oportunidade de ver (ODV), exposições por impacto (GRPs) e pontos de classificação alvo (PCAs)

As impressões, exposições e oportunidades de ver (ODV) de uma propaganda referem-se à mesma métrica: estimativa do público para uma "inserção" (um propaganda) ou campanha na mídia.

Impressões = ODV = Exposições. Nesse capítulo, usaremos todos esses termos. É importante distinguir entre "alcance" (quantos indivíduos estão expostos a determinada propaganda) e "frequência" (quantas vezes, em média, cada indivíduo é exposto).

Ponto de Audiência = Alcance de um veículo da mídia como percentual de uma população definida (por exemplo, um programa de televisão com uma audiência 2 atinge 2% da população).

Exposições por impacto (GRPs) = Classificação total alcançada por diversos veículos da mídia expressa em pontos de audiência (por exemplo, propagandas em cinco programas de televisão com uma audiência média de 30% obteriam 150 GRPs).

A exposição por impacto é expressa como porcentagem de uma população definida e frequentemente totaliza mais de 100%. Esta métrica refere-se à população definida atingida e não a um número absoluto de pessoas. Embora os GRPs sejam utilizados com um público maior, o termo pontos de classificação-alvo (PCA) denota uma definição mais estrita do público-alvo. Por exemplo, os PCAs poderiam considerar um segmento específico, como os jovens com idade entre 15 e 19 anos, enquanto os GRPs poderiam se basear na população total de espectadores de televisão.

Propósito: Medir o público de um comercial.

Impressões, exposições e oportunidades de ver (ODV) são os "átomos" do planejamento da mídia. Toda propaganda que é liberado para o mundo tem uma quantidade fixa de exposições planejadas, dependendo do tamanho do seu público. Por exemplo, um comercial que aparece em um painel na Champs-Élysées, no centro de Paris, terá uma quantidade estimada de exposições, de acordo com o fluxo de tráfego de visitantes e de habitantes do local. Diz-se que uma propaganda "alcança" certo número de pessoas em um determinado número de ocasiões ou que oferece um certo número de "exposições" ou "oportunidades de ver". Essas exposições ou oportunidades de ver são, desse modo, uma função do número de pessoas atingidas e de quantas vezes cada uma delas tem oportunidade de ver a propaganda.

As metodologias para calcular as oportunidades de ver variam de acordo com o tipo de mídia. Em revistas, por exemplo, as oportunidades de ver não são iguais à circulação, pois cada cópia da revista pode ser lida por mais de uma pessoa. Na mídia falada, supõe-se que o público quantificado compreenda os indivíduos disponíveis para ouvir ou ver uma propaganda. Na mídia impressa e em painéis de rua, uma oportunidade de ver pode variar desde uma breve olhadela até a consideração cuidadosa. Para ilustrar essa variação, imagine que você está caminhando por uma rua movimentada. Quantas propagandas de painéis de rua chamam sua atenção? Você pode não perceber, mas está contribuindo para as exposições de diversos anúncios, sem levar em conta se você os ignora ou os analisa com grande interesse.

Quando uma campanha envolve diversos tipos de mídia, os profissionais de marketing podem precisar ajustar suas medidas de oportunidades de ver para manter a coerência e possibilitar a comparação entre os diferentes meios.

Exposições por impacto (GRPs) são relacionados com as exposições e oportunidades de ver. Eles quantificam exposições como porcentagem da população atingida, e não em números absolutos de pessoas atingidas. Os pontos de classificação alvo (PCAs) expressam o mesmo conceito, mas com relação a um público-alvo mais estritamente definido.

Construção

Impressões, oportunidades de ver (ODV) e exposições: *Quantas vezes um propaganda específico é veiculado a um cliente potencial. É uma estimativa da audiência para uma "inserção" (anúncio) na mídia ou uma campanha. Impressões = ODV = Exposições.*

Exposições: O processo de calcular o alcance e a frequência começa com dados que somam todas as exposições de diferentes propagandas para chegar a um total "bruto".

$$\text{Impressões (n}^{\text{o}}\text{)} = \text{Alcance (n}^{\text{o}}\text{)} * \text{Frequência média (n}^{\text{o}}\text{)}$$

A mesma fórmula pode ser reorganizada da seguinte maneira para verificar quantas vezes em média um público tem a oportunidade de ver uma propaganda. A frequência média é definida como sendo a quantidade média de impressões por indivíduo "atingido" por uma propaganda ou campanha.

$$\text{Frequência média (n}^{\text{o}}\text{)} = \frac{\text{Exposições (n}^{\text{o}}\text{)}}{\text{Alcance (n}^{\text{o}}\text{)}}$$

De maneira semelhante, o alcance de uma propaganda – ou seja, quantas pessoas têm a oportunidade de vê-la – pode ser calculado da seguinte maneira:

$$\text{Alcance (n}^\text{o}\text{)} = \frac{\text{Exposições (n}^\text{o}\text{)}}{\text{Frequência média (n}^\text{o}\text{)}}$$

Embora o alcance possa, desse modo, ser quantificado como o número de indivíduos expostos a uma propaganda ou campanha, também pode ser calculado como porcentagem da população. Neste texto, distinguiremos entre as conceituações dessa métrica como alcance (n$^\text{o}$) e alcance (%).

O alcance de um veículo específico da mídia que pode transmitir uma propaganda costuma ser expresso em pontos de classificação, calculados como indivíduos atingidos por aquele veículo, divididos pelo total de indivíduos numa população definida e expressos em "pontos" que representam a porcentagem resultante. Assim, um programa de televisão com uma classificação 2 atingiria 2% da população.

Os pontos de classificação de todos os veículos da mídia que veiculam uma propaganda ou campanha podem ser somados, produzindo uma medida do alcance agregado da campanha, conhecida como exposições por impacto (GRPs).

Exposições por impacto (GRPs): *Soma de todos os pontos de classificação distribuídos pelos veículos da mídia que transmitem uma propaganda ou campanha.*

EXEMPLO: Uma campanha que proporciona 150 GRPs pode expor 30% da população a um comercial com uma frequência média de cinco exposições por indivíduo (150 = 30 * 5). Se 15 "inserções" separadas da propaganda forem usadas, alguns indivíduos poderão ser expostos até 15 vezes e muitos outros dos 30% atingidos teriam apenas uma ou duas oportunidades de ver (ODV).

$$\text{Exposições por impacto (GRPs)(\%)} = \text{Alcance (\%)} * \text{Frequência média (n}^\text{o}\text{)}$$

$$\text{Exposições por impacto (GRPs)(\%)} = \frac{\text{Exposições (n}^\text{o}\text{)}}{\text{População definida (n}^\text{o}\text{)}}$$

Pontos de classificação-alvo (PCAs): *Exposições por impacto (GRPs) proporcionados por um veículo da mídia a um público-alvo específico.*

EXEMPLO: Uma empresa coloca 10 inserções de propagandas em um mercado com uma população de cinco pessoas. As exposições resultantes são mostradas na tabela a seguir, em que "1" representa uma oportunidade de ver e "0" significa que um indivíduo não teve oportunidade de ver determinada inserção.

| | Indivíduo | | | | | | GRPs |
Inserção	A	B	C	D	E	Exposições	(exposições/população)
1	1	1	0	0	1	3	60
2	1	1	0	0	1	3	60
3	1	1	0	1	0	3	60
4	1	1	0	1	0	3	60
5	1	1	0	1	0	3	60
6	1	0	0	1	0	2	40
7	1	0	0	1	0	2	40
8	1	0	0	0	0	1	20
9	1	0	0	0	0	1	20
10	1	0	0	0	0	1	20
Totais	10	5	0	5	2	22	440

Nessa campanha, as exposições totais em toda a população = 22.

Como a inserção 1 gera exposições em três das cinco pessoas, ela atinge 60% dessa população, para 60 GRPs. Como a inserção 6 gera exposições em duas das cinco pessoas, ela alcança 40% da população, para 40 pontos de audiência. As exposições por impacto para a campanha podem ser calculados adicionando-se os GRPs de cada inserção.

Exposições por impacto (GRPs) = Exposições por impacto (GRPs)1 + Exposições por impacto (GRPs)2 + etc.
= 440

Como alternativa, as exposições por impacto podem ser calculadas dividindo-se o total de exposições pelo tamanho da população e expressando-se o resultado em termos percentuais.

$$\text{Exposições por impacto (GRPs)} = \frac{\text{Exposições}}{\text{População}} * 100\% = \frac{22}{5} * 100\% = 440$$

Os pontos de classificação-alvo (PCAs), por sua vez, quantificam as exposições por impacto obtidas por um comercial ou uma campanha entre indivíduos-alvo dentro de uma população maior.

Para fins deste exemplo, vamos supor que os indivíduos A, B e C compreendam o grupo-alvo. O indivíduo A recebeu 10 exposições à campanha, o indivíduo B, 5 exposições e o indivíduo C, 0 exposição. Dessa forma, a campanha alcançou dois de três, ou 66,67% dos indivíduos-alvo. Entre os atingidos, sua frequência média é 15/2, ou 7,5. Com base nisso, podemos calcular os pontos de classificação-alvo utilizando um dos métodos a seguir.

$$\text{Pontos de classificação-alvo (PCAs)} = \text{Alcance (\%)} * \text{Frequência média}$$

$$= 66,67\% * \frac{15}{2}$$

$$= 500$$

$$\text{Pontos de classificação-alvo (PCAs)} = \frac{\text{Impressões (n}^{\text{o}}\text{)}}{\text{Alvos (n}^{\text{o}}\text{)}} = \frac{15}{3} = 500$$

Fontes de dados, complicações e precauções

Dados sobre o tamanho estimado da audiência (alcance) de um veículo da mídia normalmente encontram-se disponíveis junto aos vendedores de mídia. Também existem métodos-padrão para combinar dados de diferentes mídias para calcular o "alcance líquido" e a frequência. Uma explicação desses procedimentos está além do escopo deste livro, mas os leitores interessados podem desejar consultar uma empresa dedicada a rastrear pontos de classificação, como a Nielsen (www.nielsen.com), para obter mais detalhes.

Dois planos de mídia diferentes podem produzir resultados comparáveis em termos de custos e de total de exposições, mas diferirem nas medidas de alcance e de frequência. Em outras palavras, um plano pode expor um público maior a uma mensagem comercial com menos frequência, enquanto outro proporciona mais exposições aos integrantes de um público menor. A Tabela 9.1 apresenta um exemplo.

Tabela 9.1 Ilustração de alcance e frequência

	Alcance	Frequência média*	Total de exposições (exposições, ODV)
Plano A	250.000	4	1.000.000
Plano B	333.333	3	1.000.000

*A frequência média é o número médio de exposições de cada indivíduo submetido a pelo menos uma exposição de determinado comercial ou campanha. Para comparar exposições na mídia ou mesmo em classes de mídia, deve-se fazer uma suposição mais ampla: a de que há alguma equivalência entre os diferentes tipos de exposições geradas por classificação da mídia. No entanto, os profissionais de marketing devem ainda comparar a "qualidade" das exposições oferecidas por diferentes meios.

Consideremos os seguintes exemplos: um painel em uma estrada movimentada e um anúncio no metrô, ambos podem produzir a mesma quantidade de exposições. Apesar de o público do metrô ser cativo, o público do *outdoor* costuma dirigir concentrado na estrada. Como esse exemplo demonstra, pode haver diferenças na qualidade das exposições. Para explicar essas diferenças, os operadores de mídia aplicam pesos aos diferentes veículos da mídia. Quando dados de resposta direta estão disponíveis, podem ser usados para avaliar a eficácia relativa e a eficiência das exposições em diferentes meios. Caso contrário, esse peso poderá ser uma questão de discernimento. Um gerente poderá crer, por exemplo, que uma exposição gerada por uma propaganda de TV seja duas vezes mais eficaz do que outra proporcionada por um anúncio impresso numa revista.

De maneira semelhante, os profissionais de marketing costumam achar útil definir subgrupos do público e gerar estatísticas de alcance e de frequência separadas para cada um. Os especialistas de marketing podem ponderar os subgrupos de maneiras diferentes assim como ponderam as expressões proporcionadas por diferentes meios.[1] Isso ajuda a avaliar se uma propaganda atinge seus grupos de clientes definidos.

Quando calculam as exposições, os profissionais de marketing quase sempre encontram uma sobreposição de pessoas que veem um comercial em mais de um meio. Posteriormente, neste texto, discutiremos como explicar essa sobreposição e como calcular a porcentagem de pessoas expostas a um comercial várias vezes.

9.2 Taxas de custo por mil exposições (CME)

O custo por mil exposições (CME) é o custo de mil exposições de um comercial. Essa métrica é calculada dividindo-se o custo da colocação de um comercial pela quantidade de exposições (expressa em milhares) que ele gera.

$$\text{Custo por mil exposições (CME) (\$)} = \frac{\text{Custo do comercial (\$)}}{\text{Exposições geradas (n}^\circ \text{ em milhares)}}$$

O CME é útil na comparação da eficiência relativa de diferentes oportunidades de propaganda ou meios e na avaliação dos custos de campanhas em geral.

Propósito: Comparar os custos de campanhas publicitárias na mesma mídia e entre mídias.

Uma típica campanha publicitária pode tentar atingir clientes potenciais em diversos locais e através de vários meios. A métrica de custo por mil exposições (CME) possibilita que os profissionais de marketing comparem custos entre esses meios, tanto no estágio de planejamento quanto durante a revisão de campanhas já realizadas.

Os profissionais de marketing calculam o CME dividindo os custos da campanha publicitária pela quantidade de exposições (ou oportunidades de ver) proporcionadas por cada parte da campanha. Como as contagens de exposições costumam ser dimensionáveis, os profissionais de marketing costumam trabalhar com exposições medidas em CME. A divisão por mil é um padrão no setor.

Custo por mil exposições (CME): *Custo de uma campanha na mídia comparado com o seu sucesso na geração de exposições ou oportunidades de ver.*

Construção

Para calcular o CME, os profissionais de marketing primeiro estabelecem os resultados de uma campanha na mídia (exposições brutas) em milhares. Depois, dividem esse resultado pelo custo de mídia relevante:

$$\text{Custo por mil exposições (CME) (\$)} = \frac{\text{Custo do comercial (\$)}}{\text{Exposições geradas (n}^{\text{o}}\text{ em milhares)}}$$

EXEMPLO: Uma campanha publicitária custa 4.000 dólares e gera 12.000 exposições. Com base nisso, o CME pode ser calculado da seguinte maneira:

$$\text{Custo por mil exposições} = \frac{\text{Custo do comercial}}{\text{Exposições geradas (milhares)}}$$

$$= \frac{\$4.000}{(120.000/1.000)}$$

$$= \frac{\$4.000}{120} = \$33,33$$

Fontes de dados, complicações e precauções

Numa campanha publicitária, o custo total dos meios comprados pode incluir comissões da agência e produção de materiais criativos, além do custo do espaço na mídia ou do tempo. Os profissionais de marketing também precisam estimar quantas exposições são esperadas ou proporcionadas na campanha em um nível adequado de detalhamento. Os profissionais de marketing da internet (veja a Seção 9.7) em geral têm acesso a esses dados com facilidade.

O CME é somente um ponto de partida para a análise. Nem todas as exposições têm o mesmo valor. Consequentemente, pode fazer sentido pagar mais por exposições em algumas fontes do que de outras.

No cálculo do CME, os profissionais de marketing também precisam se preocupar com sua habilidade de captar o custo total da campanha. Os custos costumam incluir a quantia paga a uma agência para desenvolver os materiais, valor pago ao veículo de mídia e salários e despesas internas relativos à supervisão da campanha.

Métricas e conceitos relacionados

Custo por ponto (CPP): *O custo de uma campanha publicitária comparado com os pontos de classificação proporcionados. De maneira semelhante ao CME,* *o custo por ponto mede o custo por ponto de audiência para uma campanha publicitária, dividindo o custo da propaganda pelos pontos de classificação proporcionados.*

9.3 Alcance, alcance líquido e frequência

O alcance é o mesmo que alcance líquido. As duas métricas quantificam o número ou a porcentagem de indivíduos numa população definida expostos pelo menos uma vez a um comercial. A frequência mede quantas vezes, em média, cada indivíduo vê o comercial.

$$\text{Exposições (n}^\text{o}\text{)} = \text{Alcance (n}^\text{o}\text{)} * \text{Frequência (n}^\text{o}\text{)}$$

O alcance líquido e a frequência são conceitos importantes para descrever uma campanha publicitária. Uma campanha com alto alcance líquido e baixa frequência corre o risco de se perder num ambiente publicitário movimentado. Uma campanha com baixo alcance líquido, mas com alta frequência pode causar excesso de exposição em alguns públicos e fracassar totalmente em atingir outros. As métricas de alcance e frequência ajudam os gerentes a ajustarem seus planos de mídia para que se enquadrem em suas estratégias de marketing.

Propósito: Separar o total de impressões pela quantidade de pessoas atingidas e a frequência média com que esses indivíduos são expostos ao comercial.

Para deixar clara a diferença entre alcance e frequência, vamos revisar o que aprendemos na Seção 9.1. Quando se combinam as exposições de diversas inserções, os resultados costumam ser chamados de "exposições brutas" ou "total de exposições". Quando o total de exposições é expresso como porcentagem da população, essa medida é chamada de exposições por impacto (GRPs). Por exemplo, suponhamos que um veículo da mídia alcance 12% da população. Esse veículo terá o alcance de inserção única de 12 pontos de classificação. Se uma empresa anunciasse em 10 veículos desses, atingiria 120 GRPs.

Agora, vamos observar a composição desses 120 GRPs. Vamos supor que saibamos que os 10 propagandas tinham um alcance líquido combinado de 40% e uma frequência média de 3. Então, as exposições por impacto poderiam ser calculados como 40 × 3 = 120 GRPs.

EXEMPLO: Um comercial é exibido uma vez a cada três intervalos de tempo. A Nielsen rastreia quais lares têm oportunidade de ver o comercial. O comercial vai ao ar em um mercado com somente cinco lares: A, B, C, D e E. Os intervalos de tempo 1 e 2 têm uma classificação de 60, pois 60% dos lares o veem, enquanto o intervalo de tempo 3 tem uma classificação de 20.

Intervalo de tempo	Lares com oportunidade de ver	Lares sem oportunidade de ver	Pontos de classificação do intervalo de tempo
1	A B E	C D	60
2	A B C	D E	60
3	A	B C D E	20
		GRP	140

$$GRP = \frac{\text{Exposições}}{\text{População}} = \frac{7}{5} = 140\,(\%)$$

A propaganda é visto pelos lares A, B, C e E, mas não pelo D. Assim, gera exposições em quatro dos cinco lares, para um alcance (%) de 80%. Nos quatro lares atingidos, o comercial é visto um total de sete vezes. Dessa forma, sua frequência média pode ser calculada como 7/4 ou 1,75. Com base nisso, podemos calcular as exposições por impacto da campanha:

$$GRP = \text{Alcance (\%)} * \text{Frequência média} = \frac{4}{5} * \frac{7}{4} = 80\% * 1,75 = 140\,(\%)$$

A menos que seja especificado de outra maneira, medidas simples de todo o tamanho do público (como os GRPs ou exposições) não diferenciam campanhas que expõem públicos maiores menos vezes e campanhas que expõem públicos menores com mais frequência. Em outras palavras, essas métricas não distinguem entre alcance e frequência.

O alcance, seja descrito como "alcance líquido" ou simplesmente "alcance", refere-se ao público não repetido de indivíduos expostos pelo menos uma vez o comercial em questão. O alcance pode ser expresso como a quantidade de indivíduos ou como porcentagem da população que viu o comercial.

Alcance: *Quantidade de pessoas ou porcentagem da população exposta a um comercial.*

A frequência é calculada dividindo-se as exposições brutas pelo alcance. A frequência é igual à média de exposições recebidas por indivíduos expostos a pelo menos um comercial da campanha em questão. A frequência é calculada *somente* entre indivíduos que foram expostos ao comercial. Assim, temos: Total de exposições = Alcance * Frequência Média.

Frequência média: *Número médio de exposições por indivíduo atingido.*

Os planos de mídia podem diferir em alcance e frequência, mas gerar o mesmo total de exposições.

Alcance líquido: *Este termo é usado para enfatizar o fato de que o alcance de diversas colocações de comerciais não é calculado pela adição bruta de todos os indivíduos atingidos por cada uma dessas colocações. Às vezes, a palavra "líquido" é eliminada e a métrica é simplesmente chamada de alcance.*

EXEMPLO: Voltando ao nosso exemplo de um plano de mídia com 10 inserções em um mercado com uma população de cinco pessoas, podemos calcular o alcance e a frequência do plano analisando os seguintes dados. Conforme observado anteriormente, na tabela a seguir, "1" representa uma oportunidade de ver, e "0" significa que um indivíduo não teve oportunidade de ver determinada inserção.

Inserção	Indivíduo					Exposições	GRPs (exposições/ população)
	A	B	C	D	E		
1	1	1	0	0	1	3	60
2	1	1	0	0	1	3	60
3	1	1	0	1	0	3	60
4	1	1	0	1	0	3	60
5	1	1	0	1	0	3	60
6	1	0	0	1	0	2	40
7	1	0	0	1	0	2	40
8	1	0	0	0	0	1	20
9	1	0	0	0	0	1	20
10	1	0	0	0	0	1	20
Totais	10	5	0	5	2	22	440

O alcance é igual a quantas pessoas viram pelo menos uma vez um comercial. Quatro das cinco pessoas na população (A, B, D e E) viram pelo menos um comercial. Consequentemente, o alcance (n$^{\underline{o}}$) = 4.

$$\text{Frequência média} = \frac{\text{Exposições}}{\text{Alcance}} = \frac{22}{4} = 5,5$$

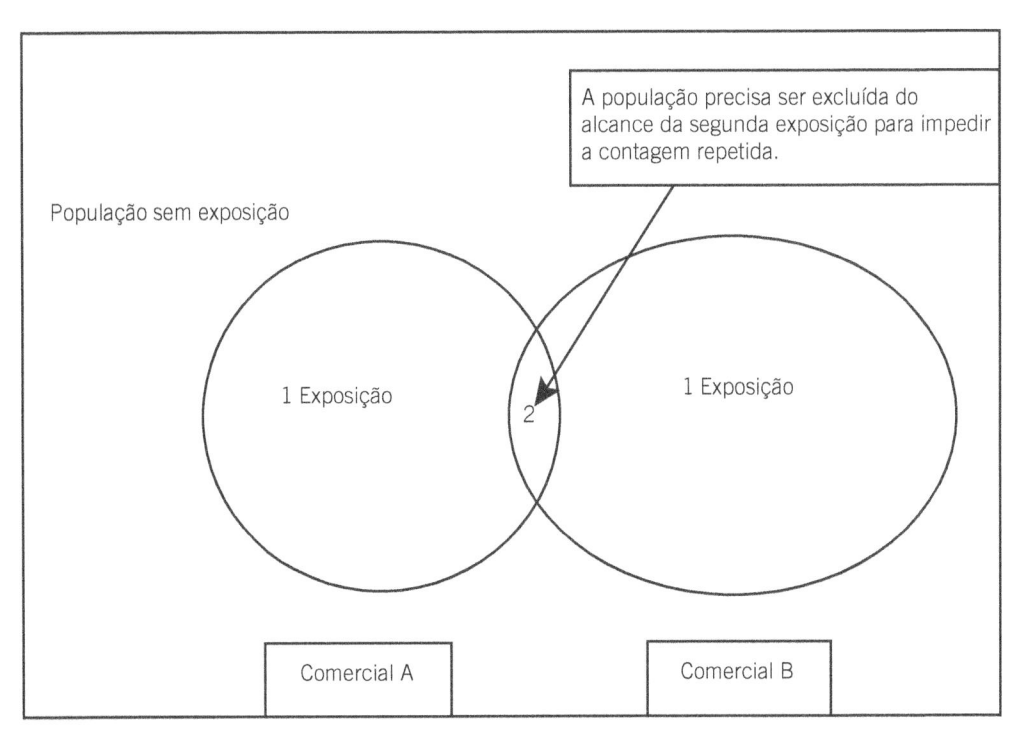

Figura 9.1 Ilustração de alcance líquido no diagrama de Venn.

Quando diversos veículos estão envolvidos numa campanha publicitária, os profissionais de marketing precisam de informações sobre a sobreposição entre esses veículos, bem como de procedimentos matemáticos sofisticados para calcular o alcance e a frequência. Para ilustrar esse conceito, o seguinte exemplo de dois veículos pode ser útil. A sobreposição pode ser representada por um gráfico conhecido como Diagrama de Venn (veja a Figura 9.1).

EXEMPLO: Como ilustração dos efeitos da sobreposição, vejamos dois exemplos. A revista *Aircraft International* oferece 850.000 exposições para um anúncio. Uma segunda revista, a *Commercial Flying Monthly*, oferece 1 milhão de exposições para um anúncio.

Exemplo 1: Os profissionais de marketing que colocam anúncios em ambas as revistas não devem esperar alcançar 1,85 milhão de leitores. Suponhamos que 10% dos leitores de *Aircraft International* também leiam *Commercial Flying Monthly*. A partir daí, o alcance líquido = (850.000 * 0,9) + 1.000.000 = 1.765.000 indivíduos. Destes, 85.000 (10% dos leitores de *Aircraft International*) foram submetidos a duas exposições. Os 90% restantes de leitores de *Aircraft International* receberam apenas uma exposição. A sobreposição entre os dois meios diferentes é chamada de sobreposição externa.

Exemplo 2: Os profissionais de marketing costumam usar várias inserções no mesmo veículo de mídia (tais como as edições de julho e agosto da mesma revista) para obterem frequência. Mesmo se o tamanho do público estimado for o mesmo para ambos os meses, nem todas as mesmas pessoas lerão a revista em cada mês. Para este exemplo, suponhamos que os profissionais de marketing coloquem inserções em duas edições diferentes de Aircraft International e que somente 70% dos leitores da edição de julho também leiam a edição de agosto. Com isso, o alcance líquido não será meramente de 850.000 (a circulação de cada edição de *Aircraft International*) porque os grupos que vêem as duas inserções não são precisamente os mesmos. Da mesma forma, o alcance líquido não é 2 * 850.000, ou 1,7 milhão, porque os grupos que vêem as duas inserções também não são completamente díspares. Assim, o alcance líquido = 850.000 + (850.000 * 30%) = 1.105.000.

A razão: Trinta por cento dos leitores da edição de agosto não leram a edição de julho e, assim, não tiveram a oportunidade de ver a inserção da propaganda em julho. Esses leitores – e somente eles – representam o incremento de espectadores do anúncio em agosto, por isso, devem ser acrescentados ao alcance líquido. Os 70% restantes de leitores de agosto foram expostos ao anúncio duas vezes. Seu total representa a sobreposição interna ou duplicação.

Fontes de dados, complicações e precauções

Apesar de termos enfatizado a importância do alcance e da frequência, a métrica de exposições costuma ser a mais fácil de ser estabelecida. Elas podem ser agregadas de acordo com os dados originados dos veículos de mídia envolvidos numa campanha. Para determinarem o alcance líquido e a frequência, os profissionais de marketing precisam conhecer ou calcular a sobreposição entre audiências para diferentes meios ou para o mesmo meio em diferentes períodos. Está além da capacidade da maioria dos profissionais de marketing fazerem estimativas precisas de alcance e frequência sem acesso a bancos de dados e algoritmos patenteados. Agências de propaganda completas e empresas de compra de mídia costumam oferecer esses serviços.

Avaliar a sobreposição é um grande desafio. Apesar de a sobreposição poder ser calculada realizando-se pesquisas com os clientes, é difícil fazer isso com exatidão. Estimativas baseadas no discernimento dos gerentes às vezes podem ser suficientes.

9.4 Funções de resposta à frequência

As funções de resposta à frequência ajudam os profissionais de marketing a verificar a eficácia de diversas exposições à propaganda. Discutimos três suposições típicas sobre como as pessoas respondem às propagandas: resposta linear, resposta de curva de aprendizado e resposta de limiar.

Num modelo de resposta linear, supõe-se que as pessoas reajam igualmente a toda exposição a um comercial. O modelo de resposta de curva de aprendizado supõe que as pessoas sejam inicialmente lentas para reagir a um comercial e que, depois, reajam mais rapidamente por algum tempo até finalmente alcançar um ponto em que sua resposta à mensagem diminui. Numa função de resposta de limiar, supõe-se que as pessoas mostrem pouca reação até que se alcance um nível crítico de frequência. Nesse ponto, sua resposta imediatamente se eleva à capacidade máxima.

As funções de resposta à frequência não são tecnicamente consideradas como métricas. No entanto, a compreensão de como as pessoas reagem à frequência de exposição a um comercial é vital para o planejamento de mídia. Os modelos de resposta determinam diretamente os cálculos de frequência efetiva e alcance efetivo, métricas discutidas na Seção 9.5.

Propósito: Estabelecer suposições sobre os efeitos da frequência dos comerciais.

Suponhamos que uma empresa tenha desenvolvido uma mensagem para uma campanha publicitária e que seus gerentes estejam confiantes de que os meios adequados para a campanha foram selecionados. Agora eles devem decidir: quantas vezes o comercial deve ser veiculado? A empresa quer comprar espaço suficiente para garantir que sua mensagem seja eficazmente transmitida, mas também deseja assegurar que não se desperdice dinheiro em exposições desnecessárias.

Para tomar essa decisão, o profissional de marketing terá que fazer uma suposição sobre o valor da frequência. Esta é uma consideração importante: qual é o valor de repetição suposto na propaganda? As funções de resposta à frequência ajudam-nos a julgar o valor da frequência.

Função de resposta à frequência: *Relacionamento esperado entre resultados da propaganda (geralmente em vendas unitárias ou receitas em dólares) e sua frequência.*

Existe uma série de modelos possíveis para as funções de resposta à frequência usados em planos de mídia. A seleção entre eles para determinada campanha dependerá do produto anunciado, dos meios utilizados e do discernimento do profissional de marketing. Três dos modelos mais comuns são descritos a seguir.

Resposta linear: *A suposição por trás de uma função de resposta linear é a de que cada exposição ao comercial é igualmente valiosa, independentemente de quantas outras exposições ao mesmo comercial a precederam.*

Resposta de curva de aprendizagem: *O modelo de aprendizagem ou de curva em S baseia-se na suposição de que a resposta de um consumidor ao comercial segue uma progressão: as primeiras vezes que um comercial é exibido, ele não é registrado em seu público pretendido. Com a repetição, a mensagem permeia seu público e se torna mais eficaz à medida que as pessoas a absorvem. Finalmente, porém, essa eficácia declina e retornos menores se estabelecem. Nesse estágio, os profissionais de marketing acreditam que os indivíduos que desejam a informação já a têm e não podem ser influenciados ainda mais e outros simplesmente não estão interessados.*

Resposta de limiar: *A suposição inerente a esse modelo é a de que o comercial não tem nenhum efeito até que sua exposição atinja determinado nível. Nesse ponto, sua mensagem torna-se completamente eficaz. Além desse ponto, a continuação da exibição é desnecessária e seria desperdiçada.*

Essas são as formas comuns de avaliar a frequência de comerciais. Qualquer função que descreva precisamente o efeito de uma campanha poderá ser usada. Normalmente, no entanto, somente uma função se aplicará a uma determinada situação.

Construção

As funções de resposta à frequência são mais úteis quando podem ser usadas para quantificar os efeitos do incremento da frequência. Para ilustrar a construção das três funções descritas nesta seção, tabulamos vários exemplos.

As Tabelas 9.2 e 9.3 mostram os supostos efeitos do incremento de cada exposição em determinada campanha publicitária. Supõe-se que a propaganda atingirá o efeito máximo (100%) com oito exposições. Analisando esse efeito no contexto de várias funções de resposta, podemos determinar quando e com que rapidez ele se estabelece.

Num modelo de resposta linear, cada exposição abaixo do ponto de saturação gera um oitavo, ou 12,5%, do efeito total.

O modelo de curva de aprendizagem é mais complexo. Nessa função, o incremento na eficácia aumenta até a quarta exposição e diminui a partir daí.

No modelo de resposta de limiar, não há nenhum efeito antes da quarta exposição. Nesse ponto, porém, 100% do benefício da propaganda é imediatamente percebido. Além desse ponto, não há mais valor algum a ser obtido através do incremento da propaganda. As exposições subsequentes são desperdiçadas.

Os efeitos dessas exposições aos comericiais aparecem tabulados cumulativamente na Tabela 9.3. Nesse caso, o máximo de eficácia possível é alcançado quando a resposta à propaganda atinge 100%.

Tabela 9.2 Exemplo de eficácia de um comercial

Frequência de exposição	Linear	Curva em S ou de aprendizagem	Valor no limiar
1	0,125	0,05	0
2	0,125	0,1	0
3	0,125	0,2	0
4	0,125	0,25	1
5	0,125	0,2	0
6	0,125	0,1	0
7	0,125	0,05	0
8	0,125	0,05	0

Tabela 9.3 Suposições: Eficácia cumulativa de um comercial

Frequência de Exposição	Linear	Curva em S ou de Aprendizagem	Valor no Limiar
1	12,5%	5%	0%
2	25,0%	15%	0%
3	37,5%	35%	0%
4	50,0%	60%	100%
5	62,5%	80%	100%
6	75,0%	90%	100%
7	87,5%	95%	100%
8	100,0%	100%	100%

Podemos situar a eficácia cumulativa em relação à frequência em cada modelo (veja a Figura 9.2). A função linear é representada por uma linha reta simples. A suposição de limiar eleva-se quase verticalmente em quatro exposições para atingir 100%. Os efeitos cumulativos do modelo de curva de aprendizagem traçam uma curva em forma de S.

Função de resposta à frequência; linear: *Nessa função, o efeito cumulativo da propaganda (até o ponto de saturação) pode ser visto como produto da frequência de exposições e da eficácia por exposição.*

Função de resposta à frequência; linear (I) = Frequência (n$^{\circ}$) * Eficácia por exposição (I)

Função de resposta à frequência; curva de aprendizagem: *A função de curva de aprendizagem pode ser traçada como uma curva não linear. Sua forma depende das circunstâncias de determinada campanha, incluindo a seleção dos meios para a propaganda, o público-alvo e a frequência de exposições.*

Função de resposta à frequência; limiar: *A função de limiar pode ser expressa como uma afirmação booleanna do tipo "se":*

Função de resposta à frequência; valor do limiar (I) = Se (Frequência (n$^{\circ}$) ≥ Limiar (n$^{\circ}$), 1, 0)

Dito de outra forma: numa função de resposta de limiar, se a frequência for maior ou igual ao nível de limiar da eficácia, então, a campanha publicitária será 100% eficaz. Se a frequência for menor do que o limiar, não haverá efeito.

Fontes de dados, complicações e precauções

Uma função de resposta à frequência pode ser vista como a estrutura de suposições feitas pelos profissionais de marketing no planejamento de efeitos de uma campanha publicitária. Ao fazerem tais suposições, as informações mais úteis a um profissional

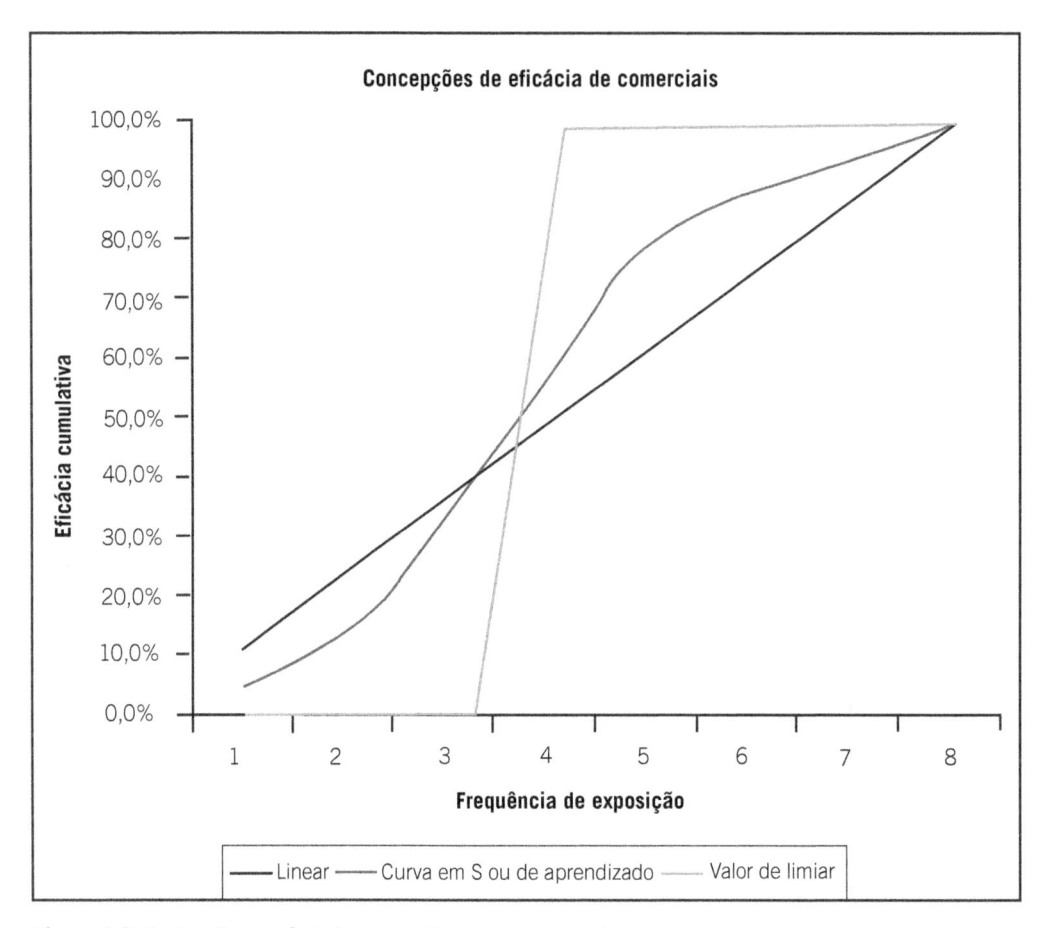

Figura 9.2 Ilustração de eficácia cumulativa de propagandas.

de marketing podem derivar de uma análise dos efeitos de campanhas anteriores. As funções validadas com dados passados, no entanto, têm maior probabilidade de serem precisas se as circunstâncias relevantes (tais como os meios, a criatividade, o preço e o produto) não mudarem significativamente.

Comparando-se os três modelos discutidos nesta seção, a função de resposta linear tem o benefício de basear-se numa única suposição. Entretanto, pode não ser realista, pois é difícil imaginar que toda exposição à propaganda numa campanha terá o mesmo efeito.

A curva de aprendizagem tem um apelo intuitivo. Parece captar melhor a complexidade da vida do que um modelo linear. Seus desafios, contudo, surgem com a definição e previsão da eficácia da propaganda. Três questões surgem: em que ponto a curva começa a subir? Que inclinação a função apresenta? Quando ela começa a diminuir? No entanto, sem ela, sempre haverá a preocupação de que a função de curva de aprendizagem ofereça um nível de precisão espúrio.

Qualquer implementação da função de resposta de limiar dependerá da estimativa da empresa sobre a posição do limiar. Isso terá derivações importantes. Se a empresa fizer uma estimativa conservadora, colocando o ponto máximo num alto número de exposições, ela poderá pagar por propaganda ineficaz e desnecessária. Se ela colocar o ponto máximo muito baixo, no entanto, poderá não comprar meios suficientes para a propaganda e sua campanha poderá não atingir o efeito desejado. Na implementação, os profissionais de marketing poderão descobrir que há pouca diferença na prática entre o uso do modelo de limiar e da curva de aprendizagem, que é mais complexa.

Métricas e conceitos relacionados

Assimilação: *Frequência necessária até que um comercial ou uma campanha atinja um nível mínimo de eficácia.*

Desgaste: *Frequência em que determinado comercial ou campanha começa a perder eficácia ou até mesmo a produzir um efeito negativo.*

9.5 Alcance efetivo e frequência efetiva

O conceito de frequência efetiva fundamenta-se na suposição de que, para um comercial ou uma campanha atingir um efeito apreciável, deve realizar uma quantidade específica de exposições a um indivíduo dentro de um período específico.

O alcance efetivo é definido como o número de pessoas ou a porcentagem do público que recebe uma mensagem comercial com uma frequência igual ou maior do que a frequência efetiva. Ou seja, o alcance efetivo é a população que recebe o "mínimo" de exposições efetivas a um comercial ou campanha.

Propósito: Avaliar até que ponto o público do comercial está sendo atingido com a frequência suficiente.

Muitos profissionais de marketing acreditam que suas mensagens exigem repetição para serem "assimiladas". Os publicitários, como os pais e os políticos, portanto, se repetem. Mas essa repetição deve ser monitorada para que se verifique sua eficácia. Para isso, os profissionais de marketing aplicam os conceitos de frequência efetiva e de alcance efetivo. Os pressupostos por trás desses conceitos são os seguintes: nas primeiras vezes em que as pessoas são expostas a uma propaganda, ele pode ter pouco efeito. Só quando mais exposições são realizadas é que a mensagem começa a influenciar seu público.

Com isso em mente, ao planejar e executar uma campanha, o publicitário precisa determinar quantas vezes uma mensagem precisa ser repetida para ser útil. Esse número é a frequência efetiva. Em termos de conceito, é idêntica à frequência de limiar na função de resposta de limiar discutida na Seção 9.4. A frequência efetiva de uma campanha dependerá de muitos fatores, incluindo as condições do mercado, os meios utilizados, o tipo de propaganda e da campanha. Como regra, no entanto, uma estimativa de três exposições por ciclo de compra é usada com frequência surpreendente.

Frequência efetiva: *Quantas vezes determinado comercial deve ser exposto a determinado indivíduo em certo período para produzir a resposta desejada.*

Alcance efetivo: *Número de pessoas ou a porcentagem do público que recebe a mensagem de uma propaganda com uma frequência igual ou maior do que a frequência efetiva.*

Construção

O alcance efetivo pode ser expresso como o número de pessoas que viram determinado comercial ou a porcentagem da população que foi exposta a esse comercial com uma frequência maior ou igual à frequência efetiva.

Alcance efetivo (n$^{\circ}$, %) = Indivíduos atingidos com frequência igual ou maior do que a frequência efetiva

EXEMPLO: Suponha que um comercial na internet precisasse aparecer três vezes até que sua mensagem fosse assimilada. Dados da população mostraram a distribuição constante na Tabela 9.4.

Tabela 9.4 Número de exibições de comercial

Número de exibições	População
0	140.000
1	102.000
2	64.000
3	23.000
4 ou mais	11.000
Total	340.000

Como a frequência efetiva é 3, somente aqueles que viram a propaganda três vezes ou mais é que foram realmente atingidos. O alcance efetivo é, então, 23.000 + 11.000 = 34.000.

Em termos de porcentagem, o alcance efetivo desse comercial é 34.000/340.000 = 10% da população.

Fontes de dados, complicações e precauções

A internet ofereceu um impulso significativo para a reunião de dados nesta área. Embora até mesmo campanhas na internet possam não ser totalmente exatas com relação ao número de comerciais proporcionados a cada cliente, os dados em campanhas na *web* são muito superiores àqueles disponíveis na maior parte dos outros meios.

Quando os dados não podem ser rastreados eletronicamente, é difícil saber quantas vezes um cliente esteve na situação de poder ver um comercial. Nessas circunstâncias, os profissionais de marketing fazem estimativas baseadas nos hábitos conhecidos da audiência e em fontes públicas disponíveis, tais como audiências de TV.

Apesar de os testes de mercado e experimentos de audiência poderem esclarecer os efeitos da frequência dos comerciais, os profissionais de marketing muitas vezes não possuem dados abrangentes e confiáveis sobre essa questão. Nesses casos, eles devem fazer – e defender – suposições sobre a frequência necessária para uma campanha eficaz. Mesmo onde bons dados históricos estão à disposição, o planejamento de mídia não deve contar somente com os resultados passados, pois cada campanha é diferente.

Os profissionais de marketing também precisam ter em mente que a frequência efetiva tenta quantificar a resposta do cliente *comum* à propaganda. Na prática, alguns clientes precisam de mais informações e exposições do que outros.

9.6 Percentual de presença

O percentual de presença quantifica a "presença" que o comercial de um produto ou marca específica desfruta. É calculado dividindo-se o comercial da marca pelo total de comerciais no mercado e expresso em porcentagem.

$$\text{Percentual de presença (\%)} = \frac{\text{Comercial da marca (\$, n}^\text{o}\text{)}}{\text{Total de comerciais no mercado (\$, n}^\text{o}\text{)}}$$

Para cálculo de percentual de presença, existem pelo menos duas maneiras de mensurar o "comercial": em termos de despesas em dólares ou em termos de unidades, através das exposições ou das exposições por impacto (GRPs). Por qualquer dessas medidas, as exposições por impacto representam uma estimativa da propaganda de uma empresa em comparação com o de seus concorrentes.

Propósito: Avaliar o nível comparativo do comercial comprometido com um produto específico ou marca específica.

Os publicitários desejam saber se suas mensagens estão se sobressaindo ao "ruído" no ambiente propaganda. Para isso, o percentual de presença oferece uma indicação da força da propaganda de uma marca em relação ao mercado total.

Existem no mínimo dois modos de calcular o percentual de presença. A abordagem clássica é dividir os gastos em dólares com a propaganda de uma marca pelo gasto total com propagandas no mercado.

De forma alternativa, o percentual de presença pode ser baseado na participação da marca em termos de GRPs, exposições, alcance efetivo ou medidas semelhantes (veja as seções anteriores neste capítulo para mais detalhes sobre métricas básicas de propaganda).

Construção

Percentual de presença: *Porcentagem de propagandas em determinado mercado de que um produto ou marca específica desfruta.*

$$\text{Percentual de presença (\%)} = \frac{\text{Comercial da marca (\$, n}^{\circ})}{\text{Total de comerciais no mercado (\$, n}^{\circ})}$$

Fontes de dados, complicações e precauções

No cálculo de percentual de presença, a decisão principal do profissional de marketing gira em torno da definição dos limites do mercado. Deve-se garantir que estes sejam significativos para o cliente pretendido. Se o objetivo de uma empresa for influenciar usuários especializados da *web*, por exemplo, não seria adequado definir a presença da propaganda unicamente em termos de mídia impressa. O percentual de presença pode ser calculado no nível da empresa, mas os cálculos nos níveis da marca ou do produto também são comuns.

Ao realizar esses cálculos, a empresa deverá conseguir medir seus gastos totais com a propaganda com bastante facilidade. Já a determinação dos gastos com propagandas para o mercado como um todo pode ser uma tarefa muito difícil. A precisão total provavelmente não poderá ser atingida. É importante, contudo, que os profissionais de marketing considerem os principais participantes de seu mercado. Fontes externas, como relatórios anuais e notícias da mídia impressa, podem mostrar os gastos de concorrentes com seus propagandas. Serviços como os dos principais anunciantes nacionais também podem fornecer dados úteis. Esses serviços vendem estimativas de compras de espaço e tempo na mídia feitas pelos concorrentes. No entanto, eles geralmente não relatam os pagamentos reais para utilização da mídia. Os custos são estimados com base no tempo e no espaço comprados e em "tabelas propagandas" que listam os preços dos anúncios. Utilizando essas estimativas, os profissionais de marketing precisam lembrar que tabelas propagandas raramente citam os descontos disponíveis na compra de mídia. Sem considerar esses descontos, as estimativas de gastos com a mídia publicadas podem ser inflacionadas. Aconselha-se que os profissionais de marketing as deflacionem usando as taxas de desconto que eles próprios recebem com os comerciais.

Uma última precaução: alguns profissionais de marketing supõem que o preço da propaganda seja igual ao valor dessa mesma propaganda. Esse não é necessariamente o caso. Com isso em mente, pode ser útil incrementar o cálculo de percentual de presença em dólares com um outro baseado nas exposições.

9.7 Exposições, *pageviews* e *hits*

Conforme observado na Seção 9.1, as exposições representam o número de oportunidades apresentadas às pessoas para verem uma propaganda. As melhores medidas disponíveis desse número usam a tecnologia para julgar se um determinado comercial realmente foi visto. Mas isso nunca é perfeito. Muitas exposições registradas não são realmente percebidas pelo público-alvo. Consequentemente, alguns profissionais de marketing referem-se a essa métrica como oportunidades de ver.

Ao aplicar-se esse conceito a publicações e comerciais na internet, as *pageviews* representam o número de oportunidades de ver para uma determinada página na *web*. Cada página é composta de uma variedade de objetos e arquivos individuais que podem conter texto, imagens, áudio e vídeo. O número total desses arquivos requisitados num determinado período é o número de *hits* que um *site* ou servidor recebe. Como as páginas compostas de muitos arquivos pequenos geram diversos *hits* por visita, deve-se ter cuidado para não se impressionar em excesso com uma grande quantidade de *hits*.

Propósito: Avaliar o tráfego e a atividade em um *site*.

Para quantificar o tráfego gerado por um *site*, os profissionais de marketing monitoram as *pageviews* – quantas vezes uma página num *site* é acessada.

Nos primórdios do comércio eletrônico, os gerentes prestavam atenção a quantos *hits* um *site* recebia. Os *hits* quantificam quantas vezes um arquivo é requisitado. Como as páginas *web* são compostas de diversos arquivos de texto, gráficos e multimídia, os *hits* que esses arquivos recebem dependem não apenas das *pageviews*, mas também da maneira como as páginas foram concebidas pelo *designer*.

À medida que o marketing na internet foi ficando mais sofisticado, melhores medidas da atividade e do tráfego na *web* foram sendo desenvolvidas. Atualmente, é mais comum usar *pageviews* como medidas de tráfego num local da *web*. As *pageviews* têm por objetivo mensurar quantas vezes uma página foi exibida a um usuário. Por isso, devem ser medidas o mais próximo possível do usuário final. A melhor tecnologia conta pixels que retornam ao servidor, confirmando que uma página foi adequadamente exibida. A técnica de contagem de pixels[2] produz números mais próximos do usuário final do que uma tabulação de pedidos ao servidor ou de páginas enviadas do servidor em resposta a uma solicitação. Uma boa mensuração pode amenizar os problemas de contagens excedentes se os servidores não atenderem aos pedidos, se os arquivos não forem exibidos na máquina do usuário ou se os usuários eliminarem os anúncios.

Hits: *Contagem de números de arquivos fornecidos aos visitantes na web. Como as páginas quase sempre contêm diversos arquivos, o hit depende não apenas das páginas visitadas, mas também de quantos arquivos existem em cada página.*

Pageviews: *Quantas vezes uma página específica foi exibida aos usuários. Deve ser registrado o mais tarde possível no processo de oferecimento de páginas para chegar ao máximo de oportunidades de ver proporcionadas ao usuário. Uma página pode ser composta de vários arquivos.*

Para fins de marketing, ainda outra distinção precisa ser feita quanto ao número de vezes que um comercial foi visto por cada visitante. Por exemplo, dois indivíduos de diferentes países que entram numa página recebem-na em suas línguas respectivas e podem não receber o mesmo anúncio. Um exemplo de propaganda que muda de acordo com os visitantes é o de um *link* inserido com *banner*. Reconhecendo esse potencial para variações, os publicitários desejam saber quantas vezes sua propaganda foi exibida aos visitantes e não o número de *pageviews* de um *site*.

Pensando nisso, os anunciantes da internet com frequência realizam suas análises em termos de exposições – às vezes chamadas de exposições de anúncio ou visualizações de anúncio. Estas representam quantas vezes um comercial é oferecido aos visitantes, dando-lhes oportunidades de vê-lo. (Muitos dos conceitos vistos nesta seção estão de acordo com os termos abordados na seção de propaganda – Seção 9.1.)

Para um único anúncio oferecido a todos os visitantes de um *site*, as exposições são iguais ao número de visitas à página. Se uma página exibir vários anúncios, o número total de todas as exposições de anúncio será maior do que o número de visitas à página.

Construção

Hits: O número de *hits* num *site* depende do número de *pageviews*, multiplicado por quantos arquivos existem em cada página. Provavelmente, as contagens de *hits* sejam mais relevantes para os técnicos responsáveis pelo planejamento da capacidade do servidor do que aos profissionais de marketing interessados em mensurar a atividade dos visitantes.

$$Hits\ (n^{\underline{o}}) = Pageviews\ (n^{\underline{o}}) * Arquivos\ na\ página\ (n^{\underline{o}})$$

Pageviews: O número de *pageviews* pode ser facilmente calculado dividindo-se o número de *hits* pelo número de arquivos na página.

$$Pageviews\ (n^{\underline{o}}) = \frac{Impactos\ (n^{\underline{o}})}{Arquivos\ na\ página\ (n^{\underline{o}})}$$

EXEMPLO: Contam-se 250.000 *hits* num *site* da *web* que oferece cinco arquivos cada vez que uma página é acessada. *Pageviews* = 250.000/5 = 50.000.

Se o *site* oferecesse três arquivos por página e gerasse 300.000 visitas, então os *hits* totalizariam 3 * 300.000 = 900.000.

Fontes de dados, complicações e precauções

As *pageviews*, as exposições de página e de anúncio são medidas das respostas de um servidor *web* a solicitações de páginas e anúncios a partir de *browsers* dos usuários, filtradas para remoção de atividade robótica e erros de código antes de serem relatadas. Essas medidas são registradas no ponto mais próximo possível da oportunidade que o usuário tem de ver a página ou o anúncio.[3]

Uma contagem de exposições de anúncio pode derivar das *pageviews* se a porcentagem de *pageviews* que contêm o anúncio em questão for conhecida. Por exemplo, se 10% das *pageviews* recebem a propaganda de um automóvel de luxo, então, as exposições para essa propaganda serão iguais a 10% das *pageviews*. Os *sites* da *web* que exibem o mesmo anúncio a todos os usuários da *web* são muito mais fáceis de monitorar porque basta uma contagem.

Essas métricas quantificam as oportunidades de ver sem levar em conta o número de anúncios realmente vistos nem a qualidade do que é mostrado. Em especial, essas métricas não dão conta do seguinte:

- Se a mensagem apareceu para um público específico, relevante e definido.
- Se as pessoas a quem as páginas apareceram realmente as viram.
- Se, mais tarde, as pessoas que olharam as páginas se lembram de seu conteúdo ou das mensagens dos anúncios que elas continham.

Apesar do uso do termo "exposições", essas medidas não mostram ao gerente de uma empresa o efeito que uma propaganda tem sobre os clientes potenciais. Os profissionais de marketing não podem ter certeza quanto ao efeito que as *pageviews* exercem sobre os visitantes. Com frequência, os resultados das *pageviews* consistem de dados que incluem repetição de exibições ao mesmo visitante. Por essa razão, o termo "exposições brutas" poderia ser usado para sugerir uma suposição-chave – a de que as oportunidades de ver podem ser oferecidas ao mesmo espectador em várias ocasiões.

9.8 Tempo de exibição em *rich media*

Os profissionais de marketing utilizam a métrica do tempo de exibição em *rich media* para monitorar por quanto tempo seus anúncios estão prendendo a atenção de clientes potenciais.

$$\text{Tempo médio de exibição em } rich\ media\ (n^o) = \frac{\text{Tempo total de exibição em } rich\ media\ (n^o)}{\text{Total de Impressões em } rich\ media\ (n^o)}$$

O tempo de exibição em *rich media* representa uma forma importante de rastrear o sucesso da propaganda na internet.

Propósito: Determinar por quanto tempo um comercial é visto.

Rich media é um termo utilizado para mídia interativa que permite que os consumidores se envolvam mais ativamente com um painel, uma propaganda na TV, ou até mesmo com uma propaganda tradicional na internet. Métricas de *rich media*, ou métricas de interação com o público, são muito semelhantes, em princípio, com outras métricas de propaganda. Os profissionais de marketing querem saber se a propaganda é eficaz em chamar e manter a atenção de clientes potenciais e então eles rastreiam quanto tempo as pessoas passam "vendo" o comercial como prova do seu interesse naquele conteúdo. O tempo de exibição de *rich media* mostra quanto tempo, em média, as pessoas passam envolvidas com *rich media*.

Construção

O tempo de exibição de *rich media* é simplesmente o tempo médio que os espectadores viram a *rich media* de um comercial. Para isto o profissional de marketing precisará do tempo total gasto com *rich media* e do total de vezes que esse tipo de mídia foi exibida. É uma simples questão de criar um tempo médio em segundos gastos com *rich media* ao dividir o tempo total em segundos gastos pelo total de exposições.

$$\text{Tempo médio de exibição de } rich\ media\ (\text{n}^{\underline{o}}) = \frac{\text{Tempo total de exibição de } rich\ media\ (\text{n}^{\underline{o}})}{\text{Total de impressões de } rich\ media\ (\text{n}^{\underline{o}})}$$

Fontes de dados, complicações e precauções

Assim como acontece com várias métricas baseadas na internet, os dados costumam parecer abundantes para os profissionais de marketing vindos do mundo *off-line*. No entanto, o profissional de marketing precisa abordar diversas questões de mensuração para converter a abundância de dados em métricas úteis. Por exemplo, os profissionais de marketing costumam estabelecer os limites superiores de tempo de exibição, ou seja, se o pedaço de *rich media* tiver sido exibido por cinco minutos, é seguro supor que o espectador provavelmente foi fazer uma xícara de café ou se distraiu de outra forma. A questão relativa ao tempo de um pedaço exibido de *rich media* efetivamente visto é semelhante à questão que os profissionais de marketing *off-line* encaram no que diz respeito a *se* uma propaganda *off-line* foi vista ou não. Aqui a *rich media on-line* leva uma pequena vantagem no sentido de a maioria das exibições de *rich media* começar em função de um pedido ativo do espectador... enquanto não se exige essa ação *off-line*.

Como esta métrica costuma lidar com períodos curtos de tempo, ela pode ser influenciada por eventos incomuns. Observe um exemplo simplificado: Se cinco pessoas virem a exibição de *rich media*, cada uma durante um segundo, e uma pessoa a vir durante 55 segundos, o tempo (médio) de exibição de *rich media* é de dez segundos. Não há como distinguir este tempo médio de exibição do tempo médio gerado por seis espectadores moderadamente interessados, cada um dos quais vendo a propaganda durante dez segundos. Isso acontece com qualquer média.

Os profissionais precisam ter certeza que compreendem como os dados foram coletados e ter especial consciência de quaisquer mudanças na forma pela qual os dados foram coletados. Mudanças na maneira pela qual os dados foram coletados e a métrica foi construída podem ser necessárias por razões tecnológicas, mas limitarão a utilidade da métrica uma vez que comparações longitudinais não sejam mais válidas. No mínimo, o profissional de marketing precisa ter consciência de mudanças de mensuração e levá-las em consideração ao interpretar a métrica.

9.9 Taxa de interação de *rich media*

Os profissionais de marketing utilizam a taxa de interação de *rich media* para avaliar a eficácia de uma única propaganda na *rich media* na geração de envolvimento dos seus espectadores.

$$\text{Taxa de interação de } rich\ media\ (\%) = \frac{\text{Total de impressões de } rich\ media \text{ com interações (n}^\text{o}\text{)}}{\text{Total de impressões de } rich\ media\ (\text{n}^\text{o})}$$

A taxa de interação de *rich media* representa uma forma importante de rastrear o sucesso da propaganda na internet no sentido de monitorar a fração de impressões que geram interação d a parte do espectador.

Propósito: Medir e monitorar o envolvimento ativo com uma propaganda.

A taxa de interação de *rich media* rastreia até que ponto os consumidores potenciais se envolvem ativamente com uma propaganda. A grande vantagem da *rich media* é a capacidade dos espectadores de interagirem com ela. Os profissionais de marketing que utilizam *rich media* conseguem ter uma ideia muito melhor das reações dos clientes potenciais a um comercial simplesmente pelo fato de essas interações serem contadas. Eles podem monitorar se os clientes potenciais estão simplesmente "vendo" passivamente a mídia nas suas telas ou estão ativamente envolvidos, agindo de alguma forma rastreável. Um usuário que interage está mostrando evidência de estar mais ativamente envolvido e, portanto, é mais provável que ele venha a comprar.

Construção

Esta métrica é a quantidade de impressões de uma propaganda com as quais se interagiu dividida pelo total de impressões daquela propaganda. Ela diz aos profissionais de marketing até que ponto qualquer propaganda conseguiu fazer com que clientes potenciais se envolvessem como ela de alguma forma, (passada de mouse, clique, etc.). Como exemplo disso, uma publicidade em *rich media* exibida 100 vezes com uma taxa de interação de 15% significaria que 15 das exposições resultaram em algum tipo de interação, enquanto 85 não resultaram em interação.

$$\text{Taxa de interação com } rich\ media\ (\%) = \frac{\text{Total de exposições em } rich\ media \text{ com interações (n}^\text{o}\text{)}}{\text{Total de exposições em } rich\ media\ (\text{n}^\text{o})}$$

Fontes de dados, complicações e precauções

Geralmente os dados para esta métrica estarão disponíveis. Com efeito, a própria métrica pode ser relatada como parte de um pacote de relato padrão. Uma decisão importante que precisa ser tomada para gerar a métrica é o que conta como interação.

Isto dependerá das ações potenciais que o público poderia adotar, que por sua vez dependem da forma precisa da propaganda. O que conta como uma interação costuma ter algum limite inferior. Por exemplo, uma interação só é contada se o visitante passar mais de um segundo com seu mouse sobre a exposição. (Isto é projetado para excluir movimentos do mouse que não estejam relacionados com o anúncio como movimentar o mouse para outra parte da página).

Como acontece com qualquer anúncio, os profissionais de marketing não devem esquecer a meta da propaganda. É improvável que a interação seja um fim em si mesma. Assim, uma taxa maior de interação, que poderá ser assegurada por meio de itens atraentes que chamam a atenção de pessoas que nunca comprarão o produto, pode não ser melhor do que uma taxa menor se a taxa maior não aproximar o visitante de uma venda (ou algum outro objetivo de ordem elevada).

Métricas relacionadas

Tempo de interação com *rich media*: Esta métrica captura o tempo total que um visitante interage com um anúncio. Este é um acúmulo do tempo total gasto interagindo por visita numa única página. Em uma visita a uma página um usuário poderá interagir com *rich media* em duas interações de dois segundos cada e depois ter um tempo de interação de quatro segundos.

Interações com vídeo: As métricas de vídeo são muitos semelhantes às métricas de *rich media*. Com efeito, o vídeo pode ser classificado como *rich media* dependendo da maneira que é apresentado ao público. Princípios semelhantes se aplicam e o mercado profissional de marketing deve rastrear quanto tempo o público-alvo se envolve com o vídeo (qual é a duração do vídeo), o que ele faze com o vídeo (pausa, deixa mudo) e as interações totais e específicas com o vídeo (que demonstram evidência de atenção no vídeo). Então essas métricas são resumidas para todos os visitantes (por exemplo, a visita média levou o vídeo a ser rodado por 12 segundos).

9.10 Taxas de cliques

A taxa de cliques é a porcentagem de exposições que levam um usuário a clicar num anúncio. Ela descreve a fração de exposições que motivam os usuários a clicar num *link*, que o redireciona para outro local da *web*.

$$\text{Taxa de cliques (\%)} = \frac{\text{Cliques (n}^\circ\text{)}}{\text{Exposições (n}^\circ\text{)}}$$

A maioria das empresas da internet usa métricas relativas aos cliques. Apesar de úteis, elas não devem dominar a análise de marketing. A não ser que um usuário clique em "Compre Agora", os cliques medem somente um passo ao longo do caminho até a finalização da venda.

Propósito: Captar a resposta inicial dos clientes aos *sites web*.

A maioria dos *sites* é criada para motivar algum tipo de ação, seja para comprar um livro, ler uma notícia, assistir a um vídeo ou obter informações sobre um voo. As pessoas não costumam visitar um *site* para ver os comerciais, assim como não assistem à TV para consumir propaganda. Como profissionais de marketing, queremos conhecer a reação do visitante da *web*. Com a atual tecnologia, é quase impossível quantificar completamente a reação emocional a um *site* e seu efeito sobre a marca de uma empresa. Uma informação fácil de obter, porém, é a taxa de cliques. A taxa de cliques mede a proporção de visitantes que fizeram algo diante de um anúncio que os redirecionou para outra página, onde poderiam comprar um item ou saber mais sobre um produto ou serviço. Aqui utilizaremos a expressão "clicaram o *mouse*" no anúncio (ou *link*) porque esse é o termo geralmente empregado, apesar de outras interações serem possíveis.

Construção

Taxa de cliques: *A taxa de cliques é o número de vezes em que há um clique sobre o anúncio dividido pelo total de exposições (quantas vezes um anúncio é exibido).*

$$\text{Taxa de cliques (\%)} = \frac{\text{Cliques (n}^\text{o}\text{)}}{\text{Exposições (n}^\text{o}\text{)}}$$

Cliques: *Se tivermos a taxa de cliques e exposições, poderemos calcular o número absoluto de cliques multiplicando a taxa de cliques pelas exposições.*

$$\text{Cliques (n}^\text{o}\text{)} = \text{Taxa de cliques (\%)} * \text{exposições (n}^\text{o}\text{)}$$

EXEMPLO: São feitos 1.000 cliques num *site* que proporciona até 100.000 exposições. A taxa de cliques é de 1%.

$$\text{Taxa de cliques (\%)} = \frac{1.000}{100.000} = 1\%$$

Se o mesmo *site* tivesse uma taxa de cliques de 0,5%, então, teria havido 500 cliques. Taxa de Cliques = 100.000 * 0,5% = 500

Se um outro *site* tivesse uma taxa de cliques de 1% e oferecesse 200.000 exposições, teria havido 2.000 cliques:

$$\text{n}^\text{o}\text{ de cliques} = 1\% * 200.000 = 2.000$$

Fontes de dados, complicações e precauções

A quantidade de exposições é um dado necessário para o cálculo. Em *sites* mais simples, provavelmente esse número será igual ao de *pageviews*, ou seja, toda vez que a página for acessada, ela exibirá os mesmo detalhes. Em *sites* mais sofisticados, diferentes anúncios podem ser exibidos para diferentes visitantes. Nesses casos, provavelmente as exposições serão uma fração do total de *pageviews*. O servidor pode facilmente registrar quantas vezes que o *link* foi acessado (veja a Figura 9.3).

Primeiro, lembremos que a taxa de cliques é expressa como porcentagem. Apesar de altas taxas de cliques poderem por si só ser desejáveis e ajudarem a validar o apelo de um anúncio, as empresas também estarão interessadas no total de pessoas que clicaram. Imaginemos um *site* com uma taxa de cliques de 80%. Pode parecer que se trata de um *site* muito bem-sucedido até que a administração nos revele que somente 20 pessoas visitaram o *site* com 16 cliques quando o objetivo era ter 500 visitantes.

Lembremos também que um clique é um sinal muito fraco de interesse. Os indivíduos que clicam num anúncio podem passar para outro lugar antes de a nova página ser carregada. Isso poderia acontecer porque a pessoa clicou no anúncio por descuido ou porque a página demorou muito para aparecer. Esse é um problema de maior importância com o aumento de anúncios mais elaborados na mídia. Os profissionais de marketing precisam compreender seus clientes. Provavelmente o uso de grandes arquivos de vídeo aumentará a quantidade de pessoas que abandonam o processo antes de o anúncio ser exibido, especialmente se os clientes tiverem conexões mais lentas.

Da mesma maneira que com as impressões, precisamos nos certificar de que compreendemos as medidas. Se a medida for de cliques (as solicitações recebidas das máquinas dos clientes para que o servidor envie um arquivo), então, poderá haver uma série de pontos de ruptura entre a taxa de cliques e as exposições do anúncio

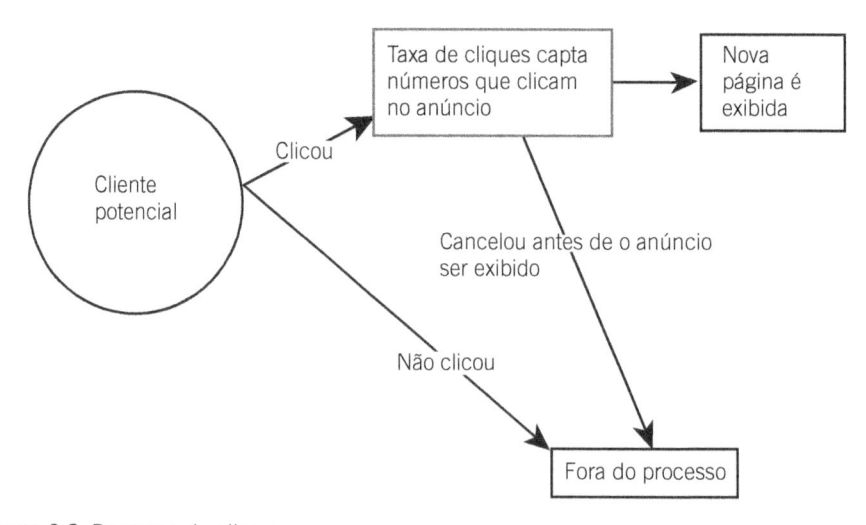

Figura 9.3 Processo de clique.

geradas a partir de uma contagem de pixels. Grandes discrepâncias devem ser esclarecidas – é um problema técnico (tamanho/*design* do anúncio) ou se trata de pouco interesse dos clientes?

Os cliques representam quantas vezes se interagiu com um anúncio, não quantos clientes clicaram. Um único visitante pode clicar várias vezes – seja numa única sessão ou em várias. Somente os *sites* mais sofisticados controlam quantas vezes exibem um anúncio específico para o mesmo cliente. Isso significa que a maioria dos *sites* pode contar somente quantas vezes o anúncio foi clicado, não o número de visitantes que clicaram. Finalmente, a taxa de cliques deve ser interpretada em relação a uma base adequada. As taxas de cliques para anúncios em *banners* são muito baixas e continuam a cair. Por outro lado, as taxas de cliques em botões que simplesmente levam os visitantes à próxima página em um *site* devem ser muito mais altas. Uma análise de como as taxas de cliques mudam à medida que os visitantes navegam por várias páginas pode auxiliar a identificar páginas "sem saída", a partir das quais os visitantes raramente vão em frente.

9.11 Custo por exposição, custo por clique e custo por pedido

Essas três métricas mensuram o custo médio de exposições, cliques e clientes. Todas as três são calculadas da mesma maneira – como razão do custo pela quantidade de exposições, cliques ou clientes resultantes.

$$\text{Custo por exposição} = \frac{\text{Custo do anúncio (\$)}}{\text{Quantidade de exposições (n}^\text{o}\text{)}}$$

$$\text{Custo por clique (\$)} = \frac{\text{Custo do anúncio (\$)}}{\text{Quantidade de cliques (n}^\text{o}\text{)}}$$

$$\text{Custo por pedido (\$)} = \frac{\text{Custo do anúncio (\$)}}{\text{Pedidos (n}^\text{o}\text{)}}$$

Essas métricas são o ponto de partida para avaliar a eficácia da propaganda de uma empresa na internet e podem ser utilizadas para comparação entre meios e veículos, bem como indicadores da lucratividade do marketing de uma empresa na internet.

Propósito: Avaliar o custo-benefício do marketing na internet.

Nesta seção, apresentamos três modos comuns de mensurar o custo-benefício da propaganda na internet. Cada um tem seus próprios benefícios, dependendo da perspectiva e da meta final da sua atividade.

Custo por exposição: *Custo para oferecer aos clientes potenciais uma oportunidade de ver um anúncio.*

Custo por clique: *Quantia investida para ter o anúncio clicado.*

O custo por clique tem uma grande vantagem sobre o custo por exposição porque nos diz algo sobre a eficácia da propaganda. Os cliques são uma forma de medir a atenção e o interesse. Anúncios baratos em que poucas pessoas clicam terão um baixo custo por exposição e um alto custo por clique. Se o principal objetivo de um anúncio for gerar um clique, então, o custo por clique será a melhor métrica.

Custo por pedido: *Custo para obter um pedido.*

Se o principal objetivo do anúncio for gerar vendas, então, o custo por pedido será a melhor métrica.

Assim que se atingir determinada quantidade de impressões na *web*, a qualidade e a colocação da propaganda afetará as taxas de cliques e o custo por clique resultante (veja a Figura 9.4).

Construção

As fórmulas são essencialmente as mesmas para as alternativas. É só dividir o custo pelo número apropriado, por exemplo, a quantidade de exposições, de cliques ou de pedidos.

Custo por exposição Deriva do custo do anúncio e da quantidade de exposições.

$$\text{Custo por exposição (\$)} = \frac{\text{Custo do anúncio(\$)}}{\text{Quantidade de exposições (n}^\text{o}\text{)}}$$

Devemos lembrar que o custo por exposição costuma ser expresso como custo por mil exposições (CME) para facilitar os cálculos (para mais informações sobre CME, veja a Seção 9.2).

Mais além, as medidas são mais ligadas aos objetivos gerais da empresa.

Mais para o começo do processo, as medidas são menos afetadas por ruído.

Cliente potencial → Vê anúncio **Custo por exposições** → Segue o *link* **Custo por clique** → Faz o pedido **Custo por pedido**

Não vê o anúncio / Não clica / Não compra

Cliente fora do processo

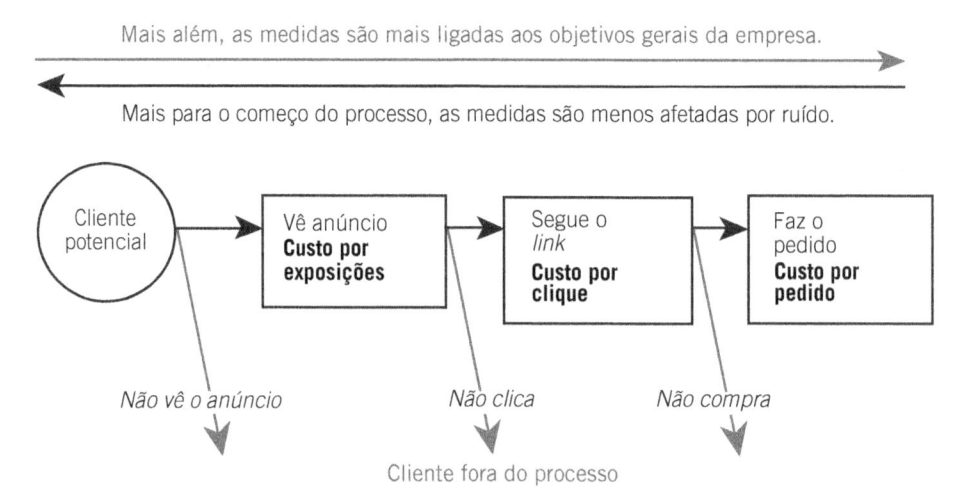

Figura 9.4 Processo de aquisição de pedido.

Custo por clique: É calculado dividindo-se o custo da propaganda pela quantidade de cliques gerada pela propaganda.

$$\text{Custo por clique (\$)} = \frac{\text{Custo do anúncio (\$)}}{\text{Cliques (n}^\text{o}\text{)}}$$

Custo por pedido: É o custo para gerar um pedido. A forma precisa desse custo depende do setor, sendo complicada com as devoluções de produtos e a existência de múltiplos canais de vendas. A fórmula básica é

$$\text{Custo por pedido (\$)} = \frac{\text{Custo do anúncio (\$)}}{\text{Pedidos (n}^\text{o}\text{)}}$$

EXEMPLO: Um varejista da internet gastou $24.000 em anúncios *online* e gerou 1,2 milhão de exposições, o que levou a 20.000 cliques, com um de cada 10 cliques resultando em compra.

$$\text{Custo por exposição} = \frac{\$24.000}{1.200.000} = \$0,02$$

$$\text{Custo por clique} = \frac{\$24.000}{20.000} = \$1,20$$

Se um de cada 10 cliques resultou em compra

$$\text{Custo por pedido} = \frac{\$24.000}{2.000} = \$12,00$$

Este último cálculo também é chamado de "custo por compra".

Fontes de dados, complicações e precauções

A internet oferece maior disponibilidade de dados sobre propagandas. Consequentemente, as métricas de propaganda na internet provavelmente se baseiam em dados mais fáceis de obter do que os dados de canais convencionais. A internet pode proporcionar mais informações sobre como os clientes se movimentam pelo sistema e como cada cliente individual se comporta no estágio "compra" do processo.

Para os anunciantes que utilizam um *mix* de mídia *on-line* e "*off-line*", será difícil categorizar as relações de causa e efeito entre a propaganda e as vendas a partir dos dois tipos de fontes. Anúncios em *banners* poderão receber crédito demais por um pedido se o cliente também tiver sido influenciado pelo anúncio da empresa num *outdoor*. Ao contrário, os anúncios de *banners* podem receber pouco crédito pelas vendas *off-line*.

Os cálculos e dados que discutimos nesta seção são quase sempre utilizados em contratos de remuneração de anunciantes. As empresas podem preferir remunerar a mídia e as agências de publicidade com base nos novos clientes adquiridos em vez de se basearem nos pedidos.

Mecanismos de busca

O pagamento de mecanismos de busca ajuda a determinar a colocação de *links* neles. A métrica mais importante do mecanismo de busca é a do custo por clique e costuma ser a base para o estabelecimento da sua taxa de colocação. Os dispositivos de busca podem oferecer dados para analisar a eficácia de uma campanha. Para colher os benefícios de um grande *site*, a empresa precisa fazer com que as pessoas o visitem. Na seção anterior, discutimos como as empresas *mensuram* o tráfego. Os dispositivos de busca ajudam as empresas a *criarem* esse tráfego.

Apesar de uma marca forte promover o tráfego no *site* da empresa, a inclusão de seu endereço da *web* em todos os seus anúncios *off-line* pode não aumentar a contagem do tráfego. Para gerar tráfego adicional, as empresas muitas vezes recorrem a dispositivos de busca. Estima-se que mais de $2,5 bilhões foram gastos com marketing de busca pago, o que perfaz aproximadamente 36% do gasto *on-line* total de $7,3 bilhões em 2003.[4] Outra despesa *on-line* constituiu-se das seguintes categorias: 50% como exposições, 12% como anúncios de *banners* e 2% como propaganda por *e-mail*.

O marketing de busca pago é essencialmente o pagamento pela colocação de anúncios em dispositivos de busca e *sites* de conteúdo na internet. Os anúncios costumam ser pequenos textos (muito parecidos com os anúncios classificados de jornal) produzidos de modo a se parecerem com os resultados de uma busca orgânica ou não paga. O pagamento costuma ser feito apenas quando alguém clica no anúncio. Às vezes, é possível pagar mais por clique em troca de uma melhor colocação na página de resultados de busca. Um subconjunto importante da busca paga é a busca por palavra-chave, em que os anunciantes podem ser exibidos sempre que alguém procurar pela palavra-chave. Nesse caso, as empresas pagam com base no custo por clique. O pagamento de uma quantia maior por clique coloca a empresa em melhor posição. No entanto, existe uma complexidade maior, ou seja, se o anúncio não gerar vários cliques, sua colocação será rebaixada em comparação com os anúncios concorrentes.

As medidas para testar a eficácia do dispositivo de busca são as mesmas usadas para avaliar outras propagandas na internet.

Custo por clique: O conceito mais importante no marketing de mecanismos de busca é o custo por clique, amplamente mencionado e usado por essas empresas quando da cobrança de seus serviços. Os profissionais de marketing empregam o custo por clique para elaborar seus orçamentos para pagamento de mecanismos de busca.

Os mecanismos de busca pedem um "custo máximo por clique", que é um teto onde o profissional de marketing impõe a quantia máxima que está disposto a pagar por um clique. Um dispositivo de busca geralmente porá em leilão as posições dos *links* e somente cobrará por um clique em uma taxa imediatamente acima do próximo lance mais alto. Isso significa que o custo máximo por clique que uma empresa estaria disposta a pagar pode ser consideravelmente mais alto do que o custo médio por clique que elas acabam pagando.

Os profissionais de marketing frequentemente falam do conceito de gasto diário em dispositivos de busca – tal como parece, trata-se do total gasto em propaganda paga em dispositivo de busca durante um dia. Para controlar os gastos, os dispositivos de busca permitem que os profissionais de marketing especifiquem a despesa diária máxima. Quando o máximo é atingido, o anúncio não recebe tratamento preferencial.

A fórmula é o produto do custo médio por clique pela quantidade de cliques:

$$\text{Gastos diários (\$)} = \text{Custo médio por clique (\$)} * \text{Quantidade de cliques (n}^{\text{o}})$$

EXEMPLO: Andrei, o gerente de marketing para a internet de uma loja de música *on-line*, decide colocar um preço máximo de $0,10 centavos por clique. No final da semana, ele descobre que o provedor do dispositivo de busca lhe cobrou um total de $350 por 1.000 cliques por dia.

Seu custo médio por clique é, então, o custo do anúncio dividido pela quantidade de cliques gerados:

$$\text{Custo por clique} = \frac{\text{Custo por semana}}{\text{Cliques por semana}}$$

$$= \frac{\$350}{7.000}$$

$$= \$0,05 \text{ por clique}$$

A despesa diária também é calculada como custo médio por clique vezes a quantidade de cliques:

$$\text{Despesa diária} = \$0,05 * 1.000$$
$$= \$50,00$$

Conselho aos profissionais de marketing de mecanismos de busca

Os mecanismos de busca costumam fazer leilões para estabelecer um preço para os termos de busca que vendem. Os mecanismos de busca têm a grande vantagem de contar com um mercado relativamente eficiente, ou seja, todos os usuários têm acesso às informações e podem estar na mesma localização virtual. Eles tendem a adotar uma variante no segundo leilão de preços. Os compradores só pagam a quantia necessária por sua colocação requisitada.

Custo por cliente adquirido: Semelhante ao custo por pedido quando o pedido vem de um novo cliente. Veja o Capítulo 5, "Lucratividade do Cliente", para uma discussão sobre a definição de cliente e de custos de aquisição.

9.12 Visitas, visitantes e abandono

As visitas medem a quantidade de sessões no *site*. A métrica de visitantes mede quantas pessoas fazem essas visitas. Quando um indivíduo vai a um *site* na terça-feira e novamente na quarta-feira, isso deve ser registrado como duas visitas de um visitante. Os visitantes são às vezes chamados de "visitantes únicos". Visitantes e visitantes únicos são a mesma métrica.

O abandono refere-se aos carrinhos de compras. O total de carrinhos de compras usados em determinado período é a soma dos abandonados e dos que resultaram em compras finalizadas. A taxa de abandono é a razão entre o número de carrinhos de compras abandonados e o total.

Propósito: Compreender o comportamento do usuário do *site*.

Os *sites* podem facilmente identificar quantas páginas foram requisitadas. Como vimos anteriormente na Seção 9.7, as métricas de *pageviews* são úteis, mas estão longe de serem completas. Além da contagem de *pageviews* de um *site*, as empresas também desejam contar quantas vezes alguém visita o *site* e quantas pessoas requisitam essas páginas.

Visitas: *Quantas vezes os indivíduos requisitam uma página no servidor da empresa pela primeira vez. Essa métrica também é conhecida como sessões.*

A primeira solicitação conta como uma visita. As solicitações posteriores do mesmo indivíduo não contam como visitas, a menos que ocorram após determinado período (geralmente, estabelecido em 30 minutos).

Visitantes: *Quantos indivíduos requisitam páginas do servidor da empresa durante determinado período. Essa métrica também é conhecida como visitantes únicos.*

Para obter uma compreensão melhor do tráfego num *site*, as empresas tentam rastrear a quantidade de visitas. Uma visita pode consistir de uma única visualização de páginas ou de várias e um indivíduo pode fazer diversas visitas a um *site*. A especificação exata do que constitui uma visita requer um padrão aceito para um período de afastamento, que é quantos minutos de inatividade ocorrem desde o momento da entrada na página até o momento de solicitação de uma nova página.

Além das visitas, as empresas também tentam identificar quantos visitantes individuais entram nos seus *sites*. Como um visitante pode fazer várias visitas em determinado período, o total de visitas será maior do que o de visitantes. Um visitante é às vezes chamado de visitante único ou de usuário único para claramente transmitir a idéia de que cada visitante é contado uma única vez.

A medição de usuários ou visitantes exige um período de tempo padronizado e pode ser distorcida pela atividade automática (como "*bots*") que classificam o conteúdo da *web*. As estimativas de visitantes, visitas e outras estatísticas de tráfego costumam ser filtradas para removerem essa atividade, eliminando endereços IP conhecidos por *bots*, exigindo registro ou *cookies* ou usando informação de registro.

As *pageviews* e as visitas estão relacionadas. Por definição, uma visita é uma série de *pageviews* agrupadas numa única sessão, de modo que o total de *pageviews* será maior do que o de visitas.

Consideremos as métricas como uma série de elipses concêntricas, como mostra a Figura 9.5. O total de visitantes deve ser menor ou igual ao total de visitas, que deve ser menor ou igual ao total de *pageviews*, que deve ser igual ou menor do que o total de *hits*. (Veja a Seção 9.7 para detalhes da relação entre *hits* e *pageviews*).

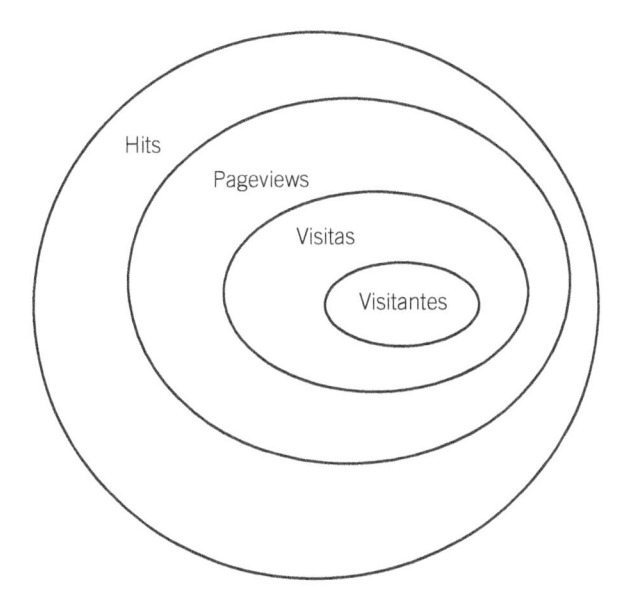

Figura 9.5 Relação entre *hits, pageviews*, visitas e visitantes.

Outra maneira de considerar a relação entre visitantes, visitas, *pageviews* e *hits* é pensar no seguinte exemplo de uma visitante que entra num *site* de um jornal *on-line* (veja a Figura 9.6). Suponhamos que a visitante entre no *site* na segunda-feira, na terça-feira e na sexta-feira. Em sua visita, ela totaliza 20 páginas vistas, que são formadas por uma série de diferentes arquivos de gráficos, textos e anúncios em *banners*.

A razão entre *pageviews* e visitantes às vezes é chamada de média de páginas por visita. Os profissionais de marketing rastreiam essa média para monitorar como a duração da visita média muda com o passar do tempo.

É possível ir ainda mais fundo e rastrear os caminhos que os visitantes percorrem numa visita. Esse caminho é chamado de fluxo de cliques.

Figura 9.6 Exemplo de uma visitante de jornal *on-line*.

Fluxo de cliques: *Caminho percorrido por um usuário na internet.*

O fluxo de cliques refere-se à sequência de *links* clicados enquanto se visitam diversos *sites*. O rastreamento neste nível pode ajudar a empresa a identificar as páginas mais e menos atraentes (veja a Figura 9.7).

A análise de dados do fluxo de cliques costuma produzir um conhecimento significativo do cliente. Qual o caminho mais provável que um cliente tomará antes da compra? Há uma maneira de fazer com que os caminhos mais populares fiquem mais fáceis de percorrer? Os caminhos menos populares devem ser mudados ou até mesmo eliminados? As compras ocorrem no final de sessões curtas ou longas? Em que páginas as sessões terminam?

Uma porção do fluxo de cliques que merece considerável atenção é o subconjunto de cliques associados com o uso de carrinhos de compras. Um carrinho de compras é um *software* do servidor que permite que os visitantes selecionem itens para a compra final. Embora os compradores raramente abandonem seu carrinho de compras nas lojas de verdade, o abandono de carrinhos virtuais é muito comum. Profissionais de

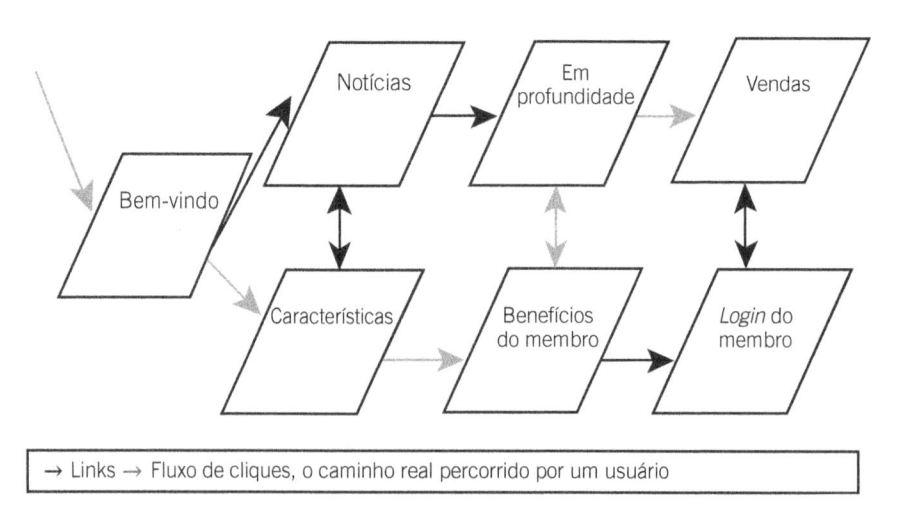

Figura 9.7 Um fluxo de cliques documentado.

marketing inteligentes contam quantos carrinhos de compras usados em determinado período resultam numa venda finalizada e quantos são abandonados. A razão entre a quantidade de carrinhos de compras abandonados e o total é a taxa de abandono.

Taxa de abandono: *Porcentagem de carrinhos de compras abandonados.*

Para saber se um visitante está retornando ou se é um novo usuário, as empresas costumam utilizar *cookies*. *Cookie* é um arquivo baixado no computador de uma pessoa que esteja navegando na *web* e que contém informações de identificação. Quando a pessoa retorna, o servidor lê o *cookie* e reconhece o visitante como alguém que já esteve no *site* anteriormente. *Sites* mais avançados usam *cookies* para oferecerem conteúdo personalizado e os carrinhos de compras usam *cookies* para distinguir os carrinhos de compras uns dos outros. Por exemplo, Amazon, eBay e EasyJet fazem uso extensivo de *cookies* para personalizar as visualizações da *web* para cada cliente.

Cookie: *Pequeno arquivo que um site da web coloca na máquina de visitantes para identificação futura.*

Construção

Visitantes: Cookies podem ajudar os servidores a rastrearem os visitantes únicos, mas esses dados nunca são 100% precisos (veja a próxima seção).

Compras abandonadas: *Número de compras que não foram finalizadas.*

EXEMPLO: Um vendedor de quadrinhos *on-line* descobriu que, de 25.000 clientes que baixaram itens em suas cestas eletrônicas, somente 20.000 realmente compraram:

$$\text{Compras não finalizadas} = \text{Compras iniciadas} - \text{Compras finalizadas}$$
$$= 25.000 - 20.000 = 5.000$$

$$\text{Taxa de abandono} = \frac{\text{Não finalizadas}}{\text{Atividades Iniciadas}} = \frac{5.000}{25.000}$$

$$= 20\% \text{ de taxa de abandono}$$

Fontes de dados, complicações e precauções

As visitas podem ser calculadas a partir de dados de arquivos de acesso. Os visitantes são muito mais difíceis de mensurar. Se os visitantes se registrarem e/ou aceitarem *cookies*, então, pelo menos o computador que foi usado para a visita pode ser identificado.

Resultados significativos são difíceis de obter para *sites* menores ou com foco mais restrito.

É possível contratar profissionais em pesquisa sobre a concorrência e comportamento do usuário. A Nielsen, entre outros serviços, opera um painel nos Estados Unidos e numa série de outras grandes economias.[5]

9.13 Taxa de rejeição

Taxa de Rejeição é uma medida da eficácia de um *site* em estimular os visitantes a continuarem sua visita. Ela é expressa como porcentagem e representa a proporção de visitas que se encerram na primeira página do *site* que o visitante vê.

$$\text{Taxa de rejeição (\%)} = \frac{\text{Visitas que acessam apenas uma única página (n}^\text{o}\text{)}}{\text{Total de visitas (n}^\text{o}\text{) ao } site}$$

Taxas de rejeição elevadas costumam indicar que o *site* não está conseguindo atrair muito bem o interesse contínuo dos visitantes.

Propósito: Determinar a eficácia do *site* em gerar o interesse de visitantes.

A taxa de rejeição é uma métrica comumente relatada que reflete a eficácia de *sites* em chamar a atenção contínua de visitantes. O pressuposto por trás da utilidade da métrica é que o dono do *site* queira que os visitantes visitem mais do que apenas a página de destino. Para a maioria dos *sites* este pressuposto é razoável. Por exemplo, *sites* que buscam vender bens querem que os visitantes passem para outras páginas para verem os bens e acabarem fazendo uma compra. A taxa de rejeição também é uma medida de até que ponto uma empresa é eficaz em gerar tráfego. Quanto mais o *site* for relevante para o tráfego chegando nele, menor será a taxa de rejeição. Isto é especialmente importante quando o tráfego é gerado através de busca paga. O dinheiro gasto para gerar tráfego para quem o *site* não é relevante (conforme refletido numa taxa de rejeição elevada) é dinheiro jogado fora. A taxa de rejeição é uma medida especialmente útil no que diz respeito às páginas de entrada a *sites*. Uma página de entrada com uma taxa de rejeição muito baixa está conseguindo mandar tráfego a outras páginas. Conforme os analistas do Google explicam; "quanto mais persuasivas forem suas páginas de destino, mais visitantes ficarão no seu *site* e se converterão".[6]

Ter uma taxa de rejeição baixa costuma ser um pré-requisito para se ter uma presença bem-sucedida no comércio eletrônico.

Construção

Taxa de rejeição: O total das visitas que acessam apenas uma única página de um *site* dividido pelo total de visitas ao *site*.

$$\text{Taxa de rejeição (\%)} = \frac{\text{Visitas que acessam apenas uma única página (n}^\text{o}\text{)}}{\text{Total de visitas (n}^\text{o}\text{) ao } site}$$

Fontes de dados, complicações e precauções

Os dados para construir esta métrica, ou até mesmo a própria métrica, geralmente virão do servidor do *site* host como parte do procedimento normal de relato. Considerando como é comum a taxa de rejeição ser relatada por padrão, ela é uma métrica difícil de ignorar. A construção da métrica exige uma definição precisa de quando uma visita se encerra. Sair do *site* pode decorrer de fechar a janela, entrar numa nova URL, clicar num link fora do *site*, clicar o botão voltar ou acabar o tempo. Após uma pausa uma nova sessão costuma ser iniciada se o visitante voltar ao *site*. Um período menor de pausa resulta em taxas de rejeição maiores, com tudo mais constante.

Alguns relatórios podem usar o termo visitantes em lugar de visitas. Você deve ter certeza sobre quais dados efetivamente são relatados. Visitas são muito mais fáceis de rastrear porque quando o mesmo visitante faz visitas de retorno, especialmente para páginas de entrada diferentes, pode ser difícil relacionar a visita de retorno ao visitante original. Assim as visitas, em vez dos visitantes, têm maior probabilidade de serem usadas para calcular as taxas de rejeição.

Esta métrica também pode ser definida e construída para páginas individuais em vez do *site* como um todo. Com efeito, a taxa de rejeição para cada página permite um diagnóstico mais preciso de áreas de problemas num *site*. No entanto, deve-se interpretar as taxas de rejeição de uma página de acordo com seu propósito. Para algumas páginas, como as de direções, espera-se uma taxa de rejeição elevada. O valor desta métrica dependerá do objetivo da organização. *Sites* de informações podem desenvolver uma forte ligação com seus usuários através interações curtas frequentes, como verificar resultados esportivos. A organização pode ficar confortável se muitos usuários não visitarem outras partes do *site* e pode não ficar tão preocupada com taxas de rejeição elevadas. No entanto, a maioria das empresas provavelmente irão querer taxas de rejeição baixas e monitorarão ativamente esta métrica importante.

9.14 Amigos/seguidores/simpatizantes

Amigos/seguidores/simpatizantes é uma métrica muito simples que mede quantos indivíduos entram na rede social de uma organização.

Amigos (nº) = Quantidade de amigos da entidade registrados numa página de rede social (nº)

Uma quantidade elevada de amigos significa um interesse ativo no dono da página. Se uma marca tiver uma quantidade elevada de amigos, isso indicará uma marca mais forte com uma base de clientes fiel.

Propósito: Determinar a eficácia de uma presença na rede social.

Utilizamos o termo amigos para abranger seguidores, simpatizantes e outros conceitos semelhantes. Amigos são membros de um *site* de rede social que registram que eles conhecem, gostam e/ou apoiam o dono da página de rede social. Por exemplo, uma marca forte pode ter vários clientes que querem sinalizar publicamente seu amor pela marca. *Sites* de rede social se beneficiam muito ao permitirem que empresas desenvolvam relacionamentos com os clientes e podem ajudar uma empresa a identificar e a se comunicar com clientes comprometidos.

Construção

Amigos (n$^{\circ}$) = Quantidade de amigos da entidade registrados numa página de rede social (n$^{\circ}$)

Fontes de dados, complicações e precauções

Provavelmente o êxito em recrutar amigos dependa muito do grupo de pessoas que se identificam com a entidade (por exemplo, indivíduos, marcas, empresas ou outros grupos). No caso de marcas, alguns segmentos de clientes são mais relutantes em revelarem sua fidelidade à marca do que outros e, por essa razão, duas marcas de força equivalente poderão ter níveis muito diferentes de presença na rede social. De maneira semelhante, é provável que o produto envolvido influencie a probabilidade de uma pessoa se registrar como amiga no *site* de rede social. É fácil pensar em alguns produtos de importância vital, porém mais privados com os quais seus usuários contam, mas têm menor probabilidade de ganharem expressões públicas de apoio do que marcas mais relacionadas com consumo público.

É muito difícil julgar de maneira objetiva a eficácia de atividades de formação de rede social. Geralmente ter mais seguidores é um excelente sinal de envolvimento do cliente. Quanto mais clientes tiverem um relacionamento contínuo com uma marca que eles estejam dispostos a apoiarem publicamente, mais provável será que o cliente tenha uma consciência e uma fidelidade fortes para com a marca. No entanto, vale observar que Amigos, assim como acontece com várias métricas, quase sempre é uma métrica intermediária em vez de uma meta da própria organização. É pouco provável que a maioria das organizações exista com o objetivo explícito de gerar amigos. Nesse sentido, raramente é suficiente relatar a quantidade de amigos como resultado bem-sucedido de uma estratégia de marketing sem nenhuma informação adicional. Costuma ser adequado construir métricas em torno dos resultados em processo e da eficácia de custo dessas estratégias. Um profissional de marketing deveria prestar atenção nos custos e nos benefícios finais da presença em redes sociais assim como no evidente potencial de se envolver com os clientes.

Custo por amigo: O custo para a organização por amigo recrutado.

$$\text{Custo por amigo} = \frac{\text{Custo total para proporcionar presença em redes sociais (\$)}}{\text{Quantidade de amigos (n}^{\circ}\text{)}}$$

Muitas vezes os custos diretos de ter um *site* de rede social são muito baixos. No entanto, isto não deve levar o profissional de marketing a concluir que o custo seja efetivamente zero. *Sites* precisam ser projetados, funcionários precisam atualizar o *site* e os profissionais de marketing precisam conceber estratégias. Lembre-se ao calcular o custo de ter uma presença em redes sociais que os custos devem incluir todos os custos incorridos no ato de proporcionar a presença em redes sociais.

Resultados por amigo: Uma tentativa semelhante pode ser feita para esclarecer os resultados precisos em processo que se ganha com a presença de amigos. ("Nós vendemos mais ketchup?") Costuma ser muito difícil rastrear resultados para ações específicas de formação de redes sociais. Isto não quer dizer que uma presença ativa em redes sociais não seja uma parte vital de uma estratégia de marketing pela internet, mas ao projetar uma presença é necessário ter em mente o objetivo final da empresa. Por exemplo, amigos costumam ser recrutados para "votarem" em pesquisas. A porcentagem de amigos que participam é um exemplo simples de uma métrica de "resultado por amigo", mas provavelmente este não seja o objetivo final.

9.15 *Downloads*

Monitorar *downloads* é uma forma de rastrear o envolvimento com a organização.

Downloads (nº) = Quantidade de vezes que se faz *download* de uma aplicação ou um arquivo (nº)

Downloads refletem o sucesso de organizações em fazer com que seus aplicativos sejam distribuídas para os usuários.

Propósito: Determinar a eficácia em distribuir aplicativos para os usuários.

Downloads são uma forma comum para os profissionais de marketing ganharem uma presença junto aos consumidores. Isso inclui aplicativos para telefones celulares, para dispositivos do tipo MP3 e computadores.

Aplicativos para iPhones, testes de software, planilhas, toques, papeis brancos, fotos e *widgets* são exemplos de *downloads*. Estes *downloads* costumam fornecer um benefício para o consumidor em troca de uma presença no dispositivo do usuário. Por exemplo, um aplicativo de clima poderá ter a marca do *site* do Weather Channel e fornecer atualizações sobre condições atmosféricas. Uma empresa de bens de consumo empacotados poderá fornecer um aplicativo que sugira receitas que poderiam usar seus produtos de maneiras diferentes.

Construção

Downloads (nº) = Quantidade de vezes que se faz *download* de um aplicativo ou arquivo (nº)

Fontes de dados, complicações e precauções

Downloads é uma simples contagem de quantas vezes se faz *download* de um aplicativo ou arquivo, independentemente de quem solicitou o *download*. Essa métrica não distingue 10 *downloads* idênticos para determinado indivíduo de 10 *downloads* separados para 10 indivíduos separados, apesar de estas duas situações poderem ter consequências drasticamente diferentes para a empresa. Assim, os *downloads* são semelhantes a impressões, em que determinada quantidade de impressões pode ser obtida por uma variedade de combinações de alcance e frequência (veja a seção 9.3).

Uma consideração na contagem de *downloads* é como lidar com *downloads* que são iniciados, mas que não são completados. A alternativa a rastrear os dois (permitindo a construção de uma métrica semelhante à taxa de rejeição no que diz respeito a *downloads*) é escolher um ou outro (iniciados ou completos). Como sempre, é fundamental que o usuário saiba qual convenção foi utilizada na construção da métrica *download*.

Referências e leituras sugeridas

Farris, Paul W., David Reibstein, and Ervin Shames. (1998). "Advertising Budgeting: A Report from the Field," monografia, Nova York: American Association of Advertising Agencies.

Forrester, J.W. (1959). "ADVERTISING: A Problem in Industrial Dynamics," *Harvard Business Review*, 37(2), 100.

Interactive Advertising Bureau. (2004). Interactive Audience Measurement and Advertising Campaign Reporting and Audit Guidelines. United States Version 6.0b.

Lodish, L.M. (1997). "Point of View: J.P. Jones and M.H. Blair on Measuring Ad Effects: Another P.O.V" *Journal of Advertising Research*, 37(5), 75.

Net Genesis Corp. (2000). E-metrics Business Metrics for the New Economy. Net Genesis and Target Marketing of Santa Barbara.

Tellis, G.J., and D.L. Weiss. (1995). "Does TV Advertising Really Affect Sales? The Role of Measures, Models, and Data Aggregation," *Journal of Advertising*, 24(3), 1.

Capítulo 10

Marketing e finanças

Métricas abordadas neste capítulo:

Lucro líquido e retorno sobre vendas (RSV)
Retorno sobre investimento (RSI)
Lucro econômico (EVA)

Métricas de projeto: retorno, VPL, TIR
Retorno sobre investimento em marketing

À medida que os profissionais de marketing avançam em suas carreiras, torna-se cada vez mais necessário coordenar seus planos com outras áreas funcionais. Previsões de vendas, orçamentos e estimativas de retornos sobre iniciativas de marketing propostas são quase sempre um foco de discussões entre as áreas de marketing e finanças. Para os profissionais de marketing com pouca exposição a métricas básicas de finanças, um bom ponto de partida é obter uma maior compreensão de "taxa de retorno". "Retorno" costuma estar associado com lucro, ou pelo menos com fluxo de caixa positivo. "Retorno" também implica que algo saiu – saída de caixa. Quase todas as atividades empresariais exigem alguma saída de caixa. Mesmo o dinheiro de custo de vendas, que retorna apenas quando as contas são pagas. Neste capítulo, oferecemos um panorama de algumas das medidas de lucratividade e lucro mais comumente empregadas. A compreensão de como as métricas são construídas e usadas pela área de finanças para classificar vários projetos facilitará o desenvolvimento de planos de marketing que satisfaçam os critérios adequados.

A primeira seção abrange os lucros líquidos e o retorno sobre vendas (RSV). A seguir, consideramos o retorno sobre investimento (RSI), a razão de lucro líquido por quantia de investimento. Outra métrica que explica o investimento de capital necessário para auferir lucros é a de lucros econômicos (também conhecida como valor econômico agregado, EVA, ou renda residual. Como o EVA e o RSI proporcionam uma visão da lucratividade das empresas por período, eles não são adequados para avaliar projetos que abranjam vários períodos. Para projetos dessa natureza, as três métricas mais comuns são: retorno, valor presente líquido (VPL) e taxa interna de retorno (TIR).

A última seção discute uma medida frequentemente mencionada, mas raramente definida, chamada de retorno sobre investimento de marketing (RSIM). Apesar de ser uma tentativa bem-intencionada de mensurar a produtividade do marketing, ainda estão para surgir definições e procedimentos de mensuração apropriados para "RSI de marketing" ou RSIM.

	Métrica	Construção	Considerações	Propósito
10.1	Lucro líquido	Receita de vendas menos custo total.	Receita e custos podem ser definidos de várias formas, causando confusão nos cálculos de lucro.	Equação básica de lucro.
10.1	Retorno sobre vendas (RSV)	Lucro líquido como porcentagem da receita de vendas.	O nível aceitável de retorno varia entre os setores e modelos empresariais. Muitos modelos podem ser descritos como de alto volume/baixo retorno ou vice-versa.	Dar a porcentagem de receita que está sendo capturada nos lucros.
10.1	Lucros antes dos juros, impostos, depreciação e amortização (EBITDA)	Lucros antes dos juros, impostos, depreciação e amortização	Tira o efeito de diretrizes contábeis e financeiras dos lucros. Ignora fatores importantes, como a depreciação de ativos	Medida grosseira de fluxo de caixa operacional
10.2	Retorno sobre investimento (RSI)	Lucros líquidos sobre o investimento necessário para gerar os lucros.	Frequentemente sem sentido em curto prazo. Variações como retorno sobre ativo e retorno sobre capital de investimento analisam os lucros em relação a dados diferentes.	Uma métrica que descreve como os ativos estão sendo usados.

Continua

	Métrica	Construção	Considerações	Propósito
10.3	Lucro econômico (também conhecido como EVA, valor econômico agregado)	Lucro operacional líquido após impostos (NOPAT) menos o custo de capital.	Exige que o custo de capital seja oferecido/calculado.	Mostra o lucro auferido em dólares. Faz uma distinção mais clara entre as dimensões dos retornos do que um cálculo de porcentagem.
10.4	Retorno	Tempo necessário para que haja retorno do investimento inicial.	Favorece mais os projetos com retornos rápidos do que o sucesso de longo prazo.	Cálculo de retorno simples.
10.4	Valor presente líquido (VPL)	Valor de fluxos de caixa futuros após dar conta do valor do tempo em dinheiro.	A taxa de desconto usada é a consideração vital e deve explicar o risco do investimento também.	Sintetizar o valor dos fluxos de caixa ao longo de vários períodos.
10.4	Taxa interna de retorno (TIR)	A taxa de desconto em que o VPL de um investimento é zero.	A TIR não descreve a magnitude do retorno; $1 sobre $10 é o mesmo que $1 milhão sobre $10 milhões.	Uma TIR geralmente será comparada à taxa de obstáculo da empresa. Se a TIR for maior do que a taxa de obstáculo, invista; se for menor, desista.
10.5	Retorno sobre investimento em marketing (RSIM); receita	Incremento na receita atribuível ao marketing sobre a despesa de marketing.	Os profissionais de marketing precisam estabelecer uma base exata para conseguirem afirmar de modo significativo que receitas são atribuíveis ao marketing.	Comparar as vendas geradas em termos de receita com a despesa de marketing que ajudou a gerar as vendas. A porcentagem ajuda na comparação entre planos de diferentes magnitudes.

10.1 Lucro líquido e retorno sobre vendas

O lucro líquido mede a lucratividade de empreendimentos após todos os custos. O retorno sobre vendas (RSV) é o lucro líquido como porcentagem da receita de vendas.

$$\text{Lucro líquido (\$)} = \text{Receita de vendas (\$)} - \text{Total de custos (\$)}$$

$$\text{Retorno sobre vendas} - \text{RSV}(\%) = \frac{\text{Lucro líquido (\$)}}{\text{Receita de vendas (\$)}}$$

$$\text{EBITDA (\$)} = \text{Lucro líquido (\$)} + \text{Juros (\$)} + \text{Impostos (\$)} + \text{Depreciação e amortização(\$)}$$

O retorno sobre vendas é um indicador de lucratividade e costuma ser utilizado para comparar a lucratividade de empresas e setores de diferentes portes. Significativamente, o RSV não abrange o capital (investimento) usado para gerar o lucro.

Lucros antes de juros, impostos, depreciação e amortização (EBITDA) é uma medida grosseira do fluxo de caixa operacional, que reduz o efeito das políticas contábeis, financeiras e fiscais sobre os lucros relatados.

Propósito: Medir níveis e taxas de lucratividade.

Como uma empresa determina se é bem-sucedida ou não? Provavelmente, a maneira mais comum seja verificar os lucros líquidos do negócio. Como as empresas são conjuntos de projetos e mercados, áreas individuais podem ser julgadas quanto ao seu sucesso em contribuir com o lucro líquido da corporação. No entanto, nem todos os projetos têm a mesma proporção e um modo de ajuste de dimensões é dividir o lucro pela receita de vendas. A razão resultante é o retorno sobre vendas (RSV), a porcentagem de vendas que "retorna" para a empresa como lucros líquidos depois que todos os custos relacionados da atividade são deduzidos.

Construção

O lucro líquido mede a lucratividade fundamental do negócio. É as receitas da atividade menos os seus custos. A principal complicação reside em empresas mais complexas, quando os custos indiretos precisam ser alocados entre divisões da empresa (veja a Figura 10.1). Quase por definição, os custos indiretos são aqueles que não podem ser diretamente relacionados a nenhum produto ou divisão específica. O exemplo clássico seria o custo dos funcionários da sede da empresa.

Lucro líquido: *Para calcular o lucro líquido para uma unidade (como uma empresa ou divisão), subtraem-se todos os custos, incluindo uma porção dos custos indiretos corporativos, das receitas brutas.*

$$\text{Lucro líquido (\$)} = \text{Receita de vendas (\$)} - \text{Total de custos (\$)}$$

Retorno sobre vendas (RSV): *Lucro líquido como porcentagem de receita de vendas.*

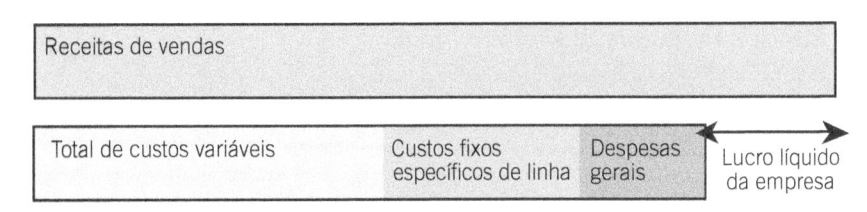

Receitas de vendas			
Total de custos variáveis	Custos fixos específicos de linha	Despesas gerais	Lucro líquido da empresa

Visão simples da empresa – receitas e custos

Figura 10.1 Lucros = receitas menos custos.

$$\text{Retorno sobre vendas (\%)} = \frac{\text{Lucro líquido (\$)}}{\text{Receitas de vendas (\$)}}$$

Lucros antes de juros, impostos, depreciação e amortização (EBITDA) é uma medida muito popular de desempenho financeiro. É utilizada para avaliar o lucro "operacional" da empresa. É uma forma grosseira de calcular quanto dinheiro a empresa está gerando e às vezes é chamada até mesmo de "fluxo de caixa operacional". Pode ser útil porque remove fatores que mudam a visão de desempenho dependendo das políticas contábeis e financeiras da empresa. Os simpatizantes argumentam que essa medida reduz a capacidade da gerência de mudar os lucros que eles relatam pela sua escolha de regras contábeis e a forma que eles geram apoio financeiro para a empresa. Esta métrica exclui de consideração despesas relacionadas com decisões como a maneira de financiar a empresa (dívida ou valor líquido) e sobre qual período para depreciar ativos fixos. EBITDA costuma ser mais próximo do fluxo de caixa efetivo do que o NOPAT (que será discutido mais adiante no capítulo).

EBITDA pode ser calculado somando de volta os custos dos juros, depreciação e amortização e quaisquer impostos que incorram.

$$\text{EBITDA (\$)} = \text{Lucro líquido (\$)} + \text{Juros (\$)} + \text{Impostos (\$)} + \text{Depreciação e amortização (\$)}$$

Fontes de dados, complicações e precauções

Apesar de teoricamente ser possível calcular lucros para qualquer subunidade, tais como produto ou região, muitas vezes os cálculos se tornam suspeitos pela necessidade de alocar os custos indiretos. Como estes não são claramente discriminados, sua alocação entre as divisões ou linhas de produtos da empresa quase sempre tem mais a ver com arte do que com ciência.

Para o retorno sobre as vendas, vale ter em mente que uma cifra "saudável" depende do setor e da intensidade de capital (quantia de ativos por dólar de vendas). O retorno sobre vendas é semelhante à margem (%), exceto pelo fato de que o RSV contabiliza os custos indiretos e outros custos fixos que costumam ser ignorados quando se calcula a margem (%) ou a margem de contribuição (%). (Veja a Seção 3.1.)

Métricas e conceitos relacionados

O lucro operacional líquido após os impostos deduz os impostos de renda relevantes, mas exclui alguns itens considerados não relacionados com o negócio principal ("operação").

10.2 Retorno sobre investimento

O retorno sobre investimento é uma maneira de considerar os lucros em relação ao capital investido.

$$\text{Retorno sobre investimento} - \text{RSI (\%)} = \frac{\text{Lucro líquido (\$)}}{\text{Investimento (\$)}}$$

Retorno sobre ativos (RSA), retorno sobre ativos líquidos (RSAL), retorno sobre capital (RSC) e retorno sobre capital investido (RSCI) são medidas semelhantes com variações quanto ao modo como o "investimento" é definido.

O marketing não só influencia os lucros líquidos como também pode afetar os níveis de investimento. Novas fábricas e equipamentos, estoques e contas a receber são três das principais categorias de investimentos que podem ser afetadas pelas decisões de marketing.

Propósito: Mensurar por período as taxas de retorno em dólares investidos numa entidade econômica.

Retorno sobre investimento e métricas relacionadas (RSA, RSC, RSAL e RSCI) dão uma noção da lucratividade ajustada para o tamanho dos ativos de investimento dedicados à empresa. As decisões de marketing têm uma conexão potencial óbvia com o numerador do retorno sobre investimento (lucros), mas essas mesmas decisões costumam influenciar o uso de ativos e de exigências de capital (por exemplo, o que há a receber e os estoques). O profissional de marketing deve compreender a posição de sua empresa e os retornos esperados. O retorno sobre investimento costuma ser comparado com taxas esperadas (ou exigidas) de retorno sobre dólares investidos.

Construção

Para uma revisão de um único período, basta dividir o retorno (lucro líquido) pelos recursos comprometidos (investimento):

$$\text{Retorno sobre investimento (\%)} = \frac{\text{Lucro líquido (\$)}}{\text{Investimento (\$)}}$$

Fontes de dados, complicações e precauções

Fazer a média dos lucros e investimentos em períodos como um ano pode disfarçar grandes oscilações nos lucros e ativos, especialmente estoques e contas a receber. Isso é verdade especialmente para negócios sazonais (como os de materiais de construção e brinquedos). Nesse tipo de empresa, é importante compreender as variações sazonais para relacionar as cifras trimestrais e anuais uns com os outros.

Métricas e conceitos relacionados

O retorno sobre ativos (RSA), retorno sobre ativos líquidos (RSAL), retorno sobre capital empregado (RSCE) e retorno sobre capital investido (RSCI) são variações comumente usadas do retorno sobre investimento (RSI). Também são calculados utilizando-se o lucro líquido como numerador, mas têm diferentes denominadores. As distinções relativamente sutis entre essas métricas estão além do escopo deste livro. Algumas diferenças são encontradas quanto às contas a pagar serem subtraídas do capital de giro e ao modo como os fundos emprestados e o patrimônio líquido dos acionistas são tratados.

10.3 Lucro econômico – EVA

O lucro econômico tem muitas denominações, algumas registradas como "marcas". O valor econômico agregado (EVA) é marca registrada da Stern-Stewart. A empresa merece crédito por popularizar essa medida de lucro operacional líquido após os impostos ajustados para o custo de capital.

Lucro econômico ($) = Lucro operacional líquido após os impostos ($) – Custo de capital($)

Custo de capital($) = Capital empregado ($) * CCMP (%)

Diferentemente de medidas de retorno em porcentagem (por exemplo, RSV ou RSI), o lucro econômico é uma métrica em dólares. Como tal, reflete não apenas a "taxa" de lucratividade, como também o porte do negócio (vendas e ativos).

Propósito: Mensurar os lucros em dólares enquanto se explica os retornos adquiridos sobre o capital investido.

O lucro econômico, às vezes chamado de renda residual ou EVA, é diferente de lucro "contábil" – o lucro econômico também considera o custo do capital investido – o custo da oportunidade (veja a Figura 10.2). Como a taxa de desconto para valor presente líquido (VPL), este também deve dar conta do risco associado com o investimento. Um modo popular (e patenteado) de verificar o lucro econômico é o valor econômico agregado.[1]

Cada vez mais, os profissionais de marketing estão se conscientizando de como algumas de suas decisões influenciam a quantia de capital investido ou de ativos empregados. Primeiro, o crescimento das vendas quase sempre exige investimento adicional em ativos fixos, contas a receber ou estoques. O lucro econômico e o EVA ajudam a determinar se esses investimentos são justificados pelo lucro auferido. Segundo, as melhorias de marketing na gestão da rede de fornecimento e na coordenação do canal costumam aparecer em investimentos reduzidos em estoques e contas a receber. Em alguns casos, mesmo se as vendas e o lucro diminuem, a redução de investimento pode valer a pena. O lucro econômico é uma métrica que ajudará a avaliar se essas compensações estão sendo feitas corretamente.

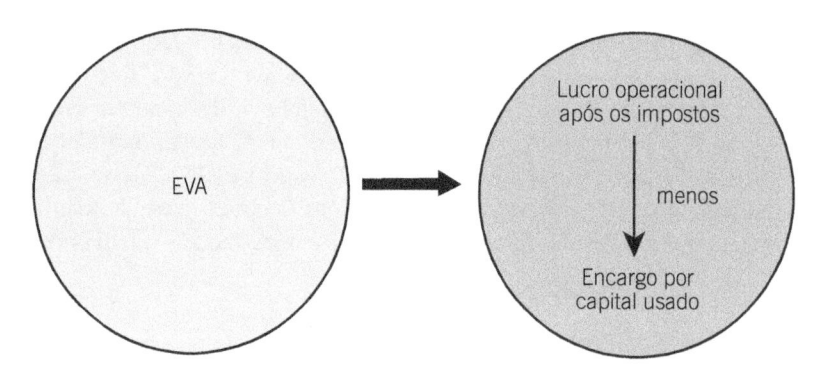

Figura 10.2 Valor econômico agregado (EVA) é Igual ao lucro após os impostos menos o encargo por uso de capital.

Construção

O lucro econômico/valor econômico agregado pode ser calculado em três estágios. Primeiro, determina-se o lucro operacional líquido após os impostos (LOLAI). Segundo, calcula-se o custo de capital multiplicando-se o capital empregado pelo custo de capital médio ponderado.[2] O terceiro estágio consiste em subtrair o custo de capital do NOPAT.

Lucro econômico ($) = Lucro operacional líquido após os impostos (LOLAI)($)– Custo de capital($)

Custo de capital($) = Capital empregado ($) ∗ CCMP (%)

Lucro econômico: *Se seus lucros forem menores do que o custo de capital, houve perda de valor para a empresa. Onde o lucro econômico for positivo, o valor foi gerado.*

EXEMPLO: Uma empresa tem lucros – LOLAI – de $145.000.
 Ela possui uma estrutura de capital direto, metade do qual é suprido por acionistas. Esse patrimônio espera um retorno de 12% sobre o risco que os acionistas estão correndo ao investir nessa empresa. A outra metade do capital provém de um banco a uma taxa de 9%:
 Custo de capital médio ponderado (CCMP), portanto,

$$= \text{Patrimônio} (12\% * 50\%) + \text{Dívida} (6\% * 50\%) = 9\%$$

A empresa emprega um capital total de um milhão de dólares. Multiplicando-se o capital empregado pelo custo médio ponderado para o capital empregado, teremos uma estimativa do lucro (retorno) necessário para cobrir o custo de capital de oportunidade usado no negócio:

$$\text{Custo de capital} = \text{Capital empregado} * \text{CCMP}$$
$$= \$1.000.000 * 9\%$$
$$= \$90.000$$

Lucro econômico é o excedente de lucros sobre o retorno esperado para o capital.

$$\text{Lucro econômico} = \text{NOPAT} - \text{Custo de capital}$$
$$= \$145.000 - \$90.000$$
$$= \$55.000$$

Fontes de dados, complicações e precauções

O lucro econômico pode fornecer uma classificação para empresas diferente da proporcionada pelo retorno sobre investimento. Isso é verdade principalmente para empresas como Wal-Mart e Microsoft, que têm experimentado (atingido) altas taxas de crescimento nas vendas. O julgamento dos resultados do gigante varejista Wal-Mart, dos Estados Unidos, por muitas métricas convencionais camuflaria o seu sucesso. Apesar de as taxas de retorno normalmente serem boas, elas mal implicam o domínio que a empresa atingiu. O lucro econômico reflete tanto o rápido crescimento de vendas da Wal-Mart quanto seu retorno adequado sobre o capital investido. Essa métrica mostra a magnitude dos lucros após a subtração do custo de capital. Isso combina a ideia de um retorno sobre investimento com um sentido de volume de lucros. Dito de forma simples, a Wal-Mart chegou à condição de continuar a obter retornos decentes sobre um capital drasticamente crescente.

10.4 Avaliação de investimentos em vários períodos

Os investimentos de vários períodos costumam ser avaliados com três métricas.

Retorno (nº) = Quantidade de períodos exigidos para "dar retorno" do investimento inicial.

Valor Presente Líquido (VPL) ($) = Valor descontado de fluxos de caixa futuros, menos o investimento inicial.

Taxa Interna de Retorno (TIR) (%) = Taxa de desconto que resulta num VPL zero.

Essas três métricas destinam-se a lidar com diferentes aspectos do risco e dos retornos de projetos de vários períodos.

Propósito: Avaliar investimentos com consequências financeiras que abrangem vários períodos.

Investimento é uma palavra que os empresários apreciam. Possui todo tipo de conotações positivas de sucesso futuro e administração sábia. No entanto, como nem todos os investimentos podem ser realizados, aqueles que estão disponíveis devem ser comparados uns com os outros. Além disso, alguns investimentos não são atraentes mesmo se tivermos dinheiro suficiente para financiá-los. Num único período, o retorno sobre qualquer investimento é meramente os lucros líquidos produzidos no tempo considerado, divididos pelo capital investido. A avaliação de investimentos que produzem retornos ao longo de vários períodos exige uma análise mais complexa – que considere a magnitude e o período dos retornos.

Retorno (nº): *Tempo (geralmente, anos) necessário para gerar o fluxo de caixa (não descontado) para recuperar o investimento inicial.*

Valor presente líquido – VPL ($): *Valor presente (descontado) de futuros fluxos de caixa de entrada menos o valor atual do investimento e qualquer futuro fluxo de caixa de saída.*

Taxa interna de retorno – TIR (%): *Taxa de desconto que resulta num valor líquido atual de zero para uma série de fluxos de caixa futuros que respondem pelo investimento inicial.*

Construção

Retorno: *Anos necessários para que um investimento retorne o investimento inicial.*

Projetos com período de retorno menor são considerados por esta análise mais favoravelmente porque permitem que os recursos sejam reutilizados rapidamente. Além disso, em geral, quanto menor for o período de retorno, menor será a incerteza quanto ao recebimento de retornos. Naturalmente, a principal falha com a análise de período de retorno é que ela ignora todos os fluxos de caixa depois do período de retorno. Consequentemente, esta métrica penalizará projetos atraentes, mas que não produzam retornos imediatos.

EXEMPLO: Harry está considerando a compra de uma pequena rede de salões de cabeleireiro. Ele estima que os salões produzirão uma renda líquida de $15.000 por ano por pelo menos cinco anos. O retorno de Harry sobre esse investimento é $50.000/$15.000, ou seja, 3,33 anos.

Valor presente líquido

O valor presente líquido (VPL) é o valor descontado de fluxos de caixa associados com o projeto.

O valor atual de um dólar recebido em determinado número de períodos no futuro é

$$\text{Valor descontado (\$)} = \frac{\text{Fluxo de caixa (\$)} * 1}{[(1 + \text{Taxa de desconto (\%)})\wedge\text{Período (n}^{\text{o}}\text{)}]}$$

Isso é mais fácil de visualizar quando colocado na forma de planilha.

Uma taxa de desconto de 10% aplicada a um dólar recebido agora e em cada um dos próximos três anos reduz de valor com o tempo, como mostra a Tabela 10.1.

Tabela 10.1 Descontando valores nominais

	Ano 0	Ano 1	Ano 2	Ano 3
Fórmula de Desconto	1	1/(1 + 10%)^1	1/(1 + 10%)^2	1/(1 + 10%)^3
Fator de Desconto	1	90,9%	82,6%	75,1%
Fluxos de caixa não descontados	$1,00	$1,00	$1,00	$1,00
Valor Atual	$1,00	$0,91	$0,83	$0,75

As planilhas facilitam o cálculo dos fatores de desconto adequados.

EXEMPLO: Harry deseja saber o valor em dólares de sua oportunidade de negócio. Apesar de confiar no sucesso do empreendimento, todos os fluxos de caixa futuros têm um nível de incerteza. Após receber conselhos de um amigo, ele determina que uma taxa de desconto de 10% nos fluxos de caixa futuros é satisfatória.

Ele registra todos os detalhes do fluxo de caixa numa planilha (veja a Tabela 10.2).[3] Harry trabalha com o fator de desconto usando a fórmula e sua taxa de desconto de 10%:

$$\text{Valor descontado} = \frac{\text{Fluxo de caixa} * 1}{[(1 + \text{Taxa de desconto}) \wedge \text{Ano}]}$$

$$\text{Fluxos de caixa para ano 1} = \frac{\$15{,}000 * 1}{[(1 + 10\%) \wedge 1)]} = \frac{\$15{,}000 * 1}{110\%}$$

$$= \$15{,}000 * 90.9\% = 13{,}636$$

Tabela 10.2 Fluxo de caixa descontado (Taxa de desconto 10%)

	Ano 0	Ano 1	Ano 2	Ano 3	Ano 4	Ano 5	Total
Investimento	($50,000)						($50,000)
Renda		$15,000	$15,000	$15,000	$15,000	$15,000	$75,000
Fluxo de caixa não descontado	($50,000)	$15,000	$15,000	$15,000	$15,000	$15,000	$25,000
Fórmula de desconto	$1/(1+DR)^0$	$1/(1+DR)^1$	$1/(1+DR)^2$	$1/(1+DR)^3$	$1/(1+DR)^4$	$1/(1+DR)^5$	
Fator de desconto	100.0%	90.9%	82.6%	75.1%	68.3%	62.1%	
Valor presente	($50,000)	$13,636	$12,397	$11,270	$10,245	$9,314	$6,862

O VPL do projeto de Harry é $6.862. Evidentemente, esse VPL é menor do que a soma dos fluxos de caixa não descontados. O VPL contabiliza o fato de que numa base por dólar, os fluxos de caixa recebidos no futuro são menos valiosos do que o dinheiro na mão.

Taxa interna de retorno

A taxa interna de retorno é o percentual de retorno sobre o investimento ao longo de um determinado período de tempo. A taxa interna de retorno é um recurso fornecido na maioria da planilhas e, portanto, relativamente fácil de calcular.

Taxa interna de retorno (TIR): *Taxa de desconto para a qual o valor atual líquido do investimento é zero.*

A TIR é especialmente o ponto de equilíbrio útil porque pode ser comparada com o ponto de equilíbrio da empresa. O ponto de equilíbrio é o retorno necessário em porcentagem para justificar um projeto. Assim, uma empresa só poderá decidir pela concretização de projetos com um retorno maior do que 12%. Os projetos com TIR maior do que 12% estão liberados e todos os outros são abandonados.

EXEMPLO: Voltando ao exemplo de Harry, podemos ver que a TIR é um cálculo fácil de fazer utilizando-se um pacote de *software*. Damos entrada dos valores para períodos relevantes na planilha (veja a Tabela 10.3).

O Ano 0 – agora – é quando Harry faz o investimento inicial. Cada um dos cinco anos seguintes tem um retorno de $15.000. Aplicando-se a função TIR, tem-se um retorno de 15,24%.

Tabela 10.3 Fluxo de caixa em cinco anos

Referência de Célula	A	B	C	D	E	F	G
1		Ano 0	Ano 1	Ano 2	Ano 3	Ano 4	Ano 5
2	Fluxos de caixa	($50.000)	$15.000	$15.000	$15.000	$15.000	$15.000

No Microsoft Excel, a função é = TIR (B2:G2), que é igual a 15,24%.

As células referências na Tabela 10.3 devem ajudar a recriar essa função. A função diz ao Excel para realizar uma TIR na faixa de B2 (fluxo de caixa para o Ano 0) a G2 (fluxo de caixa para o Ano 5).

TIR e VPL são relacionados

A taxa interna de retorno é a taxa de desconto em porcentagem em que o valor presente líquido da operação é zero.

Assim, as empresas que usam taxa de obstáculo na verdade estão dizendo que só aceitarão projetos em que o valor presente líquido seja positivo na taxa de desconto que elas especificam como a taxa de obstáculo. Uma outra maneira de dizer isso é que elas aceitarão projetos somente se a TIR for maior do que a taxa de obstáculo.

Fontes de dados, complicações e precauções

Os cálculos de retorno e da TIR exigem estimativas de fluxos de caixa. Os fluxos de caixa são as quantias recebidas e pagas que estão associadas com o projeto por período, incluindo o investimento inicial. Tópicos que estão além do escopo deste livro incluem o tempo durante o qual as previsões de fluxos de caixa são feitas e como lidar com "valores terminais" (o valor associado com a oportunidade no final do último período).[4] Os cálculos do valor atual líquido exigem os mesmo dados que o retorno e a TIR, além de um outro: a *taxa de desconto*.

Normalmente, a taxa de desconto é determinada no nível da corporação. Essa taxa tem o duplo propósito de compensar:

- pelo valor de tempo do dinheiro
- pelo risco inerente à atividade

Um princípio geral a ser empregado é o de que quanto mais arriscado for o projeto, maior será a taxa de desconto a ser usada. Considerações para o estabelecimento de taxas de desconto não fazem parte do escopo deste livro. Nós simplesmente observamos que, de modo ideal, taxas de desconto separadas seriam avaliadas para cada projeto individualmente, pois o risco varia por atividade. Um contrato com o governo pode ser um projeto garantido – mas não um investimento pela mesma empresa na compra de uma loja de vestuário. A mesma preocupação surge quando as empresas estabelecem uma taxa de obstáculo para todos os projetos avaliados pela análise da TIR.

Fluxos de caixa e lucros líquidos: *Em nossos exemplos, o fluxo de caixa é igual ao lucro, mas em muitos casos eles serão diferentes.*

Nota para usuários de programas de planilhas

O Microsoft Excel oferece o cálculo de VPL, o que pode ser muito útil. A fórmula a ser usada é VPL (taxa, valor 1, valor 2, etc.), onde a taxa é a taxa de desconto e os valores são os fluxos de caixa por ano; assim, ano 1 = valor 1, ano 2 = valor 2 e assim por diante.

O cálculo começa no período 1 e o fluxo de caixa para esse período é descontado. Se você estiver usando a convenção de ter o investimento no período anterior ao período 0, não deverá descontá-lo e sim adicioná-lo fora da fórmula. Portanto, os retornos de Harry descontados em 10% seriam

= VPL (Taxa, Valor 1, Valor 2, Valor 3, Valor 4, Valor 5)

= VPL (10%, 15.000, 15.000, 15.000, 15.000, 15.000) ou $56.861,80 menos o investimento inicial de $50.000.

Isso dá um VPL de $6.861,80, conforme foi demonstrado no exemplo.

10.5 Retorno sobre investimento em marketing

O retorno sobre investimento em marketing (RSIM) é uma métrica relativamente nova. Não é como as outras métricas de "retorno sobre investimento" porque o marketing não é o mesmo tipo de investimento. Em vez de quantias que são "amarradas" em fábricas e estoques, os fundos de marketing tipicamente são "arriscados". As despesas de marketing costumam ocorrer no período atual. Há muitas variações no modo como essa métrica é utilizada, e apesar de não existirem fontes reconhecidas para defini-la, acreditamos que o consenso de uso justifica o seguinte:

$$\text{Retorno sobre investimento em marketing (RSIM)} = \frac{[\text{Incremento de receita atribuível ao marketing (\$)} * \text{Contribuição \% – despesa de marketing (\$)}]}{\text{Despesa de marketing (\$)}}$$

A ideia de mensurar a resposta de marketing em termos de vendas e lucros não é nova, mas termos como RSI em marketing e RSIM são usados mais frequentemente agora do que no passado. Em geral, as despesas de marketing serão consideradas justificadas se o RSIM for positivo.

Propósito: Mensurar a taxa em que a despesa com marketing contribui para os lucros.

Os profissionais de marketing estão cada vez mais sendo pressionados para "mostrar retorno" de suas atividades. No entanto, muitas vezes não se tem clareza quanto ao que isso significa. Certamente, as despesas com marketing não são um "investimento" no sentido usual da palavra. Geralmente, não há nenhum bem tangível e, frequentemente, nem mesmo um resultado previsível (que possa ser quantificado) da despesa, mas os profissionais de marketing ainda assim desejam enfatizar que suas atividades contribuem para a saúde financeira. Alguns poderão argumentar que o marketing deve ser considerado como despesa e que o foco deve estar na questão de ser uma despesa necessária. Os profissionais de marketing acreditam que muitas de suas atividades geram resultados duradouros e, portanto, devem ser consideradas como "investimentos" no futuro do negócio.[5]

Retorno sobre investimento em marketing (RSIM): *Contribuição atribuível ao marketing (líquido da despesa de marketing), dividida pelo marketing "investido" ou arriscado.*

Construção

Um passo necessário no cálculo do RSIM é a estimativa do incremento nas vendas que podem ser atribuídos ao marketing. Esse incremento nas vendas pode ser o "total" de vendas atribuível ao marketing ou o "marginal". O exemplo a seguir, na Figura 10.3, ajuda a esclarecer a diferença:

Y_0 = Vendas Básicas (com $0 de despesa de marketing),

Y_1 = Vendas com despesa de marketing nível X_1 e

Y_2 = Vendas com despesa de marketing nível X_2,

onde a diferença entre X_1 e X_2 representa o custo de um item de orçamento para incremento de marketing que deve ser avaliado, tais como uma campanha publicitária ou uma mostra comercial.

1. **Retorno de Receita para Incremento de Marketing** = $(Y_2 - Y_1)/(X_2 - X_1)$: A receita adicional gerada por um incremento no investimento em marketing, tais como uma campanha específica ou promoção, dividida pelo custo desse investimento em marketing.
2. **Receita Atribuível ao Marketing** = $Y_2 - Y_0$: Aumento nas vendas atribuível a todo o orçamento de marketing (igual a vendas menos vendas básicas).
3. **Retorno de Receita para o Marketing Total** = $(Y_2 - Y_0)/(X_2)$: Receita atribuível ao marketing dividida pelo orçamento de marketing.
4. **Retorno Sobre Investimento em Marketing (RSIM)** = $[(Y_2 - Y_0) * \text{Contribuição \%} - X_2]/X_2$: Contribuição líquida adicional de todas as atividades de marketing dividida pelo custo dessas atividades.
5. **Retorno Sobre Incremento no Investimento em Marketing (RSIIM)** = $[(Y_2 - Y_1) * \text{Margem de Contribuição (\%)} - (X_2 - X_1)]/(X_2 - X_1)$: Incremento na contribuição líquida devido ao gasto incremental de marketing dividido pelo gasto incremental.

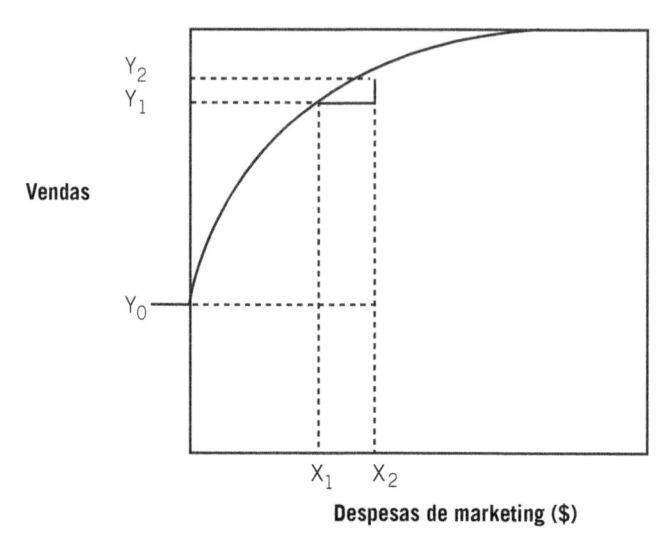

Figura 10.3 Avaliação do custo de incremento num item de orçamento de marketing.

EXEMPLO: Uma empresa de equipamentos agrícolas tencionava fazer uma campanha de mala direta para lembrar aos clientes sobre a revisão de tratores antes do plantio da primavera. Esperava-se que a campanha custasse $1.000 e que viesse a aumentar as receitas de $45.000 para $50.000. As receitas básicas para a revisão de tratores (sem marketing) eram estimadas em $25.000. A campanha de mala direta era um acréscimo à propaganda regular e a outras atividades de marketing, que custavam $6.000. A contribuição das receitas com revisão de tratores (fora peças e mão de obra) ficava na média de 60%.

Para alguns setores, essa pode ser uma métrica útil, mas na maior parte das situações, essa métrica pode ser muito enganosa. RSIM ou RSIIM (veja os exemplos a seguir) costumam ser mais úteis. No entanto, na maioria das situações esta métrica pode ser muito enganosa. Não há razão em gastar $20.000 em propaganda para gerar $100.000 de vendas – um respeitável retorno de 500% para a receita – se custos variáveis elevados indicarem que o marketing gera uma contribuição de apenas $5.000.

$$\text{Retorno sobre investimento em marketing – RSIM (\%)} = \frac{[\text{Receita atribuível ao marketing} * \text{margem de contribuição (\%)} - \text{Custo de marketing (\$)}]}{\text{Custo de marketing (\$)}}$$

EXEMPLO: Cada uma das métricas desta seção pode ser calculada a partir das informações no exemplo.

$$\text{Retorno de receita para incremento de marketing} = \frac{(\$50.000 - \$45.000)}{(\$7.000 - \$6.000)}$$

$$= \frac{\$5.000}{\$1.000} = 500\%$$

Receita atribuível ao marketing = $50.000 − $25.000 = $25.0000 [Observe que esta cifra se aplica se a campanha de mala direta adicional for utilizada. Caso contrário, seria $20.000 ($45.000 − $25.000).]

Retornos de receita para o marketing total = $25.000 /$7.000 = 357% [Ou, se a campanha de mala direta não for usada,($20.000 /$6.0000) = 333%].

Retorno sobre investimento em marketing (RSIM) = ($25.000 * 60% − $7.000) /$7.000 = 114% [Ou, se a campanha de mala direta não for usada ($20.000 * 0,6 − $6.000)/$6.000 = 100%.]

$$\text{Retorno sobre incremento no investimento em marketing (RSIIM)} = \frac{(\$5.000 * 60\% - \$1.000)}{\$1.000} = 200\%$$

Fontes de dados, complicações e precauções

A primeira informação necessária para o retorno sobre investimento (RSI) em marketing é o custo da campanha, programa ou orçamento de marketing. Apesar de a definição de quais custos fazem parte do marketing poder ser problemática, um desafio maior é estimar o incremento da receita, a contribuição e os lucros líquidos atribuíveis ao marketing. Isso é semelhante à distinção entre base e impulso, discutida na Seção 8.1.

Outra complicação da estimativa do RSIM refere-se ao modo de lidar com interações importantes entre diferentes programas e campanhas de marketing. O retorno sobre muitos "investimentos" em marketing provavelmente aparecerá como um aumento nas repostas recebidas para outros tipos de marketing. Por exemplo, se as solicitações de mala direta demonstram aumento na resposta devido ao comercial na televisão, poderíamos e deveríamos supor que esses incrementos na receita têm algo a ver com a campanha na TV. Como interação, porém, o retorno sobre a propaganda dependeria do que estivesse sendo gasto em outros programas. A função não é um retorno linear simples para os custos da campanha.

Para o orçamento, um elemento-chave a reconhecer é que a maximização de RSIM provavelmente reduziria as despesas e os lucros. Os profissionais de marketing costumam encontrar retornos cada vez menores, em que cada dólar de incremento produzirá um incremento cada vez menor de RSIM e, desse modo, baixos níveis de despesas tenderão a ter taxas de retorno muito altas. A maximização do RSIM pode levar à redução de marketing e à eliminação de campanhas ou atividades que são, em equilíbrio, lucrativas, mesmo se as taxas de retorno não forem tão altas. Essa questão é semelhante à distinção entre retorno sobre investimento (%) e valor econômico agregado ($), discutida nas Seções 10.2 e 10.3. Atividades ou campanhas adicionais de marketing que diminuem a porcentagem média de retorno, mas aumentam os lucros gerais podem ser muito sensíveis. Dessa forma, o uso de RSIM ou de qualquer medida de lucro em porcentagem para determinar orçamentos totais é questionável. Naturalmente, a mera eliminação de programas com RSIM negativo quase sempre é uma boa ideia.

A discussão anterior intencionalmente não trata do efeito cumulativo, ou seja, efeitos de marketing sobre vendas e lucros que se estendem em períodos futuros. Quando se espera que a despesa de marketing tenha efeitos além do período atual, outras técnicas são necessárias. Estas incluem retorno, valor atual líquido e taxa interna de retorno. Além disso, é interessante ver o valor de duração do cliente (Seção 5.3) para uma abordagem mais desagregada da avaliação das despesas de marketing destinadas a adquirir relacionamentos de longa duração com os clientes.

Métricas relacionadas

Retorno de exposição na mídia sobre investimento em marketing: Na tentativa de estimar o valor das atividades de marketing, como patrocínios, os profissionais da área frequentemente encomendam pesquisas para verificarem a quantidade e a qualidade das exposições na mídia. Estas exposições são, então, avaliadas (muitas vezes, utilizando "cartões de classificação" para determinar o custo de espaço/tempo equivalente de marketing) e um "retorno" é calculado dividindo-se o valor estimado pelos custos.

$$\text{Retorno de exposição na mídia sobre investimento em marketing (REMSIM)(\%)} = \frac{\text{(Valor estimado de exposições na mídia atingidas} - \text{Custo de campanha de marketing, patrocínio ou promoção)}}{\text{Custo de campanha de marketing, patrocínio ou promoção}}$$

Isso é mais adequado onde não há uma taxa de mercado clara para os resultados da campanha, de modo que os profissionais de marketing desejem ilustrar o custo equivalente para o resultado de um tipo de campanha que tem uma taxa de mercado estabelecida.

EXEMPLO: Um portal de viagens decide patrocinar um carro num evento da Fórmula 1. Supõe-se que o "logo" que colocarão no carro obterá o equivalente a 500.000 exposições custará 10.000.000 de ienes. O custo por exposição é, então, 10 milhões de ienes/500.000, ou 20 ienes por exposição. Isso pode ser comparado com os custos de outras campanhas de marketing.

Referências e leituras sugeridas

Hawkins, D. I., Roger J. Best, and Charles M. Lillis. (1987). "The Nature and Measurement of Marketing Productivity in Consumer Durables Industries: A Firm Level Analysis," *Journal of the Academy of Marketing Science,* 1(4), 1–8.

Capítulo 11

O raio X das métricas de marketing

11.1 O raio X das métricas de marketing

Nosso objetivo neste capítulo é dar alguns exemplos de como as métricas de marketing podem incrementar e complementar as métricas financeiras tradicionais quando utilizadas para avaliar o desempenho da empresa e da marca. Em especial, as métricas de marketing podem servir como bons indicadores de problemas, de oportunidades e de um futuro desempenho financeiro. Assim como o aparelho de raio X (agora a ressonância magnética) destina-se a oferecer uma visão mais aprofundada de nosso corpo, as métricas de marketing podem mostrar problemas (e oportunidades) que, de outra forma, passariam despercebidos.

Invista onde suas métricas estão

A Tabela 11.1 mostra uma síntese de informações financeiras comuns para duas empresas hipotéticas, a Boom e a Cruise. Dados da declaração de renda de cinco anos oferecem a base para comparação das empresas em diversas dimensões.

Em que empresa você apostaria as economias de seu avô?

Usamos esse exemplo com estudantes de MBA e executivos várias vezes, a quem costumamos perguntar: "suponhamos que seu avô queira comprar uma parte da sociedade de uma dessas empresas, usando economias limitadas. Se essas demonstrações financeiras fossem os *únicos* dados que você tivesse à disposição, que empresa você recomendaria?". Esses dados são as métricas tradicionalmente empregadas para avaliar o desempenho das empresas.

A tabela mostra que as margens brutas e os lucros são iguais para as duas empresas. Apesar de as vendas e as despesas de marketing da Boom aumentarem mais rapidamente, seu retorno sobre vendas (RSV) e retorno sobre investimento (RSI) estão caindo. Se esse declínio continuar, a Boom terá problemas. Além disso, a razão

Tabela 11.1 Demonstrações financeiras

	Boom				
Valores em milhares de dólares	**Ano 1**	**Ano 2**	**Ano 3**	**Ano 4**	**Ano 5**
Receita	$833	$1.167	$1.700	$2.553	$3.919
Margem antes do marketing	$125	$175	$255	$383	$588
Marketing	$100	$150	$230	$358	$563
Lucro	$25	$25	$25	$25	$25
Margem (%)	15%	15%	15%	15%	15%
Marketing/vendas	12%	13%	14%	14%	14%
RSV	3,0%	2,1%	1,5%	1,0%	0,6%
Crescimento de receita ano a ano	–	40%	46%	50%	53%
Receita TCAC taxa de crescimento anual composta a partir do Ano 1	–	40%	43%	45%	47%
Capital investido	$500	$520	$552	$603	$685
RSI	5,0%	4,8%	4,8%	4,1%	3,6%
	Cruise				
Valores em milhares de dólares	**Ano 1**	**Ano 2**	**Ano 3**	**Ano 4**	**Ano 5**
Receita	$1.320	$1.385	$1.463	$1.557	$1.670
Margem antes do marketing	$198	$208	$219	$234	$251
Marketing	$173	$183	$194	$209	$226
Lucro	$25	$25	$25	$25	$25
Margem (%)	15%	15%	15%	15%	15%
Marketing/vendas	13%	13%	13%	13%	14%
RSV	1,9%	1,8%	1,7%	1,6%	1,5%
Crescimento de receita ano a ano	–	5%	6%	6%	7%
Receita TCAC taxa de crescimento anual composta a partir do Ano 1	–	5%	5%	6%	6%
Capital investido	$500	$501	$503	$505	$507
RSI	5,0%	5,0%	5,0%	5,0%	4,9%

marketing/vendas da Boom está aumentando mais rápido do que a da Cruise. Isso é sinal de marketing ineficiente?

Com base nas informações da Tabela 11.1, a maioria das pessoas escolhe a Cruise. A Cruise está realizando mais com menos. É mais eficiente. Sua tendência em RSI parece bem melhor e a Cruise tem mantido um RSI bastante sistemático de cerca de 5%. As únicas coisas que a Boom está buscando são tamanho e crescimento da "linha de cima" (receita de vendas). Vamos examinar melhor os raios X das métricas de marketing.

Uso do raio X das métricas de marketing

A Tabela 11.2 apresenta o resultado de nosso raios X de métricas de marketing da Boom e da Cruise. Ela mostra quantos clientes cada empresa está atendendo e separa-os em clientes "antigos" (já existentes) e "novos".

A tabela nos permite ver não apenas a taxa em que a empresa adquiriu novos clientes, como também suas taxas de retenção (lealdade). Agora, as despesas da Boom em marketing parecem muito melhores porque sabemos que foram destinadas a gerar novos clientes e manter os antigos. Além disso, a Boom adquire novos clientes a um custo menor do que o da Cruise. E, embora os clientes da Cruise gastem mais, os da Boom permanecem por mais tempo. Talvez devêssemos solicitar outra bateria de raios X para examinar a lucratividade do cliente e seu valor de duração?

A Tabela 11.3 usa as informações da tabela anterior para calcular algumas outras métricas de clientes. Supondo que as margens e taxas de retenção sejam constantes, podemos calcular o valor de duração do cliente (VDC) para os clientes de cada empresa e compará-lo com o que as empresas estão gastando para adquirir seus clientes. O VDC representa as margens descontadas que uma empresa obterá de seus clientes enquanto permanecerem comprando dela. Volte à Seção 5.3 para detalhes sobre a estimativa do VDC e o processo para uso do número para avaliar a clientela como um bem. O valor do bem é meramente o valor de duração do cliente vezes o número de clientes. Para esses exemplos, supomos que todo o marketing é utilizado para adquirir novos clientes, de modo que o custo de aquisição de clientes é obtido dividindo-se as despesas de marketing pelos novos clientes no período de um ano.

A Tabela 11.4 nos dá ainda mais informações sobre os clientes. A satisfação do cliente é muito maior para a Boom e seus clientes mostram-se mais dispostos a recomendar a empresa para outras pessoas. Consequentemente, podemos esperar que os custos de aquisição da Boom diminuam no futuro. Na verdade, com uma clientela estável e satisfeita como essa, poderíamos esperar que as medidas de valor de marca (veja a Seção 4.4) também sejam maiores.

Escondendo problemas na bagagem do marketing?

A declaração de renda de outra empresa, a Prestige Luggage, é mostrada na Tabela 11.5. A empresa parece estar indo muito bem. As vendas unitárias e em dólares estão crescendo rapidamente. As margens antes do marketing são estáveis e bastante fortes. A despesa de marketing e a razão marketing/vendas estão crescendo, mas a base também. Então, o que está acontecendo?

Tabela 11.2 Métricas de marketing

	Boom					Cruise				
	Ano 1	Ano 2	Ano 3	Ano 4	Ano 5	Ano 1	Ano 2	Ano 3	Ano 4	Ano 5
Novos clientes (milhares)	1,33	2,00	3,07	4,77	7,50	1,86	1,97	2,09	2,24	2,43
Total de clientes (milhares)	3,33	4,67	6,80	10,21	15,67	3,86	4,05	4,28	4,55	4,88
Vendas/cliente	$250	$250	$250	$250	$250	$342	$342	$342	$342	$342
Marketing/novo cliente	$75	$75	$75	$75	$75	$93	$93	$93	$93	$93
Taxa de perda[1]	–	20%	20%	20%	20%	–	46%	46%	46%	46%

Tabela 11.3 Rentabilidade dos clientes

Métrica de valor do cliente	Boom	Cruise
Valor de duração do cliente (VDC)	$123,21	$96,71
Custo de aquisição do cliente	$75,00	$93,00
Contagem de clientes (milhares)	15,67	4,88
Valor de clientes como ativo (milhares)	$1.344	$222

Tabela 11.4 Atitudes e conhecimento dos clientes

	Boom					Cruise				
	Ano 1	**Ano 2**	**Ano 3**	**Ano 4**	**Ano 5**	**Ano 1**	**Ano 2**	**Ano 3**	**Ano 4**	**Ano 5**
Conhecimento	30%	32%	31%	31%	33%	20%	22%	22%	23%	23%
Marca mais lembrada	17%	18%	20%	19%	20%	12%	12%	11%	11%	10%
Satisfação	85%	86%	86%	87%	88%	50%	52%	52%	51%	53%
Disposição para recomendar	65%	66%	68%	67%	69%	42%	43%	42%	40%	39%

Tabela 11.5 Renda da Prestige Luggage

	Declaração			
	Ano 1	Ano 2	Ano 3	Ano 4
Receita de vendas (milhares)	$14.360	$18.320	$23.500	$30.100
Vendas unitárias (milhares)	85	115	159	213
Participação de mercado (unidade)	14%	17%	21%	26%
Margem bruta	53%	53%	52%	52%
Marketing	$1.600	$2.143	$2.769	$3.755
Lucro	$4.011	$5.317	$7.051	$9.227
RSV	27,9%	29,0%	30,0%	30,7%
Marketing/vendas	11,1%	11,7%	11,8%	12,5%

Uso de raios X das métricas de marketing

Vamos olhar melhor o que está acontecendo com a Prestige Luggage examinando seus clientes de varejo. Quando o fizermos, teremos uma visão melhor dos mecanismos de marketing que respondem pelos números aparentemente satisfatórios na Tabela 11.5.

A Tabela 11.6 (veja a Seção 6.6 para medidas de distribuição) mostra que o crescimento das vendas da Prestige Luggage provém de duas fontes: a ampliação do número de lojas que oferecem a marca e um aumento (mais de quatro vezes) nas promoções de preços. No entanto, há várias lojas que não oferecem a marca. Portanto, deve haver espaço para crescer.

Tabela 11.6 Métricas de marketing e de canal da Prestige Luggage

	Ano 1	Ano 2	Ano 3	Ano 4
Venda em Dólares no Varejo (Milhares)	$24.384	$27.577	$33.067	$44.254
Vendas Unitárias no Varejo (Milhares)	87	103	132	183
Número de lojas que oferecem a marca	300	450	650	900
Variação para preço *premium*	30,0%	22,3%	15,1%	8,9%
Distribuição de VTP[2]	30%	40%	48%	60%
% Vendas na Transação	10%	13%	20%	38%
Despesas com propaganda (milhares)	$700	$693	$707	$721
Despesas com promoção (Milhares)	$500	$750	$1.163	$2.034

A Tabela 11.7 revela que, apesar do aumento nas vendas, esse número não acompanha a quantidade de lojas que oferecem a marca. (As vendas por loja de varejo estão diminuindo). Além disso, os preços promocionais do fabricante parecem estar incentivando o crescimento dos estoques de algumas lojas. Em breve, os varejistas poderão ficar contrariados com o considerável declínio do retorno de margem bruta do investimento em estoques (RMBIE). *As vendas futuras podem continuar a diminuir ainda mais e colocar pressão sobre as margens do varejo.* Se a insatisfação dos varejistas fizer com que alguns deles abandonem a marca, as vendas do fabricante terão uma queda vertiginosa.

Além disso, a ampliação da distribuição e o aumento de vendas na transação sugerem uma possível mudança no modo como os clientes potenciais percebem a imagem anteriormente exclusiva da marca Prestige Luggage. A empresa poderia solicitar outro conjunto de raios X para ver se e como as atitudes dos clientes mudaram em relação à marca. Novamente, se essas mudanças ocorreram em função do *design*, então, talvez a Prestige Luggage esteja bem. Caso contrário, a Prestige Luggage deve se preocupar com um possível fracasso da estratégia estabelecida. Acrescente a isso a possibilidade de que alguns varejistas estejam usando grandes descontos para queimar estoque depois de abandonar a marca e subitamente a Prestige Luggage se depara com um ciclo vicioso do qual poderá jamais se recuperar.

Algumas coisas não se podem resolver e esse exemplo é uma delas. A empresa verdadeira foi "inflada" com uma série de promoções de preços, a distribuição foi ampliada e as vendas cresceram rapidamente. Pouco depois de comprada por outra empresa que queria acrescentar produtos de luxo em seu portfólio de marcas, a estratégia se desfez. Muitas lojas abandonaram a linha e levou anos até que se reconstruíssem a marca e as vendas.

Esses dois exemplos ilustram a importância de examinar com cuidado as declarações financeiras utilizando ferramentas como os raios X de marketing. Os números, isoladamente, são uma parte da resposta. A capacidade de ver padrões e significados por trás das cifras é ainda mais importante.

Tabela 11.7 Métricas de lucratividade no varejo do fabricante de artigos de viagem

	Ano 1	Ano 2	Ano 3	Ano 4
Margem no Varejo ($)	$9.754	$11.169	$13.557	$18.366
Margem no Varejo (%)	40%	41%	41%	42%
Estoque no Varejo (Milhares)	15	27	54	84
Estoque por Loja	50	60	83	93
Vendas/loja (milhares)	$81	$61	$51	$49
Lojas por ponto de distribuição (%)	10	11	14	15
MBRIE	385%	260%	170%	155%

Fumando mais, mas apreciando menos?

A Tabela 11.8 mostra métricas de marketing relatadas por uma grande empresa de bens de consumo com o objetivo de analisar as tendências na concorrência com marcas de desconto. O mercado em declínio, a participação de mercado estagnada e a crescente participação das marcas de desconto no resultado da empresa pintavam um quadro funesto. Havia a substituição de vendas *premium* por vendas de marcas de desconto. Para culminar, os orçamentos de propaganda e promoção tinham quase duplicado. Nas palavras de Erv Shames, professor da Darden, seria fácil concluir que os profissionais de marketing tinham "ficado sem ideias" e estavam recorrendo ao mais grosseiro dos instrumentos: o preço.

No entanto, após examinarmos as métricas na Tabela 11.9, o quadro parece bem mais promissor. Descobre-se que, nos mesmos cinco anos em que as marcas de desconto ganharam importância, a receita de vendas e o lucro operacional cresceram mais de 50%. A razão é clara: os preços quase duplicaram, apesar de uma grande parte desses aumentos de preços terem sido "descontados" por meio de promoções. Em geral, o impacto sobre a base da empresa foi positivo.

Agora você pode estar pensando que as mensagens na Tabela 11.9 são tão óbvias que ninguém jamais acharia que as métricas da Tabela 11.8 fossem tão preocupan-

Tabela 11.8 Tendências de mercado para marcas de desconto e despesas da Big Tobacco Company

Ano	1987	1992
Tamanho do mercado (unidades)	4.000	3.850
Participação unitária da empresa	25%	24%
Vendas unitárias	1000	924
Unidades de marca premium	925	774
Unidades de marca de desconto	75	150
Gastos com propaganda e promoção	$600	$1.225

Tabela 11.9 Métricas adicionais

Ano	1987	1992
Receita (milhares)	$1.455	$2.237
Preço unitário médio	$1,46	$2,42
Preço premium médio	$1,50	$2,60
Preço de descontos médio	$0,90	$1,50
Lucro de operação (milhares)	$355	$550

tes quanto as fizemos parecer. De fato, nossa experiência no ensino de um caso que contenha todas essas métricas é a de que profissionais experientes do mundo inteiro tendem a concentrar-se nas métricas da Tabela 11.8 e prestar pouca ou nenhuma atenção nas métricas adicionais – mesmo quando a estas se confere o mesmo grau de importância.

A situação descrita pelas duas tabelas retrata bem as condições reais de mercado um pouco antes da famosa "Sexta-Feira do Marlboro". A alta administração tomou providências porque estava preocupada que os aumentos de preços tão interessantes em 1992 não seriam sustentáveis, pois os preços *premium* deram às marcas de desconto concorrentes mais margem para redução de preços. No que posteriormente ficou conhecido como "Sexta-Feita do Marlboro", em 2 de abril de 1993, a Phillip Morris reduziu os preços do Marlboro para $0,40 por maço, diminuindo os ganhos operacionais em quase 40%. O preço de estoque caiu 25%.

Observe nesse exemplo o contraste com o exemplo anterior. A Prestige Luggage estava aumentando os gastos com promoção para ampliar a distribuição. Os preços estavam caindo enquanto a promoção aumentava – um sinal ameaçador. Já o Marlboro estava constantemente elevando o preço e depois fazendo descontos – uma estratégia bem diferente.

Painéis de métricas

A apresentação de métricas na forma de "painéis" tem recebido atenção substancial nos últimos anos. Aparentemente a forma de apresentar dados complexos pode influenciar a capacidade dos gestores em reconhecer os principais padrões e tendências. Um painel, descrição gráfica das mesmas informações, tornaria mais fácil para os gestores a percepção de tendências desfavoráveis?

A metáfora de um painel de automóvel é adequada porque há inúmeras métricas que podem ser usadas para avaliar a operação de um carro. O painel deve oferecer um *conjunto reduzido* das *medidas vitais* de uma forma que seja *fácil para o operador interpretá-lo e utilizá-lo*. Infelizmente, embora todos os automóveis tenham as mesmas métricas, elas não são as mesmas para todos os tipos de negócios. O conjunto de medidas adequadas e importantes pode diferir entre empresas.

A Figura 11.1 apresenta um painel de cinco medidas críticas no decorrer do tempo. Elas revelam forte crescimento de vendas enquanto as margens são mantidas, apesar dessa venda ser de itens menos caros. De modo perturbador, no entanto, os retornos para o varejista (MBRIE) caíram vertiginosamente enquanto os estoques das lojas aumentaram. As vendas por loja caíram de forma parecida. O preço *premium* que a Prestige Luggage pode colocar caiu e a venda passou a ser mais promocional. Esse quadro deveria servir de aviso para a empresa e aumentar sua preocupação quanto à capacidade de manter a distribuição.

Receita e margens

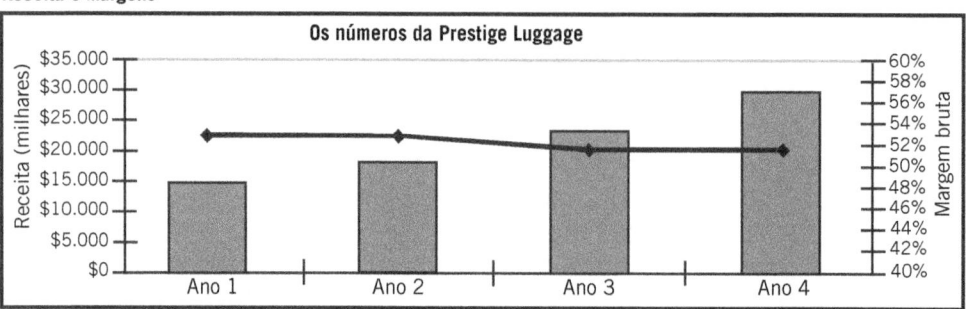

Os números da Prestige Luggage

(Gráfico de barras mostrando Receita em milhares e linha de Margem bruta nos Anos 1 a 4: receita crescente de ~$15.000 para ~$30.000; margem bruta quase constante em torno de 52%.)

As métricas financeiras parecem favoráveis; a receita mostra crescimento, enquanto as margens permanecem quase inalteradas.

Preços do fabricante em relação aos preços das lojas

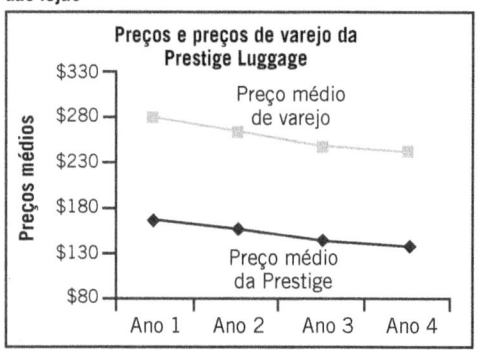

Preços e preços de varejo da Prestige Luggage

(Gráfico de linhas com Preço médio de varejo caindo de ~$280 para ~$250, e Preço médio da Prestige caindo de ~$165 para ~$135, ao longo dos Anos 1 a 4.)

A Prestige Luggage está vendendo itens mais baratos.

Estoque nas lojas RMBIE

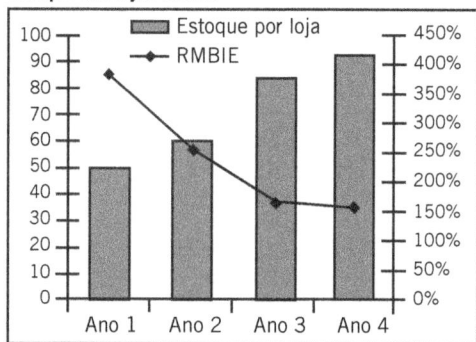

(Gráfico de barras de Estoque por loja crescendo de 50 a ~92, e linha RMBIE caindo de ~400% para ~150% ao longo dos Anos 1 a 4.)

A Prestige Luggage está produzindo retornos menores para o varejista.

Distribuição

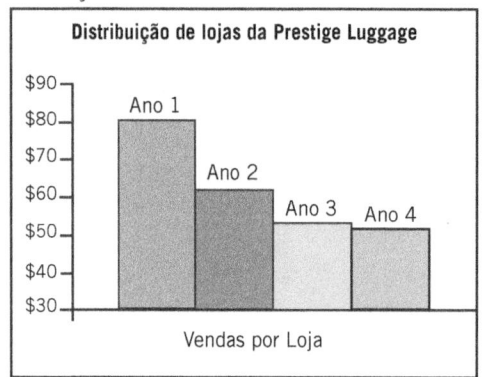

Distribuição de lojas da Prestige Luggage

(Gráfico de barras de Vendas por Loja: Ano 1 ~$81, Ano 2 ~$62, Ano 3 ~$53, Ano 4 ~$52.)

Vendas estão se dirigindo para lojas menores.

Preços e promoções

Preços e promoções da Prestige Luggage

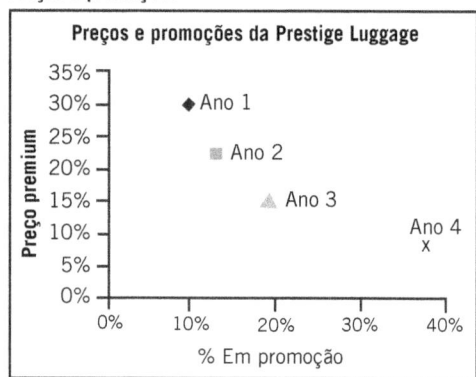

(Gráfico de dispersão do Preço premium vs. % Em promoção: Ano 1 (~5%, 30%), Ano 2 (~12%, 22%), Ano 3 (~22%, 15%), Ano 4 (~37%, 9%).)

A Prestige Luggage está se baseando em promoções.

Figura 11.1 Prestige Luggage: painel de gerenciamento de marketing.

Resumo: métricas de marketing + métricas financeiras = maior compreensão

Painéis, quadros e o que aqui chamamos de "raios X" são conjuntos de métricas financeiras e de marketing que os gestores acreditam importantes para a saúde da empresa. Os painéis destinam-se a aprofundar a compreensão do marketing sobre a empresa. Há muitas métricas específicas que podem ser consideradas importantes ou até mesmo críticas em qualquer contexto de marketing. Não cremos ser possível oferecer conselhos certeiros sobre quais métricas são mais importantes ou quais decisões administrativas dependem dos valores e tendências de determinadas métricas. Essas recomendações seriam do tipo "se, então", como: "se a participação relativa for maior do que 1,0 e o crescimento de mercado for maior do que a mudança no PIB, então deve-se investir mais em propaganda". Apesar de esse conselho ser válido em muitas circunstâncias, nossos objetivos são mais modestos – simplesmente fornecer um recurso para que os profissionais de marketing adquiram maior compreensão da diversidade de métricas existentes.

Nossos exemplos, Boom *versus* Cruise, Prestige Luggage e Big Tobacco, mostraram como determinadas métricas de marketing podem levar a percepções mais aprofundadas sobre o futuro financeiro das empresas. Em situações como essas, é importante que uma gama completa de métricas financeiras e de marketing contribua com informações para as decisões. O exame de todo um conjunto de raios X não torna as decisões necessariamente mais fáceis (o exemplo da Big Tobacco é debatido por observadores experientes até hoje!), mas realmente auxilia a garantir um diagnóstico mais abrangente.

Referências e leituras sugeridas

Ambler, Tim, Flora Kokkinaki, and Stefano Puntonni (2004). "Assessing Marketing Performance: Reason for Metric Selection," *Journal of Marketing Management,* 20, pp.475–498.

McGovern, Gail, David Court, John A. Quelch, and Blair Crawford (2004). "Bringing Customers into the Boardroom," *Harvard Business Review,* november, pp. 1–10.

Meyer, C. (1994). "How the Right Measures Help Teams Excel," *Harvard Business Review.* 72(3), 95.

Capítulo 12

Sistema de métricas

Existem três tipos de economistas: os que sabem contar e os que não sabem.
— Anônimo

Modelando o desempenho da empresa

Para compreender melhor os fatores que contribuem para o sucesso da empresa, gestores e analistas costumam decompor o retorno sobre ativos (RSA) no produto de dois quocientes, cada um deles refletindo um aspecto diferente do negócio. Uma abordagem popular para esta decomposição é o Modelo da DuPont.

$$RSA = \frac{\text{Lucro Líquido}}{\text{Vendas}} * \frac{\text{Vendas}}{\text{Ativos}}$$

O primeiro quociente neste modelo simplificado DuPont é chamado de margem de lucro ou retorno sobre vendas. Ele mede até que ponto cada dólar de vendas é lucrativo. A partir do momento em que criam produtos que os clientes valorizam, que reivindicam esse valor com uma precificação inteligente, reduzem custos ao prestar atenção a custos de produção e de canal e otimizam seus gastos em marketing, os profissionais de marketing podem aumentar o retorno sobre vendas. O segundo quociente no Modelo DuPont é conhecido como volume de ativos. Pode-se pensar no volume de ativos como a quantidade de dólares de vendas que cada dólar de ativos gera. Aqui o trabalho dos profissionais de marketing é ainda mais concentrado – na geração de dólares de vendas, mas voltado para gerenciar ativos como estoque e recebíveis capturados no denominador.

Observe que o Modelo DuPont é uma identidade.[1] É sempre verdade, não importa os valores que os diversos quocientes assumam. É sempre verdade principalmente porque definimos os quocientes de forma a torná-los sempre verdadeiros. Então não faz sentido argumentar com o Modelo DuPont ou se ressentir dele.

Mas se for simplesmente uma equação verdadeira por definição, qual é sua vantagem?

É útil até o ponto em que a decomposição do RSA em dois quocientes que o compõem ajuda as firmas a maximizarem o RSA ao se concentrarem (separadamente) nos dois componentes. Também é útil no sentido de lembrar os profissionais de marketing que seu trabalho não é simplesmente gerar vendas, mas gerar vendas lucrativas e fazer isso de maneira eficiente (no que diz respeito a ativos usados).

O Modelo DuPont demonstrou sua utilidade na prática. Uma busca no Google localizou 4,4 milhões de resultados para "Modelo DuPont" em comparação com 2,9 milhões de resultados para a "DuPont Chemicals." Em alguns círculos, agora a empresa é mais famosa pelo seu modelo do que pelos seus produtos químicos.

A Figura 12.1 ilustra como o Modelo DuPont costuma ser ampliado para incluir componentes que afetam os dois quocientes de insumos.

Observe que as três colunas da direita na Figura 12.1 representam o Modelo DuPont. As duas colunas da esquerda representam um método específico de decompor o lucro líquido e os ativos totais em componentes menores. Nosso propósito aqui não é criticar a representação anterior dos componentes de desempenho de uma empresa, mas simplesmente oferecer algumas observações. Em primeiro lugar, observamos que a maioria

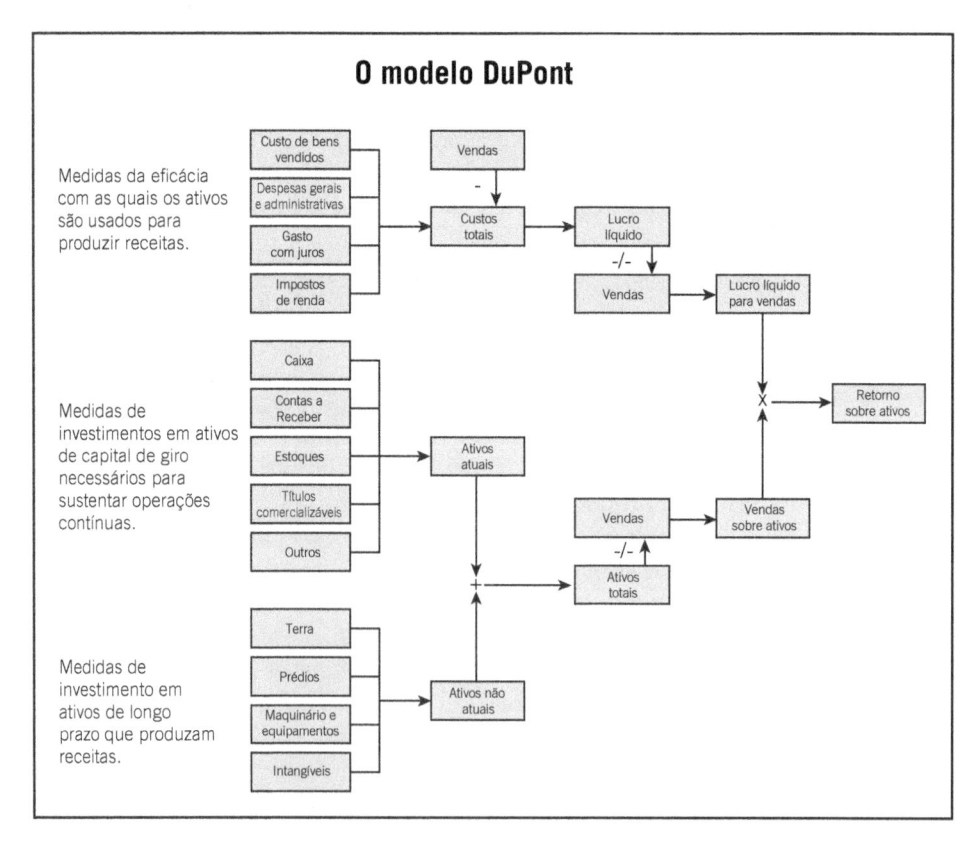

Figura 12.1 Um Modelo DuPont ampliado (adaptado de http://www.12manage.com/methods_dupont_model.html)

dos leitores deve conhecer as decomposições dos custos totais, ativos atuais e ativos não atuais. As categorias de componentes usados são consistentes com o que se encontra sobre demonstrativos de renda (onde aparece o custo total) e balanços gerais (onde aparecem os ativos totais). Em segundo lugar, observamos que os ativos que o marketing cria (relacionamentos de marcas e clientes, por exemplo) são combinados como intangíveis sinalizando que eles são difíceis de mensurar (com o que concordamos) e talvez uma reflexão posterior ou categoria de "outros" (com o que não concordamos).

Finalmente e de maneira mais importante, nós observamos que apesar de o custo total, os ativos atuais e os ativos não atuais serem decompostos em componentes menores e bem-compreendidos, isso não ocorre com as vendas. É como se *custos* e *ativos* mereçam bastante atenção, mas os componentes das vendas não mereçam. Talvez isto não seja surpreendente, uma vez que este modelo específico foi projetado por executivos das áreas financeira e contábil. No entanto, como profissionais de marketing boa parte do nosso foco está em como as vendas são geradas É claro que também nos preocupamos com a utilização de custos e ativos, mas nos preocupamos mais com vendas e seus componentes. A Figura 12.1 reflete o foco para dentro de uma empresa cujo sucesso dependeu de fazer coisas, minimizar custos e usar os ativos de maneira eficiente.

Para as empresas atuais, cujo sucesso depende tanto do marketing e das vendas quanto da produção, precisamos de um modelo diferente. Precisamos do nosso próprio "Modelo DuPont", com a mesma quantidade de detalhes e clareza para decompor os componentes das vendas da mesma maneira que as decomposições comumente utilizadas de custos e ativos.

É claro que, à medida que começamos a pensar sobre *como* decompor as vendas nos seus componentes, nós rapidamente compreendemos porque não existe nenhuma decomposição comumente utilizada ao longo de tipos diferentes de negócios. Como todos os profissionais de marketing sabem, existem diversas maneiras de decompor as vendas simplesmente porque várias entidades (a maioria delas fora da empresa) estão envolvidas na criação de receita: força de vendas, clientes, negociantes e até mesmo a nossa concorrência.

Com diversas maneiras inteligentes de decompor as vendas, não é surpreendente que não exista uma maneira comumente aceita.

Para ilustrar, a Figura 12.2 mostra quatro (de várias) maneiras separadas e válidas para decompor as vendas em componentes menores.

- VENDAS = Quantidade de vendedores * Média de vendas/Vendedores
- VENDAS = Quantidade de negociantes VTP% * Média de vendas por negociante VTP%
- VENDAS = Nossa Participação em Dólares * Total Vendas do Mercado
- VENDAS = Quantidade de clientes * Vendas por cliente

Da mesma maneira que com o Modelo DuPont, cada uma das quatro maneiras de computar as vendas é uma identidade. As vendas sempre serão iguais à quantidade de clientes vezes a média de vendas por cliente. Mas apesar de serem identidades, elas ainda podem levar a *insights* valiosos, como tentaremos demonstrar.

Também observamos que há outras maneiras de decompor as vendas. A Figura 12.2 simplesmente ilustra quatro maneiras. Saiba também que o anel externo

```
                    Quantidade
                    de negociantes
                    VTP%
Quantidade
de vendedores
                                      Média de
                                      vendas por
Média de                              negociante VTP%
vendas/vendedor
                      Vendas
                                      Nossa
Quantidade                            participação
de clientes                           em dólares

          Vendas por          Vendas no
          cliente             mercado
```

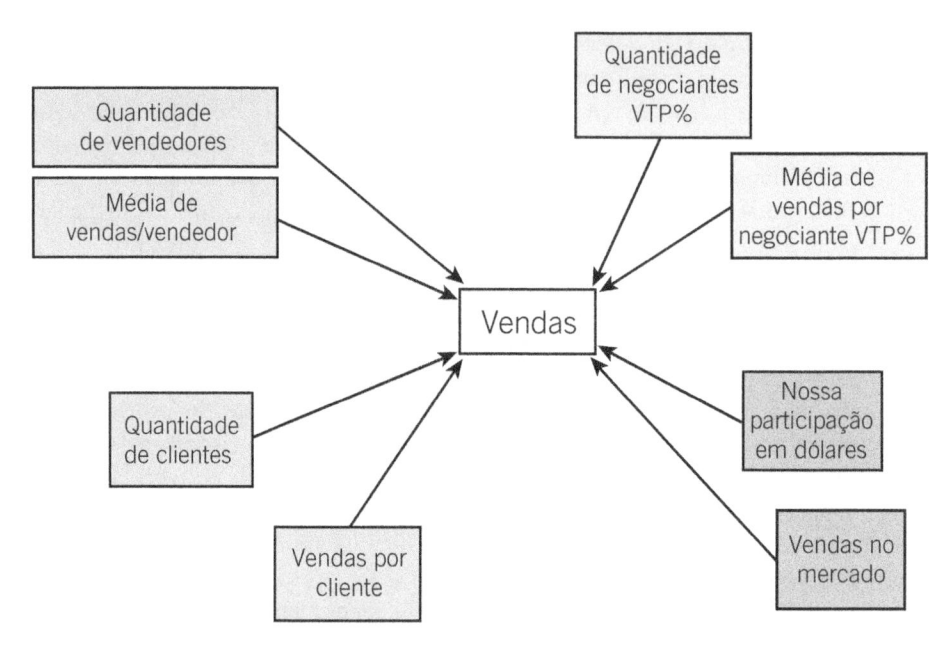

Figura 12.2 Um modelo de vendas.

de componentes de vendas na Figura 12.2 pode ele próprio ser decomposto. Por exemplo: As Vendas por Cliente podem ser calculadas como Compras por Cliente (por período) * Média de Vendas por Compra. E não é surpreendente que haverá várias maneiras de decompor cada um dos componentes do anel externo. Por exemplo, as Vendas por Cliente também podem ser decompostas em Unidades Compradas por Cliente * Média de Preço por Unidade. A decomposição dos componentes das vendas pode ser considerada na expansão do diagrama na Figura 12.2 para fora. Também podemos pensar em expandir o modelo "para cima" com páginas (decomposições) separadas para cada produto ou cada grupo de clientes ou cada vendedor.

Três razões para usar sistemas de identidades em marketing

Existem três razões principais para formular modelos de componentes de marketing das suas decisões e objetivos semelhantes ao da DuPont:

1. Decompor a métrica de interesse em componentes pode tornar possível identificar problemas e oportunidades para melhora de maneira mais detalhada. Por exemplo, a participação de mercado teve uma queda porque as nossas vendas caíram ou porque as vendas dos concorrentes aumentaram? Se as nossas vendas caíram, isso ocorreu em função de menos clientes comprarem, vendas unitárias menores por cliente, média de preços menor, ou alguma combinação? A decomposição também pode ajudar ao separar identidades

de relacionamentos empíricos. Apesar de as identidades serem fáceis (apenas aritmética), os relacionamentos empíricos exigem juízos difíceis sobre a forma do relacionamento, causalidade e o futuro.

2. A decomposição de métricas também pode nos permitir estimarmos, indiretamente, outras métricas de componentes difíceis de medir diretamente. Usar identidades múltiplas pode ajudar a eliminar o erro de mensuração com diversas "verificações" em relação ao valor de qualquer métrica específica. Da mesma maneira, as métricas individuais de marketing podem ser vistas como parte de uma rede ou "teia" de relacionamentos. Se cada link na rede for válido, mesmo que valores individuais sejam estimados com erro, toda a estrutura ficará mais robusta.

3. Selecionar e organizar a rede certa de métricas de marketing costuma ajudar a formular modelos de decisões de *mix* de marketing. Da mesma maneira que o Modelo da DuPont, usar modelos com componentes provisórios pode tornar esses modelos e painéis mais transparentes em termos administrativos e ajudar os gerentes a tomarem decisões e monitorarem seus efeitos.

Decompor para fins de diagnóstico

Conforme mencionado anteriormente, um propósito principal para usar uma ou mais identidades para decompor qualquer métrica de marketing de interesse é obter uma compreensão mais profunda (ou pelo menos uma perspectiva diferente) sobre as razões para as mudanças e diferenças observadas. Apesar de as identidades poderem ser desenvolvidas com o objetivo de compreender as fontes de mudanças e diferenças, elas não requerem calibração ou avaliação. Elas são verdadeiras por definição e nós as indicaremos com um (ID).

Um exemplo de uma identidade é o relacionamento entre Vendas, Quantidade e Preço:

$$\text{Vendas} = \text{Quantidade} * \text{Preço (ID)}$$

Esta identidade nos diz que as Vendas caem sempre que a quantidade diminuir (em termos percentuais) mais do que o preço aumentar. Se presenciarmos uma queda nas vendas, a identidade nos ajuda a ver, primeiro, se a queda ocorreu em função da queda da quantidade ou do preço ou das duas coisas juntas. E depois ela nos ajuda a compreender que se a quantidade caiu, o preço aumentou, mas as vendas caíram, essa quantidade deve ter caído por um percentual maior do que o do aumento do preço.

Em contraste com identidades estão relacionamentos empíricos – relacionamentos entre variáveis para os quais a equação exata não é conhecida e/ou para os quais o relacionamento só é verdadeiro de maneira imperfeita. Os relacionamentos empíricos são necessários, por exemplo, para nos ajudar a decidir se devemos aumentar ou diminuir os preços. Nós indicamos estes com um (EM). Por exemplo, podemos considerar que o relacionamento entre quantidade vendida seja uma função direta e linear do preço cobrado:

$$\text{Quantidade} = b * \text{Preço} + \text{erro (EM)}$$

Este relacionamento empírico entre quantidade e preço necessariamente contém um erro para ser responsável por medir preço ou quantidade de maneira imperfeita ou influências sobre a quantidade vendida que não o preço (os preços dos nossos concorrentes, por exemplo). Observe também que o parâmetro "b" neste relacionamento empírico é, ele próprio, uma variável. Trata-se de uma constante desconhecida – uma que poderemos, por exemplo, conseguir estimar a partir dos dados disponíveis. Mas uma das principais diferenças entre identidades (ID) e relacionamentos empíricos (EM) é que estes últimos são mais flexíveis. Eles se aplicam às perguntas difíceis e importantes como "quantas unidades a mais nós venderemos se reduzirmos o preço em $1?"

Painéis de métricas costumam refletir uma lógica gerencial oculta sobre como o marketing funciona para influenciar as vendas e os lucros. Painéis incluem tanto identidades quanto relacionamentos empíricos. Conforme ilustrado na Figura 12.2, as vendas podem ser decompostas de várias maneiras. Alguns dos seus componentes podem eles próprios ser decompostos usando uma ou mais identidades. Cada empresa precisa identificar suas principais medidas de desempenho. É isto que deve aparecer nos seus painéis. Deve haver a capacidade de se aprofundar em cada uma destas medidas de desempenho (usando identidades) para diagnosticar e explicar mudanças ao longo do tempo. Mas para que os paineis sejam mais do que apenas dispositivos de monitoramento, nós devemos ter alguma ideia de ligações causais (pise no freio para diminuir a velocidade do veículo, pise no acelerador para fazê-lo andar mais rápido). Em pouco tempo elas podem se tornar complicadas à medida que começamos a levar em consideração os múltiplos efeitos de algumas das variáveis, por exemplo, pise no acelerador para fazer o carro andar mais rápido e o nível de combustível diminuirá. Às vezes nós também precisamos de um sistema de métricas para nos ajudar a inferirmos (ou prevermos) valores difíceis de medir diretamente (por exemplo, quanto mais nós podemos dirigir antes do tanque de gasolina ficar vazio)?

Eliminar o erro ao aproveitar a lei dos grandes números (e não tão grandes)

Existe a estória clássica do professor de física cuja prova final pedia que os alunos explicassem como usar um barômetro para medir a altura de um prédio. Além da resposta "óbvia" de medir as pressões atmosféricas em cima e em baixo do prédio e usar a diferença para calcular a altura do prédio, o professor supostamente recebeu várias outras respostas criativas. Jogue o barômetro de cima do prédio, cronometre quanto tempo leva para bater no chão e use a fórmula adequada da física para inferir a altura. Amarre o barômetro a um barbante, desça ele até o chão e meça o tamanho do barbante. Meça o tamanho da sombra feita pelo prédio, o tamanho da sombra feita pelo barômetro, a altura do barômetro e use proporções para calcular a altura do prédio. De longe a solução mais criativa supostamente oferecida foi bater na porta do zelador do prédio e oferecer de dar-lhe o barômetro em troca de ele revelar a altura do prédio.

As diversas maneiras de calcular as vendas mostradas na Figura 12.2 são semelhantes às diversas maneiras que os alunos inventaram para medirem a altura do prédio. Em vez de discutir sobre qual é o único método a ser usado, nós propomos uma forma de usar todos eles. Quando se está diante de um dilema sobre qual entre dois métodos usar, por que não usar os dois? Para o problema do barômetro, por que não usar vários métodos diferentes e depois combinar as várias estimativas numa estimativa final – talvez fazendo alguma coisa tão simples quanto pegar a média das estimativas. Se quiséssemos fazer um pouco melhor, nós poderíamos calcular uma média ponderada com os pesos dependendo de alguma medida de até que ponto cada estimativa foi "precisa". Nós poderíamos atribuir um peso maior à estimativa baseada no barbante e menos à estimativa obtida cronometrando a queda do barômetro se achássemos que nosso relógio e o vento tornassem a estimativa baseada na cronometragem menos precisa. O peso relativo a ser dado à estimativa do zelador dependeria da nossa confiança na estimativa. Se o zelador afirmar que "sabe" a altura, nós devemos atribuir um peso maior do que se ele admitir que o número é, até certo ponto, uma suposição.

Usar a média das estimativas em vez de qualquer uma das estimativas isoladamente se beneficia da lei de números grandes (e não tão grandes). Espera-se que a média fique mais próxima do valor real e fique tão mais próxima quanto mais estimativas tenhamos para incluir na média. Idealmente queremos estimativas "independentes" como pode ser o caso com o exemplo do barômetro (a não ser, é claro, que o zelador chegasse ao seu número usando o método do barbante).

No exemplo do barômetro, nós estávamos interessados principalmente em medir a altura do prédio. No nosso exemplo, os profissionais de marketing provavelmente estejam tão interessados nos componentes da medida quanto nós estamos em medir a própria venda. Com efeito, a firma costuma ter um bom controle das vendas e gostaria de ter uma medida melhor de alguns dos componentes como a participação ou as vendas por cliente ou qualquer outra métrica no anel externo ou mais externo. Em casos extremos, a firma pode ter que separar a medida de um dos componentes e terá que "voltar a ela" de acordo com as medidas de todos os outros. (No exemplo do barômetro, use a altura do prédio e o tamanho da sombra do barômetro para estimar o tamanho da sombra do prédio – para medir a que distância o prédio está, por exemplo, sem precisar se deslocar até o prédio).

O que isto significa é que toda estimativa inicial (e o desvio-padrão associado com ela) será combinada para determinar nossas estimativas finais. Nossa estimativa do tamanho do barbante será usada para ajudar a revisar nossa estimativa do tempo que levou para o barômetro cair no chão e o tamanho da sombra do prédio e vice-versa. Nós achamos que é fácil de ver que quanto mais estimativas e identidades separadas tivermos no modelo, mas confiantes ficaremos na estimativa final.

Enquanto o adágio do carpinteiro é medir duas vezes e cortar uma vez, aqui é preciso medir várias vezes e de várias maneiras e juntar todas elas de uma forma sistemática e lógica. Use não apenas um quadrado para verificar um ângulo reto, meça também 1 metro de cada lado e verifique quanto mede a diagonal. Essa é a ideia por trás do processo proposto para dar uma sintonia fina a um sistema de métricas de marketing. (Veja o Apêndice 1 no final deste capítulo para um exemplo numérico).

Usar identidades para estimar métricas difíceis de medir diretamente

A decomposição envolve descobrir como computar alguma coisa muito incerta a partir de outras coisas muito menos incertas ou pelo menos mais fáceis de medir. (Hubbard, 2007).

Modelos de marketing muitas vezes podem usar nossa capacidade de inferir variáveis que faltam através da construção da identidade adequada. Em primeiro lugar, vamos pegar um exemplo do mundo físico e usar isso para fazer um paralelo com problemas de marketing. Se você quisesse calcular diretamente a profundidade média da sua piscina local, isso envolveria uma série de mensurações complicadas e difíceis (ou medir a profundidade repetidamente ao se movimentar pelo comprimento e pela largura da piscina ou de alguma forma capturar a curva do fundo com uma forma funcional e usar cálculo e álgebra). Um método indireto pode ser mais fácil. Registrar o volume de água necessário para encher a piscina e dividir pela área da sua superfície.

Os profissionais de marketing também costumam se interessar em estimarem os valores concebivelmente mensuráveis diretamente, ainda que isso possa ser estimado de maneira mais eficiente a partir de combinações de outras métricas. Um exemplo é a Participação nos Gastos da Categoria em dólares ou unidades. Medir isto diretamente exigiria um banco de dados de compras dos clientes que incluísse as compras da sua própria firma e todas as outras compras na mesma categoria. Além disso, os clientes incluídos no banco de dados teriam que ser representativos de toda a categoria ou ponderados de maneira adequada. Em vez de uma medida direta, os profissionais de marketing poderão achar mais fácil e mais eficiente estimar a participação nos gastos da categoria a partir da equação incluída nas Seções 2.3 e 2.5:

$$\text{Participação nos gastos da categoria} = \frac{\text{Participação de mercado (\%)}}{\text{(Participação de penetração (dólares ou unidades))} * \text{(Índice de intensidade de consumo (dólares ou unidades))}}$$

As três últimas variáveis podem ser diretamente mensuráveis a partir de vendas relatadas, de uma contagem de clientes conhecidos e de uma estimativa do grau em que os próprios clientes usam a categoria. É claro que métrica estimada nesta maneira é uma média e não explicará a variação no comportamento de fidelidade do cliente representada pela métrica.

Modelos de mix de marketing – monitorar relacionamentos entre decisões e objetivos de marketing

Conforme Neil Borden, criador do termo "*mix* de marketing" observou há meio século, "várias características do ambiente de marketing tornam difícil de prever e controlar o efeito de ações de marketing".[2] Um sistema de identidades de marketing pode ajudar com este problema ao fornecer modelos e estruturas integrados para monitorar os resultados de decisões de marketing. Os modelos de marketing devem compensar frequentemente abrangência com compreensibilidade; plenitude com simplicidade.

As complexidades incluem as seguintes: Em primeiro lugar, várias ações potenciais de marketing podem afetar as vendas e os lucros. Estas ações potenciais incluem a formação de preços, promoção de preços, publicidade, venda pessoal e mudanças de distribuição, para mencionar apenas algumas. Em segundo lugar, os efeitos de qualquer uma destas ações sobre as vendas, até mesmo mantendo todas as outras ações iguais, costumam ser não lineares. A infame curva S é um exemplo desta ausência de linearidade (um pouco de propaganda não produz efeito, um tanto a mais estimula as vendas e em algum ponto a eficácia diminui e desaparece totalmente). Em terceiro lugar, os efeitos de uma decisão de marketing costumam depender de outras decisões de marketing. Por exemplo, os efeitos da propaganda sobre as vendas dependem não apenas do design do produto, mas também do preço e da disponibilidade do produto. Em quarto lugar, também existem efeitos de "feedback" e defasados no marketing. Ao longo do tempo, nossos investimentos em propaganda poderão desenvolver valor de marca que permita que a nossa marca tenha preços maiores. Ou, se os concorrentes apresentarem um produto melhor e as vendas caírem até o ponto em que os vendedores estejam ganhando muito pouco, os mesmos vendedores podem pedir demissão ou gastar menos tempo numa linha de produto específica, fazendo as vendas caírem novamente. A complexidade potencial resultante de se especificar vários elementos de *mix* de marketing, não linearidades de efeitos, interações entre elementos, efeitos defasados e de *feedback* e comportamento competitivo é entorpecente. Além disso, estas complexidades potenciais parecem estar limitadas apenas pela imaginação – e os profissionais de marketing são (por definição?) criativos! Nós afirmamos que simplesmente não é possível capturar todas estas complexidades com qualquer modelo empírico.

Diante desse potencial para complexidade, é importante que os profissionais de marketing encontrem abordagens que os ajudarão, segundo Arnold Zellner, a manter a coisa de maneira sofisticadamente simples.[3] A seleção cuidadosa de modelos de métricas de marketing desenvolvidos em torno de poucas identidades importantes tem vários benefícios. Um deles é que eles nos permitem especificar as interações mais importantes e os *loops* de interações e *feedback* no nível de identidades estruturais de relacionamentos empíricos.

Vamos começar distinguindo entre decisões (ações) de marketing, objetivos (por exemplo, lucros) e métricas que nos ajudam a compreender as ligações. Um modelo simples de *mix* de marketing pode ser o seguinte: lucros = f (preço unitário, propaganda, força de vendas e promoção comercial), que se traduz como lucros são uma função do preço unitário, da propaganda, da força de vendas e da promoção comercial (veja a Figura 12.3).

Muitos profissionais de marketing rejeitariam o modelo na Figura 12.3 alegando que ele não é suficientemente detalhado no que diz respeito aos múltiplos efeitos de decisões de *mix* de marketing. Um aumento de $1 no preço unitário, por exemplo, resultaria num aumento de $1 na margem unitária, provavelmente, diminuindo as vendas unitárias. Estimar o relacionamento empírico entre preço unitário e vendas unitárias separadamente e depois usar identidades envolvendo preço unitário, custo unitário e vendas unitárias para calcular o lucro bruto (conforme ilustrado na Figura

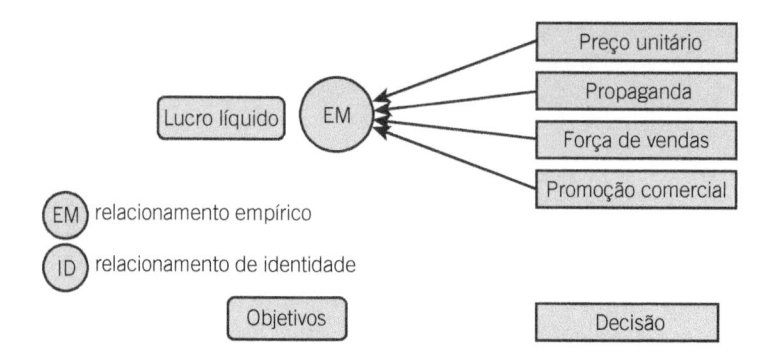

Figura 12.3 Relacionamentos empíricos entre decisões e objetivos de marketing.

12.4), costuma ser preferido. Portanto, nós separamos o que pode ser calculado (usando uma identidade) do que *precisa* ser estimado (usando um relacionamento empírico). De maneira semelhante, conhecer o efeito causal da publicidade, da força de vendas e da promoção comercial sobre vendas unitárias permite que o profissional de marketing calcule o efeito sobre os lucros e determine se um aumento ou uma queda se justifica (veja a Figura 12.4). A utilidade está na suposição de que conseguiremos compreender melhor os efeitos do *mix* de marketing separando aqueles que precisam ser estimados de maneira empírica de outros governados por identidades contábeis.

Modelos de *mix* de marketing são usados para estimar os efeitos de alavancas de marketing sobre objetivos de marketing e tomar decisões sobre como alocar recursos.

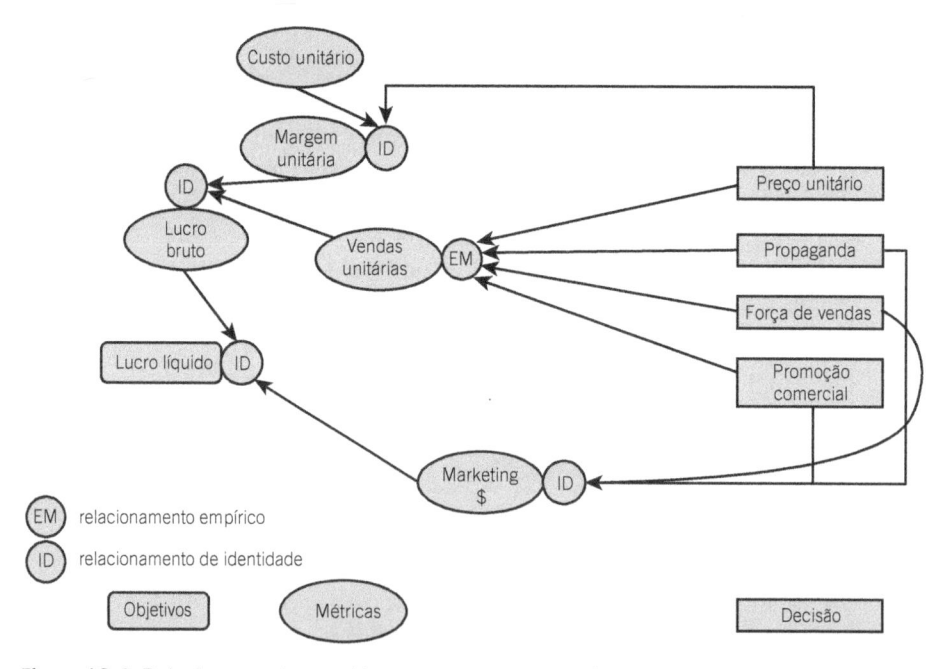

Figura 12.4 Relacionamento empírico com componentes de resultado de marketing.

Um dos modelos de *mix* de marketing aplicados mais frequentemente é aquele inerente a mercados de teste simulados e que estão ilustrados na Figura 12.5. Com apenas pequenas variações, estes modelos são usados para prever as vendas de novos produtos (veja a Seção 4.1 para mais detalhes). A estrutura deste modelo é direta, ainda que algumas pessoas argumentem que não seja simples. As vendas unitárias previstas são calculadas numa identidade multiplicativa a partir das métricas a seguir. A natureza multiplicativa da identidade captura as interações mais significativas do *mix* de marketing sem recorrer a equações (ainda mais) complexas. Nós afirmamos que é mais transparente em termos administrativos e é mais útil por causa deste sistema bem-estruturado de métricas que define e separa identidades de relacionamentos empíricos.

Vendas unitárias previstas = Quantidade de consumidores potenciais * Consciência * Disponibilidade *(Taxa de experimentação * Unidades de experimentação + Taxa de repetição * Unidades de repetição).

As estimativas de insumo para os componentes são obtidas a partir dos resultados do teste simulado, pesquisas, juízo gerencial e/ou modelos empíricos.

Uma das vantagens do modelo na Figura 12.5 é que ele também fornece caminhos claros e separados pelos quais se acredita que os diferentes elementos do *mix* de marketing causem impacto sobre as vendas unitárias. A propaganda afeta a Consciência do Consumidor, mas não a Disponibilidade. É claro que na realidade

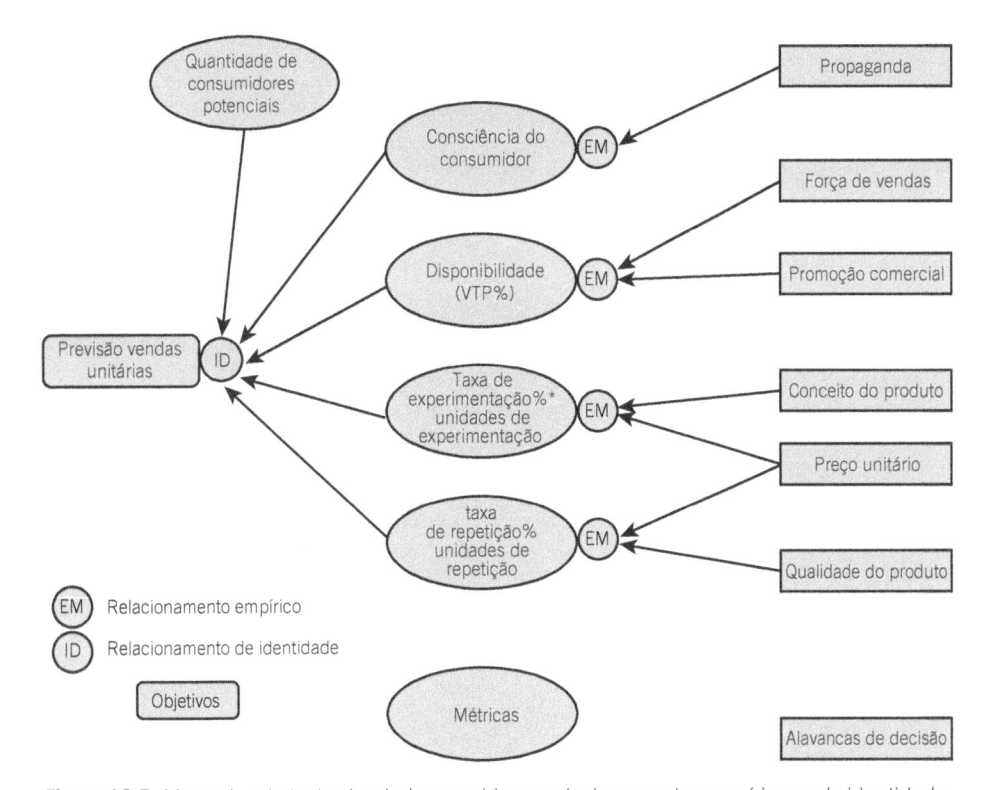

Figura 12.5 Mercados de teste simulados combinam relacionamentos empíricos e de identidade.

"tudo afeta tudo", mas a estrutura KISS pode contar com uma transparência e uma utilidade que poderiam ser destruídas se a gerência não impusesse a disciplina de focar nos relacionamentos empíricos mais importantes que os relacionamentos de identidade sugerem.

No caso do modelo de precisão do novo produto na Figura 12.5 nós fizemos a decomposição (definimos) das vendas previstas para ser uma função das métricas listadas. A maneira que nós escolhemos para decompor o objetivo pode ser mais ou menos adequada para separar os efeitos empíricos do *mix* de marketing. Por exemplo, decompor uma meta de participação em participação nos gastos da categoria, índice de intensidade de consumo e participação de penetração não teria um relacionamento óbvio com elementos individuais do *mix*. Tudo ainda afetaria tudo. Então nem toda identidade será útil num modelo de efeitos de *mix* de marketing.

Além disso, dependendo de como os dados são coletados, algumas identidades podem ser fortemente sugeridas pelos dados, mesmo que não sejam medidas diretamente. Por exemplo, em mercados de consumo de bens embalados, dados sobre distribuição (veja a Seção 6.6) e atividade de promoção do canal (aumento das vendas incrementais % —veja a Seção 8.1) são coletadas regularmente e são relatados a gerentes de marketing. A disponibilidade destas duas métricas sugere fortemente a necessidade de uma terceira métrica, "preferência", para criar uma identidade atraente que possa ser útil para separar efeitos empíricos e permitir interações importantes. A Figura 12.6

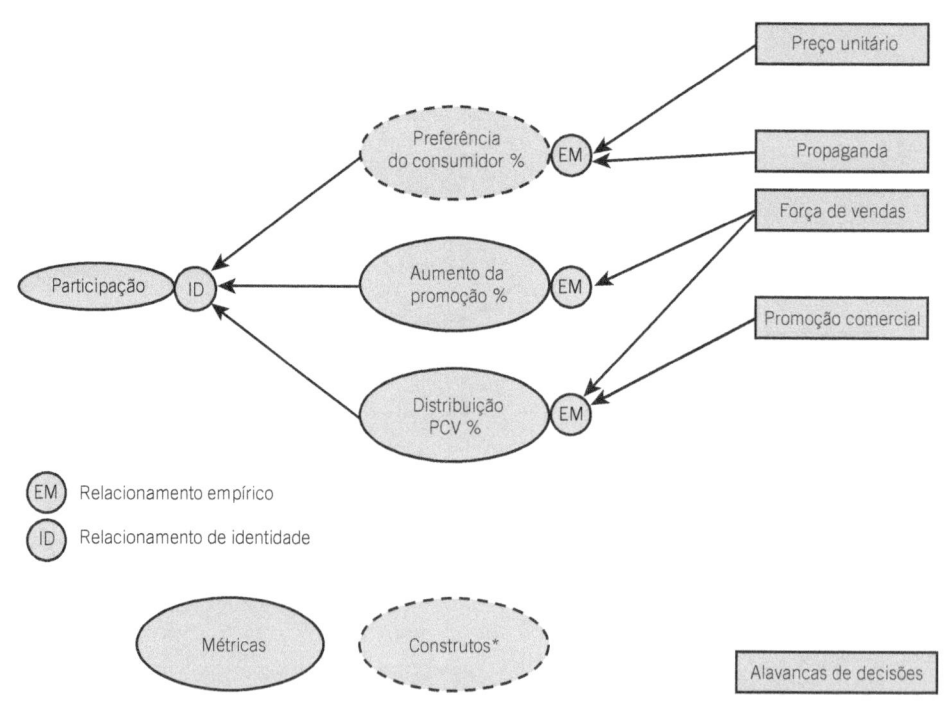

Figure 12.6 Relacionamento empírico com componentes de marketing e métricas e construtos intermediários.

mostra como os profissionais de marketing podem ser capazes de "obter" valores de preferência ao combinarem métricas de participação, aumento percentual e distribuição. É claro, isso significa que os profissionais de marketing estão definindo preferência de uma forma consistente com escolha relativa em cenários de distribuição igualitária e aumento percentual.

Conceitos e métricas relacionados

Por definição, identidades contábeis são sempre verdadeiras. É simplesmente uma questão de conseguir os valores corretos para as partes componentes. Outras identidades, como as encontradas em modelos teóricos das finanças e da economia, são verdadeiras "em teoria" ou supondo determinadas condições.

Por exemplo, conforme discutido nas Seções 7.3 e 7.4, em níveis de preços que maximizam o lucro, esta identidade deve ser verdadeira:

$$\text{Margem sobre vendas } [(\text{preço} - \text{custo variável})/\text{preço}] = 1$$
$$\text{Elasticidade-preço para demanda constante de elasticidade, ou}$$

$$\text{Preço} = \text{Custo Variável} + 1/2 \text{ (Disposição Máxima para Pagar}$$
$$- \text{Custo Variável) para funções de demanda linear}$$

Estas identidades identificam relacionamentos que dificilmente serão precisos, mas são vagamente corretos.

Referências e leitura adicional sugerida

Hubbard, Douglas W. (2007). *How to Measure Anything: Finding the Value of "Intangibles" in Business*, John Wiley & Sons, Hoboken, New Jersey.

Apêndice 1

Exemplo numérico

Considere uma empresa com vendas estimadas de $25.677 milhões no último ano. Apesar de este ser o valor declarado no relatório anual, os gerentes de marketing sabem que é uma estimativa e não as vendas efetivas. Eles julgam que o erro na estimativa de vendas tenha um desvio-padrão de $3 milhões. Isto significa que eles julgam que exista uma chance de aproximadamente 68% de as vendas efetivas serem algo entre $22.677 e $28.677 milhões. Lembre-se que se os gerentes quisessem supor que $25.677 milhões realmente fosse o valor efetivo das vendas, eles simplesmente estabeleceriam que o desvio-padrão dessa estimativa fosse zero.

Variável	Estimativa inicial	Desvio padrão
Vendas	$25.677	$3.000
Vendedores	$1.012	$5
Vendas por vendedores	$22	422
Nossa participação	0,4	0,1
Vendas no Mercado	$60.000	$1.000
Clientes	15	1
Vendas por cliente	$5.000	$5.000

De maneira semelhante, os gerentes de marketing chegaram a estimativas e desvios-padrão para seis componentes de vendas do anel externo. Neste exemplo específico, nós ignoramos métricas relacionadas com o vendedor. Observe que tanto as vendas por vendedor quanto as vendas por cliente têm desvios-padrão elevados em comparação com suas estimativas iniciais. Isto reflete o fato de que os gerentes não tinham certeza em relação a estas duas métricas e esperavam que suas estimativas iniciais estivessem bem distantes da realidade.

Observe que agora temos quatro maneiras de estimar vendas: a estimativa inicial de $25.677 dos gerentes e três outros pares de estimativas iniciais de componentes que podem ser combinados (multiplicados neste exemplo) para também estimar vendas. Uma forma de proceder seria calcular essas três outras estimativas e tirar uma média de todas as quatro estimativas para obter nossa estimativa final de vendas. Mas podemos fazer melhor do que isso. A média não ponderada das quatro estimativas não se beneficia das informações que temos sobre a qualidade de cada uma das estimativas iniciais. Como as vendas por vendedor e as vendas por cliente são muito incertas, talvez queiramos prestar mais atenção (atribuir um peso maior a) na estimativa que obtemos usando a participação e as estimativas totais de vendas.

O processo que propomos para combinarmos as estimativas iniciais (e suas medidas de qualidade) num conjunto de estimativas finais é lógico e direto. Em primeiro lugar, queremos encontrar um conjunto de estimativas finais que satisfaça as três identidades (nossa estimativa final de vendas deve ser igual à nossa estimativa final de vendedores vezes nossa estimativa final de vendas por vendedor, por exemplo). E dentre os vários conjuntos de estimativas finais que atendem a todas as identidades, nós queremos encontrar aquele que seja "mais próximo" das estimativas iniciais dos gerentes – onde a proximidade é medida em unidades de desvio-padrão.

Em resumo, nossas estimativas finais serão o conjunto de métricas "mais próximas" das nossas estimativas iniciais que atendam a todas as identidades no nosso modelo. Nossas estimativas finais serão consistentes internamente e tão próximas quanto possível do conjunto inicial de estimativas (que não eram consistentes internamente).

Conclusão

> *... as métricas devem ser necessárias (ou seja, a empresa não pode abrir mão delas), precisas, consistentes e suficientes (ou seja, abrangentes) para fins de análise.*[4]

Compreender as métricas permitirá que os profissionais de marketing escolham os dados de entrada corretos para lhes dar informações significativas. Eles devem ser capazes de escolher dentre diversas métricas dependendo das circunstâncias e de criar um painel das métricas mais vitais para auxiliá-los na gestão dos seus negócios. Depois de ler esta obra, esperamos que você concorde que nenhuma métrica isoladamente dará um quadro total. Apenas quando você pode usar múltiplos pontos de vista é que você provavelmente obterá qualquer coisa próxima de um quadro total.

> *... medidas de resultados nos dizem onde estamos em esforços para alcançarmos metas, mas não como chegamos lá nem o que devemos fazer de maneira diferente.*[5]

Métricas de marketing são necessárias para dar um quadro completo da saúde de uma empresa. Métricas financeiras se concentram em dólares e períodos de tempo, nos dizendo como lucros, dinheiro e ativos estão mudando. No entanto, nós também precisamos compreender o que está acontecendo com os nossos clientes, produtos, preços, canais, concorrentes e marcas.

A interpretação de métricas de marketing exige conhecimento e juízo. Este livro o ajuda a dar o conhecimento para que você possa saber mais sobre como as métricas são construídas e o que elas medem. Saber as limitações de métricas individuais é importante. Na nossa experiência, as empresas costumam ser complexas, exigindo diversas métricas para capturar facetas diferentes – para lhe dizer o que está acontecendo.

Por causa desta complexidade, as métricas de marketing costumam gerar tantas perguntas quanto elas respondem. Certamente, elas raramente fornecem respostas fáceis sobre o que os gerentes devem fazer. Ter um conjunto de métricas baseado numa visão limitada, errônea ou superada do negócio também pode cegá-lo. Esse conjunto de métricas pode falsamente lhe dar segurança de que o negócio está indo bem quando na verdade problemas estão desenvolvendo. Assim como o avestruz com sua cabeça na areia, talvez seja mais confortável saber menos.

Nós não esperamos que um comando de métricas de marketing torne seu trabalho mais fácil. O que nós efetivamente esperamos é que esse conhecimento o ajude a fazer o seu trabalho melhor.

Apêndice

Levantamento do uso de métricas pelos gestores

Cargo_____ Setor_____

Q1. O que descreve melhor o que a sua empresa vende?

☐ Produtos

☐ Serviços

☐ *Mix* relativamente equilibrado de produtos e serviços

☐ Outros

Q2. O relacionamento de compras com os clientes pode ser mais bem definido como:

☐ Contratual, por período determinado, que os clientes podem renovar (por exemplo, revistas)

☐ Contratual, por um período indefinido, que os clientes podem cancelar (por exemplo, jornais)

☐ Compras frequentes (por exemplo, bens de consumo, refeições em restaurantes)

☐ Compra não frequente com pouco/nenhum serviço/reparo/material (por exemplo, câmeras digitais)

☐ Compra não frequente com relacionamento de serviço/reparo/material (por exemplo, automóveis, impressoras)

Q3. Seus clientes são mais bem definidos como:

☐ Consumidores (por exemplo, cereal matinal)

☐ Empresas ou outras unidades de compra organizacionais (por exemplo, aço)

☐ Mistura relativamente equilibrada de consumidores e clientes empresariais (por exemplo, UPS)

Q4. Como sua empresa chega ao mercado?

Q5. Quais são os principais fatores que influenciam a decisão de compra?

☐ Escolha individual, pouco na forma de dinâmicas de grupo (por exemplo, refrigerantes, serviços expressos)

☐ Consumidores confiam muito em recomendações de profissionais (por exemplo, médicos, encanadores)

☐ Organização separada de compra com múltiplas influências (por exemplo, organizações de compras corporativas)

☐ Outros (por favor, explique)

Q6. As vendas totais da sua empresa estão:

☐ Abaixo de $10 milhões ☐ $10-$100 milhões ☐ $101-$500 milhões

☐ $501 milhões –$1 bilhão ☐ Acima de $1 bilhão

Q7. Nos últimos três anos, a taxa de crescimento de vendas na minha empresa foi:

☐ Abaixo de 1% ☐ -3% ☐ 3-10% ☐ Acima de 10%

Nas respostas a seguir, por favor informe até que ponto você acha cada uma das métricas útil para gerenciar e monitorar seu negócio.

Q8.1. Até que ponto as seguintes medidas de participação de mercado são úteis para gerenciar e monitorar sua empresa?

Opções: muito útil, relativamente útil, nada útil, não sabe, NR

1. Participação de mercado em dólares (receita)
2. Participação de mercado em unidades
3. Participação de mercado relativa
4. Índice de desenvolvimento de marca
5. Índice de desenvolvimento de categoria
6. Penetração de mercado
7. Penetração de marca
8. Fatia de penetração
9. Participação de gastos na categoria
10. Índice de intensidade de consumo
11. Hierarquia de efeitos

Q8.2. Até que ponto as seguintes métricas de hierarquia de efeito são úteis para gerenciar e monitorar sua empresa? (Consciência do consumidor, atitudes, crenças, experimentação, repetição, etc. de produto)

Opções: muito útil, relativamente útil, nada útil, não sabe, NR

1. Consciência de marca
2. Marca mais lembrada
3. Consciência de anúncio
4. Conhecimento do consumidor
5. Crenças do consumidor
6. Intenções de compra
7. Hábitos de compra
8. Lealdade
9. Simpatia
10. Disposição para recomendar
11. Pontuação do promotor de rede
12. Satisfação do cliente
13. Disposição para pesquisar

Q8.3. Até que ponto as seguintes métricas de margens e custo são úteis para gerenciar e monitorar sua empresa?

Opções: muito útil, relativamente útil, nada útil, não sabe, NR

1. Margem unitária
2. Margem %
3. Margem do canal
4. Preço médio por unidade
5. Preço por unidade estatística
6. Custos fixos e variáveis
7. Gastos com marketing
8. Contribuição por unidade
9. Margem de contribuição%
10. Vendas equilibradas

Q8.4. Até que ponto as seguintes métricas de previsão e novo produto são úteis para gerenciar e monitorar sua empresa?

Opções: muito útil, relativamente útil, nada útil, não sabe, NR

1. Volumes desejados
2. Receitas desejadas
3. Volume de experimentação
4. Volume de repetição
5. Penetração
6. Projeções de volume
7. Crescimento anual %
8. Crescimento TCAC
9. Taxa de Canibalização
10. Métricas de valor de marca
11. Utilidades conjuntas
12. Utilidades conjuntas & projeção de volume

Q8.5. Até que ponto as seguintes métricas de cliente são úteis para gerenciar e monitorar sua empresa?

Opções: muito útil, relativamente útil, nada útil, não sabe, NR

1. Quantidade de clientes
2. Recência
3. Taxa de retenção
4. Lucro do cliente
5. Valor de duração do cliente
6. Valor de duração do *prospect*
7. Custo médio de aquisição
8. Custo médio de retenção

Q8.6. Até que ponto as seguintes métricas de força de vendas são úteis para gerenciar e monitorar sua empresa?

Opções: muito útil, relativamente útil, nada útil, não sabe, NR

1. Carga de trabalho
2. Previsão de potencial de vendas
3. Total de vendas
4. Eficácia da força de vendas
5. Remuneração
6. Quantidade de funcionários no ponto de equilíbrio
7. Funil de vendas

Q8.7. Até que ponto as seguintes métricas de distribuição e varejo são úteis para gerenciar e monitorar sua empresa?

Opções: muito útil, relativamente útil, nada útil, não sabe, NR

1. Distribuição numérica (%)
2. Volume de todas as mercadorias
3. Volume de categoria de produto
4. Distribuição total
5. *Facings*
6. Fora de estoque %
7. Estoques
8. Reduções de preço
9. Lucratividade direta do produto
10. MBRIE

Q8.8. Até que ponto as seguintes métricas de formação de preços e promoção são úteis para gerenciar e monitorar sua empresa?

Opções: muito útil, relativamente útil, nada útil, não sabe, NR

1. Preço *premium*
2. Preço de reserva

3. Valor percentual do bem
4. Elasticidade-preço
5. Preço ótimo
6. Elasticidade residual
7. Vendas básicas
8. Vendas incrementais ou aumento promocional
9. Taxas de resgate
10. Custo de cupons/descontos
11. Porcentagem de vendas com cupom
12. Porcentagem de vendas com desconto
13. Porcentagem de tempo com desconto
14. Profundidade média do desconto
15. Repasse

Q8.9. Até que ponto as seguintes métricas de mídia publicitária e internet são úteis para gerenciar e monitorar sua empresa?

Opções: muito útil, relativamente útil, nada útil, não sabe, NR

1. Exposições
2. Pontos de audiência bruta
3. Custo por mil exposições
4. Alcance líquido
5. Frequência média
6. Alcance efetivo
7. Frequência efetiva
8. Percentual de presença
9. *Pageviews*
10. Taxa de cliques
11. Custo por clique
12. Custo por pedido

13. Custo por cliente adquirido
14. Visita (quantidade de vistas de *sites*)
15. Visitantes (quantidades de pessoas que veem um *site*)
16. Taxa de abandono

Q8.10. Até que ponto as seguintes métricas de finanças e lucratividade são úteis para gerenciar e monitorar sua empresa?

Opções: muito útil, relativamente útil, nada útil, não sabe, NR

1. Lucro líquido
2. Retorno sobre vendas
3. Retorno sobre investimento
4. Lucro econômico (EVA)
5. Recuperação de investimento
6. Valor presente líquido
7. Taxa interna de retorno
8. Retorno sobre investimento de marketing (RSIM)

Referências

Aaker, David A. (1996). *Building Strong Brands*, New York: The Free Press.

Aaker, David A. (1991). *Managing Brand Equity*, New York: The Free Press.

Aaker, David A., and Kevin Lane Keller. (1990). "Consumer Evaluations of Brand Extensions," *Journal of Marketing*, V54 (Jan), 27.

Aaker, David W., and James M. Carman. (1982). "Are You Over Advertising?" *Journal of Advertising Research*, 22, 57–70.

Abela, Andrew, Bruce H. Clark, and Tim Ambler. "Marketing Performance Measurement, Performance, and Learning," working paper, September 1, 2004.

Abraham, Magid H., and Leonard M. Lodish. (1990). "Getting the Most Out of Advertising and Promotion," *Harvard Business Review*, May–June, 50–58.

Ailawadi, Kusum, Donald Lehmann, and Scott Neslin (2003). "Revenue Premium as an Outcome Measure of Brand Equity," *Journal of Marketing*, Vol. 67, No. 4, 1-17.

Ailawadi, Kusum, Paul Farris, and Ervin Shames. (1999). "Trade Promotion: Essential to Selling through Resellers," *Sloan Management Review*, Fall.

Ambler, Tim, and Chris Styles. (1995). "Brand Equity: Toward Measures That Matter," working paper No. 95-902, London Business School, Centre for Marketing.

Barwise, Patrick, and John U. Farley. (2003). "Which Marketing Metrics Are Used and Where?" Marketing Science Institute, (03-111), working paper, Series issues two 03-002.

Berger, Weinberg, and Hanna. (2003). "Customer Lifetime Value Determination and Strategic Implications for a Cruise-Ship Line," *Database Marketing and Customer Strategy Management*, 11(1).

Blattberg, Robert C., and Stephen J. Hoch. (1990). "Database Models and Managerial Intuition: 50% Model + 50% Manager," *Management Science*, 36, No. 8, 887–899.

Borden, Neil H. (1964). *Journal of Advertising Research*, 4, June: 2-7.

Brady, Diane, with David Kiley and Bureau Reports. "Making Marketing Measure Up," *Business Week*, December 13, 2004, 112–113.

Bruno, Hernan, Unmish Parthasarathi, and Nisha Singh, Eds. (2005). "The Changing Face of Measurement Tools Across the Product Lifecycle," in *Does Marketing Measure Up? Performance Metrics: Practices and Impact*, Marketing Science Conference Summary, No. 05-301.

Christen, Markus, Sachin Gupta, John C. Porter, Richard Staelin, and Dick R. Wittink. (1994). "Using Market-Level Data to Understand Promotion Effects in a Nonlinear Model," *Journal of Marketing Research*, August, Vol. 34, No. 3, 322–334.

Clark, Bruce H., Andrew V. Abela, and Tim Ambler. "Return on Measurement: Relating Marketing Metrics Practices to Strategic Performance," working paper, January 12, 2004.

Dekimpe, Marnik G., and Dominique M. Hanssens. (1995). "The Persistence of Marketing Effects on Sales," *Marketing Science*, 14, 1–21.

Dolan, Robert J., and Hermann Simon. *Power Pricing: How Managing Price Transforms the Bottom Line*, New York: The Free Press, 4.

Farris, Paul W., David Reibstein, and Ervin Shames. (1998). "Advertising Budgeting: A Report from the Field," New York: American Association of Advertising Agencies.

Forrester, Jay W. (1961). "Advertising: A Problem in Industrial Dynamics," *Harvard Business Review*, March–April, 110.

Forrester, Jay W. (1965), "Modeling of Market and Company Interactions," Peter D. Bennet, ed. *Marketing and Economic Development, American Marketing Association*,Fall, 353–364.

Gregg, Eric, Paul W. Farris, and Ervin Shames. (revised, 2004). "Perspective on Brand Equity," Darden School Technical Notes, UVA-M-0668.

Greyser, Stephen A. (1980). "Marketing Issues," *Journal of Marketing*, 47, Winter, 89-93.

Gupta and Lehman. (2003). "Customers As Assets," *Journal of Interactive Marketing*, 17(1), 9–24.

Harvard Business School: Case NestlŽ Refrigerated Foods Contadina Pasta & Pizza (A) 9-595-035. Rev Jan 30 1997.

Hauser, John, and Gerald Katz. (1998). "Metrics: You Are What You Measure," *European Management Journal*, Vo. 16, No. 5, 517–528.

Interactive Advertising Bureau. Interactive Audience Measurement and Advertising Campaign Reporting and Audit Guidelines, September 2004, United States Version 6.0b.

Kaplan, R. S., and V.G. Narayanan. (2001). "Measuring and Managing Customer Profitability." *Journal of Cost Management*, September/October: 5–15.

Keiningham, Timothy, Bruce Cooil, Tor Wallin Andreassen, and Lerzan Aksoy (2007). "A Longitudinal Examination of Net Promoter and Firm Revenue Growth." *Journal of Marketing*, Volume 71, July.

Little, John D.C. (1970). "Models and Managers: The Concept of a Decision Calculus," *Management Science*, 16, No. 8, b-466—b-484.

Lodish, Leonard M. (1997). "J.P. Jones and M.H. Blair on Measuring Advertising Effects "Another Point of View," *Journal of Advertising Research*, September–October, 75–79.

McGovern, Gail J., David Court, John A. Quelch, and Blair Crawford. (2004). "Bringing Customers into the Boardroom," *Harvard Business Review*, November, 70–80.

Meyer, Christopher (1994), How the Right Measures Help Teams Excel, Harvard Business Review, May–June, pp. 95–103.

Much, James G., Lee S. Sproull, and Michal Tamuz. (1989). "Learning from Samples of One or Fewer," *Organizational Science*, Vol. 2, No. 1, February, 1–12.

Murphy, Allan H., and Barbara G. Brown. (1984). "A Comparative Evaluation of Objective and Subjective Weather Forecasts in the United States," *Journal of Forecasting*, Vol. 3, 369–393.

Net Genesis Corp. (2000). *E-Metrics: Business Metrics for the New Economy*. Net Genesis & Target Marketing of Santa Barbara.

Peppers, D., and M. Rogers. (1997). *Enterprise One to One: Tools for Competing in the Interactive Age*, New York: Currency Doubleday.

Pfeifer, P.E., Haskins, M.E., and Conroy, R.M. (2005). "Customer Lifetime Value, Customer Profitability, and the Treatment of Acquisition Spending," *Journal of Managerial Issues*, 25 pages.

Poundstone, William. (1993). *Prisoner's Dilemma*, New York: Doubleday, 118.

Reichheld, Frederick F., and Earl W. Sasser, Jr. (1990). "Zero Defections: Quality Comes to Services," *Harvard Business Review*, September–October, 105–111.

Reichheld, Fred. (2006). *The Ultimate Question: Driving Good Profits and True Growth*. Boston: Harvard Business School Publishing Corporation.

Roegner, E., M. Marn, and C. Zawada. (2005). "Pricing," *Marketing Management*, Jan/Feb, Vol. 14 (1).

Sheth, Jagdish N., and Rajendra S. Sisodia. (2002). "Marketing Productivity Issues and Analysis," *Journal of Business Research*, 55, 349–362.

Tellis, Gerald J., and Doyle L. Weiss. (1995). "Does TV Advertising Really Affect Sales? The Role of Measures, Models, and Data Aggregation," *Journal of Marketing Research*, Fall, Vol. 24-3.

Wilner, Jack D. (1998). *7 Secrets to Successful Sales Management*, Boca Raton, Florida: CRC Press LLC; 35–36, 42.

Zellner, A., H. Kuezenkamp, M. McAleer, Eds. (2001). "Keep It Sophisticatedly Simple." *Simplicity, Inference and Econometric Modeling*. Cambridge University Press, Cambridge, 242–262.

Zoltners, Andris A., and Prabhakant Sinha, and Greggor A. Zoltners. (2001). *The Complete Guide to Accelerating Sales Force Performance*, New York: AMACON.

Notas

Capítulo 1

1. Word Reference, www.wordreference.com. Acessado em 22 de abril de 2005.
2. Bartllet, John. (1992). *Bartlett's Familiar Quotations,* 16th edition; Justin Kaplan, general editor.
3. Hauser, John, and Gerald Katz. "Metrics: You are What You Measure," *European Management Journal*, Volume 16 No 5 October 1998.
4. Kaplan, Robert S., and David P. Norton. (1996). *Balanced Scorecard*, Boston, MA: Harvard Business School Press.
5. Brady, Diane, with David Kiley and Bureau Reports, "Making Marketing Measure Up," *Business Week.*
6. Falando de modo estrito, todos os números podem conter algum erro. A participação pode ser calculada, por exemplo, a partir de vendas a consumidores no varejo. As vendas poderiam originar-se dos embarques aos varejistas.
7. Barwise, Patrick, and John U. Farley. (2003). "Which Marketing Metrics Are Used and Where?" Marketing Science Institute (03-111), working paper, Series issues two 03-002.
8. Ambler, Tim, Flora Kokkinaki, and Stefano Puntoni. (2004). "Assessing Marketing Performance: Reasons for Metrics Selection," *Journal of Marketing Management*, 20, 475-498.

Capítulo 2

1. "Wal-Mart Shopper Update," *Retail Forward*, February 2005.
2. "Running Out of Gas," *Business Week*, March 28th, 2005.
3. Definição da American Marketing Association. Acessado em 06/08/2005. http://www.marketingpower.com/live/mg-dictionary.php?SearchFor=market+concentration&Searched=1.
4. Ver o *site* da Marketing Evaluation, Inc. para mais detalhes: http://www.qscores.com/. Acessado em 03/03/2005.

5. Claritas oferece a análise Prizm. Para mais detalhes, visitar o *site* da empresa na *web*: http://www.clusterbigip1.claritas.com/claritas/Defaul.jsp. Acessado em 03/03/2005.
6. Reichheld, Fred, *The Ultimate Question: Driving Good Profits and True Growth* (Boston: Harvard Business School Publishing Corporation, 2006.)
7. http://www.theultimatequestion.com/theultimatequestion/measuring_netpromoter.asp?groupCode=2
8. Timothy Keiningham, Bruce Cooil, Tor Wallin Andreassen and Lerzan Aksoy (2007) "A Longitudinal Examination of Net Promoter and Firm Revenue Growth." *Journal of Marketing*, Volume 71, July 2007.

Capítulo 3

1. "Running Out of Gas," *Business Week*, March 28th, 2005.
2. Essa fórmula deve ser conhecida se considerarmos que o preço de venda do fornecedor é meramente o custo para esse nível da rede. Assim, isso se torna o Preço de Venda = Custo/(1 − Margem %). É o mesmo que Vendas $ = Custo $ + Margem $.
3. Aqueles que estão familiarizados com economia básica usam o termo "custo marginal" para se referir ao custo de uma unidade adicional de saída. Nesse modelo de custo linear, o custo marginal é o mesmo para todas as unidades e é igual ao custo variável por unidade.
4. Tanto a contribuição por unidade ($) quanto a margem de contribuição (%) estão intimamente relacionadas com a margem unitária ($) e a margem (%). A diferença é que as margens de contribuição (seja com base em unidades ou em porcentagem) resultam de uma separação mais cuidadosa de custos fixos e variáveis.

Capítulo 4

1. Harvard Business School Case: Nestlé Refrigerated Foods Contadina Pasta & Pizza (A) 9-595-035. Rev Jan 30 1997.
2. Kusum Ailawadi, Donald Lehmann, and Scott Neslin (2003), "Revenue Premium as an Outcome Measure of Brand Equity," *Journal of Marketing*, Vol. 67, No. 4, 1-17.
3. Ver a observação técnica e pesquisa original da Darden.
4. As informações de Bill Moran provêm de comunicações pessoais com os autores.
5. Young & Rubicam pode ser encontrada em: http://www.yr.com/y/. Acessado em 03/03/05.
6. Bruno, Hernan, Unmish Parthasarathi, and Nisha Singh, eds. (2005). "The Changing Face of Measurement Tools Across the Product Lifecycle," *Does Mar-*

keting Measure Up? Performance Metrics: Practices and Impact, Marketing Science Conference Summary, No. 05-301.

7. Interbrand pode ser contatada em: http://www.interbrand.com/. Acessado em 03/03/05.

Capítulo 5

1. "Vodafone Australia Gains Customers," *Sydney Morning Herald*, January 26, 2005.

2. "Atlanta Braves Home Attendance." Wikipedia, the free encyclopedia. http://en.wikipedia.org/wiki/Major_League_Baseball_attendance_records

3. Agradecemos a Gerry Allan, presidente, Anametrica, Inc. (criador das ferramentas da *web* para administradores) por seu trabalho nesta seção.

4. Pfeifer, P.E., Haskins, M.E., and Conroy, R.M. (2005). "Customer Lifetime Value, Customer Profitability, and the Treatment of Acquisition Spending," *Journal of Managerial Issues*, 25 pages.

5. Kaplan, R.S., and V.G. Narayanan. (2001). "Measuring and Managing Customer Profitability," *Journal of Cost Management*, September/October, 5–15.

6. Peppers, D., and M. Rogers. (1997). *Enterprise One to One: Tools for Competing in the Interactive Age*, New York: Currency Doubleday.

7. Berger, P.D., B. Weinberg, and R. Hanna. (2003). "Customer Lifetime Value Determination and Strategic Implications for a Cruise-Ship Line," *Database Marketing and Customer Strategy Management*, 11(1), 40–52.

8. Gupta and Lehman. (2003). "Customers as Assets," *Journal of Interactive Marketing*, 17(1), 9–24.

Capítulo 6

1. O material nas Seções 7.1 – 7.5 foi baseado em *Note on Sales Force Metrics*, escrito por Eric Larson, Darden MBA 2005.

2. Zoltners, Andris A., Prabhakant Sinha, and Greggor A. Zoltners. (2001). *The Complete Guide to Accelerating Sales Force Performance*, New York: AMACON.

3. Wilner, Jack D. (1998). *7 Secrets to Successful Sales Management*, Boca Raton, Florida: CRC Press LLC; 35–36, 42.

4. Para mais informações sobre as alocações totais, ver Zoltners, Andris A., Prabhakant Sinha, and Greggor A. Zoltners. (2001). *The Complete Guide to Accelerating Sales Force Performance*, New York: AMACON.

5. Zoltners, Andris A., Prabhakant Sinha, and Greggor A. Zoltners. (2001). *The Complete Guide to Accelerating Sales Force Performance*, New York: AMACON.

6. Dolan, Robert J., and Benson P. Shapiro. "Milford Industries (A)," Harvard Business School, Case 584-012.

7. Zoltners, Andris A., Prabhakant Sinha, and Gregor A. Zoltners. (2001). *The Complete Guide to Accelerating Sales Force Performance,* New York: AMACON.

8. Jones, Eli, Carl Stevens, and Larry Chonko. (2005). *Selling ASAP: Art, Science, Agility, Performance,* Mason, Ohio: South Western, 176.

9. Volume de categoria de produto é também conhecido como distribuição ponderada.

10. Os autores usam o termo "volume de categoria de produto" (VCP) para essa métrica. Entretanto, esse termo não é tão amplamente utilizado no setor quanto "volume de todos os produtos" (VTP).

Capítulo 7

1. Dolan, Robert J., and Hermann Simon. *Power Pricing: How Managing Price Transforms the Bottom Line,* New York: The Free Press, 4.

2. Barwise, Patrick, and John U. Farley, "Which Marketing Metrics Are Used and Where?" Marketing Science Institute, (03-111) 2003, working paper, Series issues two 03-002.

3. As funções de elasticidade constante também são chamadas de logaritmo linear porque podem ser expressas como: $\log Q = \log A + \text{elasticidade} \times \log(p)$.

4. Ao representarem tais relações em gráficos, os economistas frequentemente colocam o preço no eixo vertical e a quantidade demandada no eixo horizontal. Quando analisam um gráfico, aconselha-se que os administradores sempre verifiquem as definições dos eixos.

5. Se a elasticidade de preço é expressa resumidamente como um número positivo, então, não precisamos do sinal negativo na fórmula que segue.

6. Poundstone, William. (1993). *Prisioner's Dilemma,* New York: Doubleday, 118.

Capítulo 8

1. Nesse contexto, usamos o termo "permanente" com alguma flexibilidade, reconhecendo que mesmo acordos de longo prazo devem estar sujeitos a mudanças em resposta à dinâmica do mercado e do setor.

2. Com frequência, a contribuição pode ser usada como substituto para lucros.

3. A distribuição para cupons é usada no sentido de custos de postagem e inserção, e não em termos de logística de varejo e de estoque.

4. Para uma discussão mais aprofundada, ver Ailawadi, Farris, and Shames, *Sloan Management Review,* Fall 1999.

5. Roegner, E., M. Marn, and C. Zawada. (2005). "Pricing," *Marketing Management*, Jan/Feb, Vol.14 (1).

6. "How to Fix Your Pricing if it is Broken," by Ron Farmer, CEO, Revenue Technologies for The Professional Pricing Society: http://www.pricingsociety.com/htmljournal/4thquarter2003/article.htm. Acessado em 03/03/05.

7. Os seguintes são os dois principais tipos de danos contemplados pela Lei: (a): A discriminação de preços pode ser usada como tática de preços predatória, estabelecendo preços abaixo do custo para certos clientes a fim de prejudicar a concorrência no nível do fornecedor. Autoridades antitruste usam os mesmos padrões aplicados a estabelecimentos de preços predatórios sob a Lei Sherman e a Lei FTC para avaliar alegações de discriminação de preços para esse fim. (b) dano competitivo de Linha Secundária: um vendedor que cobra dos compradores concorrentes diferentes preços pela mesma "mercadoria" ou que discrimina na provisão de "abatimentos", como compensação por propaganda e outros serviços, pode estar violando a Lei Robinson-Patman. Esse tipo de discriminação de preços pode prejudicar a concorrência ao dar a clientes preferenciais uma posição no mercado que não tem nada a ver com sua eficiência superior. No entanto, nos Estados Unidos, a discriminação de preços geralmente é legal, especialmente se refletir os diferentes custos de lidar com diversos compradores ou se resultar das tentativas de um vendedor de atingir os preços ou serviços de um concorrente. Evidentemente, não temos a intenção de oferecer uma opinião legal, e deve-se procurar aconselhamento legal para circunstâncias individuais de cada empresa.

Capítulo 9

1. Farris, Paul W. (2003). "Getting the Biggest Bang for Your Marketing Buck," *Measuring and Allocating Marcom Budgets: Seven Expert Points of View*, Marketing Science Institute Monograph.

2. Conhecido como rastreamento de uso do cliente e tecnologia 1×1 de limpeza de pixel.

3. O Interactive Advertising Bureau dá a seguinte definição de expressão de comercial: "uma medida de respostas de um sistema de comerciais a uma solicitação de anúncio a partir do *browser* de um usuário, que é filtrada da atividade robótica e é registrada o mais tardar possível no processo de oferecimento de material criativo ao *browser* do usuário – portanto, mais próxima da real oportunidade de ver do usuário". Interactive Audience Measurement and Advertising Campaign Reporting and Audit Guidelines September 2004, United States Version 6.0b.

4. Os dados de despesas foram retirados de "Internet Weekly", Credit Suisse First Boston, 14 september 2004, 7-8.

5. http://www.nielsen-netratings.com/. Acessado em 06/11/2005.

6. http://www.google.com/support/googleanalytics/bin/answer.py?answer=81986&cbid=gbo1sdrurcrz&src=cb&lev=answer

Capítulo 10

1. Valor econômico agregado é marca registrada da Stern Stewart Consultants. Para sua explicação de EVA, ver http://www.sternstewart.com/evaabout/whatis.php. Acessado em 03/03/05.

2. O custo médio ponderado de capital, também conhecido como CMPC, é simplesmente o retorno em porcentagem esperado para fontes de capital. Esse conceito financeiro é mais bem abordado em textos específicos, mas, para dar um exemplo simples, se um terço do capital de uma empresa provém do banco a 6% e dois terços provêm de acionistas que esperam um retorno de 9%, então, o CMPC é a média ponderada de 8%. O CMPC será diferente para diferentes empresas, dependendo de sua estrutura e de seus riscos.

3. O Excel tem uma função para fazer isso rapidamente, o que explicamos no final da seção. No entanto, é importante compreender o que o cálculo está fazendo.

4. Um valor terminal em um cálculo simples pode ser suposto como zero ou algum número simples para a venda da empresa. Cálculos mais complexos consideram a estimativa de fluxos de caixa futuros; onde isso é feito, deve-se perguntar sobre as suposições e a importância. Se o valor terminal estimado for uma área significativa da análise, por que encurtar as análises completas neste ponto?

5. Hawkins, Del I., Roger J. Best, and Charles M. Lillis. (1987). "The Nature and Measurement of Marketing Productivity in Consumer Durables Industries: A Firm Level Analysis," *Journal of Academy of Marketing Science*, Vol. 1, No. 4, 1–8.

Capítulo 11

1. Perda = porcentagem de clientes perdidos por ano.

2. VTP = volume total de produtos, medida de cobertura de distribuição (ver a Seção 6.6).

Capítulo 12

1. Uma identidade é "uma igualdade que satisfaz todos os valores das variáveis para as quais as expressões envolvidas na igualdade são definidas". *American Heritage Dictionary*, 2nd Edition, Houghton Mifflin Company, Boston, 1982. Em finanças, economia e contabilidade, uma identidade é "uma igualdade que deve ser verdadeira independentemente dos valores de suas variáveis, ou uma afirmação que, por definição (ou construção), deve ser verdadeira". Uma vez aplicada uma identidade contábil, qualquer desvio da identidade significa um erro de formulação, cálculo ou medição. http://en.wikipedia.org/wiki/Accounting_identity#cite_note-0

2. Borden, Neil H., Source: *Journal of Advertising Research*, 4, June 1964: 2-7.

3. Zellner, A., 2001. "Keep It Sophisticatedly Simple." Zellner, A., Kuezenkamp, H., McAleer, M. (eds.), *Simplicity, Inference and Econometric Modeling*. Cambridge University Press, Cambridge, 242–262.

4. Ambler, Tim. (2000). *Marketing and the Bottom Line: The New Metrics of Corporate Wealth*, London: Prentice Hall.

5. Meyer, Christopher. (1994). "How the Right Measures Help Teams Excel," *Harvard Business Review*.

Índice

Símbolos
No. (quantidade), 7
$ (cifrão), 6
% (porcentagem), 6

A
A.C. Nielsen, 203
Aaker, David, 137
abandono, 337-339
aceitantes, 45
adequação ao mercado alvo, 124-125
adequação de preços, 239, 242-243, 245-246, 279-280
    demanda, 280-281
    leis, 280-281
    regulamentação, 239, 245-246
Ailawadi, Kusum, 143-144
    modelo de valor de marca, 31-33
ajuste para mudanças periódicas, 54-56
alcance, 295-298. *Ver também* alcance líquido
alcance efetivo, 304-306
    cálculo, 305-307
    Internet, 306-307
    propósito, 304-306
alcance líquido, 292-293, 295-296, 298
    complicações, 300-301
    efeitos da sobreposição, 299-301
    propósito, 295-300
altos e baixos, 279-280
AM (avaliador de marca), 134-137
amigos, 296-297, 327
    cálculo, 327-328
    custo por amigo, 329
    precauções, 327-328
    propósito, 327-328
    resultado por amigo, 329
amplitude de distribuição, 203-204
análise conjunta, 139-142, 222-225
    cálculo, 142-144
    propósito, 141-142
análise de cluster, 147-148

análise de contribuição, 100-101
análise de funil, 194-195
    construção, 194-197
    funil de vendas, 196-198
    propósito, 194-195
análise de ponto de equilíbrio, 100-105
    classificação de custos, 103-105
    ponto de equilíbrio em investimento adicional, 109
    propósito, 101-102
apresentação nas lojas, 203-204
aquisição *versus* retenção, 172-175
assimilação, 304-305
atendimento ao cliente, 189-192
atendimento insuficiente, 183-184
atitude, CAU, 52-54
atitudes/gosto/imagem, 52-53
atrito, 156-157
aumento de preço
    conversão para margens, 79-80
    versus margens, 72-75
aumentos de preços, avaliação, 89-90
ausente de estoque, 181, 204-206
    ausente de estoque líquido VCP, 205-206
avaliação
    distribuição da carga de trabalho, 194-195
    estoques, 207-209
    investimentos de vários períodos, 339-341
    metas de vendas, 187-189
    programas de cupons, 273-275
    promoções temporárias de preços, 259-260
avaliador de marca (AM), 134-137

B
bancos, contagem de clientes, 157-158
Big Tobacco Company, 357-359, 361
bônus. *Ver* compensação da equipe de vendas
Boom,
    consciência do cliente, 355
    demonstrações financeiras, 351-352
    lucro do cliente, 354
    métricas de marketing, 354

Brand Asset Valuator, 137, 139-141
Brand Equity Ten, 137

C

C (classificação), 6-7
cálculo do risco, avaliação, 96-99
canais de distribuição, cálculo de preços de venda em cada nível do canal de distribuição, 75-76
canibalização, 129-134
    margem de contribuição ponderada, 131-132
carga de trabalho, 182-184
    avaliação da distribuição de carga de trabalho, 194-195
cascatas de preços, 259-260, 262, 275-277
    cálculo, 277-278
    complicações, 278-279
    propósito, 276-277
CAU (Consciência, atitudes e uso), 51
    atitude, 52-54
    cálculo, 51-52
    consciência e conhecimento, 51-52
    fontes de dados, 53-54
    precauções, 54-56
    propósito, 50-52
    uso, 53-54
ciclo de vida, 128-129
classificação da participação de mercado, 38-39
classificação de custos variáveis, 94-96
classificação em pesquisas de métricas de marketing, 7-9
classificações do consumidor, 52-54
cliente interessado, 194-196
clientes, 153-154, 156-157
    abandono, 162-163
    aceitantes, 44-45
    aquisição *versus* retenção, 172-175
    avaliação do valor dos, 161-162
    avaliar o valor dos, 163-166
    clientes do nível superior, 158-159
    clientes do segundo nível, 158-159
    clientes do terceiro nível, 158-159
    clientes experimentantes, 44-45
    clientes não lucrativos, 162-163
    contagem, 153-158
    decisão de quem atender, 162-163
    definição, 156-158
    impressões. *Ver* impressões
    número total de clientes ativos, 44-45
    penetração de marca, 41-42
    penetração de mercado, 41-42
    pesquisas. *Ver* pesquisas
    propósito, 153-154

clientes e de não clientes, 54-56
clientes prováveis, 194-196
CME (custo por mil exposições), 285, 293-296
comissões. *Ver* remuneração da equipe de vendas
como porcentagem de custos, 71-72
    conversão de markups, 79-80
    custos, inclusão ou exclusão, 74-75
    encadeamento, 74-75
    margem bruta, 74-75, 235
    margem de contribuição ponderada, canibalização, 131-132
    margem de relatório, 68
    margem média, 81-84
    margem unitária, 68-71
    margens de canal. *Ver* margens de canal
    margens de contribuição, 66-68
    porcentagem das margens, 68-69
    preços de venda, definição, 71-72
    propósito, 68-69
    valor de duração do cliente com margem inicial, 177
    versus markup, 72-75
comparação de territórios das equipes de vendas, 184-185
compensação, 191-195
complicações
    margens de canal, 80-81
    preço médio por unidade, 89-90
comportamento do usuário, *sites* da Web, 321-325
compras, 194-196
compras abandonadas, 324-325
compras de consumidores, 209-211
concentração de mercado, 34-37
condição ótima, 239, 241-242
conhecimento
    conhecimento de marca/produto, 53-54
    valor de marca, 138-139
conjunto evocado, 124-125
consciência, 51-52
    consciência do cliente, 355
    taxa de experimentação, 114
Consciência, Atitudes e Uso (CAU), 51
consciência de comercial, 52-53
consciência do cliente, Boom e Cruise, 361
construção de funções de resposta de frequência, 302-303
contagem de clientes, 153-154, 156-158
    recência, 154-156
    retenção, 154-156
    situações contratuais, 153-155
    situações não contratuais, 153-156
contribuição por unidade, 67-68, 100-103
conversão de markups em margens, 79-80

cookies, 324-325
coorte e incubação (valor de duração do cliente), 172-174
CPP (custo por ponto), 295-296
crescimento, 125-126
   ajuste, 128-129
   ciclo de vida, 128-129
   composição, 125-129
   crescimento ano a ano, 124-125
   crescimento nas mesmas lojas, 125-128
   porcentagem de crescimento, 125-126
   TCAC, 128-129
   valor de período futuro, 126-129
crescimento composto, 129-133
criação de interesse, 194-196
Cruise
   consciência do cliente, 355
   declarações financeiras, 351-352
   lucro do cliente, 354
   métricas de marketing, 354
cupons, 270-271
   avaliação, 273-275
   cálculo, 272-274
   lucratividade, 271-272
   porcentagem de vendas com cupons, 270-271
   taxa de resgate, 270-272
curva da baleia, lucro do cliente, 163-164
curva de aprendizado, 285-286
curvas de demanda, elasticidade constante, 231-235
custo de novos espaços, 100-101
custo de vendas incrementais, 262-263
custo médio de aquisição, 172-174
custo médio de retenção, 172-174
custo por amigo, 345-346
custo por cliente adquirido, 321-322
custo por clique, 318-321
   cálculo, 318-319
custo por exposição, 316-321
   cálculo, 318-319
custo por mil exposições. *Ver* CME
custo por pedido, 318-321
custo por ponto (CPP), 295-296
custo total, 91, 93-95
custo total de cupom, 271-272
custo total por unidade, 93-94
   versus custo variável por unidade, 94-96
custo variável por unidade *versus* custo total por unidade, 94-96
custos
   classificação para análise de ponto de equilíbrio, 103-105
   custos de despesas gerais, 334-336
   custos de vendas comissionadas, 98-100

custos fixos. *Ver* custos fixos
custos totais de venda, 97-99
custos variáveis. *Ver* custos variáveis 90-91
transferência para os clientes, 161-162
custos de vendas comissionadas, 103-104
custos diretos do produto, 211-212
custos fixos, 90-91, 104-105
   cálculo, 90-94
   classificação de, 95-96
   propósito, 90-91
custos variáveis, 96-97
   cálculo, 90-94
   classificação de, 95-96
   propósito, 90-91

D

dados, disponibilidade de, 3-4
dados de pesquisa do cliente, triangulação, 54-56
decisões compensatórias do consumidor *versus* decisões não compensatórias, 142-146
declaração de renda, Prestige Luggage, 353, 356
declínio, ciclo de vida, 128-129
decompor
   estimativas métricas indiretas, 370
   lei dos grandes números, 368-369, 375-377
   para fins de diagnóstico, 367-368
   participação de mercado, 43-44
   razões para usar, 366-367
   vendas, 365-366
decomposição da participação de mercado, 42-43
deduções, 209-211, 279-280
demanda
   adequação de preços, 280-281
   demanda linear
      elasticidade de preço, 227-232
      preço ótimo, 234-241
      preços de reserva, 222-228
demonstrações financeiras, Boom e Cruise, 351-352
desconto promocional, 274-276
descontos, 272-274, 278-279
desempenho, 2-3
   monitoramento do desempenho da empresa na atração e retenção de clientes, 153-154
desgaste, 304-305
despesas, eficácia da equipe de vendas, 189-192
despesas de marketing, 96-97
   cálculo, 98-101
   custo de novos espaços, 100-101
   custos fixos, 99-101
   propósito, 96-99
diagrama de Venn, 299-300
dias de estoque, 206-208

diferenciação
  diferenciação de produto, 141-142
  valor de marca, 138-139
discriminação de preços, 239, 242-243, 245-246, 279-280
  regulamentação, 239, 245-246, 280-281
discriminação tolerável, 280-281
disponibilidade de dados, 3-4
disposição para procurar, 59-61
disposição para recomendar, 55-57
dispositivos de busca, 319-322
distribuição, taxas de experimentação, 115
distribuição numérica, 180, 197-198
distribuição total, 180, 202-203
distritos, 186-188
dólares ($), 5-7
domínio de métricas, 3-4
downloads, 345-347
Drucker, Peter, 65-66
dupla ameaça, 46-48
durabilidade/lealdade, 137-138
duração do cliente, 156-157

E

eBay, usuários ativos, 154-156
EBITDA (lucros antes de juros, impostos, depreciação e amortização), 353
eficácia comercial, 302-304
eficácia da equipe de vendas, 188-190
  atendimento ao cliente, 189-192
  cálculo, 188-192
  despesas, 189-192
  propósito, 188-190
eficácia de custo, marketing na Internet, 318-319
elasticidade. *Ver também* elasticidade de preço
  elasticidade cruzada, 239, 245-246
elasticidade constante, 231-235
elasticidade cruzada de preço, 239, 247-250
elasticidade de preço da concorrência, 239, 248-250
elasticidade de preço residual, 239, 245-246
  cálculo, 239, 248-251
  complicações, 239, 250-252
  propósito, 239, 247-250
elasticidade de preços, 215-216, 227-229, 234-235.
  Ver também elasticidade de preço residual
  cálculo, 227-232
  demanda linear, 227-232
  elasticidade constante, 231-235
  elasticidade cruzada, 246
  propósito, 227-229
elasticidade de reação da concorrência, 239, 247-248

elasticidade do próprio preço, 239, 247-250
encadeamento de margens, 74-75
encolhimento, 209-211
equilíbrio de territórios das equipes de vendas, 183-185
erros nos embarques, 209-211
escolha de métricas, 3-4
espaço na prateleira, 203-204
estima, valor de marca, 145-146
estimativas
  média, 341-369, 375-377
  para métricas indiretas, 370
estoque, 203-204
  avaliação, 208-209
estratégia de marca, 147-148
estruturas de compensação, métricas da rede de fornecimento, 207-209
EVA (valor econômico agregado), 331-332, 336-339
excesso de atendimento, 183-184
exemplos
  Big Tobacco Company, 357-359, 361
  Boom. *Ver* Boom
  Cruise. *Ver* Cruise
  Prestige Luggage. *Ver* Prestige Luggage
experimentação, 112, 120-121, 124-125
experimentação já realizada, 124-125
experimentações com desconto, 124-125
  experimentações forçadas, 124-125
  propósito, 112-113
  volume de repetição, 117-118
  volume total, 117-119
experimentadores pela primeira vez no período, 112-113
exposições aos comerciais, 305-306
exposições de embalagem, 203-204
exposições por impacto. *Ver* GRPs

F

Federal Trade Commission, 280-281
fins de diagnóstico, decompor para, 373-374
fluxo de cliques, 323-325
fluxos de caixa, taxa interna de retorno, 343-344
fontes de dados
  CAU, 53-54
  índice de intensidade de consumo, 50-51
Fortune, 156-157
frequência, 295-296
  frequência efetiva, 285-286, 304-307
  frequência média, 296-297
funções de demanda, 215
funções de resposta à frequência, 285, 300-305
  construção, 302-303

modelo de resposta de curva de aprendizagem, 300-302
modelo de resposta de limiar, 301-302
modelo de resposta linear, 300-302
propósito, 301-303
funções de resposta de frequência, 300-302
funil da equipe de vendas, 194-195
funil de vendas, 180, 196-198

G

ganhos antes de impostos, depreciação e amortização, 334-336
geoagrupamento, 55-56
globalização, 3-4
GM (General Motors), vendas no varejo, 65-66
GMROII (margem bruta de retorno do investimento em estoques), 188-189, 192-193, 218-221
goodwill, 142-143
GRPs (exposições por impacto), 284, 289-291
cálculo, 291-293, 296-297

H

hierarquia de efeitos, 54-56
horizonte finito, valor de duração do cliente, 168

I

I (índice) notação, 7
identidade de marca, 147-148
identidades
decomposição das vendas, 311-312
definição, 363
modelos de mix de marketing, 370-375
para estimar métricas indiretas, 370
para fins diagnósticos, 367-368
razões para usar, 366-367
identificação de lucratividade de clientes individuais, 157-159
IDM (índice de desenvolvimento de categoria), 38-41
cálculo, 40-41
propósito, 39-40
segmentos, 40-41
imagem de marca, 147-148
impactos, 308-311
impressões, 289
inclinação, 239
inclinação, preço ótimo, 239
indicadores, separação entre indicadores principais e secundários, 54-56
índice de desenvolvimento de marca (BDI), 38-40
índice de promoção de rede (NPS - Net Promoter Score), 60

índice de Valor da Marca, 144-146
índice Herfindahl, 37-39
índices
IDC (índice de desenvolvimento da categoria), 38-41
índice de desenvolvimento de marca, 38-41
índice de intensidade de consumo, 44-45, 47-50
inflação, estimativa, 89-90
intangíveis, goodwill, 142-143
intangível, 134-137
intenção de compra, 55-56
intenções, 53-54
interações com vídeo, 320
Interbrand, 134-137
intermediários, 273-275
Internet, 285. *Ver também* **páginas da Web**
alcance efetivo, 306-307
avaliação da eficácia de custo, 318-319
dispositivos de busca, 319-321
profissionais de marketing em dispositivos de busca, 321-322
investimentos, vários períodos, avaliação, 339-341

K

Kaplan, Robert, 159-161
Kelvin, Lord, 2-3

L

LC. *Ver* lucro do cliente
LDP (lucratividade direta do produto), 177-178, 182, 210-214
cálculo, 211-214
lealdade, 122, 353
disposição para procurar, 59-61
dupla ameaça, 46-48
número de marcas compradas, 46-48
lei dos grandes números, 368-369
exemplo numérico, 375-376
Lei Robinson-Patman, 239, 245-246, 280-281
leilões de segundo preço, 222-225
levantamento do uso de métricas, 385-390
limiar, 285
linear, 300-302
LOLAI (lucro de operação líquido após imposto), 334-336
lucratividade
adequação de preços, 279-280
cupons, 271-272
de promoções, 266-267
taxas de resgate, 271-272
vendas básicas, 268-269
lucratividade de uma promoção, 265-267

lucratividade direta do produto. *Ver* LDP
lucro da empresa com novos produtos, 124-125
lucro de varejo, Prestige Luggage, 363
lucro do cliente (LC), 151, 157-159, 161-162
  Boom, 354
  cálculo, 158-159
  Cruise, 354
  curva da baleia, 163-164
  propósito, 157-159
  quantificação, 163-164
Lucro Econômico, 332, 336-340
Lucro Líquido, 332, 334-335

M

mapeamento da equipe de vendas. *Ver* análise de funil
mapeamento de estoque, 206-207
marcas, número de marcas compradas, 46-48
margem bruta, 74-75, 234-235
margem da cesta de compras, 213-214
margem de contribuição, 71-74, 104
margem de contribuição ponderada, canibalização, 137
margem de lucro, 369
margem média, 81-84
margem sobre novos produtos, 124-125
margem unitária, 68-69
  cálculo, 69-71
margens, 65-66, 68-69
margens de canal, 74-75
margens de canal híbrido, 80-81
margens de contribuição, 65-68, 103-104
margens de varejo, 353, 356
margens relatadas, 71-72
marketing como porcentagem de vendas, 100-101
marketing de empurrar, 198-199
marketing de puxar, 198-199
markups
  conversão para margem, 79-80
  versus margens, 72-75
matriz BCG (Boston Consulting Group), 35-36
maturidade, ciclo de vida, 128-129
média das estimativas, 374-375, 382-383
medidas de loja *versus* **medidas de marca, 203-204**
medindo
  participação de mercado ao longo do tempo, 34-36
  satisfação do cliente, 56-60
  valor de marca, 136-141
mercado atendido, 32-36
mercadorias desviadas, 209-211
mercadorias em promoção, 209-211
metas, vendas, 194-197
  avaliação, 187-189

metas de vendas com base nos lucros, 104-107
metodologia modelo de marca (Moran), 137-138
  avaliador de marca Y&R, 134-137
  modelo de avaliação de marca, 139-140
  modelo de valor de marca (David Aaker), 137-138
  propósito, 134-137
métricas
  definição, 1
  levantamento
    classificações, 21-24
    resultados, 12, 377
    precauções a respeito, 9-11
    tamanho da amostra, 10-11
  razões para ter, 2-3
métricas de canal, Prestige Luggage, 356-358
métricas de distribuição, 197-198
  distribuição numérica, 198-199
  fontes de dados, 202-204
  propósito, 198-199
  VCP, 201-204
  VTP, 199-201
métricas de lucratividade, 209-211
  complicações, 212-214
  GMROII (margem bruta de retorno sobre investimento em estoque), 210-212
  LDP (lucratividade direta do produto), 210-212
  propósito, 210-212
  remarcação, 210-212
métricas de marketing, 359, 361
métricas de rede de fornecimento, 204-205
  ausente de estoque, 205-206
  complicações, 207-209
  dias de estoque, 206-208
  estoques, avaliação, 207-209
  estruturas de compensação, 207-209
  mapeamento de estoque, 206-207
  níveis de atendimento, 205-206
  propósito, 204-205
  rotatividade de estoque, 206-207
métricas indiretas, estimativas para, 376
mídia interativa. *Ver* tempo de exibição de rich medias
Modelo da DuPont, 369-370. *Ver também* identidades
modelo de avaliação de marca, 139-140
Modelo de avaliação de marca da Interbrand, 139-140
modelo de custo linear, 94-96
modelo de mix de marketing, 376, 378, 380-381
modelo de repetição de experimentação, 124-125
modelo de resposta de curva de aprendizado,
modelo de resposta de limiar, funções de resposta à frequência, 301-302

modelo de resposta linear, funções de resposta, 301
modelo de valor de marca, 137-138
Moran, Bill, 134-137
mudanças periódicas, ajuste para, 54-56

N

Neil Borden, 370
níveis de atendimento, 204-206
nível de vendas no ponto de equilíbrio, 73-74
NPS - Net Promoter Score (índice de promoção de rede), 65-68
número de novos produtos, 124-125
número de reclamações, 59-61
número total de clientes ativos, 44-45

O

"o comércio", 273-275
objetivos, objetivos de vendas com base nos lucros, 104-107
objetivos da equipe de vendas, 185-189
    cálculo, 186-189
    propósito, 185-188
obsolescência, 209-211
oportunidades de ver (ODV), 289
orçamentos, 2-3
orçamentos de marketing, desenvolvimento, 99-101

P

pagamentos escalonados, 99-101
pageviews, 320-323, 337-339
páginas da Web. *Ver também* Internet
    impactos, 308-311
    visitantes, 321-322, 325-326
    visitas, 321-322, 325-326
painéis de métricas, 358-359, 361
PAN (principais anunciantes nacionais), 307-308
parâmetros de dados, participação de mercado, 32-35
participação da categoria, 38-39
participação de mercado, 27-28, 31-32
    decomposição, 42-43
    mensuração ao longo do tempo, 34-36
    mercado atendido, 33-34
    parâmetros de dados, 32-35
    participação de mercado em unidades, 32-33
    participação de mercado por receita, cálculo 31-33
    participação relativa de mercado. *Ver* participação relativa de mercado.
    propósito da, 31-33
    quantificação, 32-35
    tendenciosidade nas participações relatadas, 34-36

participação de mercado efetiva, 137-138
participação de mercado relativa, 34-36
    cálculo, 35-37
    propósito, 34-36
participação de mercado unitária, 31-33
participação de penetração, 41-45
participação nos gastos da categoria, 42-43, 45-46
    cálculo, 45-47
    dupla ameaça, 46-48
    propósito, 45-46
participação ponderada de distribuição de vendas, 186-188
PCAs (pontos de classificação alvo), 284, 291-293
penetração, 41-42, 112
    cálculo, 41-42, 112-114
    participação, 41-42
    penetração de marca, 41-42
    penetração de mercado, 41-42
    precauções, 44-45
Peppers, Don, 163-164
PEPS (Primeiro a Entrar, Primeiro a Sair), 207-209
percentual de presença, 307-308
perda, 156-157
perspectivas, 194-196
pesquisas, 114
    levantamento do uso de métricas, 376-383
    pesquisa de métricas de marketing
        resultados, 13
        classificação, 7-9
        precauções a respeito de, 10-11
    respostas nas pesquisas de clientes, 116
    satisfação do cliente, 58-60
    tamanho da amostra, 10-11
Philips Consumer Electronics, 134-137
planilha de projeção de volume, 118-119
planilhas, cálculo de VAL (valor atual líquido), 343-344
planos de incentivo, 193-195
    planejamento, 194-195
planos de média, alcance líquido, 298
PMR (preço máximo de reserva), 224-226, 234-236, 239, 241
poder de compra, 184-185
ponto de classificação, 289
ponto de equilíbrio, cálculo, 106-108
ponto de equilíbrio em investimento adicional, 109
ponto de equilíbrio no número de funcionários, 200-203
pontos de classificação alvo. *Ver* PCAs
porcentagem (%), 5-7
porcentagem de bom valor, 229-230
porcentagem de crescimento, 125-126
    ajuste, 128-129

porcentagem de margens, 68-69
    cálculo, 69-71, 81-82
porcentagem de uso único, 46-48
porcentagem de vendas com cupons, 270-271
porcentagem de vendas na transação, 273-275
    cálculo, 274-276
porcentagem de vendas unitárias, 81-82
pós-compra, 194-196
posição de marca, 147-148
potencial de vendas, 177-178, 182-187
    cálculo, 186-189
    metas, 185-189
    propósito, 185-187
precauções, CAU, 54-56
preço baixos todos os dias, 279-280
preço de custo adicional, 239, 242-243
preço máximo de reserva (PMR), 224-226, 234-236
preço ótimo, 242
    cálculo, 340-342
    complicações, 342
    em relação à margem bruta, 250
    propósito, 334-340
preço premium teórico, 221-223
pré-compra, 194-196
preços
    adaptação de preços, 239, 242-243, 245-246, 279-280
    cascata de preços, 267-270, 284-287
    discriminação de preços, 279-280
    elasticidade cruzada, 239, 245-246
    elasticidade de preço cruzada, 239, 248-250
    elasticidade de preço do concorrente, 239, 248-250
    elasticidade de preço residual. Ver elasticidade de preço residual
    elasticidade de preços. Ver elasticidade de preço
    elasticidade do próprio preço, 239, 248-250
    estabelecimento de preço mais custo, 239, 242-243
    porcentagem de bom valor, 221-223
    preço de custo adicional, 243
    preço de fatura, 276-278
    preço de lista, 276-277
    preço de um concorrente específico, 217-219
    preço de venda, 75-76
    preço de venda ao cliente, 74-77
    preço de venda do fornecedor, 74-75
    preço de venda do primeiro membro do canal, 77-79
    preço líquido, 276-278
    preço médio apresentado, 219-221
    preço médio cobrado, 219-221
    preço médio pago, 218-220
    preço médio por unidade, 85-87
        cálculo, 86-90
        complicações, 89-90
        propósito, 85-87

preço ótimo. *Ver* preço ótimo
preço por unidade estatística, 85-89
preço premium, 217-219
preço premium teórico, 221-223
preços de reserva. *Ver* preços de reserva
preços e o dilema do prisioneiro, 239, 251-253, 255-257
preços médios, 90-91
preços baixos todos os dias, 279-280
preços de reserva, 221-223
    cálculo, 221-225
    demanda linear, 222-228
    descoberta, 222-225
    propósito, 221-223
preços relativos. *Ver também* preço premium
preferência do consumidor, 141-142
    decisões compensatórias *versus* decisões não compensatórias, 142-146
prejuízo competitivo de segunda linha, 239, 245-246
prejuízo competitivo de primeira linha, 239, 245-246
Prestige Luggage, 356-358
    declaração de renda, 353, 356
    lucro real, 356-358
    margens de varejo, 353, 356
    métricas de marketing e de canal, 356-358
previsão
    despesas de marketing, 96-99
    vendas futuras, 194-195
    volume de experimentação, 116
primeira marca associada, 52-53
primeiro a entrar, primeiro a sair (PEPS), 207-209
principais anunciantes nacionais (PAN), 307-308
principais pressupostos, testes de mercado, 120-121
Prizm, geoagrupamentos, 55-56
probabilidade, 54-56
produtos desviados, 209-211
Professional Pricing Society, 278-279
profissionais de marketing e dispositivos de busca, 321-322
profundidade média de transação, 259-260
projeção de volume, 112-113
    utilidades conjuntas, 148-150
promoções, 259
    avaliação de promoções de preços temporárias, 259-260
    complicações, 274-277
    cupons. *Ver* cupons
    descontos, 270-274
    efeitos de longo prazo das, 269-271
    lucratividade, 265-267
    objetivos promocionais de curto prazo, 259
    taxas de resgate. *Ver* taxas de resgate
    vendas básicas. *Ver* vendas básicas

promoções de preços. *Ver* promoções
promotor de rede, 65-68
propaganda. *Ver também* exposições
    como porcentagem das vendas, 100-101
    preço *versus* custo, 308-310

Q

qualidade relativa percebida, 53-54
qualidade/estima percebida, 53-54
quantidade (Nº), 6-7
quantidade máxima desejada (QMD), 224-228, 239, 241
quantificação
    lucro do cliente, 163-164
    participação de mercado, 32-35
quebra, 272-274

R

Ramsellar, Leon, 134-137
razão de concentração, 39-40
receita alvo, 104-107
receita atribuível ao marketing, 344-346
receita da participação nos gastos da categoria, 45-46
receita de novos produtos, 124-125
recência, 153-156
rede social, amigos/seguidores/simpatizantes, 343-346
redes de distribuição, 74-75
redução de preço, 209-212
regulamentações, discriminação de preços, 239, 245-246, 280-281
relacionamentos, 157-158
relacionamentos empíricos, 373-374
    modelos de mix de marketing, 372, 373-375
relato de margens, 73-74
relevância, valor de marca, 145-146
remuneração da equipe de vendas, 191-192
    cálculo, 192-195
    planos de incentivo, 193-195
    propósito, 192-193
repetição, 124-125
responsabilidade, 2-3
respostas dos clientes, separação das respostas de tempo de exibição de rich media, 294-295, 323-325
respostas nas pesquisas de clientes, 120
resultado de pesquisas de métricas de marketing, 13
resultados por amigo, 345-346
retenção, 47-49, 154-157
    versus aquisição, 172-175
retorno, 331-332

retorno de exposição na mídia sobre investimento em marketing, 347-349
retorno de margem bruta sobre investimento em estoque, 177-178, 182, 210-214
retorno de receita ao marketing incremental, 344-346
retorno de receita ao marketing total, 344-346
retorno sobre ativos (RSA), 334-336 *Ver também* Modelo da DuPont
retorno sobre ativos líquidos (RSAL), 334-336
retorno sobre capital (RSC), 334-336
retorno sobre capital investido (RSCI), 334-336
retorno sobre investimento em marketing (RSIM), 332, 344-345
    cálculo, 344-347
    complicações, 347-349
    orçamento, 347-349
    propósito, 344-345
    retorno médio de exposição sobre investimento em marketing, 347-349
retorno sobre investimento em marketing incremental (RSIMI), 344-346
retorno sobre investimento (RSI), 332, 334-338, 351
retorno sobre vendas (RSV), 332, 334-336, 351
retornos e alvo, 107-108
revendedores, 274-276
revisões de desempenho. *Ver* eficácia da equipe de vendas
Rogers, Martha, 163-164
rotatividade de estoque, 204-207

S

salários. *Ver* compensação da equipe de vendas
satisfação comercial, 59-61
satisfação do cliente, 55-57
    mensuração, 56-60
    pesquisas, 58-60
    propósito, 56-57
    seleção de amostra, 58-60
segmentação por geografia, 55-56
segmentos
    IDC (índice de desenvolvimento da categoria), 40-41
    IDM (índice de desenvolvimento de marca), 39-40
    utilidades conjuntas, 146-149
seguidores, 296-297, 343-344
    cálculo, 327-328
    custo por amigo, 329
    precauções, 327-328
    propósito, 327-328
    resultado por amigo, 329
seleção de amostra, satisfação do cliente, 58-60

separação de respostas de não clientes e de clientes, 54-56
Sexta-feira do Marlboro, 358-359, 361
Shames, Erv, 357-359
simpatizantes, 296-297, 343-346
sinais, 54-56
sites da Web, comportamento do usuário, 321-325
situações contratuais, 153-154
    contagem de clientes, 153-155
situações não contratuais, 153-154
    contagem de clientes, 153-156
sobreposição, avaliação, 300-301
sobreposição, efeitos, 299-301
State Farm, 153-155
substituições em promoções, 209-211
suposição do horizonte infinito, valor de duração do cliente, 168
suposições
    suposição de horizonte infinito, valor de duração do cliente, 168
    testes de mercado, 120-121

T

taxa de abandono, 324-325
Taxa de Crescimento Anual Composta. *Ver* TCAC
taxa de desconto, 343-344
    valor atual líquido, 343-344
    valor de duração do cliente, 167-168
taxa de desempenho da categoria, 197-198, 202-203
taxa de interação de rich media, 294-295, 324-326
taxa de penetração, 41-42
taxa de perda de share, 111, 129-134
taxa de recompra, 47-49
taxa de rejeição,
taxa de repetição, 47-49, 120-121
taxa de retenção, 153-154, 156-157
    valor de duração do cliente, 166-167
taxa interna de retorno (TIR), 333, 339-343
    cálculo, 341-343
    fluxos de caixa, 343-344
taxas de canibalização, 111, 129-130
    complicações, 132-135
taxas de cliques, 310-312
    cálculo, 311-312
    propósito, 311-312
taxas de experimentação, 112-114
    distribuição, 115
taxas de resgate, 270-271
    cálculo, 272-274
    lucratividade, 271-272
    propósito, 270-271
    taxa de resgate de cupons, 271-272

TCAC (Taxa de Crescimento Anual Composta), 109, 111
tempo, medida de participação de mercado no decorrer do, 34-36
tendenciosidade de respostas, 58-60
territórios das equipes de vendas, 182
    comparação, 184-185
    equilíbrio, 183-185
    estimativa do tamanho dos, 185-187
    propósito, 183-184
    redefinição, 185-187
testes de mercado. *Ver também* testes
    consciência, 114
    distribuição, 115
    resultados simulados e projeções de volume, suposições, 120-121
    volume de experimentação, 114
TIR. *Ver* taxa interna de retorno
total de custos de venda, 97-99
total de custos de venda variáveis, 97-99
total de vendas nas lojas, 203-204
tráfego em *sites* da Web, avaliação, 308-311

U

último a entrar, primeiro a sair (UEPS), 207-209
unidade de manutenção de estoque (UME), 85-86, 210-212
unidades, 68-69
unidades estatísticas, 87-90
USAA, 153-155
uso, CAU, 53-54
uso único, 46-48
utilidade por segmento, 112
utilidades conjuntas, 112, 141-142, 145-146
    complicações, 145-149
    construção, 146-149
    projeção de volume e, 148-150
    propósito, 146-147
    segmentação, 146-147

V

valor atual líquido (VAL), 333, 339-343
valor de duração do cliente (VDC), 151, 162-164, 170
    cálculo, 165-167
    coorte e incubação, 164-166
    horizonte finito, 168
    propósito, 163-166
    suposição do horizonte infinito, 168
    taxa de desconto, 167-168
    taxa de retenção, 166-167
    versus valor de duração potencial, 170-172

valor de duração do cliente com margem inicial, 167-168
valor de duração do prospect (VDP), 169
   cálculo, 169-170
   complicações, 170-172
   propósito, 169
   versus valor de duração do cliente, 170-172
valor de marca, 141-142
   medidas, 111, 136-141
   propósito, 135-137
valor de período futuro, 126-129
valor econômico agregado (EVA), 331-332, 336-339
valor percebido para o dinheiro, 52-53
valor presente líquido (VPL), 348-351, 356-361
valores terminais, 343-344
varejo de vestuário, clientes, 157-158
variações sazonais, retorno sobre investimento, 336-338
VCP (volume da categoria do produto), 190-191, 207-208
   ausente de estoque líquido, 205-206
   cálculo, 201-203, 340-342
vendas, decomposição, 371-372
vendas, funil, 209-211
vendas básicas, 261-263
   cálculo, 263-269
   complicações, 268-269
   lucratividade, 268-269
   propósito, 262-263
vendas incrementais, 262-264
   custo de, 262-263
visitantes, 321-322, 324-326
visitas, 287-289, 321-323, 325-326
volume alvo, 67-68, 104-106
volume de ativos, 363
volume de categoria do produto. *Ver* VCP
volume de experimentação, 116-118
volume de repetição, 117-118
volume projetado, volume repetido, 117-118
volume total, 117-119
volumes alvo sem base no lucro alvo, 107-108
VTP (volume de todos os produtos), 190-191, 207-211
VTP em exibição, 204-205
VTP em promoção, 204-205

W
Wal-Mart, 27
   lucro econômico, 339-341

Y
Y&R (Young and Rubicam), 134-137